山东省高等学校
教师培训教材

高等教育学

Gaodeng Jiaoyuxue

戚万学　主编

山东大学出版社

现了共识性与前沿性、知识性与反思性、系统性与专题性相结合的指导思想。一些最新的理论观点进入了我们思考的视域，其目的是在增强理论的时代感与现实穿透性。当然，这样的安排是否妥当，是否能收到预期的教学效果，尚待教学实践的进一步检验。

本书是集体协作、共同劳动的成果。由山东师范大学副校长、博士生导师戚万学教授任主编，并负责制定编写提纲和审定书稿。参加编写的成员均为具有教育学博士学位和副教授以上职称的专业研究人员和该课程的主讲教师，各章具体分工如下(按章节编写顺序)：第一、二章由聊城大学教科院赵长林教授撰写；第三、四章由曲阜师范大学教科院唐爱民教授撰写；第五、六章由山东师范大学教育学院唐汉卫教授撰写；第七、八章由青岛大学教育学院王有升博士撰写；第九、十章由鲁东大学教科院闫旭蕾博士撰写。

本书的顺利出版得到了山东省教育厅及人事处、山东省高师培训中心(济南)和山东师范大学、曲阜师范大学、青岛大学、聊城大学、鲁东大学等院校相关部门领导的支持。在此，一并表示感谢。书中参阅了大量的有关研究成果，大多都一一注明，但恐仍有疏漏，在此一并表达我们的谢意。

尽管我们作出了最大努力，但因编写者的写作风格与学术志趣的差异，加之时间仓促，书中定存诸多纰漏，我们恳切希冀同行专家和广大教师批评指正。

编　者

2008 年 7 月

目录

第一章

绪　论

什么是高等教育？什么是高等教育学？高校教师为什么要学习高等教育学？这是第一次系统学习这门课程的高校教师可能要追问的问题。要准确回答这些问题并不容易，因为高等教育作为一种复杂的社会领域和教育现象，它与政治、经济、社会、文化、科技、教育等各个社会领域有着千丝万缕的联系，而且其自身也处于不断发展变化之中。目前，高等教育学作为研究高等教育现象的一门学科，已经取得了丰硕的研究成果，作为在高等教育领域从事教学、科研、管理和社会服务的教师而言，学习这些研究成果，初步认识自己职业生活的本质、特点和规律，对于自己的工作实践是非常有意义的，对于今后想从事高等教育教学研究的教师而言也是非常必要的。

第一节　高等教育学及其特殊性

《辞海》把高等教育学定义为“教育学的分支学科，研究高等教育现象及其规律的学科”①。由这个定义我们可以看出，高等教育学的研究对象是高等教育。

一、什么是高等教育

《辞海》中把高等教育界定为“中等教育阶段以上的专业教育”②。在美国和日本的有关文献中，通常都把中学之后的一切教育称为高等教育。但是对这个

① 辞海编辑委员会编：《辞海》，上海辞书出版社 1999 年版，第 5799 页。
② 辞海编辑委员会编：《辞海》，上海辞书出版社 1999 年版，第 5796 页。

定义也存在异议。在英国，1963年之前，高等教育只指传统的大学，技术学院和理工学院的教育都不属于高等教育范围，也就是说高等教育指的是培养“精英”、培养“文雅”的“精神贵族”的那部分教育，而培训生活、生产领域的专业人员的教育不属于“高等”的教育范围。在我国，曾经存在过招收高中毕业生的中等专业学校，虽然它们属于中等教育阶段以后的专业教育，但不属于高等教育范畴。中国古代的辟雍、泮宫、太学、国子学、算学、律学、医学等都拥有高等教育的性质，但也不属于现代意义上的高等教育。我国现代的高等教育一般追溯到1898年(清光绪二十四年)设立的京师大学堂。由此可以看出，要想准确地回答什么是高等教育，并不是一件容易的事。

目前，对高等教育的界定一般从办学层次、专业教育形式、特殊的社会现象等不同角度来进行定义。联合国教科文组织于1993年11月第27届大会上把高等教育定义为：“高等教育包括由大学或国家核准为高等教育机构的其他高等学校实施的中学后层次的各种类型的学习、培训或研究型培训。”[①]《面向二十一世纪高等教育宣言：观念与行动(草案)》将高等教育的范围界定为：“各种类型的学习、培训或面向中学后研究的培训。这些培训活动是由具有一定实力的各国当局批准的高等学校或其他教育机构实施的。”[②]现在我们常说的高等教育主要意指起源于欧洲中世纪大学、经过近九个世纪的发展而建立起来的高等教育体系。

二、什么是高等教育学

关于什么是高等教育学的回答，也是仁者见仁，智者见智。对高等教育学这个概念下一个较为公允的定义，实际上是为高等教育研究确立一个研究对象，划定一个研究边界。目前，关于高等教育学的定义主要有以下几种：

“高等教育学是教育学的一门分支学科，它所研究的是高等教育方面的特殊问题，揭示高等教育活动的特殊规律；同时，高等教育学对于次一层次的分支学科，如高等教育经济学、高等学校管理学、大学生心理学、大学各科教学法、高等教育发展史、比较高等教育学等来说，它又是一门综合学科。”“它所研究的是高等教育这一领域中一般的、共同的规律。”[③]

“高等教育学是教育科学的一个分支学科，它在一般教育理论的基础上，专

---

① 国家教育发展研究中心：《2000年中国教育绿皮书》，教育科学出版社2000年版，第144页。

② 《面向二十一世纪高等教育宣言：观念与行动(草案)》，http://www.moe.edu.cn/edoas/website18/level3.jsp? tablename=734&infoid=5993.

③ 潘懋元：《高等教育学》上册，人民教育出版社、福建教育出版社1984年联合出版，第6页。

门研究高等教育所特有的矛盾，揭示高等教育发展的客观规律。"①

"高等教育学是研究高等教育规律的一门科学，是研究高级专门人才培养的科学。"②

"高等教育学是以高等教育的特殊矛盾与基本规律为研究对象，旨在从哲学的高度，从整体的角度，通过分析、综合、抽象、思辨，揭示高等教育与社会发展之间的基本关系，探寻高等教育运行变化的基本轨迹"③的一门学科。

我们认为，高等教育学作为研究高等教育现象的一门学科，具有自身的特殊规定性。高等教育现象相对于一般教育现象而言，具有特殊性、专业性。因此，高等教育学是研究特殊教育活动——高等教育的一门综合学科，它研究的是高等教育现象及其一般规律。

三、高等教育现象的特殊性

高等教育作为一种特殊的社会现象，一方面，同基础教育一样，需要遵循基本的教育教学规律。普通教育学对教育原理、教育规律、教育目标、教育过程、教育方法、教育手段、教育原则、教育评价等所作出的研究成果，对于我们认识高等教育现象很有帮助。另一方面，高等教育作为一种特殊的教育层次、教育现象又具有特殊性。高等教育特殊性的表现形式多种多样，这里我们主要从如下四个方面进行论述。

(一)高等教育活动的性质和任务具有特殊性

《高等教育法》规定，高等教育是在完成高级中等教育基础上实施的教育，其任务是"培养具有创新精神和实践能力的高级专门人才，发展科学技术文化，促进社会主义现代化建设"。高等教育一般包括普通高等教育、成人高等教育、高等职业教育等三种类型。对高等教育的特点可用"高"与"专"两个字来概括。相对于中等教育而言，它在层次上高，在性质上属于专业教育。高等教育与基础教育相比较，具有其特殊性。基础教育包括学前教育、小学教育、初中教育和高中教育。从小学一年级到初中三年级属于九年义务教育阶段，义务教育是法律规定的强迫教育，它是每个公民都必须接受的普通教育。高中教育虽然不属于义务教育，但国家正在加快普及高中教育的步伐，相信不久的将来，高中教育也会纳入义务教育的范畴，达到普及化的程度。高等教育不属于义务教育，从教育对象看，只有少数人才有机会接受这种教育形式。我国的高等教育虽然进入了大

---

① 郑启明、薛天祥主编:《高等教育学》，华东师范大学出版社 1985 年版，第 5 页。

② 田建国:《高等教育学》，山东教育出版社 1990 年版，第 4 页。

③ 胡建华等:《高等教育学新论》，江苏教育出版社 1995 年版，第 10 页。

众化阶段，2007年，我国高等教育毛入学率达到了23%，但仍有77%的、占绝大多数的适龄青年没有机会接受这种教育形式。培养高级专门人才是高等教育区别于基础教育的一个基本特征。

目前，随着高等教育的发展，高等学校本科教育改革不断强调通才教育，强化通识课程的设置，这是否意味着高等教育的专业化、专门化特点会弱化或消失了呢？我们认为不会。实践证明，一味淡化专业教育，也不适应社会的发展需要，尤其是人才市场的要求。潘懋元先生在1993年就指出，只专不通，分析问题、解决问题不能融会贯通，社会适应性差、成功率不高。只通不专，每门学科都懂一点，但都“浅尝辄止”，也很难适应社会需要。既博又专，门门精通最好，但却不是在一定学习年限所能达到的目标。强调“专才教育”，批判“通才教育”，是有片面性的。但如果走另一极端，否定“专才教育”，以“通才教育”代替“专才教育”，也是不足取的。高等教育，在一定学习年限中，还是应当以一门、两门为主，力求比较精通。但应借鉴“通才教育”的合理之处，提高专门人才的文化素质，把基础适当加宽加厚，引文入理、引理入文，学点横向学科的知识，发展学生的智能，培养社会适应性较强、具有专门知识技能又能融会贯通地运用若干基础学科知识的高级专门人才。[①] 原哈佛大学校长科南特在关于师范教育改革的论述中，也曾论述过普通教育与专业教育的关系，他为了与已经泛化了的专业教育的提法相区别，使用了“精深教育”这个概念。他主张师范教育要建立在实施普通教育基础上的精深教育，所谓精深教育是指学生在接受普通教育的基础上，在一个领域或若干个领域进行集中专攻程度的学习。这与潘懋元先生关于普通教育与专业教育的关系的论述非常相近。

（二）高等学校教师的教学活动具有特殊性

从事高等教育活动的主体是大学教师和大学生，这里的大学教师也包括大学校长、高校教育管理人员。在中国的高校都拥有一支庞大的行政管理队伍、后勤工作队伍，他们的工作对于学校的发展非常重要，但从高等教育的本质上看，他们主要是为学校的发展提供条件保障。因此，我们所言的大学教学活动的主体主要指大学的专任教师。当然，大学的教学活动是教师与学生的互动过程，大学生在教学活动中的主体地位非常重要，我们在后面部分主要从学的活动来谈大学生主体活动的特殊性。

高等学校教师的教学具有学术性、专业性的特点。大学是研究高深学问的地方，大学的教学要有专门性、高深性的特点。评价大学教师的授课，教师的仪表、教态、板书、板画、普通话怎么样，多媒体课件水平如何，教学方法的运用与师

---

① 潘懋元：《高等教育学讲座》，人民教育出版社1985年版，第12页。

生互动情况怎么样等非常重要，这和中小学教师一样需要注意并不断提高。但作为大学教师，更重要的是教学内容的思想性、科学性和学术性水平，是否能够联系学科前沿，能否关注相关学科的发展。为此，薛天祥教授把“专门高深知识的教与学活动”[①]作为高等教育学理论体系的逻辑起点。

除此之外，大学教师的教学过程还具有创新性的特点。虽然在中小学也强调创造能力的培养，但高等学校是培养高级人才、研究高深学问、孕育新知识的社会组织，无论在量上还是质上，都比中小学具有更多的创造性。随着科学技术的发展和知识经济时代的到来，各种文化和学术观点相互激荡，知识向着既分化又综合的方向发展，大学教师在教学中往往要对许多尚无定论的前沿问题进行独立的探讨，这就要求大学教师积极探索，开拓创新，创造性地改革教学工作，不能只把教材或科学家的发现概括出来，简单地拷贝给学生，而应该把教材内容及蕴涵的思想与科学精神，用自己独特的方式创造性地组织起来开展教学，使学生易于理解、便于掌握、灵活应用。大学教学不能仅仅依靠教师的教学经验和知识积累，它更需要教师的科研、学术水平作支撑。大学教师如果弱于科学研究，远离学术前沿，就难以使大学教学过程富于研究性、创造性，传授的知识必定是陈旧的、僵化的，体现不出鲜明的科学精神，无法提升大学教学的思想境界。

大学教师的教学活动与科研活动是一体的、互动的。高等学校教师在教书育人的同时，还承担着繁重的科学研究任务，要开拓学科新领域、创造新知识、推动自然科学和社会科学的发展与进步。世界上许多突破性的科学理论和尖端技术是大学教师提出的，许多关键性的应用科学技术问题也是由大学教师解决的。科研是大学教师创造性最为集中的表现，大学教师只有立于自然科学和社会科学研究的前沿，才能自觉地探索新知识，创造新技艺，形成丰厚的教学底蕴，为社会服务创造条件。概言之，教师的工作不是简单、重复的劳动，而是不断推出新的劳动成果、增添新的内容的创造性劳动。[②]

此外，高等学校的教学与社会的联系要比中小学密切得多。中小学教育是基础性教育，当然在中小学也要注重普通教育与职业教育相结合的问题，但其核心目标是提高公民的综合素养，具有基础性和奠基性的特征。高等教育是专业教育，每个专业都有明确的专业培养目标，专业定向非常明确。即使当前的高等教育改革具有淡化专业、拓宽专业口径的趋势，但从世界高校人才培养的实际看，按专业培养人才的模式本质上没有变。在我们国家，90%的高等学校是省属或市属地方本科院校或高职院校，这些院校以培养应用型人才为目标，更要突出

① 薛天祥、尹丽：《高深专门知识的教与学活动》，载《上海高教》1997 年第 3 期。

② 张柏清、孙泽文：《论大学教师的劳动特点》，载《教育与职业》2006 年第 5 期。

专业性、应用性，许多学校进行“定单式”人才培养模式改革，取得了较好的成果。

因此，高校教师教学活动的特殊性，要求高等学校的教学要具有“产学研”相结合的特点，要立足生产生活需要、联系专业特点、结合科学研究、注重专业定向。此外，大学生毕业后要走向社会，少量的会继续攻读硕士、博士学位，任课教师的教学在联系社会生产实际的同时，还要为学生进一步深造打下知识与技能的基础和未来从事科学研究的基础，要在教会学生做事的同时，更要让学生学会做人、学会理解、学会思考，为学生的未来生活打好基础。

(三)高等学校学生的学习活动具有特殊性

高等教育的学习主体是青年大学生，进入高等学校的学生一般在 18 岁以上，其身心发展特征不同于中小学生。大学生已经跨进了成人的大门，他们的社会经验、社会地位、思想活动、生活方式都与中学生不同了，达到了一个新的发展阶段。这个阶段与儿童期、青少年时期存在很大差异，开展高等教育活动必须充分关注青年大学生的身心发展特点。[①] 青年大学生的生理和心理特征主要表现为以下几个方面：

(1)大学生的身心发展趋于成熟，身体发展基本接近于成人水平。脑的结构和机能大体上已完备，神经系统的发育基本上达到了成熟的程度，大脑皮层活动已达到成人水平，能够负担艰难的、深刻的脑力工作，初步具备了从事高度抽象思维活动和艰深学习的基本能力。肺继续增大，骨骼继续生长，男生肩膀变宽，女生骨盆增大，肌肉也随骨骼的变化而变长、加粗，体力有了明显的增长，学习的可持续性比较强。性机能的发育已基本成熟，男女在体态上表现出较大的两性差异。[②]

(2)大学生的思维具有了更大的组织性、深刻性、独立性、创造性。组织性表现在通过思维的分析和综合活动，能够将有关的知识组成具有逻辑结构的整体或系统，深刻性表现在能够透过事物的表面现象，排除无关因素的干扰，找出事物的重点，发现事物的本质。这样就使得他们认识问题、解决问题的能力有所提高。大学生已经积累了一定的知识、经验，愿意独立思考，能进行理论思维，他们较少保守，富于想象，所以常会提出新的设想、新的见解，或者尝试用新的方法解决问题，思维的独立性进一步提高。他们喜欢探求事物根源，对别人的见解和习惯性的看法不轻信盲从，喜欢怀疑和争论，思维的批判性也不断提高。这都是他们思维成熟的表现，对今后的独立工作或创造性地研究问题都有好处。大学生

---

① 参见潘懋元《必须开展高等教育的理论研究》，载陈学飞编《中国高等教育研究 50 年》，教育科学出版社 1999 年版，第 176 页。

② 李柏杨：《大学生心理特点与体育教学》，载《中国临床康复》2005 年第 24 期。

想象目的性也更为明确，积极主动性更强，更大程度受到思维的控制，他们想象的内容大都与自己的学习及现实生活密切相关。另外，他们愿意更多地进行创造性想象。①

(3)大学生的情绪和情感内容更加丰富。大学生正处于人生成长的高峰期，进入高等学校以后，离开了中学教师和父母“无微不至”的关怀，开始独立地面对学业、择业、生活、恋爱、婚姻等人生问题，有成功，有失败，有幸福，有痛苦，情绪体验丰富多彩。大学生情绪体验往往表现出两极性的特征，非好即坏，易于出现高强度的肯定或否定的情绪，有活泼、快乐、奋发、向上的积极的倾向，又有低沉、悲观、颓废、沉沦等消极倾向。青年大学生随着自我意识的增强，自尊心越来越强，自我体验强度加大，对他人的评价很敏感，对自己的行为举止有强烈的内心体验，如自尊、自负等。大学生时期，由于生理机能的成熟和社会生活中男女情谊的影响，使一些男女大学生萌发出对异性的爱慕之情，有些出现了恋爱或单恋现象。

(4)大学生的学习动机呈现多样化。大学生和中学生相比，其学习动机的目的性、多样性、持续性更强。赵为民做的一项调查显示，当代大学生的学习动机呈现出多元化的发展趋势，主要表现为三种类型的学习动机。第一种类型:纯粹为了追求个人物质利益的个体性较强的学习动机，比如为了将来获得物质条件好的工作。第二种类型:具有一定的向上心理和某种社会责任感的成就动机，如为了报答父母。第三种类型:与整个社会目标和前进方向相一致的高尚动机，比如想做一个学识渊博的人，以便更好地推动社会进步。

(5)大学生的意志力更为持久、稳固。尤其是有意注意持续的时间增加很多，大学生观察的目的性、整体性、系统性、持续性、精确性、客观性都较中学生有了很大的提高，记忆的选择性、敏捷性、持久性、准确性等记忆品质有了很大的改善。

(四)高等教育理论研究具有特殊性

正是由于大学生身心发展接近或者已经成熟了，他们的注意力发展了，大学的课堂教学时间可以延长，课堂教学结构也不像中小学课堂教学那样，一节课需要通过变化多种教学方法吸引学生的注意力，可以两个学时或者更长时间稳定地、持续采用一种教学方法；教师的讲授要更多注意教学内容的内在联系和逻辑结构，引导学生深入理解事物的本质，培养学生的逻辑思维能力，形式变换退居次要的地位。许多适应大学生学习的方法显得更加重要，大学学习方法的特点就是学生要学会自主学习，能够独立确定学习目标，能对教师所讲内容提出质

---

① 参见李柏杨《大学生心理特点与体育教学》，载《中国临床康复》2005 年第 24 期。

疑，学会自主收集、分析文献资料，能够把自己的学习成果表达出来并与人交流，会写学习心得或学术论文等。

由于大学生思维能力的发展，他们善于运用联想、推理掌握事物的内部联系，喜欢根据自己的观察对事物独立下判断，通过分析和综合，能够抓住事物的主要方面，深入事物的本质。由于抽象思维能力的发展，大学生能够比较容易地接受抽象概念，他们不再觉得高等数学难以理解，喜欢从事抽象问题的思考与争辩，他们思维的概括能力、抽象能力为专深知识的学习与研究打下了坚实的基础。

除了高校教师工作和大学生身心发展的特殊性以外，大学生作为一种青年群体，形成了自己的亚文化。作为青年亚文化，它具有反主流文化的特征。他们对现代工业社会持抱怨的态度；注重人际平等，受外来文化和价值观的影响较大；他们对传统大多持否定态度，但对现代文化又表现出不适应，比如社会竞争。他们经济上处于社会和家庭依赖地位，但又崇尚高消费和人格的独立。这些青年文化特征对于高校良好师生关系的形成，对高等教育教学过程都有积极的或消极的影响，高校教师必须给予关注。

总之，高等教育与基础教育、高等教育学与普通教育学存在联系但又有质的不同，必须研究、学习高等教育的特殊现象、特殊规律、特殊方法。例如：高等学校的教学内容是专业所必要的基础知识、技能，以及专业知识、技能，而不仅仅是普通的文化科学知识；教学方法应当适应大学生的生理和心理的特点；科学研究成为教学过程中的有机组成部分和学校的重要职能；由于大学生自主性、成熟性较中学生有了质的发展，大学德育的方法、大学教师的职责任务、大学和学院的领导与管理等方面，也都存在着不同于实施普通教育的中小学校。这些都要求高校教师加强高等教育学的学习和研究。

四、高等教育学的理论体系

目前，高等教育学已经发展成为教育学一级学科门类下的二级学科点，可以授予硕士、博士学位。它的主要分支有高等教育原理、高等教育经济学、高等教育社会学、高等教育心理学、高等教育管理学、比较高等教育学、高等教育史以及高等学校分科教学法等。

高等教育学的研究内容主要有：高等教育学的基本概念、学科性质与研究方法、历史发展、地位与作用、目的与功能、改革与发展的价值取向，高等教育制度，高等教育的结构与管理体制，高等教育的教育管理与科研管理、教育评价，高等学校的专业与人才培养目标，大学教师的任务与培养提高，高等教育的教育和教学过程的规律以及德育、智育、体育的内容与方法，等等。

改革开放以来,我国学者有的开展了中国特色社会主义高等教育学的理论研究工作,意在以马克思列宁主义、毛泽东思想、邓小平理论和“三个代表”重要思想为指导,以教育学、心理学、政治经济学、社会学、伦理学等学科为其理论基础,并在总结中国高等教育的实践经验,借鉴国外有益的经验与方法的基础上,逐步建立中国社会主义的高等教育理论体系。从已有研究成果来看,我国高等教育理论体系正在建设之中,它与世界高等教育的共同属性和普遍规律存在什么关系,普遍性与特殊性哪一种更居主导地位,尚有待研究。这也是大学教师在教育实践中需要关注的问题。

第二节 高等教育学的历史及学科性质

现代意义的中国高等教育始于京师大学堂,考虑到设立一所大学自然要提前考虑招生、课程设备、教学与学校管理的问题,因此,对高等教育的研究应该始于清末,至今应有一百多年的历史了。林金辉在《高等教育学学科建设的基本轨迹及其走向》一文中指出:“中国的高等教育研究可以从清末算起,至今已逾百年。当时,梁启超、张之洞、盛宣怀等都从不同角度提出一些关于高等教育的看法和主张。”[①]西方对高等教育的研究更早一些,1852 年英国红衣主教纽曼发表了《大学的理想》一书,1936 年美国的罗伯特·赫钦斯发表了《美国的高等教育》等。在 20 世纪五六十年代,我国高等教育研究处于停滞的时期,西方和苏联的高等教育研究正处于热潮。由于篇幅所限,本书重点介绍我国高等教育学科发展的历史轨迹。

一、高等教育学的历史

(一)民国时期的高等教育研究

民国时期,随着留学人员陆续回国,欧洲大学对中国大学的影响日深,对高等教育的研究也逐渐多起来。1919 年,《新教育》创刊,蒋梦麟担任主编,专设高等教育编辑组,由蔡元培、蒋梦麟、胡适、郭秉文等当时高教界知名学者组成,张伯苓后来也加入进来。1922 年,中华教育改进社在济南召开第一次年会,把高等教育专门列为第二组,参加该高教组讨论的有 18 人,提交的高等教育议案有 14 件,涉及的问题多数是针对高校内部的教学和管理所提的具体建议,这可能是中国高等教育史上最早的高等教育研讨会。1924 年,余毅公的《兴学救国》出版;1925 年,《教育杂志》社编辑出版了《大学校之教育》论文集,收录了陶孟和等

① 林金辉:《高等教育学学科建设的基本轨迹及其走向》,载《教育研究》2003 年第 2 期。

人的5篇论文。1929年，郑若谷的《明日之大学教育》论文集出版，收录了《大学教育的理想》等6篇论文。1928年，谢冰翻译出版了美国哈佛校长埃里奥特所著《大学之行政》一书；1927年，舒新城的《中国近代留学史》出版，该书于1929年和1933年两次再版。1932年，郑若谷翻译出版了美国教育家威尔铿斯的《大学教育新论》；1933年，洪秋雨翻译出版了《欧美大学生活》；1933年，孟宪承出版了《大学教育》。孟宪承的《大学教育》共分三章："现代大学的理想与组织"、"中国大学的发展"、"大学教育的问题"，由商务印书馆出版。抗战爆发后，高教研究成果继续不断涌现，其中很多都是对抗战期间高等教育发展中的各种问题的研究。抗战胜利后，高教研究的重点转移到战后高等教育重建工作上，大多高教研究成果以论文的形式发表。其中，1945年许孟瀛的译著《演变中之大学教育》，1948年檀仁梅的译著《美国大学课程的改造》，是这个时期重要的代表性成果。[①]

(二)建国初期的高等教育研究

新中国成立初期，我国的许多学者在借鉴苏联经验的基础上，对我国高等教育的目标、管理体制、教学改革等提出了具有影响意义的见解和建议。1953年起，高教部还曾出版了《高等教育通讯》，除了发布公告、交流经验之外，也发表了一些调查研究报告。1957年，厦门大学教育学教研室编写了一本《高等学校教育学讲义》。其后，由于众所周知的原因，高等教育学的研究陷入停滞不前，潘懋元先生回忆说："1958之后连普通教育学、心理学都挨批了，综合性大学也取消了这些课程了，还谈得上什么高等教育学？"[②]

(三)改革开放以来高等教育学学科的创立与发展

20世纪70年代末，我国进入了改革开放的新时期，社会环境发生了根本性的变化，高等教育事业也开始步入健康发展的轨道。1978年5月，我国的第一个专门的高等教育研究机构——厦门大学高等教育科学研究室成立，这标志着高等教育在我国成为一个专门的研究领域，从而开始了高等教育研究由非制度化向制度化的转变。1983年，高等教育学正式作为教育学科的二级学科被国务院学位委员会列入学科专业目录。1983年，人民教育出版社出版了潘懋元先生的著作《高等教育学讲座》，这本著作的内容主要是潘懋元先生在华中师范学院所作的部分学术报告。1984年，潘懋元先生主编的《高等教育学》正式出版，这是我国第一部高等教育学专著，标志着我国高等教育学学科体系的确立。

继潘懋元先生的《高等教育学》出版之后，1985年郑启明、薛天祥教授主编的《高等教育学》问世，成为我国第二本高等教育学专著。1990年，田建国著述

① 参见李均《民国时期高等教育研究述论》，载《学术研究》2004年第10期。

② 潘懋元：《高等教育学讲座》，人民教育出版社1985年版，第3页。

的《高等教育学》出版。这些著作,都从不同的角度对高等教育学的学科体系进行了探讨。此后一直到20世纪末,高等教育界对高等教育学的学科性质、研究对象、概念体系、逻辑体系、学科结构、研究方法等学科建设基本问题展开了深入的理论探讨。进入21世纪,高等教育学研究日渐成熟和繁荣。全国的高等教育学硕士点、博士点日渐增多,高等教育的研究机构、研究人员不断扩大,高等教育的研究刊物、研究成果在数量和质量上都有了较大程度的发展。研究领域涉及高等教育哲学、高等教育经济学、高等教育社会学、高等教育管理学、比较高等教育学、高等教育法学、高等教育心理学、高等学校课程与教学等。

二、高等教育学的学科性质

在高等学校,学科和学科建设是常用的词汇,但什么是学科?高等教育学是不是学科?是什么样的学科?却不是一句话就能说清楚的。与"学科"相对应的英文单词是discipline,意指知识的分支或教学科目。《现代汉语词典》将学科定义为:"按照学问的性质而划分的门类","学校教学的科目"[①]。是不是所有的教学科目都可以称为"学科"?一般而言,在学术界比较权威的衡量一门学问是不是学科的标准有三条:要有特殊的研究对象,要有完整的理论体系,要有公认的专门术语和方法论体系。有的还加上要有代表性的人物和代表著作。[②] 按照这样一个标准,高等教育学有其独特的不可替代的研究对象,目前高等教育学也有其比较成熟的理论体系,但高等教育学和整个教育学学科的发展相似,缺少专门术语和特有的、独特的方法论体系。因此,从严格意义上说,高等教育学是一种特定的研究领域,是正在走向成熟的学科。[③]

在教育实践中,人们已经把高等教育学视为一门独立的学科。在1997年国务院学位委员会颁布的《授予博士、硕士学位和培养研究生的学科、专业目录》中,把教育学列为12个学科门类之一,高等教育学是教育学的二级学科。目前,在高等教育界,关于高等教育学的学科性质有以下几种观点[④]:

(一)认为高等教育学是"应用学科"

持这种观点的学者认为,高等教育学是一门实践性、综合性很强的应用学科。其理由是普通教育学在客观上已经为高等教育学奠定了较为厚实的理论基

① 中国社会科学院语言研究所词典编辑室:《现代汉语词典》,商务印书馆2005年版,第1547页。

② 参见潘懋元《关于高等教育学学科建设的若干问题》,载陈学飞编《中国高等教育研究50年》,教育科学出版社1999年版,第178页。

③ 参见潘懋元《关于高等教育学学科建设的若干问题》,载陈学飞编《中国高等教育研究50年》,教育科学出版社1999年版,第178页。

④ 参见李硕豪《高等教育学学科性质辨析》,载《高等教育研究》2002年第1期。

础。如果高等教育学也同普通教育学一样作为平行学科，以探讨教育基础理论为主，就难免会出现重复，高等教育学学科发展的根本目的在于解决实际问题。

(二)认为高等教育学"主要是应用学科"

持这种观点的学者认为，高等教育学基本上属于应用性学科。它的任务在于应用教育学的基础理论和教育科学中的技术理论以及相应的方法和技术，来认识和解决高等教育中的各种问题。但由于当前作为高等教育学基础的各门教育学科的不成熟性和不完善，它还要同时进行一部分基础理论研究。此外，高等教育学已分化出了诸如高等教育经济学、高等教育社会学、高等教育史、高等学校教学论、课程论、德育论、美育论、科研论等分支学科，而且分化的速度在加快。相对于分支学科而言，高等教育学具有基础性学科的性质；相对于普通教育学而言，它更多地具有应用学科的性质。因此，高等教育学主要是应用学科。

(三)认为高等教育学是"应用理论学科"

持这种观点的学者认为，在教育科学体系这个大框架中，高等教育学作为教育的一门分支学科，是在纵向上将教育的一般原理应用于高等教育研究领域之中而产生的对高等教育的特殊认识结果，因而是一门应用学科。从另一个角度看，高等教育学虽然是教育基本理论的一门应用学科，但它却是从理论到实践、从抽象到具体之间的认识长链中的一个环节，并且仍然属于其中的理论环节，而不是实际操作环节。高等教育学需要关注高等教育的基本概念、理论体系的构建，是在高等教育认识领域中对教育基本理论的扬弃和动态发展。因此，高等教育学是应用理论学科。

(四)认为高等教育学的学科性质具有相对性

持这种观点的学者认为，高等教育学相对于教育学来说，是一门理论性较强的应用学科，是研究高等教育特殊规律和高级专门人才培养规律的学科。相对于它的分支学科来说，是一门应用性较强的基础学科，它有比较系统的现代高等教育理论，对其他高等教育分支学科有较强的指导作用。

关于高等教育学的学科性质，我们认为它是一个综合性学科。潘懋元先生曾概括说："高等教育学就其总体说，它是一门应用性学科，而就其研究任务说，既有应用教育基本理论以认识高等教育现象，解决高等教育问题的任务，又有以其研究成果来丰富和发展教育基本理论的作用。高等教育的研究工作，大量的应是应用性、开发性的研究，但也必须重视理论研究，包括应用性理论和基本理论研究。"①

---

① 潘懋元:《关于高等教育学学科建设的若干问题》，载陈学飞编《中国高等教育研究 50 年》，教育科学出版社 1999 年版，第 178 页。

第三节 高等教育学的研究方法

在我国，高等教育学作为一门学科已为人们所接受。按照学科的标准，高等教育学应该有其独特的方法论体系。但是，在关于高等教育学是否具有自己独特的研究方法问题上，目前高教界存在着两种不同的观点。一种观点认为，高等教育学没有自身独特的研究方法。高等教育研究并没有自己特有的方法，它主要是借用了教育研究的方法，而教育研究方法又是借用了通用的社会科学研究方法以及某些自然科学研究方法。美国学者阿尔特巴赫也曾评论说："应当特别注意的是，高等教育研究并没有专门的方法论，这既是其长处，也是其不足。说这是长处，是因为高等教育的研究方案可以对大量的学科和运用各种不同方法的研究者开放，而使之不局限于任何一种方法论或意识形态上的传统做法。但同时也应当注意，通常来说，这种边缘性的研究领域缺乏方法论或科学上的严密性，从而使人无法提供精确的概括。"①另一种观点认为，高等教育学有而且必须有其独特的研究方法，否则，它就只能停留在一个研究领域的水平，不可能成为一种显学和独立的学科。就目前的实际情况看，高等教育学并没有形成其独特的研究方法论和具体的研究方法，以后随着学科的发展与成熟是否能够或者是否有必要建构起自己的独特的方法论体系，确实是值得读者思考的问题，在此我们不作特别的讨论。

一、高等教育学研究方法概述

在学术界，一般认为科学研究方法按其地位可分为上、中、下三个层次：上层为哲学方法论，中层为一般科学研究方法，下层为适应于某些科研领域或某种科学分支甚至某个科研课题的特殊的研究方法。高等教育学研究方法体系也可以从这三个层次展开讨论。

（一）哲学方法论

"哲学"这个词在希腊语中是"爱智慧"的意思，"方法"一词在希腊语中为"沿着道路"的意思。方法论一般是指关于方法的本质及其发展规律的理论或学说。也就是说，方法论是论方法的系统知识，它把方法作为直接对象而从理论上进行系统研究和梳理。方法论研究方法的性质、作用和发展规律，研究不同方法之间的差别和联系，研究每一种方法在方法系统中的地位以及正确运用各种方法所必须遵守的基本程序和原则等。哲学方法论则是在一定哲学原理或哲学世界观

---

① 朱国仁：《关于高等教育学的研究对象、体系与方法的思考》，载《教育研究》1997年第2期。

的指导下，在社会实践中逐步总结出来的关于认识事物和解决问题的根本方法的理论。例如，坚持辩证唯物主义的世界观和方法论，你就会坚持一切从实际出发，实践是检验真理的唯一方法。如果你坚守理性主义的方法论，可能会认为表象和经验是不可靠的，要靠理性才能把握事物的真理。[①]

(二)一般科学研究方法

它是指科学研究的思维过程中所运用的方法，是指科学理论研究的基本方法。它是科学研究中经常运用的最一般的科学思维方法。比如，分析与综合、归纳与演绎、从抽象到具体、从具体到抽象等。

(三)具体研究方法

具体研究方法即第三层次研究方法，是指具体研究程序和针对特定对象所采取的具有技术性的具体方法，并随特定研究对象的不同而不同。从研究步骤而言，一般应遵循"确定问题→制订计划→收集资料→分析资料→推导结论→撰写研究报告"的工作步骤。当然在实际的研究过程中，可以省略一些步骤。具体的研究方法则主要有观察法、文献法、比较法、历史法、实验法、调查法等。

(四)多学科整合的高等教育研究

近年来，高等教育研究方法越来越呈现出丰富多彩的特征。伯顿·克拉克等著的《高等教育新论——多学科的研究》(王承绪等译，浙江教育出版社 1988 年版)就是一部这种趋势的代表作。它采用了社会科学方面的观点，从多学科的角度对高等教育进行观察，进而在研究方法上有了新的突破。该书主要从八个观点，即历史的观点、政治的观点、经济的观点、组织的观点、文化的观点、社会学的地位的观点、科学社会学观点和政策分析的观点出发，分别从多学科的角度来对高等教育进行观察、研究，为高等教育的研究开辟了一个新的思路。

二、高等教育研究问题的确定

从事高等教育研究首先要有问题意识，也就是要在从事高等教育教学或者研究中，对高等教育事实、现象进行考问、反思。在确定把某一高等教育问题作为研究对象，并决定进行研究之前，要反复思考：你研究的问题是否具有实践意义和理论意义？比如，要从事"大学生的发型与高等数学成绩的相关性研究"就没有多少意义。在确定了研究问题的意义之后，还要多问自己几个问题：你计划研究的现象是什么？你的研究问题是什么？你所研究的问题中重要概念的定义是什么？你研究问题的覆盖面有多大？通过研究你想找到什么？你计划如何去找？你从事这项研究的目的是什么？在高等教育研究中，确定研究问题一般要

---

① 参见刘冠军《哲学方法论论纲》，载《理论学刊》2001 年第 6 期。

坚持以下三个原则：

(一)价值性原则

选题要有研究价值，具体表现为：其一，选题要有方向性，要能促进教育教学的发展，产生有益的价值；其二，选题要有针对性，要切合实际情况，能针对教育教学中的不良倾向、薄弱环节和突出矛盾；其三，选题要有普遍性，要考虑其研究成果是否具有客观规律性和推广的普遍性，普遍性越强，课题的社会价值就越大。

(二)创新性原则

教育科研的目的是要认识前人没有认识或没有充分认识的教育规律，解决他人虽然认识但还没有解决或没有完全解决的教育问题。课题的创新可分为三个层次：一是独创性，这是高层次的创新课题，要提出没有人提过的新问题，开辟无人涉及过的研究领域等；二是再创式，这是中层次的创新课题，是对别人已有研究课题分解、创造后再生出的新课题，是将已有的研究课题运用到新领域、新学科后在某方面有所创新；三是自创式，这是低层次的创新课题，它只要求对自己而言是前所未有的，对自我发展有利的，但并不要求对社会对别人有什么创新价值。

(三)可行性原则

要求选择具备一定条件、通过主观努力可以顺利研究的合适课题。这就要看研究者的主客观条件是否具备(主观条件指研究者多方面的内在素质，客观条件指课题研究需要的外部支持等等)，要看课题的难易大小是否合适(就一般规律而言，选题应从易到难，从小到大)。

三、高等教育学研究的基本方法

高等教育的研究方法和其他社会科学学科的研究方法一样，有很多种，有一些是高校教师在从事教育教学改革中需要掌握的基本方法，有一些是专门从事高等教育研究需要运用的，在这里我们主要介绍几种常用的方法。在运用教育研究方法开展高等教育研究时，一定要有实事求是、严肃认真、对高等教育事业负责的态度和精神。

(一)分析法与综合法

就是要把研究对象分解为各个组成部分和要素，然后加以研究，从而认识事物的属性和本质的方法。当然要最终达到揭示事物本质的目的，认识只停留在分析阶段还不够，这就要用到综合的方法。综合法就是把研究对象的各个部分、方面和因素联系起来加以研究，从而在整体上把握事物的本质和规律。可见分析与综合是不可分离的整体，分析是综合的基础，没有分析就没有综合，综合是分析的发展。在高等教育研究中，当新的事实与原有理论发生矛盾时，认识过程又会重新在新的层次上转入分析。我们的认识就是沿着这种“分析—综合—再分析—再综合”的轨迹不断前进的。

(二)归纳法与演绎法

归纳法是指从个别事物概括出一般原理，从许多个别材料中概括出普遍结论的方法，其主要环节是归纳推理。其特点是，通过对大量现象进行观察、实验、调查和统计，然后进行分类整理，从中概括出有关概念的内在联系，再把它组织或表述为理论。基本思路是：观察—分类—概括—验证。演绎法则是从一般原理引出若干事物结论的思维方法，是从一般到特殊的思维运动。运用演绎法，要求从基本命题开始，通过逻辑推理推导出研究对象的逻辑结构。推导程序为：前提命题—推导结论—验证—具体问题。

(三)文献法

教育文献资料包括书籍、报刊、手稿、音像、软盘和光盘等，这些资料大部分集中在图书馆系统。为了正确、迅速地找到所需的文献资料，必须了解图书系统的分类与编目，了解文献检索的工具。一般来说，文献查阅的过程包含四个步骤：查阅初步资料(检索工具)；利用间接资料(第二手资料)；阅读原始资料(第一手资料)；综合文献(文献评论或综述)。

就文献检索的实际操作来说，主要有常规检索法和跟踪检索法。常规检索法指利用题录、索引、文摘等检索工具查找所需文献的方法，它可以采用按时间顺序由远及近地进行检索，也可以逆着时间顺序由近及远地进行检索。顺查法适用于主题复杂、范围较大、时间较长的课题研究。逆查法适用于检索最新的课题。跟踪检索法是以著作和论文最后的参考文献或参考书目为线索，跟踪查找有关主题文献的方法。这种方法不需要检索工具，针对性较强，能以“滚雪球”的方式扩大检索范围，获取文献，方便迅速。此法一般在检索工具缺乏的情况下使用，更多地为在教育教学实践第一线的老师所采用。

随着计算机网络的迅速发展，学会从网上查阅资料、传递文件，以获取最新的信息，已是刻不容缓。电子资源文献检索的基本途径和方法有以下的几个方面：(1)网上浏览，通过计算机并运用 Google、百度等搜索工具可以从网上检索相关的信息资料，也可以随时进入国内外著名大学、研究机构、图书馆的信息系统获取资料，需要注意的是要对网上信息的权威性进行认真考证。(2)图书馆电子信息资源。一般大型的综合性图书馆都逐步建立起计算机文献检索系统，并提供信息服务。研究者只要在计算机上输入检索要求，计算机即刻就会列出有关的书目、篇名及其出处。计算机检索的输入要求可以是：作者、书名或篇名、关键词等，其中用关键词检索是最方便、最常用的检索方式。计算机检索的途径有以下几种：联机检索，光盘检索（CD—ROM），网上检索（Internet），等等。

（四）调查法

调查方法是指运用观察、问卷、访谈等研究方法，系统地从研究对象获取资料信息，然后对获取的资料信息进行统计分析，发现问题，获得对研究对象的规律性认识的方法。教育调查法按照不同的分类标准可以分为几种类型。如果按照调查对象的范围分，可以分为典型调查、普遍调查、抽样调查、个案调查和专家调查等。按调查的内容，可分为学科性的典型调查、反馈性的普遍调查和预测性的抽样调查。[①]

普遍调查是对调查对象的总体一个不漏地进行调查，以收集某一高等教育现象的全面情况。这种方法全面、真实、可靠，但成本高，规模大，难以实施。

重点调查是在调查对象中，选择一部分重点单位作为样本进行调查。重点调查的重点单位，通常是指在调查总体中具有举足轻重的、能够代表总体的情况、特征和主要发展变化趋势的那些样本单位。比如，以北京大学为重点对象，研究世界一流大学建设情况。

典型调查也是一种非全面调查，它是从众多的调查研究对象中，有意识地选择若干个具有代表性的典型单位进行深入、周密、系统的调查研究。比如，从部属、省属、市属高校中抽取典型单位进行分析。抽样调查，按照一定的方式，从被研究的对象总体中选取一部分作为样本，对其进行调查研究，然后把这一部分调查研究的结果推论到总体中去，从而得出总体结论的方法。所谓一定的方式就是指不同的抽样方法。

抽样调查的方法主要有：(1)随机抽样：如抽签、摸球、随机数字表抽样等。(2)系统几率抽样：把调查对象全部按顺序排列起来，有规律地分段抽取一部分单位作为样本。(3)分层抽样：先把总体按一定标准分成不同类型或层次，然后从各种不同类型中随机抽取若干单位组成样本。

运用调查方法要注意以下几个问题。

在实施调查时，要有明确的研究目的，要提前设计好调查方案，要选取与研究问题有说服力的调查对象。无论是使用问卷调查，还是使用电话访谈或面对面访谈进行调查，事先要设计好要提问的问题。设计的问题要符合以下几个方面的要求：(1)问题要有目的性、针对性，与研究的课题、假设直接相关。(2)题目要清楚，使用的术语要使调查对象听明白、看明白，尽量避免使用技术性的专业术语。(3)一个题目只准包含一个问题。(4)防止使用价值导向性的问题。(5)避免提问对调查对象带来职业压力的问题。(6)问题要符合调查对象的社会

---

① 参见裴娣娜《教育研究方法导论》，安徽教育出版社1995年版，第158页。

和职业背景。(7)题目尽可能地简单。(8)调查题目的答案应该是穷尽的。

(五)观察法

观察法是指研究者(观察者)带着明确的目的,凭借自身感官(如眼、耳等)及有关辅助工具(观察表、录音、录像设备等),直接从教育情境中收集资料的一种教育研究方法。依据不同的分类标准,观察法可以划分为不同的类别。

1. 直接观察和间接观察

按观察时研究者是否借助于仪器可将观察分为直接观察和间接观察。直接观察就是凭借自身的感官直接感知外界事物的方法。间接观察是指观察者借助录音机、摄像机等工具进行观察活动的方法。

2. 参与观察和非参与观察

按观察时研究者是否参与研究对象的活动,可以分为参与观察与非参与观察两类。参与观察是研究者参与到被研究对象所在的群体或组织中去进行观察,并参与他所观察的活动。参与方式可以是隐蔽或改变自己真实身份的完全参与观察,也可以是不改变自己身份进入观察的不完全参与观察。非参与观察是指研究者不介入被观察者的活动,而只作为一个旁观者置身于他所研究的课堂情境之外所进行的观察。

3. 结构观察、准结构观察和非结构观察

按观察方式的结构化程度可以将课堂观察分为结构观察、准结构观察和非结构观察三大类。结构观察是研究者根据研究目的事先拟定好观察计划,确定使用的结构性观察工具,并严格按照规定的观察内容和程序实施的观察。准结构观察是介于结构观察与非结构观察之间的一种过渡类型,即有一定的结构,但其记录不是以数据的形式体现,而是文字或其他。非结构性观察是对观察的具体项目、观察的进程、步骤等不作严密的设计,记录也不采用标准化方式的一种观察方法。非结构性观察没有任何统一的、固定不变的观察内容和观察表格,完全依据现象发生、发展、变化的过程所进行的自然观察,多采用参与观察的方式进行,其观察的结果也不具有统一的形式,观察所得到的资料通常只能进行定性的分析。非结构性观察在没有预先划定范围和记分标准情况下进行,只是对观察对象的行为表现和当时的情景作多方面的描述和记录,它一般作为其他研究方法的辅助手段,主要应用于研究的早期阶段。这种无结构的观察是实地研究中最主要的观察方法。

4. 定量观察和定性观察

按收集资料本身的属性来划分,可以分为定量观察和定性观察两类。定量观察是按事先设计的一套明晰而严密的"计量系统"实施的观察。这套系统包括:观察的项目构成、对象范围、记录单位及其分析工具。观察的结果呈现形式与分析手段都是量化的。定性观察是指导者对课堂教学进行的一种扩散性观察。研究者观察前大致勾勒一个粗线条的观察思路，在观察过程中对课堂教学作尽量详尽且原本的(而不是转述的)记录，并在观察后根据回忆对记录加以必要补充与完善。观察结果的呈现形式是描述性的，分析手段也是质化的。两者各有优点，也各有缺点，可以结合起来使用。对于预先设定的若干观察项目，我们不仅要计算它的频率、持续时间，也要读出它的意义，还可以对相关的事件作客观描述。

进行教育观察的具体方法多种多样，每一种方法都有自己的使用范围，每一种方法都有自己的优点和局限性。在具体运用中要综合考虑，根据实际情况加以应用。在运用观察法时，一要注意观察者的活动尽可能不要影响被观察者正常活动。二要尽可能保持价值中立，观察结果不受观察者个人喜好的影响。

(六)历史法

对事物发生、发展和消亡的历史过程中各方面事实作详尽的调查，并对其发生、发展和变化过程作全面的分析，从而在了解对象的历史与现状的基础上，鉴往知来，揭示其本质和规律的方法。比如，最近二十年以来，公众对高等教育最关注的问题是什么?

运用历史方法进行高等教育研究，要遵照历史唯物主义的一般原理，唯物地、发展地、具体地、全面地考察研究对象，以作出科学的结论和评价。要从事实出发，重证据；要以发展的观点看待研究对象，把事实材料放在当时历史的客观情境中进行分析考察；要具体地考察研究对象，不要模棱两可，又要把研究对象放在整个历史过程中进行具体分析，同时要认真地分析考察研究对象的每个方面，不要以偏概全。历史方法的步骤主要包括：收集史料→鉴别史料→研究史料→得出科学结论等几部分。

(七)比较法

所谓比较法，是根据一定的标准，对某类教育现象在不同情况下的不同表现，进行比较研究，找出教育的普遍规律及其特殊本质，力求得出符合客观实际结论的方法。这种比较必须具备三个条件，即必须存在两种以上事物；这些事物必须有共同的基础；这些事物必须有不同的特性。比较法包括以下四种类型：

1. 纵向比较

纵向比较是对同一事物的历史形态进行比较。这类比较使我们不仅从相对稳定状态来研究事物，而且还从发展变化状态来研究事物。纵向比较不仅适用于一个国家或一个地区，而且也适用于一个人。比如1998～2007年高等学校生均预算内事业费的比较。

2. 横向比较

横向比较是对同时并存的事物进行的比较。比如 2007 年山东、江苏、广东三省高等学校生均预算内事业费的比较。

3. 同类比较

同类比较就是对两个或两类性质相同的事物所具有的特征加以比较，在比较中寻找事物的共同点。比如，甲、乙省同属沿海经济强省，甲省党政领导重视发展高等教育，高教强省战略效果明显。乙省的条件与甲省的条件差不多，因此，乙省也应采取积极措施，发展高等教育。

4. 相异比较

相异比较是对两个或两类性质相反的事物或一个事物的正反两方面加以比较。即比较两个事物的不同属性，从而说明两个事物的不同。

运用比较法的步骤一般包括：明确比较的主题，即知道比较什么；提出比较标准，即把比较对象的材料按可能比较的形式排列起来，比较的概念要明确化，比较的数据要精确化；解释比较的内容，即对所比较的事实、数据进行充分的研究，说明为什么是这样而不是那样，分析形成这一事实的原因、理由和因素；作出比较的结论即对比较对象的材料、情节进行全面分析研究，从而作出结论。

运用比较法的要求：一要注意事物之间的可比性；二要注意比较的广泛性；三要不仅比较事物的现象，更重要的是比较事物的本质；四要把比较法与其他研究方法结合起来。

(八)实验法

实验研究是根据研究目的，运用一定的人为手段，主动干预或控制研究对象的发生、发展过程，通过观察、测量、比较等方式探索、验证所研究现象因果关系的研究方法。比如，改变课堂教学方法，观察学生学习效果是否因教学方法的改变而变化。

从不同的角度，实验研究可以有不同的分类。按实验目的，可以分为探索性实验、验证性实验和推广性实验；按实验分析方法，可以分为定量研究实验和定性研究实验；按实验场所，可以分为现场实验(自然实验)和实验室实验；按实验自变量的多少，可以分为单因素实验和多因素实验；按实验控制程度，可以分为前实验、准实验、真实验；按实验被试选择的方式，可以分为单一被试实验和成组实验；按实验设计的组织形式，可以分为单组实验、等组实验、轮组实验。具体方法的应用可参考有关教育研究方法的书籍，本书不再赘述。

(九)个案研究法[①]

个案研究法指采用各种方法,搜集有效、完整的资料,对单一对象进行深入细致的研究。通常个案研究是对特定的人、事、物所进行的描述和分析,研究对象可以是一个人、一个机构、一个社会团体等,资料搜集可以采用查阅档案记录、问卷、测验、访谈、观察等方式。

1. 个案研究的基本步骤

个案研究的过程,从实际操作程序上可分为下列六个步骤。六个步骤是互相联系的整体,前一步骤是后一步骤的基础,一旦哪个步骤出现问题,可以返回到前一步骤,重新探究。个案问题解决程序见图 1-1。

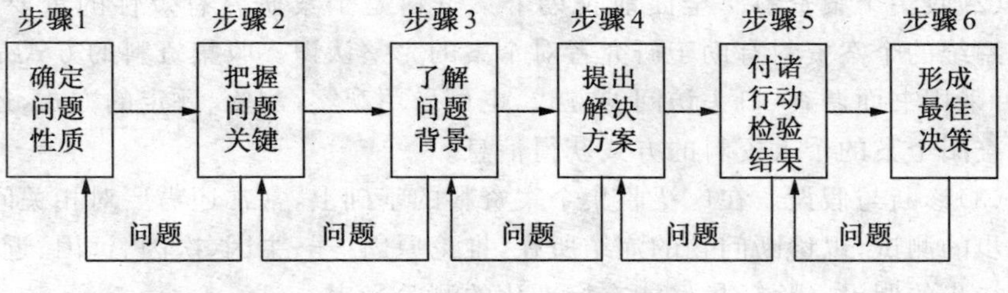

图 1-1 个案问题解决程序

(1)确定问题性质。问题是什么?必须加以确认及界定。有时候问题性质并不如问题表面上所显示得那么明显易察,因此确认问题性质时,研究者不要“以偏概全”来界定问题性质。

(2)把握问题的关键。问题的关键是什么?必须透过资料的收集,根据问题的性质找出相关资料,再加以核对、评估及分析,进而确定问题要解决的答案。

(3)了解问题背景。个案问题的发生有其独特的背景和原由,实际问题的状况与理论上或理想上的普遍情况不尽相同,其间会有差距。因此研究者必须通过各种渠道了解问题发生的过程、条件,了解个案的内在动机和社会环境等外在因素。

(4)提出解决方案。为了达到解决问题的目的,研究者可以根据过去处理类似问题的经验及方法提出处理意见,也可以独特的创新方式,提出解决问题的方案。

(5)付诸行动,检验结果。解决问题的方法会有许多,这些方法中哪些富有实效则要在行动过程中加以检验。当解决问题的方法无效或出现新问题时,可

---

① 资料来源:http://ccejpkc.ecnu.edu.cn/dedu/fwyl/books/《教育调查》/第八章-个案调查法.doc/2008-3-31.

以回到前一步骤，重新探究解决问题的方法。就这样不断地循环重复，直至问题的最终解决。

(6)形成最佳决策。研究者在比较评价各种结果的基础上，选择解决问题效果最好的方法形成最佳的研究决策。

2. 个案研究活动的基本过程

(1)确定研究对象。研究者应根据个案研究的目的和内容以及对个案问题行为的界定，选择典型的人或事为研究对象。例如，研究的目的是了解智力超常学生的特点，探索智力超常学生的成长规律，那么就应该选择智商高的、学习成绩出众的学生作为研究对象。

(2)收集个案资料。全面地收集个案资料是个案研究有效性的重要保证。全面系统的个案资料有助于研究者对个案的完整认识。收集资料的方式是多样的，可采用书面调查、口头访问的方式，也可采用观察、测验、评定的方式，还可以通过查阅个案的个人资料的方式获得信息。

(3)诊断与假设。在广泛收集个案资料的基础上，常常还需要对相关问题作进一步的测试，以诊断问题的症结所在，推论原因——主因、次因、远因、近因等，形成初步的假设。诊断最好能有标准化的测验量表。

(4)个案分析与指导。个案研究收集到的资料往往比较粗糙、琐碎，难以直接解释问题，因此需要用逻辑思维的方式对有关资料进行理性的加工。个案研究不仅仅要提出研究的问题，还需要提出解决问题的策略和指导性意见。

(5)实施个案指导。通过跟踪、观察、记录等方式验证先前的诊断和假设。在个案研究的诊断与假设、分析与指导过程中难免会有错误的判断和推论，因此需要在实际的个案实施过程中，通过多方面的信息和资料来检验先前主观推断的合理性。

(6)形成结论。对个案的表现进行讨论和评估，提出建议，得出结论，撰写个案研究报告。个案研究除了收集个案相关资料外，还需与个案进行沟通，以达到辅导、咨询、解决问题的目的。沟通方式可以是一对一的，也可以是多对一的。沟通形式可以是正式场合，也可以是非正式场合。在沟通过程中，研究人员要特别关注个案的非语言信息，如动作、表情等，以了解个案反映的真实性。

个案研究毕竟是定性研究，无论是个案资料的收集，被试个人的陈述，或是他人的判断，以至研究者的决策，都不能避免主观因素的影响。如果判断错误或处理不当，将使被研究者蒙受莫大的损失，这是值得注意的。

(十)行动研究法

行动研究法关注的不是学科理论问题，而是教师们日常教学生活遇到的和亟待解决的实践问题。行动研究不囿于某一学科的主张或某一种理论知识，而是利用各种有助于解决实际问题、提高行动质量的经验、知识、方法、技术和理论。它关注的是特定情境中特定的问题，不重视研究结果是否可以类推到其他不同情境，也不强调研究变量的控制及操作的问题。行动研究主要在于解决特定问题，不论研究场所是否在一个教室还是在多个教室，教师始终是行动研究的主要研究者。行动研究的价值虽然对推动科学进步助益不大，但是其解决问题以及应用的即时性，对于解决教育实际问题提供了一种有效而科学的方法。[①]

对于行动研究的实施步骤，从事教育科学研究的学者提出了各自不同的看法，比较有代表性的模式类型是四环节模式和六步骤模式，本书主要介绍这两种行动研究的模式。[②]

1. 四环节模式

四环节模式即"计划—行动—考察—反思"四个循环阶段。

(1)计划。计划始于解决问题的需要和设想，以及他们掌握的有助于解决问题的知识、理论、方法、技术和各种条件的综合。"计划"包括总体计划和每一个具体行动步骤的设计方案。

(2)行动。行动即实施行动计划。在行动过程中，随着研究者对问题认识的逐渐明确，以及行动过程中各种信息及时的反馈，不断吸取参与者的评价和建议，对已制定的计划可在实施中修改和调整。

(3)考察。考察的内容有：行动背景因素以及影响行动的因素；行动过程，包括什么人以什么方式参与了计划实施，使用了什么材料，安排了什么活动，有无意外的变化、如何排除干扰；行动结果，包括预期的与非预期的，积极和消极的；搜集三方面的资料，即背景资料、过程资料、结果资料。考察要灵活运用各种观察技术以及数据、资料的采集和分析技术，充分利用录像、录音等现代化手段。

(4)反思。反思是行动研究第一个循环周期的结束，又是过渡到另一个循环周期的中介。这一环节包括：整理描述，评价解释，写出研究报告。

2. 六步骤模式

六步骤模式即"预诊—收集资料初步研究—拟定总体计划—制定具体计划—行动—总结评价"六步骤模式。

(1)预诊。这一阶段的任务是发现问题。对学校工作中的问题进行反思，发现问题，并根据实际情况进行诊断，得出行动的最初设想。

(2)收集资料初步研究。这一阶段成立由教研人员、教师和教育行政人员组成的研究小组对问题进行初步讨论和研究，查找解决问题的有关理论、文献，充

---

① 参见郑金洲《行动研究：教师教育科研的定位》，载《人民教育》2004 年第 3～4 期。

② 资料来源：http://www.nxycedu.com/Jszy/Jxyj/20080305083141_2.html/2008-3-31.

分占有资料，参与研究的人员共同讨论，听取各方意见，以便为总体计划的拟定做好诊断性评价。

(3)拟定总体计划。这是最初设想的一个系统化计划。行动研究法是一个动态的开放系统，所以总体计划是可以修订更改的。

(4)制定具体计划。这是实现总体计划的具体措施，它以实际问题解决的需要为前提，有了它，才会导致旨在改变现状的干预行动的出现。

(5)行动。行动是整个研究工作成败的关键。这一阶段的特点是边执行、边评价、边修改。在实施计划的行动中，注意收集每一步行动的反馈信息，可行的，则可以进入下一步计划和行动。反之，则总体计划甚至基本设想都可能需要作出调整或修改。这里行动的目的，不是为了检验某一设想或计划，而是为了解决实际问题。

(6)总结评价。这是对整个研究工作的总结和评价。这一阶段除了要对研究中获得的数据、资料进行科学处理，得到研究所需要的结论外，还应对产生这一课题的实际问题作出解释和评价。

行动研究采用的具体的技术与方法很多，比如个案研究、现场记录、教学日志、问卷、访谈等都是人们常常采用的方法。

第四节　学习高等教育学的意义

高校教师为什么要学习高等教育学，获得了硕士、博士学位，拥有了专深的学科专业知识、有科研能力不就能当好大学教师吗？以前并没有对青年教师进行高等教育学培训，不也成长出许多好教师吗？这可能是高校教师比较普遍的想法，下面结合高等教育实际谈谈我们的想法。

一、为什么要学好高等教育学

(一)高校教师从事高等教育教学工作要懂得高等教育活动的规律

在高校从事教育教学工作或者从事教育管理工作，学习和研究高等教育学，有助于大家正确地认识高等教育规律，自觉地掌握高等教育规律、运用高等教育，为指导教育实践提供理论根据。在过去的很长一段时间，我们高校教师并不重视研究、学习高等教育学主要凭借经验进行教学工作。有的青年教师从第一堂课开始就摸索教学规律，在高校从教几十年后，积累了经验，成为受学生欢迎的教师，但这样的实践可能要牺牲几代人的学习才能摸索出来。有的高校教师学问做得很好，摸索了几十年，也没有形成自己的教学风格，教学效果不理想，学生们评价，有学问但道不出来，究其原因，就是缺乏对高等教育教学规律的学习和研究。我们不否认,在高等教育实践中,有的教师没有系统学习过高等教育学,靠自己的摸索成为了优秀教师,但这种成长周期比较长,会牺牲很多届学生的成长利益。此外,如果有高等教育规律的指导,善于总结教学经验,这些教师可能会更加优秀,其成熟的周期会缩短,会令更多的学生受益。

教学工作既是一门科学,又是一门艺术,作为高校教师要把自己的知识、技能有效地传授给学生,不懂得教学规律、教学原则和教学方法,就很难做好教学工作。目前的高校教学,大多以讲授为主,注重知识灌输,很少采用研讨式、案例式教学,培养的学生分析解决实际问题的能力、思维能力、创新能力不足,难以适应社会发展的需要。这种现状在很大程度上,是因为教师忽视了高等教育规律的学习和研究所致。对于大学的学科教师而言,具有渊博的专业知识,只是解决了教什么的问题,而只有掌握了高等教育教学规律,才能解决怎么教的问题。大学的学科教师,应该既是本学科领域的专家,同时又应该是教育家。

高校教师相对中小学教师而言,在教学方法、教学组织形式、教材编写与选用等方面具有更多的课程与教学自主权。仅就教材的选择与编写而言,选择或者编写一本好的教材或讲义,必须在学科知识的组织与结构、思想文化内涵、符合大学生的心理发展规律程度、语言与图表、与高校教学条件的适应性、与教师和学生使用的适应性等方面加以分析和考虑,如果没有高等教育知识的指导,很难做到完善。

近年来,西方发达国家非常重视大学教师的职前培养工作。在英国,具有高级学位的新任讲师,必须参加各科教学法训练班。训练班的时间根据本人的情况长短不一,最短 3 天,长者 3 个月。伦敦大学要求新任教师在 1 年制或 2 年制教学法训练班学习各科教学法和课程设计之后,才能在大学里任课。在日本,也很强调高校教师要掌握教育科学,他们认为一个大学教师,最好既是学科专家同时也是一位教育家。日本的物理学年会,每次都有"物理教育"专场报告会,日本的许多大学把教学研究作为科学研究的一个重要领域。美国的大学教师选聘重视学历和科研能力,但要经过试讲才能录用。除教育院系的教师以外,美国高校的教师受过教育专业训练的不多,但近年来许多学校在试图改变这种状况。

(二)高校教师从事教育教学改革和研究需要学习高等教育学

近年来,国家高度重视高等学校教学工作。1994 年,国务院颁布了《教学成果奖励条例》,鼓励高校教育工作者从事教育教学研究,提高教学水平和教育质量。条例规定:教学成果奖分国家级与省级。教学成果指反映教育教学规律,具有独创性、新颖性、实用性,对提高教学水平和教育质量、实现培养目标产生明显效果的教育教学方案,各级各类学校、学术团体和其他社会组织、教师及其他个人,均可以按照国家教学成果奖励条例申请教学成果奖。这是国家鼓励高校教师提高教学质量、推进教学改革、开展教学研究的重要举措。但高校教师开展教育改革实践研究，如果没有理论的指导，实践难以取得成功，也缺乏系统性、科学性、整体性。如果改革的经验不能提升到理性的层面，也很难具有推广性、借鉴性。因此，无论是从事日常教学工作，还是有志于从事系统的教育教学改革研究与实践，都需要学习高等教育学。

(三)高校教师专业化发展同样需要学习高等教育学

1966 年，联合国教科文组织和国际劳工组织在《关于教师地位的建议》中，提出了应把教育工作视为专门的职业，它需要专业知识和特殊技能，这需要经过严格的、持续的学习才能获得。所谓专业化的工作，主要有三条标准：一是专业活动本身的智力性质及其对理论知识的较高要求，使专业人员在获得从业资格之前需要经历较长时间的学习，并且终身接受这种学习。二是专业活动的复杂性和较高要求标准，使得专业具有市场准入限制，即具有一定程度的垄断性和不可替代性。在实践过程中，未获得某种资格或特别许可，不得涉足或难以轻易进入该专业领域。三是专业人员拥有专业问题的发言权。体现为有权作出独立的判断，采取特别的行动，有权决定整个专业的各种政策、组织和程序。①

《关于教师地位的建议》发表以后，很长一段时间，对教师专业化的研究和讨论主要集中在中小学教师的专业化发展问题。到了 20 世纪 80 年代，许多国家注意到，对于大学教师而言，高学历并不意味着有高的教学能力，开始注重在提高教师学历要求的同时，提高教育教学能力的要求。德国在《教育总法》中提出“大学教师必须具有教育学和教学法能力”。1998 年联合国教科文组织的报告中提出“一名优秀的高校教师必须具备下列素质：了解学生的各种不同的学习方法；具备评价学生知识、技能与态度，以帮助学生更好地学习的能力；具有学者的敬业精神，保持在本学科的专业水准与知识；能将信息技术运用于本学科，包括全球范围内信息的收集与教学手段两方面的信息技术应用能力；对本专业学生需求市场能作出及时反映；掌握教育学的最新研究成果，其中包括双重模式教学，运用相同的材料进行面对面和远距离教学”②等。

总之，无论从社会发展的要求来看，还是从高校教师自身事业发展来看，学习好高等教育学，能够运用高等教育研究的最新研究成果指导自己的教学实践，对自己的教学实践经验进行概括、总结、提炼，探索高等教育教学规律，是非常有意义的。

---

① 参见袁祖望《论高校教师的教育专业化》，载《辽宁教育研究》2006 年第 4 期。

② 孟中媛：《高校教师专业化发展的国际比较与思考》，载《教育探索》2007 年第 3 期。

二、怎样学好高等教育学

既然学习高等教育学非常重要，要系统地学习、理解高等教育规律并形成解决实际问题的能力，需要一个过程，也存在一个学习方法的问题。怎样学好高等教育学呢？

（一）注重理论联系实际

我们参加培训的教师都亲身经历过高等教育生活，有的已经从事过一段时间的高校工作，所以要学好高等教育学，就要注意在学习过程中，不要仅仅满足于记住书本上的理论观点，考出好一点的分数，更重要的是要在听、读、看的过程中，时时结合高等教育实践，进行理解、体悟和进行批判性反思：哪些工作不符合高等教育规律？哪些工作经验符合高等教育规律，但需要提升和总结？哪些理论不符合自己的工作实际，为什么？哪些理论可以指导和改善自己的教育教学实践？等等。

要系统地理解高等教育规律，只学习一本教材，是远远不够的。在学习的过程中和今后的工作过程中，还要研读些高等教育学教材、专著、论文等。目前全国正式出版的高等教育学书籍有几十种，应当说，每本书都有一定的特点，适用不同的对象和范围。有的教材、专著内容比较丰富，注重结合高等教育实际，通俗易懂，条理清晰，对于初学者参考价值比较大。有的教材、专著学术性较强，对高等教育问题有深刻的理性思考，对于想从事系统的高等教育研究或者想系统地推进教育教学改革的教师而言，选择这样一些具有较强思想性、学术性和研究深度的教材、专著，可以启发自己的思维，便于自己从高等教育哲学的角度把握教育教学改革和实践的方向。此外，要经常阅读高等教育学术论文，有的论文是基于实践的经验性总结，其中又带有些理性思考，具有较好的借鉴价值；有的学术论文是基于高等教育现象、本质、规律进行的哲思，比较难以理解，对于想系统地研究高等教育理论与实践的教师而言，这些论文的启发性较大，进行仔细研读是非常有意义的。

（二）掌握正确的学习方法

学习高等教育学要有一种正确的学习态度、有一种学习精神。有的教师认为自己对高等教育现象非常熟悉了，天天工作、生活于其中，没有学习高等教育学的必要，这种态度肯定是学不好高等教育学的。大部分教师想学好高等教育学，但缺乏教育学、心理学的理论基础，不可能通过一门课程就能领会和掌握，这就需要反复琢磨、反复思考，并参考相关的资料。没有一种锲而不舍的精神，是学不好高等教育学的。

(1)“学，思，行”相统一。所谓“学”，包括学和问两方面，即向教师、向同事、向自己学和问。唯有在学中问和问中学，才能丰富、理解高等教育学的基本概念、理论和方法。所谓“思”，就是将所学内容，经过思考加工、去粗取精，抓本质和精华，同时结合自己的高等教育工作和生活实际不断地进行反思。所谓“行”，就是要注重高等教育实践，在实践中理解高等教育理论和规律，用高等教育理论和规律指导自己的工作实践，并注重对自己的高等教育实践进行理论概括和总结。在理论与实践的互动中，提高自己。

(2)注重基础，循序渐进。任何学科，基础内容常常是最重要的部分，它关系到学习的成败。高等教育学是学习其他高等教育学分支学科的基础，而高等教育学本身又有一些重要的基础内容，它关系到学习的全局。在学习高等教育学时，一要参考一些与学习高等教育学有关的教育学、心理学的基础知识，二要注重对高等教育学基础概念、基本理论、基本观点、基本史料的把握和理解。在此基础上，一步一个脚印地、扎扎实实地深入学习和研究。

(3)注重研讨式学习。通过主动与同事、高等教育学任课教师、专家学者的研讨，加强对高等教育学学习内容和热点问题的交流、讨论、分析、评价。这一方面可以激发自己的思维，梳理自己的观点，促进自己对高等教育问题的系统、深入的反思。另一方面通过研讨，可以了解他人对同样问题的观点和看法，既可以启发自己进一步思考和研究，又可以了解他人看待问题的角度、方法，扩展自己的视野。通过研讨式学习，既交流了思想观点，丰富了知识，又提高了自己与他人合作、交流的能力。

(4)广泛收集、阅读国内外最新的高等教育资料信息。在精读一本或几本具有代表性的高等教育书籍之后，再学习其他有关资料就有了很好的知识基础。在此基础上，一方面，通过阅读国内外高等教育学教材、专著、学术论文，深化、丰富自身的理论视野，提高自身的理论修养，逐渐形成自己的高等教育理念。其中，尤其要重点关注有关高等教育改革经验总结性的研究成果。对这些研究成果要善于进行分类、归纳和概括，毕竟创新性的研究成果都是有限的，要善于在比较中进行阅读、分析、概括、总结、借鉴。另一方面，通过参加国内外学术会议，与国内外专家学者交流，有目的、有计划地参观访问国内外高校，学习他人的先进经验，或者登录国内外著名大学的网站，及时了解国内外著名高等学校教育教学改革的有关信息资料。在学习、研究、借鉴他人理论的成果和实践经验的同时，要注意结合自身的工作实际、自己对高等教育的认识，进行批判性吸收和反思。

复习思考题

1. 高校教师的教学活动具有哪些特殊性?
2. 高校大学生的学习活动具有哪些特殊性?
3. 目前高等教育学的研究内容主要有哪些?
4. 试述高等教育学的学科性质。
5. 什么是多学科观点的高等教育研究?
6. 常用的高等教育研究方法有哪些?
7. 如何应用个案研究的方法开展高等教育研究?

主要参考文献

1. 王冰:《论当代大学生情绪情感的调控引导和教育》,载《北京科技大学学报》(人文社会科学版)1998年第3期。

2. 刘欣:《大学生学习动机的特点与激发途径》,载《华中师范大学学报》(哲学社会科学版)1993年第1期。

3. 赵为民:《大学生学习动机的调查分析》,载《青年研究》1994年第7期。

4. 杨德广主编:《高等教育学概论》,华东师范大学出版社2002年版。

5. 蔡克勇主编:《高等教育学引论》,首都师范大学出版社1996年版。

6. 任宇:《高等教育学选讲》,高等教育出版社1985年版。

7. 李秉德主编:《教育科学研究方法》,人民教育出版社1986年版。

8. 裴娣娜:《教育科学研究方法》,辽宁大学出版社1999年版。

9. 袁振国:《教育研究方法》,高等教育出版社2000年版。

10. 苏真主编:《比较师范教育》,北京师范大学出版社1991年版。

11. [英]James McKernan著,朱细文等译:《课程行动研究》,北京师范大学出版社2004年版。

12. 陈学飞编:《中国高等教育研究50年》,教育科学出版社1999年版。

13. 孟中媛:《高校教师专业化发展的国际比较与思考》,载《教育探索》2007年第3期。

14. 袁祖望:《论高校教师的教育专业化》,载《辽宁教育研究》2006年第4期。

15. 朱国仁:《关于高等教育学的研究对象、体系与方法的思考》,载《教育研究》1997年第2期。

16. 刘冠军:《哲学方法论论纲》,载《理论学刊》2001年第6期。

第二章

高等教育的历史发展(上)

现代意义上的大学起源于欧洲,到了19世纪末20世纪初,美国的高等教育在世界高等教育体系中拥有了举足轻重的地位。我国现代意义的高等教育始于清末京师大学堂,清末至民国时期,先后经历学习日本、欧洲、美国高等教育办学模式,初步形成了具有中国特色的高等教育体系。新中国成立以后,全面按照苏联高等教育办学模式对民国时期发展下来的高等教育体系进行了全面改造。改革开放以后,我国高等教育按照"面向世界,面向未来,面向现代化"的要求,注重吸取国际高等教育发展的经验,逐渐走出了模仿的时代,形成自主特色发展的趋势。在本章中,由于篇幅所限,我们对外国高等教育发展历史的叙述主要集中在欧洲和美国高等教育的发展历程,在部分内容中,涉猎日本和苏联高等教育的发展历史。

第一节　欧洲中世纪大学的兴起

"大学"(university)一词源自拉丁文"universitas",原意为"完整的"、"全部的",12世纪以后又含有"社团"、"共同体"、"行会"、"协同组织"、"兄弟会"的意思。现代大学最早产生于12世纪的意大利和法国,中世纪后期通过各种途径逐渐传播到欧洲和其他地区。不过,早在西方中世纪大学出现之前,古代希腊、罗马就出现过高等教育机构。比如,古希腊哲学家柏拉图在公元前387年开办了阿卡德米(Academy)学园,并在此从教四十多年。后来,"academy"一词成为"学院"或"研究院"的通称。这种高等教育传统对中世纪大学的出现乃至近现代大学的发展都产生了重要影响。

一、中世纪大学的兴起与时代背景

欧洲中世纪大学的兴起与发展是一个过程性事件,很难说自哪一年开始大学就出现了,但人们从心理上还是希望有一个清晰的年代表。按照意大利博洛尼亚大学校庆日为标准计算,它成立于1088年,是世界上最早成立的大学。早在11～12世纪的法国,巴黎拉丁区一带有不少著名学者来讲学。随着主教学校和僧侣学校教育的发展,产生了一种新的组织机构,也就是巴黎大学。一般认为巴黎大学建校于1200年(一说1150～1170年),这一年法王菲利普·奥古斯特规定了巴黎大学的首批特权,包括师生可以免予世俗裁判,甚至在刑事方面也不再由主教管辖。正式使用"巴黎大学"这个校名是在1261年。

中世纪后期,随着封建社会的发展、城市和贸易的繁荣以及城市平民阶层的形成,社会需要大量经过专门训练的管理者、律师、医生、文书和牧师,此时代表世俗权力的王权和代表神权的教会之间的斗争日趋激烈,知识分子成为两者争取的力量,在夹缝中,大学谋取了发展空间。

由于社会对各种人才的需要日增,促进了广泛的尊重知识的社会风气的形成,许多著名的学者开始在城市里设坛讲学。也许大学的建立受许多社会因素和地理环境的影响,但对于最早成立的博洛尼亚大学和巴黎大学而言,两位著名学者对这两所大学的产生起了决定性的作用。在博洛尼亚,由于中世纪最著名的法学家伊尔内里乌斯(Irnerius)的存在,欧洲大陆许多学生来到此地求学。在巴黎,才华横溢的哲学家、神学家阿贝拉尔(Pierre Abélard)吸引了大批学生蜂拥而至。

1158年,意大利的学生阶层已经变得非常重要,这些学生并没有固定的教学场所,在城市之间迁移是非常自然的事。皇帝腓特烈·巴巴罗萨正式授予他们许多权利和特权,这些特权是给予这个群体的而不是某一个地方或某一所大学。在博洛尼亚,有数百名学生常来此求学,他们主要是慕伊尔内里乌斯的名而来,这些学生不仅来自意大利,而且来自阿尔卑斯山以外的地方。由于远离故土,又没有防卫手段,他们就联合起来寻求彼此间的保护和援助,这种新成立的学生组织就是现代大学的开端。

博洛尼亚的学生组成大学这样的社团组织,起初是作为一种对抗市民的手段。因为随着新生的不断涌现,房租和生活必需品上涨得很快,单个学生无能为力,联合起来以后,学生们就能以集体出走的方式逼迫市民就范,因为当时大学并没有自己的建筑物,他们迁徙起来就比较容易,这样很容易让市民失去市场。当对市民斗争胜利以后,这种组织转向对付教师,对于不称职的教师,学生可以集体罢课,因为当时的教师完全依赖学生的学费而生活,这种组织行为对于约束教师的行为非常奏效。博洛尼亚最早的学校法规规定：教师未经许可不得无故缺课；如果教师要离开城镇，必须交纳保证金以保证能如期归来；如果教师不能保证有五名听众，将受到罚款的处罚；教师必须从响铃起开始上课，下课铃响马上离开教室等等。在很长一段时间里，博洛尼亚大学是学生管理的大学，而且受法学家伊尔内里乌斯的影响，以罗马法学校的名称享誉欧洲。

巴黎大学的前身可以追溯到巴黎圣母院附属的一所天主教学校。11 世纪中期，法国各地有不少这样的学校，当时不少学者在这些学校中传授古希腊流传下来的有关“七艺”和《圣经》方面的学问。据史料记载，当时最著名的学者阿贝拉尔于 1100～1140 年间，在巴黎塞纳河左岸的一些学校，主要是在巴黎圣母院的附属天主教学校讲授逻辑学和神学。由于他学识卓越，教授有方，加之巴黎在地理上处于欧洲中心位置，从 12 世纪始，以巴黎圣母院附属天主教学校为中心，逐渐聚集起大批来自欧洲各地的学者和学生。

来自欧洲各地的学者或师生为了维护自己的切身利益，获得追求学问的自由，特别是为了获得能够颁发学位或教学许可证的权利，与代表巴黎大主教的学校校长和地方当局展开了各种形式的斗争。1200 年，市民和学生之间发生了一场冲突，一些学生被杀，引起师生的不满，上书国王菲利普·奥古斯特(Philip Augustus)，随后，国王签署了一项正式的特许状，承认了学生及其仆从不受世俗法庭审判的权利。1208 年得到教皇英诺森三世的认可，获得“学者和师生行会”的资格，获得合法的地位和相应的权利，这是巴黎大学最初的原型。1215 年，教皇特使为巴黎大学制定了第一个章程，取消圣母院主事对巴黎大学的控制权，巴黎的教师协会获得了合法团体的必要资格，至此完成了由习惯认可的大学到被法律承认的大学的转变。1229 年，宪兵司令和士兵打死打伤几名学生，引起学潮，大学宣布罢课，学生们各奔东西，投往牛津、剑桥、图卢兹、奥尔良以及昂热等地。1231 年，教皇出面调停，同意颁布新的章程，使巴黎大学最终摆脱了主教的控制，并拥有结盟权和罢课权，具有授予学士、硕士和博士学位的专一权等。同时，国王圣路易承认巴黎大学具有法人资格，使巴黎大学完全摆脱了被监护的地位。至此，巴黎大学作为一个独立的团体正式成立。①

除了意大利的博洛尼亚大学、法国的巴黎大学这两所古老大学之外，位于意大利南部的萨勒诺大学也是欧洲中世纪最早的大学之一。博洛尼亚大学以法学而闻名，巴黎大学以神学而闻名，萨勒诺大学则以医学而著名。1231 年腓特烈二世颁发特许状，奠定萨勒诺大学的特殊地位，规定不经萨勒诺学校的许可，任何人不能行医，在完成五年课程学习之后，还得在一位有经验的医生指导下实习

① 参见邢克超、李兴业《法国教育》，吉林教育出版社 2002 年版，第 9～10 页。

至少一年。在英国，1167 年英格兰国王亨利二世召回在巴黎求学的学生和学者，其中，大批学生汇集牛津，遂创办了牛津大学。1209 年，牛津大学的学生在练习射箭时误杀了镇上一名妇女，引起骚乱，几名学生被市民吊死，大学遂以停课来抗议市民。许多师生逃到剑桥，创办了剑桥大学。1218 年，剑桥大学得到英王亨利三世的认可。牛津大学、剑桥大学主要借鉴了巴黎大学的模式，属于教师型大学。

到中世纪末，欧洲建立了约 80 所大学，其中意大利 20 所、法国 19 所、德国 14 所、英国 5 所、西班牙 4 所、葡萄牙 2 所等。在这些大学中，有的长盛不衰，有的在兴盛一段时间以后就消失了。

二、中世纪大学的组织与管理

从中世纪大学发展的特点看，大学具有高度自治性，并争取到许多特权。大学的师生通过建立自己的行会以及各级各类组织机构来管理学校，大学拥有招收学生或邀请学者的权利，自主制定教学内容和授课的权利，颁发教学证书或学位的权力，自主管理大学教学、行政等其他一切事务的权利等。大学内部的各种织织机构却并非伴随着大学的产生而自然出现的，而是根据现实需要，在历史发展过程中逐步形成的。

博洛尼亚大学属于学生大学，正如前面所讲，学生对教师实施着近似“高压的统治”，这种统治要以学生团体组成的有效组织作为条件，这种组织就是由学生组成的同乡会(nations)，同乡会选出的学生首领叫“rector”(校长)。在中世纪的博洛尼亚大学有两个同乡会，一个由来自意大利半岛的学生组成，另一个由来自阿尔卑斯山以北地区的学生组成。两个同乡会的学生校长是大学的最高管理者，也是大学制定的各项法律和规定的执行者。他们轮流管理大学的行政、司法和教学等事务，其中最重要的权利是代表大学拥有司法权。学生校长的行为不但不受所在城市法律的约束，有权对本同乡会及整个大学的行政事务进行管理，拥有司法裁定权，而且有权雇佣教师，规定教师的报酬。不过大学的最高管理机构则是由全体学生参加的大学全体会议，会议负责制定有关大学的重大规章制度等。

到 14 世纪末，学生几乎完全控制了博洛尼亚大学的管理。[①] 被学生排斥在外的博洛尼亚大学的教师也组成了一个行会，称为“学院”。学院规定了入会的条件，并以考试的方式决定是否具备这些条件，未经行会的一致同意，学生不可以加入教师行会。由于是否有能力教授一门学科是对自己是否精通这门学科的

---

① 参见黄福涛《外国高等教育史》，上海教育出版社 2003 年版，第 77 页。

一种有效测试，所以学生们纷纷寻求通过行会考试获得教师许可证，把它作为自己已经达到这种能力的一个证明，而不管自己将来是否从事与此资格证书有关的职业。这个执教许可证成为最早形式的学位。① 这也是教师实施学术控制的一种模式。

与博洛尼亚大学不同，巴黎大学则是典型的教师型大学。巴黎大学最初是学者们在巴黎圣母院的附属天主教学校讨论哲学和神学问题时，逐渐发展形成的教师行会。从一开始，教师就构成了行会的主体，支配着行会的教学和管理活动。尽管巴黎大学最高管理者是由教会任命的校长，但是由于教师行会不懈的努力，教师们获得了颁发教学证书或学位的权利。正是基于这一点，巴黎大学区别于意大利大学成为教师型大学的原型。一方面受校长的控制，另一方面教师拥有颁发教学证书的权利，也就是教师拥有学术权利，这构成了法国大学教育制度的基础。13 世纪以后，经过同教会和巴黎地方当局的多次斗争，巴黎大学这种以教师为主体的教师型大学逐步形成并发展起来。从大学内部组织来看，巴黎大学有系科和同乡会。1231 年，巴黎大学设有文学、法学、医学和神学四个系科(faculties)，其中文学科是进入其他两个系科的预备教育机构，神学居各系科之首，每个系科下设一名学监(dean)。文学科教师比较多，组成了四个"同乡会"：法国人同乡会、诺曼人同乡会、皮卡第人同乡会、英国人同乡会。这四个同乡会负责选择大学校长。

三、中世纪大学的课程与教学

中世纪大学起初均为单科大学，如博洛尼亚大学为法学科，巴黎大学为神学科，萨勒诺大学为医学科，学习以上学科须以"七艺"为基础，"七艺"乃文科。后来，一般大学开始分设文、法、医、神四科或四个学院。其中法、医、神三科被认为是"高级"学院，文科则是这三科的准备阶段，隶属于其他三科，学生修完文科，方能分别进入其他三科学习。由于教会对大学的控制，在四科中神学居于支配地位。

在 13 世纪前，大学课程在不同的大学或在同一所大学的不同时期都有很大的不同。到 13 世纪时，大学课程逐渐由大学规程或教皇敕令固定下来，课程体系具有高度的统一性。文科包括"七艺"及亚里士多德的逻辑学；法科分民法(罗马法)与教会法两科，民法以《民法类编》为法定教本，教会法以《教会法汇编》为正式课本；医科包括希腊人及阿拉伯人的医学著述；神科包括《圣经》及经院哲学

---

① 参见[美]查尔斯·霍默·哈斯金斯著，王建妮译《大学的兴起》，上海世纪出版社集团 2007 年版，第 9～10 页。

家的神学著作。大学课程的统一性为欧洲各大学自由交往和人员流动提供了可能和便利。“一个在巴黎大学获得了学位的学者就能够在牛津大学教书而不会受任何干涉，而且可能更重要的是，他的讲课不会使学生们感到难以接受。这种情况之所以可能仅仅是因为，在一所大学讲授的学科同另一所大学的同一学科在形式和内容上都没有显著区别。”①

学习文科课程是大学正规教学的第一个台阶。由于文科课程中的文法和修辞课程不如逻辑学、辩证法课程受重视，文学课程后来变成了主要讲授逻辑学和哲学的课程；此外，起草信函、官方文件等应用写作技艺课程在文科课程中也渐渐受到重视。博洛尼亚大学的一位教师曾嘲笑人们研习西塞罗的作品，他许诺要教会学生写作各式各样的信函和官方文件。当时，刻苦、认真地钻研几本被人们视为经典的著作是中世纪大学学习的基本准则。学生正常修完六年，可以获得文学硕士学位。有的大学可以先获得文学学士学位。文科毕业是继续进行其他专业学习和研究的共同基础。有志于研习神学或者有志于成为医生、律师的学生要首先获得文学学位，这也许是西方大学通识教育的传统。

中世纪大学的课程具有很强的神学性质，神学学习是居于主导地位的，但在大多数大学里，神学都是最不受欢迎的学科，它能吸引的学生人数最少。原因是人们认为神学太理论化了，神学系的入学条件也十分苛刻，神学课程学习时间很长，课本费用昂贵，带有注释的中世纪的《圣经》多达七卷本，不买而靠手工抄写，也是一件枯燥无味、代价昂贵的差事。“奥尔良大学的一位有志向的学生向父亲要求购买《圣经》，开始神学学习，父亲却劝告他改学某个合算的职业。”②在医、法、神三个高级学院里，民法通常是最受欢迎的领域，教会法紧随其后，然后是医学。医学研习主要是盖伦和希波克拉底及阿拉伯翻译家、评注家的著作。法学的基础教材是查士丁尼的《民法大全》，核心教材是《法理汇要》，由于教材价格昂贵，人们一般只是租借。

中世纪大学主要培养市政和教会管理人员、律师以及医生，而不是哲学家、纯科学家或是文学学者。因此，中世纪大学的课程具有实用主义色彩。哈罗德·珀金评论说：“如果有人认为，文学部与专业学部相比，较少具有功利性和职业性，那就大错特错了。因为绝大多数学生可能不再继续就学，文学部为他们在读写、辩论、思维、计算、测量和自然科学基础知识方面提供的有用训练，使他们适于承担教会和世俗政府中的种种职业。以辩论为主的教学方法使学生个个变

① 贺国庆等：《外国高等教育史》，人民教育出版社 2003 年版，第 58 页。

② [美]查尔斯·霍默·哈斯金斯著，王建妮译：《大学的兴起》，上海世纪出版社集团 2007 年版，第 29 页。

得能言善辩。学生们正是依靠这种本事在布道、法庭听证和政府讨论中崭露头角的。”①关于中世纪大学课程的实用性特征，鲁迪也曾评价说：“不仅高等教育机构中的许多培训内容是不加掩饰的职业性的，并且有段时间中世纪大学还包括我们今天称为商业课程的东西，或者更确切地称作是秘书学科的科目，这即是‘写信艺术’这一课程，有时也称作‘文书艺术’。当时人们急需接受准备信函、设计法律条文和起草公告及其他政府文件等方面的训练。这些研究便作为中世纪修辞课程的一个实用分支而发达起来了。”②正是由于中世纪大学课程的实用性质，大学生似乎对大学所提供的教育是满意的。大学课堂常常座无虚席。这是因为，大学是中世纪为数不多的能使人向上流动的机构之一，学习实用性课程也可以为今后事业的成功铺平道路。

四、中世纪大学的教学方法

中世纪大学的教学方法以讲授、辩论和大量的练习为主。讲授不是系统地阐述学科内容，而是由教师讲解一些选定的原文和对原文进行注释和评论。其程序是先由教师向班级读古典作家的原文，接着对原文详细说明，再是评论特别有兴趣的段落，最后提问题进行讨论。讲授分为普通讲授和特别或临时性的讲授。普通讲授是学校制度中规定的正式讲授，通常在上午进行；特别或临时性的讲授是非正式性质的，一般在下午进行。所有讲授一律用拉丁文。许多历史学家认为讲授之所以在中世纪占主导，是因为当时书籍稀缺。然而也有人认为，讲授占主导地位并非因为教材的原因，因为中世纪的学生可以用低廉的价格从文书房租书，文书房备有大量装饰粗糙的手稿。

教授与班上学生之间旷日持久的智力上的较量有着独特的中世纪特征。由于教师没有固定的薪水，他们需靠学生交纳的学费来勉强维持朝不保夕的生活，所以有人指责这些教授不时采用一些低劣的伎俩来吸引更多的听众。作为回击，据说学生们会因教授讲课声音太小、速度太慢或太快而不满，他们的表达方式包括向教师吹口哨、发嘘声、大声叫喊、抱怨、跺脚甚至扔石头。

辩论是讲授的必要补充，其目的是使教师和学生扫清修业中遇到的困难，也给学生提供运用辩证法的实践。辩论有严格的规则，要忠实地遵循亚里士多德《工具论》中所包含的逻辑规则。在各个学院，辩论由教师组织实施。如在13世纪的巴黎大学，辩论的题目由教师每两周提出一次，作为班上同学的训练之用。然后教师试图解答或“裁定”这些问题，具体做法是对学生的不同论据及其论证

① 转引自贺国庆等《外国高等教育史》，人民教育出版社2003年版，第58页。

② 转引自贺国庆等《外国高等教育史》，人民教育出版社2003年版，第58页。

的正确性和优缺点作出结论。一年中有两次，一次是在圣诞节，一次是在复活节，教师们也要当着许多学生举行大的辩论。这些辩论的主题可以是任何想辩论的内容。巴黎大学所建立的标准化的辩论程序由大多数大学所遵循。莫里森（S. E. Morison）说："中世纪大学的学生在读完一年级之后，就开始不停地练习这一辩论艺术，并且在其学院生活的每一个重要阶段，他都得参加公开辩论，要么作为答辩人（respondent），要么作为反方辩手（opponent）。"①中世纪大学的教学氛围充满了生机和活力。论证和辩论这种教学形式与写作艺术一样，带有实用性的目的。因为通过论证和辩论的教学，可以加强那些未来将在法庭、封建议会和教会会议上从事辩论工作的专业人士的辩论技能。

五、中世纪大学的学位制度

中世纪大学已有学位制度。学位原来的意思是"任教执照"，大学毕业经考试合格，可获"硕士"、"博士"或"教授"学位。获得硕士、博士和教授学位，意味着同一件事，即取得了教师资格，意味着学生已经属于教师同业行会，可以立刻教授所学过的科目。这些学位起初并没有高低之别，硕士、博士和教授这三个头衔在中世纪完全是同义语。后来，硕士逐渐只用于低级学院的成员，博士、教授则用于医、法、神三个高级学院的成员。"学士"起初并不是正式学位，只是表示学生已经取得学位候选人的资格，后来才成为一种独立的、低于硕士水平的学位。

六、中世纪大学的特征

从中世纪大学兴起的时代背景和发展历程来看，中世纪大学具有高度自治性、国际性、民主性、职业性的特征，现代大学的许多特征是从中世纪大学继承而来的。

（一）自治性

大学拥有自治权，是学术自由的前提和条件。当然，"大学自治"与"学术自由"两者之间是既相互联系又有区别的概念。学术自由主要指大学成员教学和研究的自由；大学自治是指机构本身不受外来干涉而具有的自我管理的权限。大学自治和学术自由是中世纪大学的遗产，也是现代大学孜孜不倦所追求的目标。中世纪初期的大学就是学者和学生的行会组织，从理论上讲，这一时期的大学也可以视为拥有独立法人资格的学术团体，因为当时大部分大学拥有国王或教皇颁发的特许状，允许大学自己开设课程、聘请教师、制定学术标准等，拥有高度的自治权。当时大学的自治权具体表现在：大学可以自己设置学术讲座，控制

① 转引自贺国庆等《外国高等教育史》，人民教育出版社 2003 年版，第 61 页。

人员编制,有权审查和发放各种证书和学位。此外,大学享有司法权,对违背法律的学者和学生进行处理,不受所在地司法当局的干涉。大学还有迁移的权利,如果大学受到本地当局、其他行会或市民的勒索或遭受迫害,大学有权停止讲座,甚至迁移到其他城市。

1158年,罗马帝国皇帝腓特烈一世颁布了一项保证学者安全活动的法令,规定学者在国内受到保护,如遭到任何不合法的伤害将予以补偿。该法令被看作是向学者保证其学术活动不会招致惩罚的最早的步骤。1219年,教皇颁布敕令,规定未经其许可,巴黎主教不得开除任何教师的教籍或学生的学籍。1361年,法国国王下令释放了一名因被指控为异教徒而遭监禁的学者。

然而,大学获得的学术自由常常是短暂的,教会和世俗统治者担心作为一个独立的社会阶层的大学在其主管教区或管辖区域内对其权威的挑战,常常对大学进行多方面的干预,以求控制大学。尤其在中世纪后期,一些大学在很大程度上被迫放弃它们的自治权利。例如,法王1437年下令取消巴黎大学免税的特权,1445年又免去巴黎大学的司法特权,1449年再取消巴黎大学师生的罢课权。尽管如此,从中世纪至今,学术自由和大学自治始终是大学不渝的目标和理想。

在社会中作为独立力量的大学,学校自治、学术自由成为大学理想中的永久性标志。英国当代研究中世纪大学的学者科班(A. B. Cobban)说:"学术自由思想的提出以及永久的警戒保护它的需要,可能是中世纪大学史上最宝贵的特征之一。"加拿大学者许美德也说:"大学一旦失去自治和成为教会或国家的卫道士的时候,也就失去了它的高水平的学术地位和可贵的社会批评职能。"①

(二)国际性

中世纪的大学堪称国际性的学术机构。虽然这一时期的大学还没有达到19世纪以后国际化的程度,但是,至少在欧洲区域范围内,学者和学生们可以自由流动,选择自己向往的大学从事学习和研究活动,并可以得到各地大学都相互承认的资格证书。从某种意义上说,中世纪早期各地的大学几乎接受来自所有地区的成员。由于当时西欧处于暂时的和平时期和基督教复兴运动时期,各地区学者之间相互访学和学术交流成为可能。在巴黎大学、博洛尼亚大学或其他任何一所大学中,来自不同地区的学者使用一种超越地区或种族的共同语言——拉丁语,采取开放的态度,进行知识的探索和追求。在中世纪大学,求学不再像古代那样纯粹是学者个人的努力,也不仅仅完全成为基督教神学施行教义的宗教机构,12世纪以后的大学逐步成为各地区学者集体努力、增进对知识的了解和对真理的探究、不断追求学术价值的中心。

① 转引自贺国庆等《外国高等教育史》,人民教育出版社2003年版,第65页。

（三）民主性

中世纪大学是相对民主与平等的机构，这与中世纪社会等级森严的特征有些相悖。在大学里，没有特权阶层，教师人人有权利竞选校长或院长。中世纪大学生更多来自市民或农民家庭而不是贵族家庭，上大学同当神职人员一样，成为普通家庭子弟跻身上流社会的途径。比如，皮科洛米尼出身于一个破落的城市贵族家庭，他通过大学教育，最终成为教皇庇护二世。他在批准建立巴塞尔大学的信中说："学习科学有助于帮助出身寒微者向上发展，使他们成为贵族。"①中世纪许多学者闻名遐迩，但却无人知道其出身门第，这与大学的民主气氛不无关联。现代大学也标榜是民主与平等的机构，但这种民主与平等是建立在比较进步的政治和社会基础上的。相比而言，中世纪大学的民主性和平等性更加难能可贵。

（四）职业性

中世纪大学注重人文教育，钻研古典学科和神学，与世俗世界隔绝，是神学的附庸，往往给人一种神秘、古老的印象。实际上，中世纪大学大多是职业性的机构。大学期望能够对其从社会各领域得到的教育资源有所回报，不管这些资源是来源于统治者个人、市政当局还是一些个人的捐助者。即使是逻辑学和辩论术的训练，也会带有浓厚的功利和实用色彩，被看作是大多数职业活动的基本准备。作为职业性的机构，中世纪大学在为满足世俗和教会的管理及统治需要、培养社会所需要的多种人才方面是成功的。当时，大学的毕业生就职于各级国家机构和教会机构，有的担任了政府的主要官员、王室的顾问和牧师、主教、教堂的院长、教会团体的领导，有的担任了世俗和教会法庭的法官、议会成员、高级官员、大教堂的牧师和名誉牧师、主教和副主教。在低一级的职业中，大学毕业生通常就职于公共的公证机构，担任学校校长、教区牧师、附属小教堂牧师、家庭教师等。

中世纪大学主要成为满足当时社会需要的服务机构，这从其实用性的课程上也有所体现。当然，大学并不总是职业性或功利性的，"大学也培养出社会舆论的制造者、法学家、哲学家、逻辑学家和神学家，他们对中世纪文化领域的发展和繁荣作出了积极的贡献。在这方面，人们也许会注意到罗马法和教会法学家的成就，他们对欧洲政治和法学理论的影响是不可估量的。人们也会注意到，在不断寻求大量普遍性、综合性知识的过程中，神学家和哲学家在调和亚里士多德和基督教思想中的极端成分方面所作出的努力。人们也会关注在自然科学和真正的现代科学研究方法的形成方面的先驱性工作。在各种领域所取得的杰出的

① 转引自贺国庆《外国高等教育史》，人民教育出版社 2003 年版，第 68 页。

智力上的成就并不否认中世纪大学主要是满足当时社会需要的服务机构。但是，这一事实一直在告诉我们，大学也常常为少数大学内外的学者提供一定的空间，让他们从事非功利性的智力探索，这些智力探索超越了当时社会上最为关注的问题。在大学内部，方济各会和多明我会或许提供了学者群最好的榜样，他们所需要的东西得到了终身的保障和支持，这样他们就能致力于具有永恒价值的学术研究之中，而无须向教育的功利性妥协"①。

此外，中世纪大学具有浓厚的宗教色彩，它基本上是教会的"侍女"和附庸。教会对中世纪大学的产生与发展具有重要影响。正如鲍尔生所说：中世纪大学"是按照教会的独特生活方式去活动，特别重视教会的世界性质和国际性质。这是很自然的，因为大学，至少是德国的大学，无例外地是在基督教会的土壤上蒙受天主教会的庇荫而成长起来的。教会的教义成了它们教学的基本原则，教会的通用语言也是它们的语言。大学的成员，无论教师或学生，多数都是享受'僧侣生活待遇'的在职人员或预备人员"②。中世纪大学的宗教性特征已逐渐为现代大学所消解。

七、中世纪大学的意义和影响

中世纪大学在西方文化史和教育史上的地位是举足轻重的，英国学者科班说："中世纪大学实质上是西欧特有的产物，它显然是中世纪留给现代社会的最有价值和最丰富的遗产之一。"③现代大学的许多特征源于中世纪大学，如教学组织、课程、考试、学位等都是直接从中世纪继承而来。不仅如此，"中世纪大学的管理者们耗费心力一直考虑的许多问题也是今天大学所面临的问题，这些问题同样需要当代的大学管理者们费尽心思去解决。保证足够的学校经费，吸引大批的有才华的教师和学生以保持现有学科的生命力，使学校成为本地区关注的中心以及成为有国际影响的大学，以及对校外机构保持大学自治的不懈努力等，这是中世纪大学和现代大学共同面临的问题。毋庸置疑，现代大学这种与中世纪大学密切保持着的延续性，为现代大学的决策者提供了有益的参照"④。

然而，中世纪大学在许多方面又不同于现代大学。中世纪大学供学生利用的物质设施远远无法与当今大学相比，在其整个起源时期，中世纪大学没有图书馆、实验室或博物馆，没有捐赠和自己的建筑。教师上课有时在家里，有时在教

---

① 转引自贺国庆等：《外国高等教育史》，人民教育出版社 2003 年版，第 67 页。

② 转引自贺国庆等《外国高等教育史》，人民教育出版社 2003 年版，第 67 页。

③ 转引自贺国庆等《外国高等教育史》，人民教育出版社 2003 年版，第 68 页。

④ 贺国庆等：《外国高等教育史》，人民教育出版社 2003 年版，第 69 页。

堂里，有时是租地方授课，甚至有时在街道旁上课。中世纪的大学不像现代大学那样有正规的入学要求，这是学生辍学率高的主要原因，其辍学率远远高于现代大学。中世纪大学生可以自由地从一所大学转入另一所大学，因为它没有语言障碍，拉丁文是中世纪教会和大学通用的语言。从规模上看，中世纪大学也无法与现代大学相比，一所典型的中世纪大学学生人数介于 200～800 人之间，主要大学如牛津大学和博洛尼亚大学可能有 1000～1500 名学生，巴黎大学最多时曾有 2500～2700 名学生。从上述数字可看出，有机会受大学教育的人仅仅是欧洲人口中微乎其微的一小部分，就是说，中世纪大学仅仅服务于极少数人的需要，而且除个别例外，只限于男性。

在公共事务上，中世纪大学像现代大学一样发挥着重要的作用，甚至在某些方面，其影响胜过现代大学。中世纪大学曾与神圣罗马帝国和教皇统治制度一道，组成了一个国际性的法庭。在 14 世纪后期，巴黎大学在结束分裂教皇统治的运动中起了带头作用。它被查理五世称为"国王的大公主"，在神学事务中扮演国际仲裁人的角色。中世纪大学在早期享有充分的学术自由，12～13 世纪的大学很少有压制、迫害反对者或异教徒的记录，当局压制大学新思想的企图常常是无效的。早期的中世纪大学也是令人兴奋的知识中心，牛津大学第一任校长格罗斯泰斯特兴趣广泛，对医学、天文学、哲学、历法等均有涉猎，其学生中有著名的科学家、思想家罗吉尔·培根等著名学者。

中世纪大学的兴起具有深远的历史意义。它对发展科学和知识，推动人类文明进步发挥了积极作用。大学活跃了当时的思想文化活动，促进了城市的发展和繁荣，在一定意义上为文艺复兴和宗教改革作了准备。许多伟大的学者和改革家都是在大学成长起来的，如但丁、彼得拉克、薄伽丘、伊拉斯谟、路德、加尔文等等。关于大学在培养人才方面的历史贡献，科班写道："总的来说，中世纪大学培养的毕业生既能胜任专门化的职业工作，又是社会有用的成员：他们构成了中世纪社会劳动力的精英。他们是舆论的制造者，是引导社会力量的必不可少的支柱。中世纪大学毕业生提供了受过训练的头脑，他们将影响政治观点和形成教会的政策。在对中世纪社会具有根本作用的意识形态斗争领域，大学培养的有才干的人才所具有的创新才能有了施展的机会。然而，大多数大学毕业生可能更多地是保存制度的技师而不是具有革新精神的思想和行动方式的发起人。自 13 世纪以来，大学一直是欧洲各时期有争议的政治和神学问题公开辩论的传声器：一种共同的大学舆论绝不是无足轻重的。"①在谈到中世纪大学时，恩格斯有句名言："因为有了大学，所以一般教育，即使还很坏，却普及多了。"然而，

---

① 转引自贺国庆等《外国高等教育史》，人民教育出版社 2003 年版，第 70 页。

大学也极易成为保守主义的堡垒。尤其是中世纪后期的大学，由于坚持知识的传统形式，排斥一切新知识，从而被教会和国家用作维持现状的工具，在一定程度上阻碍了社会的进步和科学的发展。

中世纪大学奠定了现代大学的某些办学基础。例如，早期的大学就形成了初步的学科划分和学位制度。如前所述，规模较大的大学，如巴黎大学，一般都设有提供预备和基础教学的文学部和提供专业教学的法学、医学和神学等四个学部。这种基本按照当时的职业划分设置教学组织形式、开展教学的模式，一直影响着近代西方大学的办学模式。此外，根据学生学习的不同程度授予相应的证书和资格等做法，实际上是西方大学学位制度的最初起源。

第二节　近代外国高等教育的发展

这里的外国近代高等教育主要指欧洲 16 世纪初至 19 世纪末的高等教育。在这几个世纪里，以法、英、德为代表的欧洲各国的高等教育在各个方面都发生了巨大的变化。其中，最具代表意义的事件是欧洲高等教育的中心由意大利、法国转移到了德国，标志性事件是洪堡大学理念的提出与实践和柏林大学的成立。此外，美国和俄罗斯的高等教育有了奠基性发展，这为 20 世纪苏联的辉煌、世界高等教育的中心由欧洲移向美国奠定了基础。本节先对欧洲近代高等教育的一般发展特点进行概述，然后重点介绍一下美国和俄罗斯高等教育的发展，最后重点介绍洪堡的治学理念和柏林大学的建立及其意义。

一、近代欧洲高等教育的发展特点

在近代，欧洲文艺复兴、宗教改革运动、科学革命和工业革命对世界尤其是对欧洲和美国高等教育的发展产生了重要影响。古典人文课程受到冲击，科学技术课程、自然科学研究、实验教学在大学开始处于显性地位，大学的宗教性开始淡化而世俗性得到强化，大学对民族国家的功用日渐凸显，大学的国际性和开放性弱化而民族性得到强化。

(一)大学变化和发展的社会背景

地理大发现不仅开拓了欧洲人的视野，而且加速了西欧社会迈向近代化的步伐，特别是 15 世纪末哥伦布发现美洲大陆后，欧洲通向世界其他地区的新航线不断扩大，商业资本主义开始逐步取代西欧的封建庄园经济，商业资本主义精神对欧洲近现代资本主义社会体系的产生与发展具有重要影响。同样，世界资本主义经济体系和资本主义精神也对高等教育发展提出了新的要求。

西欧封建庄园经济的逐步崩溃促使西欧政治结构发生了变化。伴随着封建庄园经济制度的变化，以城堡骑士为基础的领地分封时代逐步结束，出现了强大的世俗王朝，建立在国家和民族基础上的世俗政治体制逐步形成。这种以国家或民族为单位的强大世俗中央集权政治体制不断与教会发生冲突，出现王权与教权之争。18 世纪后期，世俗王权逐步在思想意识形态和文化教育等领域处于主导地位，高等教育的民族性和地域性特点日益明显。

随着欧洲南部工商业资本主义的不断发展，14～15 世纪源于意大利等地的文艺复兴运动逐步扩张到欧洲其他地区。从 16 世纪开始，教育等各个社会领域受人本主义、人道主义或人文主义影响逐步扩大，理性逐步取代神性，神学和教会不再成为影响和主宰欧洲文化教育发展的唯一因素。中世纪初期建立的神学至上的学说受到怀疑和挑战，把人培养成为有理性、能自由决定自己命运的人，逐渐成为教育的基本理念和主导思想。在这样一种社会、经济、文化背景下，欧洲高等教育出现了世俗化和民族化的转变。

（二）高等教育的世俗化

欧洲高等教育的世俗化和民族化过程基本上始于 16 世纪末 17 世纪初。这一阶段突出的特征是法、英、德等国逐步摆脱中世纪统一的办学模式，结合本国实际，大学设置了大量世俗性课程和学科，形成带有强烈民族特色的高等教育办学思想和课程结构。

引起和推动欧洲高等教育世俗化的基本动因是文艺复兴和宗教改革，而高等教育民族化的发生与发展则与各国的政治制度密切相关。文艺复兴运动不仅仅使欧洲人得以找回他们已经失去的古希腊文明，直接奠定了英国绅士教育的理论和课程基础，大大充实了法国和德国大学的自然哲学教学内容，而且还使欧洲人认识到原为基督教神学所鄙视和否定的“人”与“世俗”的价值。席卷整个欧洲的宗教改革运动又极大地动摇了基督教一统天下的基础，加快了基督教统治地位的瓦解。伴随着这一过程，各国根据实际需要，对《圣经》和基督教教义给予了不同的解释和利用，从而确立了各自独立的宗教派别或组织。由于基督教国际性特点的丧失，各国的神权与世俗王权力量对比发生了重大改变，这一时期，欧洲的大学逐渐摆脱了教会的控制，而世俗政权对大学的控制逐渐增强，大大促进了高等教育的世俗化过程。

近代，科学与技术、大学与社会之间的联系并不像今天这么密切，大学的科学研究主要还是一种自然哲学意义上的研究。但是，大学对近代科学革命具有重要作用，在引发和领导科学革命的科学家中，不乏牛津大学和剑桥大学的毕业生及教授。牛津大学的教授、著名化学家与物理学家波义耳发现了波义耳—马略特定律，制成了真空泵，并给化学元素下了明确定义，提出了“微粒说”，使化学脱离了炼金术，升华为一门理论科学。著名的物理学家和天文学家胡克，是牛津大学毕业生，毕业后在牛津大学的教堂当合唱队员，他发明了显微镜、望远镜等实验仪器，改进了天文观测时用于记时的钟摆，对物体的弹性进行了深入的研究，于1676年发现了弹力定律胡克定律。牛顿是17世纪英国科学革命的顶峰人物，他19岁进剑桥大学三一学院学习，27岁成为剑桥大学“卢卡辛”数学教授，他在剑桥大学学习、从教近三十年。由于他的影响，数学成为剑桥大学最重要的学科。

近代科学革命在天文学、物理学、化学等领域取得的成就，对生产力发展和社会的变革起到了不可估量的作用。科学革命不仅引发了近代工业革命，而且高扬科学理性精神，培养人们重视经验、重视实验、重视对事物和各种事物之间相互关系进行量的分析，帮助人们树立科学的世界观，激发了人们探索自然奥秘、扩大科学知识的兴趣。

17～18世纪整个社会对科学的普遍兴趣，促使牛津大学和剑桥大学开始设立一些自然科学的教授席位。1663年，查理二世准许剑桥大学设立数学教授职位，学院条规要求所有本科生完成第二年学业后要参加这个讲座。剑桥大学的数学教授席位为科学巨匠牛顿提供了施展才能的空间。在1702～1750年间，剑桥大学设立了化学、天文、实验哲学、解剖学、植物学、地质学、几何学等教席。牛津大学也先后设立了植物学（1728年）、实验哲学（1729年）、临床医学（1772年）、解剖学（1767年）等教席，尤其是1788～1793年间由讲师托马斯·贝多斯（Thomas Beddoes）主持的化学讲座吸引了大批听众。

（三）新型高等教育机构的产生

在文艺复兴、宗教改革特别是在近代科学革命的影响下，从17世纪开始，欧洲出现了不同于中世纪大学的新型高等教育机构，大致可分为两大类型：独立学院和专门学院。

1. 独立学院

受16世纪中期新教改革的影响，天主教垄断神学教育的局面受到挑战。这一时期，各种教派，特别是新教、卡尔文教派和耶稣教派等也纷纷创办自己的神学院，培养本教派的教师和神职人员。16世纪，在传统大学之外，欧洲出现了两种新型独立学院：古典人文教育的学院和神学院。

（1）人文学院。16世纪中后期，由于在欧洲大陆部分地区外国留学生人数减少，原先主要为贫穷学生提供住宿的学院发生变化，逐步成为主要从事教学的机构。在有些国家和地区，学院与大学中的文学部合并，成为大学中的独立学院；有的演变为中等教育层次的文法学校，通过传授古代希腊语、拉丁语、历史、诗歌以及传统大学文学部中的部分课程等，为准备进入大学学习的学生提供预备教育，成为大学专业教育的预备机关；有的则完全脱离大学，独立成为高等教育层次的人文学院,专门从事古代希腊语、拉丁语以及古典人文主义教育。这些人文学院开设的课程主要是以“自由学科”为核心,排斥实用和功利教育内容,目的在于培养人格完善的社会精英。

(2)神学院。这类学院大致分为两类:一类是面向大众开设、为社会培养一般神学教师或神职人员的神学院;一类是由各教派创办、强调特定教义学习、专门培养本教派人员的神学院。课程内容主要分为哲学和神学两大类。11 世纪初期之后,这类学院特别是在瑞士、荷兰、德国等中欧和北欧一带急速增加,促使欧洲高等教育中的神学教育呈多样化特征。

2. 专门学院

与上述人文或神学独立学院不同,专门学院基本上不从事学术研究,主要以某一特定学科领域或按照某一职业开设相关课程,实施专业和职业教育,特别强调教育的实用性和实践性,主要培养应用型人才。17 世纪中期至 18 世纪,根据不同学科或职业设立的专门学院有外科学院、军事学院、炮兵学院以及兽医、行政、矿业、农业、语言和商业学院等。1747 年法国就出现了桥梁道路学院,1783 年成立了矿业学院等。这些专门学院开设当时实用的和科学方面的课程,后来,有些专门学院发展成为欧洲著名的大学。如,1755 年成立的莫斯科大学就是在当时俄国几所专门学院的基础上发展形成的,1795 年创立的法国综合理工学院也是通过合并和改造当时的几所专门学院实现的。

二、洪堡与柏林大学

16 世纪之后,由于各民族国家、各种教派相继建立了自己的高等教育机构,各类形式的高等教育机构逐步扩展到地中海文化圈以外的欧洲其他地区。受宗教改革运动的影响,欧洲中部和北部地区高等教育机构数量增加较快。到 18 世纪末期,以德国为中心,集中了当时欧洲最多的高等教育机构。德国的高等教育不仅在规模上处于欧洲中心地位,柏林大学的建立和洪堡提出的新的大学理念,使德国的高等教育办学模式和培养质量处于显赫的地位。

(一)洪堡的治学理念

洪堡出生于德国贵族家庭,早年受过良好的教育,1787 年入法兰克福大学学习法律,一学期后入哥廷根大学学习,同时对历史和古典文化发生兴趣。1802～1808 年,洪堡任普鲁士驻罗马教廷公使。1809～1810 年担任教育大臣。洪堡在任教育大臣期间,主要围绕柏林大学的建立表达了关于大学的理念。他认为,对于更新国家生活方式的全面改革来说,学术自由和促进创造是重要的。他受命组建柏林大学时,走马上任后的第一件事就是聘请著名的学者和思想家来柏林大学任教。他对大学治学理念的阐释,至今仍是受人称道的经典大学理念;柏林大学的成功，也使他成为教育史上名垂青史的重要人物。洪堡的大学理念的内容主要包括以下几点：

1. 大学的相对独立与学术自由

洪堡认为，大学首先应相对独立。这里有几层含义：一是大学摆脱国家政治和经济不恰当的干扰，保持自己的自主性和目标追求，而不仅仅成为政治和经济的附庸；二是国家对大学提供支持，并采取积极措施防止各种弊病侵害大学的健全发展，尤其是在聘任教师时把好关；三是大学对社会履行学术责任。

洪堡认为，大学的相对独立和学术自由并不是特权生活的保证，更不是摆脱社会约束和社会责任、摆脱贫困和公民责任的制约成为一个贵族阶层，而仅仅是作为献身学术事业的先决条件。大学的这种学术地位和相对的学术自由，可以更好、更主动地承担为社会服务的责任。因为学术自由开阔了学者的视野，可以增强学者的判断能力和责任感。他说，教授与学者应处于政治和社会环境的彼岸。科学的自由，作为精神上的内心自由，正是这种彼岸的自由。这种自由的意义在于，它能为国家和社会保存一支校正力量，以便能去校正那些在政治和社会上形成了优势力量的东西，并能将这个社会引到一个绝对健康的方向上去。

在洪堡看来，大学的基本组织原则有两条：一是自由，二是宁静。通过宁静与自由，可使人保持内心平静，注意力集中，通过对学问的反思将会产生一种有成效的抽象思维，引导创造性的工作，并从中进行持续性的自我教育。大学的学术自由和国家的利益实际上是一致的，因为，学术自由能促进大学的繁荣，而繁荣的大学及发达的科学正是国家的利益所在。国家应为大学的自由与宁静创造条件，不应让大学直接服从于国家的种种眼前需要。他说：国家在整体上"不应该就其利益直接所关所系者要求于大学，而应抱定这样的信念，大学倘若实现其目标，同时也就实现了、而且是在更高层次上实现了国家的目标，由此而带来的收效之大和影响之广，远非国家之力所及"①。

洪堡所说的自由体现在大学的日常教学生活中，就是他提出的"学习自由"和"教学自由"这两条基本办学方针。其中，"学习自由"指学生有选择学习内容和在大学中独立生活的自由，"教学自由"则解释为大学教授具有在其学术领域内不受干涉、探索和传授真理的自由。

2. 教学与科学研究的统一

洪堡提出的教学与科学研究的统一是有所指的，因为同在19世纪的英国著名神学家、教育家和语言学家纽曼在其《大学的理想》一书中提出，大学是传授普

---

① 转引自肖海涛《一种经典的大学理念——洪堡的大学理念考察》，载《深圳大学学报》（人文社会科学版）2000年第4期。

遍知识的地方，大学教育应为自由教育而设，以教学为唯一的功能。洪堡认为，大学兼有双重任务：一是对科学的探求，二是个性与道德的修养。这双重任务的完成就是“由科学而达至修养”，因而大学是从事科学的机构，而非狭义的教育机构。

洪堡认为，大学的核心是发现知识。大学的意义在于“在中学和步入生活之间，在聚集有许多教师和学生的地方，把数年的岁月完全用于科学的思考”[①]。大学教育在师生的共同努力下，通过对学术深层的钻研而获得蓬勃的发展。在此结构中，起突出作用的是讲座、课堂讨论和辩论，讲座处于中心地位。洪堡认为，若要成功地发展情境性的探索思维，就需一种开放性结构，把学习者吸引来参与教师的思维。在这种充满批判性和创造性的复杂思维活动中，教学和科研成为一种连续发展的统一体，在不断的对话中，教师与学生将结合在一起。

为了使学生能立即观察到知识产生过程中的推理活动，观察并模仿它，教师必须不断生产新知识，对知识进行再造。此种方式的讲座保证了思想家的性格特征，教师和学生双方都体验到同样程度的刺激。这样，学术活动就唤起了相互激励的美妙感受。大学的教师和学生为科学而共处，自由地进行各种学术上的探索。大学教师已非严格意义的教师，大学生也非真正的学生；大学生已在进行研究，教师不过是引导和帮助学生进行研究。在洪堡的大学理念中，大学的目标不只是知识的输出和科学的探索，而且通过知识输出和科学探索，促进创造性的思维和修养的完善。因此，大学应实施通识教育，而不是单纯地解决职业问题，职业的问题是高等专科学校的事情。

关于发展科学，洪堡提出了五条原则，即著名的“洪堡五原则”[②]：

(1)科学是某种还没有得出完全结论的东西，还没有被完全发现、完全找到的东西，完全性的结论取决于对真理和知识的永无止境的探求过程，取决于研究、创造性，以及自我行动原则上的不断反思。

(2)科学是一个整体，每个专业和学科都是从不同角度对生活现实的反思，对世界的反思，对人的行为准则的反思。唯有通过研究、综合与反思，科学才能与苍白的手工业区别开来。

(3)科学首先有它的自我目的，至于它的实用性，其重要意义也仅仅是第二位的。当然，对真理进行的这种目标自由式的探求，恰恰能导致可能是最重要的

---

① 肖海涛：《一种经典的大学理念——洪堡的大学理念考察》，载《深圳大学学报》（人文社会科学版）2000年第4期。

② 参见肖海涛《一种经典的大学理念——洪堡的大学理念考察》，载《深圳大学学报》（人文社会科学版）2000年第4期。

实用性知识，并能服务于社会。

(4)科学是与高等学校联系在一起的。唯有通过对学术的研究、对整体世界的反思，才能培养出最优秀的人才。然后大学生才能达到自由、技艺、力量的境界。

(5)大学的生存条件是宁静与自由。这就是“坐冷板凳”和学术自由，国家必须保护科学的自由，在科学中永无权威可言。

洪堡所谓的“大学的个性与道德的修养职能”，也就是通常所说的培养人才的职能或教学职能。洪堡提出大学要发展科学，探索真理，并非以发展科学来取代人才培养，而是认为大学“总是为国家承担着一些实际性工作——教育青年人”①，人才培养仍然是大学的重要职能。洪堡所说的“修养”，实际上就是指一种在受教育者身上所要形成的一种道德和人格上的境界，也即人才培养的规格要求，同时也是指达到这种规格要求的过程和途径。

那么，发展科学和人才培养之间的关系如何呢？洪堡提出了“由科学而达至修养”的原则。他认为，大学的活动为发展科学，其根本目标则在于促进学生乃至全民族的精神和道德修养。但科学活动有其独立的价值，并非后一种目标的从属物，科学非为修养而刻意准备，而是天然适宜于修养的进行，大学在探索科学的过程中便可实现修养的目标。

(二)培养“完人”的教育价值观

洪堡反对肤浅的功利主义教育价值观，即反对不从知识本身，仅从知识的实际益处来评价知识；反对经验知识凌驾于理论知识之上，认为这不仅会阻碍后者的发展，而且会窒息最根本、最深刻的动机——生命动机和科学动机，这两个动机是正确认识自然的先决条件；反对缺乏人文教育的大学教育，认为缺少人文教育便不可能培养出有教养的个性，偏离个性的人道主义发展方向，脱离高度的道德需求和道德观念，科学知识将会蜕变成不顾一切的“精神实利主义”或“缺乏理性的精英主义”。洪堡提出的“三个反对”是相互联系的，它们体现了洪堡作为新人文主义者的“完人”教育思想。洪堡继承了亚里士多德的知识观。亚里士多德推崇“不为其他目的，只为知识本身的知识”，即所谓“静观知识”(在古希腊语中，“理论”的本义为“凝视”)。他认为这是最高贵的知识，因此，最自由、最高尚、最文雅的活动，是理论的沉思与探索。教育的目的就是探索这种“纯理论”知识，因为它有益于智力发展，使人成为自由人。这便是古希腊崇尚的“自由教育”思想。洪堡所谓的“知识本身的价值”，就是它对于人的发展的作用。在他看来，知识是手段，更是目的，即通过追求知识过程本身来满足人的身心发展要求。所以，他

---

① 转引自刘宝存《洪堡大学理念述评》，载《清华大学教育研究》2002年第1期。

反对或轻视职业教育,重视学术教育。

(三)柏林大学的建立

柏林大学是在德国处于最困难的时期开办的。1806年,普鲁士军队被拿破仑击败,哈勒大学被关闭,哈勒大学的教师代表团上书国王希望在柏林重建大学。1807年,普鲁士国王下令由洪堡负责筹建柏林大学,把原给哈勒大学的经费全部转拨柏林大学。尽管当时普鲁士王国处于极端困难时期——需要支付1.2亿塔勒的战争赔款,但国王仍按洪堡的要求拨款15万塔勒作为新大学的经费,包括大学、科学院、艺术院、图书馆、植物院、解剖馆等机构的经费,并选址在华丽的王子宫殿。[①]

1809年创立的柏林大学由哲学院、法学院、医学院、神学院组成,哲学院是大学的中心,师资力量最雄厚、规模最大。哲学院包含了中世纪大学的文学系科,其教师总数占到学校教师总数的57%。哲学院不再像中世纪大学文学系那样是为专业学部实施预备教育,除了教学之外,它逐步成为大学科学研究的中心。通过改变哲学院在大学中的地位,洪堡的教学与科研相结合的理念得以付诸实践。柏林大学的章程规定:大学实行学院制,由四个地位平等的学院组成;教师实行等级制,即由教授、副教授、助教组成的三级结构;实行教授会制,大学各项事务皆由教授会(成员为全体教授)决定。章程赋予教授会很大的权力,如遴选校长、聘任教授等。大学的最高权力机构是由15人组成的"评议会"。

此外,洪堡在各学院设立了研讨班和研究所,大学在传统的教学职能上发展出一种新的职能——科学研究。研讨班采用"习明纳"(seminars)教学方式。"习明纳"最早见于18世纪初德国教育家弗兰克创办的师范学校中,格斯纳于1737年在哥廷根大学创办哲学"习明纳",第一个将"习明纳"作为一种教学组织形式引入大学教学。"习明纳"一般由8～12名学生组成研讨小组,在教授的指导下开展专题探讨,着重培养学生的分析、研究能力。"习明纳"是在教学上实现教学与科研相统一的一种重要形式,被其他大学所效仿。

德国的柏林大学按照洪堡的办学理念获得了巨大成功,成为德国高等教育的榜样,并且传播到世界各地。值得注意的是,在洪堡建立柏林大学的前两年,拿破仑于1808年曾整顿法国的大学教育。不过他采取的方针政策与洪堡相反。他把大学的学院分别改组为专门培训医务人员、行政人员、司法人员的专科学校,各校分别推行专业教育,并由政府给各专科学校制定严格的规章。各专科学校的课程与考试制度也由政府规定。各校教授只是讲课的教师和主持考试的监考人员,而不是学者;所有个人的首创精神都被压缩到最小限度。当这位耶拿战

① 参见贺国庆等《外国高等教育史》,人民教育出版社2003年版,第201页。

场上的胜利者(拿破仑)把法国的高等学府都置于政府官吏控制之下时,那个被征服的国家(普鲁士)却鼓起勇气,采取了完全相反的政策:把培养未来政府官吏的教育委托给大学,并给大学以探索学术知识的自由——这里也体现了另一种不可磨灭的特点,就是政府坚信自己的民族和坚信真理与自由。可是,经过五六十年之后,法国也开始按照德国的教育路线来改造法国的教育了。这也表明,听任教育自由发展比妄施控制与约束更为优越。[①]

三、俄罗斯和美国高等教育的发展

1632 年基辅莫吉拉学院的创立是俄国高等教育史上具有划时代意义的大事,它标志着俄国高等教育的诞生。1755 年,俄国根据罗蒙诺索夫的倡议创立了莫斯科大学。罗蒙诺索夫考虑到俄国中小学发展落后的实际,为了确保考入大学生源的质量,他极力主张在莫斯科大学内设立附属中学。按照他的意见,1755 年莫斯科大学成立了附属中学。附属中学招收 9 岁俄国儿童入学,学习俄语、数学、历史、地理、物理、化学等普通文化课程,学制为 8 年。

莫斯科大学设立之初,有 3 个系、10 个教研室和两所附属中学。大学生先从哲学系开始学业,接受自然科学和人文科学的基础训练,然后再分别进入法律、医学、哲学系继续学习。根据罗蒙诺索夫的办学宗旨,莫斯科大学区别于欧洲大学的主要特点在于它有民主性和世俗性。首先,打破欧洲大学的阶层制度,允许非贵族子弟入学。其次,莫斯科大学不设神学系,教授的学术著作不接受教会的检查。1804 年以后,莫斯科大学的活动一直实行高度自治,学校有大学章程。校长和系主任均从学校的教授中选举产生。莫斯科大学委员会对学校生活的所有事情全权作出决定,包括授予学位。到 18 世纪 70 年代,莫斯科大学业已成为俄罗斯的科学和思想中心。

1776 年以前,美国处于殖民地时期。17 世纪初,由于英国国内宗教斗争非常激烈,受迫害的清教徒移民北美大陆。清教徒中有一些英国剑桥大学的毕业生,其子女如果去英国读高等教育,不但路途遥远,而且花费很大,在美国本土建立大学自然成为一种社会需求。1636 年,马萨诸塞州拨款四百英镑创立一所学院,起初学院设在坎布里奇,故取名“坎布里奇学院”。1639 年,牧师约翰·哈佛临终前将一半家产及 400 册藏书捐给坎布里奇学院。为了纪念约翰·哈佛牧师,遂改名为“哈佛学院”。半个多世纪后,威廉·玛丽学院于 1700 年成立。耶鲁学院于 1701 年成立。耶鲁学院和哈佛学院并称为美国历史悠久的学府。再过约半世纪,新泽西学院于 1746 年成立,即今日的普林斯顿大学;京士学院成立

---

① 参见[德]弗·鲍尔生著,滕大春等译《德国教育史》,人民教育出版社 1986 年版,第 126 页。

于1754年，即今日的哥伦比亚大学；费城学院成立于1755年，即今费城大学；罗得岛学院成立于1764年，即今日的布朗大学；达特茅斯学院成立于1769年，至今仍沿用原有校名。殖民地时期的高等学校基本上是以英国的牛津、剑桥两所大学为范型建立的。因为当时高校的规划普遍较小，难以再细分出学院，所以均取名学院而非大学。美国独立以后，随着高等教育的发展，学院逐渐改名为大学。

哈佛学院的学术活动在各学院中具有一定的代表性。成立之初，主要仿效剑桥大学的课程设置，以古典语言和文学为核心，实施博雅教育。18世纪以后，受欧洲启蒙运动的影响和苏格兰大学课程改革的影响，哈佛、耶鲁等高校对自然科学的兴趣普遍增长。哈佛于1728年设立了霍利斯数学和自然哲学教授职位，其职责是用实验的方法进行教学。哈佛、耶鲁等学校购买了许多科学仪器，以向学生验证天文学、物理学和化学的基本原理。另一方面，实用性课程开始出现。如，1753年，费城学院院长提出要开设自然科学、测量、农业、英文写作、会话等实用课程。

以哈佛学院为代表，此时大学的教学方法主要采用讲演、演说和论辩。讲演，就是教师口授教科书的内容，进行古典作品的注释。做法是教师先提出问题或假定，再把问题或假定分析为若干小题目或组成部分，再就各组成部分逐一加以解说，最后找出它们相互之间的关系，得出系统的结论。演说由学生进行。演说要求引经据典，文辞美丽，结构适当，层次井然，能够系统地阐述一些课题。论辩是由教师提出议题，由学生从不同角度进行讲述，彼此揭发错谬之点，双方展开激烈的对抗，各抒已见而互相攻伐，最后予以评定，成绩优良者博得众多听者的掌声。

独立战争以后，美国开始建立了联邦制资本主义国家。宪法及第九条修正案等为美国高等教育向分权化、世俗化、自由化方向发展提供了法律依据。大规模的领土扩张和资本主义经济的迅速发展，为美国高等教育的变革和演进奠定了物质基础。1825年，弗吉尼亚大学正式成立，这是美国历史上第一所真正的州立大学。该大学由州政府举办，追求比已有学院更高级的教育，并允许学生选择专业和课程，完全是世俗的院校。弗吉尼亚大学创办后，对南部、西部和北部地区高等学校的发展产生了重要影响，西部地区建立了一些“赠地大学”。到南北战争前夕，美国的27个州中有25个州相继建立了州立大学。

1861年由美国国会通过生效的《莫里尔法案》在美国近代高等教育发展史上具有重要意义。该法案规定：(1)联邦政府在每州至少资助一所学院从事农业和技术教育；(2)按照1860年规定的分配名额，每州凡有国会议员一人的，可以获得3万英亩的公用土地或相等的土地期票；(3)出售公地获得的资金，除10%

可以用于购买校址用地外，其余设立为捐赠基金，其利息不得低于5%；(4)这笔资金如果在五年之内未能用完，全部退还给联邦政府。1890年，《第二莫里尔法案》通过，该法案规定联邦政府每年向赠地学院拨款。联邦政府这样提供大笔资金用于资助农工高等教育，大大刺激了公立和实科高等教育的发展。许多州都依靠赠地、出售土地所得或拨款建立新的农工学院，或者在原有学院里设立了与农业、机械相关的系科。[①] 为美国高等教育在20世纪的迅速发展奠定了基础。

第三节　20世纪外国高等教育的发展

20世纪是世界高等教育快速发展的时期。经过第二次世界大战，一方面欧洲高等教育的发展产生了迟滞现象，世界高等教育的中心渐次向美国转移；另一方面，高等教育尤其是高等学校的科学技术研究对国家军事、经济安全产生的作用，受到各国政府的重视，涌现出一批世界一流的研究型大学。俄罗斯和日本借助高等教育的发展迅速强大起来。20世纪，世界高等教育发展具有代表性的成就是美国社区学院的出现、威斯康星大学和威斯康星思想的形成与发展。这个时期，现代大学的职能由人才培养、科学研究两项职能发展为人才培养、科学研究和社会服务三项职能。由于本书篇幅所限，我们难以对外国高等教育在20世纪的发展进行详细的国别研究。故本章首先就20世纪世界高等教育发展的一般特点进行概述，在此基础上，重点介绍具有影响力的两个事件：社区学院的出现，威斯康星大学和威斯康星思想的形成与发展。

一、20世纪外国高等教育发展概述

在20世纪前半期，欧美高等教育秉承了洪堡的办学理念，出现一批研究型大学，主要标志就是诺贝尔奖获得者主要集中在几十所世界著名大学里。据统计，1901年至1999年间，诺贝尔奖获得者比较集中的前20位大学分别是：剑桥大学56人次，哈佛大学36人次，哥伦比亚大学34人次，洪堡大学26人次，慕尼黑大学22人次，芝加哥大学22人次，巴黎大学20人次，哥廷根大学18人次，牛津大学16人次，加州理工学院15人次，伯克利加州大学15人次，麻省理工学院14人次，联邦理工学院14人次，哥本哈根大学13人次，伦敦大学13人次，巴黎高等师范学院11人次，纽约市立大学11人次，霍普金斯大学11人次，耶鲁大学11人次，普林斯顿大学10人次。

由于20世纪前半期的两次世界大战均发生在欧洲，给欧洲高等教育的发展

---

① 参见黄福涛《外国高等教育史》，上海教育出版社2003年版，第185页。

造成重创。相反，战争远离美国本土，其在战争前期又保持中立，战争后期参战，并成为战胜国，大发战争财，这为其高等教育的迅速发展提供了和平环境和经济支持。20 世纪世界高等教育的中心逐渐向美国转移。据统计，1901 年至今，179 名诺贝尔物理学奖获得者中，美国有 83 人（占 46.4%），德国 24 人（占 13.4%），英国 19 人（占 10.6%），法国 12 人（占 6.7%），俄罗斯 9 人（占 5%），荷兰 8 人（占 4.4%），瑞典和日本各 4 人，意大利、丹麦和奥地利各 3 人，瑞士和加拿大各 2 人，爱尔兰、印度和巴基斯坦各 1 人。[①]

在第二次世界大战中，大批科学家参与了现代军事科学的研究，工业和大学的“联姻”日趋密切，大学与社会、政治的联系越来越密切，出现了世俗化的特征，学校被看作是社会的缩影，完善的教育不仅为学生打下稳固的学术基础，而且培养学生如何步入社会。走出“象牙塔”成为大学走向社会的时髦话语，大学已从社会的边缘逐渐步入社会的中心，以往“象牙塔”已被社会的“瞭望塔”、“中枢机构”以及“文化市场”等称谓所取代，社会和市场对高等教育发展的影响越来越大。

随着高等教育的规模发展，世界高等教育普遍从精英教育走向大众教育，部分发达国家和地区的高等教育已进入普及阶段。20 世纪后五十年，高等教育的国际化或全球化成为一个显著特征。所谓“国际化”是指一国高等教育面向国际发展的总趋势和过程，是把国际的、跨文化的、全球的观念融合到本国高等教育教学、科研和服务社会等诸项功能中的过程。欧美发达国家都在 20 世纪 90 年代中期将高等教育国际化提到高等教育发展的基本趋势的高度。近年在联合国教科文组织召开的有关高等教育较重要的地区和国际会议上，高等教育国际化几乎成了永恒的主题。高等教育这种国际化也许是向中世纪大学性质的复归。

传统高等院校强化职业教育，鼓励和更多地开设有关职业准备课程，高等职业教育机构不断发展、壮大。自 20 世纪 60 年代以来，美国联邦政府先后五次修改《职业教育法》，并立法拨款资助职业教育，从而满足了国家经济发展对准专业人员和技术人员的需求。20 世纪 70 年代后期以来，加拿大的中学后教育越来越趋向职业化。二战以后，法国职业教育发展迅速，且延伸到高等教育领域，原来的高等教育也呈现出职业化的发展趋势。1984 年法国《高等教育法》的颁布，极大地推动了法国高等教育的职业化进程，1991 年出现了最近一类高等职业教育机构：大学职业学院。高等教育向职业化趋势发展，是经济巨大发展的产物。一方面，工业与科技进步迅速，职业结构和就业市场发生了巨大变化，迫切需要大量高级的熟练技术人员，而中等职业教育不能保证必要的理论基础，大学教育

---

① 参见余海若《诺贝尔自然科学奖 106 年回眸》，载《今日科苑》2007 年第 13 期。

不关心学生的职业能力；另一方面，在经济和职业结构变化剧烈的时代，一个国家要保持竞争力，必须对普通人民进行高水平的职业教育，而中等教育不能满足社会的需求。因而，国际上出现了职业教育向高等教育延伸的趋势。

高等教育由单一系统向多元系统转变，内部结构越来越复杂。传统上提供高等教育的机构主要是正规的高等学校系统。20 世纪以来随着高等教育日益走向大众化和普及化，高等教育系统变得更复杂。各国竞相创办新的高等教育机构，如开放大学、广播电视大学、高等职业学院、教师训练机构、行政和管理学院、成人教育机构、虚拟大学等，以便向更多的人提供高等教育机会。美国的中学后教育包括五大系统：(1)非营利性的正规的公私立学院和大学；(2)业主所有的、营利性的专科院校；(3)工商企业、工会和军队等组织提供的教育培训项目；(4)电子教育系统(包括电频唱片、计算机系统以及电视卫星教育等等)；(5)非正规的在职培训。

目前，高等教育结构变化主要表现在四个方面：第一，高等教育层次结构多样化。本科教育上下延伸，形成专科、本科、研究生三级结构。第二，类型结构多样化。除了传统意义上的本科大学外，还出现了培养工业、商业、农业人才的学院以及高等职业学校。第三，形式结构多样化。在正规全日制教育形式外，还有非正规高等教育。第四，跨学科性教育方兴未艾。跨学科教育力图消除传统学科阻隔，使跨学科的普通教育与专业培训有机结合。

当然，20 世纪世界高等教育发展的基本特征难以用三言两语概括清楚，不同学者从不同角度进行概括和总结，得出的结论也不一样。具体到各个国家，其高等教育发展也有其特殊性。总体上看，20 世界高等教育发展具有国际化、多元化、大众化、科学化、民主化、终生化、信息化、现代化、综合化、人文化的特点，由于篇幅所限，我们不可能一一进行概括和总结。下面我们重点对 20 世纪最具代表性的事件进行剖析：一是社区学院的出现，二是威斯康星大学的治学理念。

二、美国社区学院的兴起与发展

(一)初级学院的建立

1892 年芝加哥大学校长 W. R. 哈珀将大学分为一、二年级和三、四年级两个部分，前者称为“基础学院”(Academic College)，后者称为“大学学院”(University College)。1896 年，他把这两种学院分别改名为“初级学院”(Junior College)和“高级学院”(Senior College)。这是高等教育史中首次使用“初级学院”这一名词。因此，哈珀被后人誉为“初级学院之父”。1900 年，芝加哥大学首次向初级学院毕业生发放副学士学位，此后，大批初级学院建立起来。1896 年建立的路易斯学院在 1901 年向 22 名毕业生颁发了副学士学位，成为美国颁发这一学位最早的独立于大学之外的私立初级学院。1901 年,伊利诺依州的乔利埃特地区中学在哈珀的倡导和直接帮助下,将学制向上延伸,开设了 13 年级和 14 年级课程,实际上它成了美国第一所公立初级学院。此后,许多州和学区的高中纷纷效仿,扩张成为初级学院。1916 年,密苏里州的堪萨斯市初级学院向首届 7 名学生颁发了副学士学位,成为美国第一所颁发副学士学位的公立初级学院。

第一次世界大战后,美国经济发展很快,需要大量中等文化程度人才,美国高中不断扩张,直接导致美国高等教育的入学压力增加,初级学院的发展不仅适应社会对应用型人才的需求,而且也能缓解高等教育入学压力。因此,这一时期,在美国联邦、州和地方政府积极扶持下,初级学院发展迅猛。到 1918 年,美国拥有 74 所单独设立的初级学院,20%的初级学院颁发副学士学位。1920 年,联邦政府的教育总署组织召开了第一次全美初级学院会议,并成立了美国初级学院协会(American Association of Junior College),对初级学院的发展,尤其是对公立学院的发展起到了很重要的促进作用。1922 年,美国的初级学院已达 207 所,其中公立学院 70 所,私立学院 137 所。

(二)初级学院向社区学院发展时期

20 世纪 20 年代末至 30 年代初是美国经济大萧条时期,初级学院开始提供社区教育(community education)。这是一种非学位、非学历的继续教育,他们主要为失业工人举办各种形式的短期实用技术培训班,开设了汽车维修、装潢、饮食服务等大批实用课程。太平洋战争爆发后,大批高中毕业生奔赴战场,初级学院传统的生源减少,急于找到新的生源。大批妇女顶替到前线作战的男子开始走上工作岗位,但她们缺乏工作所需的基本的文化知识和技能。初级学院开始为她们开设了普通文化课程补习班、短期职业技术培训班。这样,初级学院社区职业教育的形式走向多样化,在职业培训之后又增加了补习教育或发展性教育,初级学院迎来了社区教育的第二个小高潮。

早在成立之初,初级学院便着手寻找自己在高校竞争中的独特优势,即尚未被四年制院校占领的中等后水平职业教育市场。二战期间,学生急于接受职业培训并尽早工作,二战结束后,大约 36%的初级学院提供职业课程。

初级学院的大发展是在 20 世纪 60 年代,主要基于以下五个方面的原因:随着教育机会均等、教育民主化运动的深入,国民接受高等教育的要求增加;初级学院教育功能的扩充,节省了教育经费;因受婴儿潮影响,就学人口骤增,造成高等教育扩充的压力;美国幅员辽阔,普通高等教育机构无法普及乡间、偏僻之地;科技发展促使个体性的自学及继续学习需要增加。当时,美国新建的社区学院超过了 450 所。

1963 年,美国国会通过了《职业教育法案》,大幅度增加了对职业教育的拨款，并成立全国社区学院顾问委员会指导职业教育发展。同时，随着科学技术和生产的迅速发展，尤其是航空航天、计算机、石油化工等新兴科学技术的发展，社会需要大量中高级技术和管理人才担负各种工作，这就促使初级学院必须增设大量的职业技术课程，以适应变化了的情况。所以 60 年代中后期以后，主修职业技术学科的学生逐年增加，职业教育得到空前发展，几乎成为初级学院的主要职能。与此同时，美国初级学院协会还倡导将社区学院的职能扩展到成人教育和社区服务项目，但是职业培训始终是社区学院的主要职能。在《美国国防法》、《高等教育法》和《职业教育法》修订案的推动下，初级学院系统得到扩展，入学人数大量增加，从 1959 年的 40 万人猛增至 1971 年的 400 万人。

(三)社区学院时期

随着初级学院的日益发展壮大，部分校长主张将初级学院更名为“社区学院”，以扩展其教育职能空间。1947 年，美国总统高等教育委员会报告中正式提出“社区学院”的名称，但是“社区学院”的名称真正深入人心并取代“初级学院”是在 20 世纪 70 年代以后。20 世纪 70 年代，美国经济受到世界石油危机的打击一落千丈，政府不得不采取措施进行经济转型，社区学院也受到很大影响，它的职业教育职能得到很大资助，转学功能被削弱。以马萨诸塞州为例，1976 年，该州 15 所社区学院中 2/3 的学校提供 1/2 的职业教育课程，其中 9 所学校课程的 3/5 与职业教育相关。20 世纪 80 年代以后随着美国经济的复苏，这一情况才得以好转，社区学院逐渐恢复指向转学教育的自由课程。

在此期间，在以往转学教育、补习教育、继续教育的基础上，社区学院逐渐增加职业技术课程比重，而职业教育逐渐取代转学教育成为社区学院的主要职能。社区学院职业教育的目的有：使学生学到某种专门技能和知识，毕业后能有就业机会；为工业、商业及其他行业培养人才。社区学院职业技术教学计划的制订和各种课程的设置，都是根据当地工商业的需要和就业趋势而定，由当地工商界及其他行业的代表组成的顾问委员会也会及时地给学院提供各行各业的需要和就业信息。社区学院职业教育的课程安排种类繁多，灵活多变，他们每年都要根据社区和市场的发展需要更新自己的职业教育项目。正因为如此，美国社区学院职业技术系科的毕业生中约有 3/4 的学生都能够找到学以致用的工作。

此外，一些社区学院对某些职业教育实行合作教育计划，学生一边在校学习，一边到与所学专业密切结合的工商企业机构工作，使学习的内容在实际工作中得到应用和巩固，并学得新的经验。学生往往利用假期参加实习工作，而不延长学习年限。由于参加工作，在学习期间又能获得一定的收入，所以这类职业系科的合作教育项目很受学生的欢迎。到 20 世纪 80 年代中期，社区学院中接受职业教育的学生已占全体学生的一半，提供职业教育已成为美国社区学院的主要功能。20 世纪 80 年代末至 90 年代,产业结构的调整又造成了一些人的结构性失业,人们再就业前需要接受培训,社区学院适时地开设了成人教育课程和继续教育课程,为人们转换职业提供职前培训和帮助失业或未充分就业的成人改进工作技能。这些课程是一些短期的培训课程,时间从半天、几天到一两周、十几周不等。课程内容也多种多样,有经济、管理、护理、汽车修理、家政、摄影、美容等等。

(四)综合发展时期

20 世纪 90 年代至今,在知识经济和全球化的冲击下,社区学院进入了一个综合发展时期。在此期间,社区学院数量明显增加,功能趋向多样化,逐渐成为多功能的综合性教育机构。截止到 2006 年 2 月,全美共有社区学院 1780 余所,学生 690 万人,学校总数和学生总数均占美国大学总数和在校大学生总数的 50%左右。

(五)社区学院的功能

社区学院目前的主要功能包括学历教育、转学教育、职业技术教育、成人教育、继续教育和面向社区的文化功能教育等。

首先是学历教育。经州高等教育委员会认可,社区学院开设副学士学位课程,学生修满 60 个学分可获得副学士学位。

其次是转学教育。对有意升大学但因家庭有困难等原因不能直接进入四年制本科大学学习的学生,社区学院提供大学前期两年的通识教育。之后,这些学生可以根据有关协议转入四年制大学,无须参加入学考试,在社区学院获得的有关课程的学分可得到承认。据统计,在社区学院学习的学生大约 38%的人获得副学士学位,19%的人转入四年制大学,3%的人转入私立大学。

第三是职业技术教育。美国是一个非常重视职业资格的国家,一般从事某一职业必须具有相应的职业资格。社区学院一般都根据本社区最急需的职业要求,列出几十门课程。学生获得这些课程的规定学分后,大多数能直接获得相应的准职业资格。所谓准职业资格,就是从资格层次上讲,介于传统的高等教育培养的专门职业资格(如教师、医生等)与中等学校培养的熟练工资格之间的资格。它要求受教育者既要具有适应现代职业生活的专门知识和技术,又要具有现代人所应有的文化水平和基本素质。即使少数没有职业资格的专业也为学生出具所学课程、已达到何种程度的证明。

第四是成人教育和继续教育。社区学院有资格向在高中辍学的成人提供高中程度的补习教育和基础教育,也可以向本社区内的居民和在职者提供各种无学位或无学分的短期的职业训练课程,另外可以向退休老人提供学习机会。

第五是面向社区的文化教育。作为为社区的政治、经济、文化发展提供各种服务的活动中心，社区学院提供的服务包括开设各类短训班，举办讲习会、研讨会，到企业帮助培训职工，对居民提供有关专业咨询，利用学校设备进行远距离教育，对社区开发发展提供论证咨询，主办各种文体活动，开展科学普及活动等。

综合性社区学院一般都具有上述五种教育职能，但五种功能并不是泾渭分明、各自独立的，而是相互渗透、相互关联的。各专业的学生都需要接受一些普通教育，社区教育可能包括职业教育和其他教育，如果英语和数学程度不行，则接受这方面的补偿教育。新世纪，美国社区学院多项课程职能的内涵又随着科技和生产的发展而发生变化。其中，转学教育和补习教育加强了国际化教育、多样性教育、服务学习，更强调课程的整合；职业教育角色已突破过去那种入门水平的劳动力培训，包含了能为个体提供谋求高工资、高技术职业的成套技能的训练，并广泛参与“高级技术教育计划”。社区教育更强调依托社区技术中心帮助居民掌握计算机和网络技术，强调在乡村社区发展中发挥重要的作用等。

(六)美国社区学院的特征

在百年的历史进程中，美国社区学院的教育职能由单一走向多元，由封闭走向开放。从最初单纯的转学教育功能到现在的五大社会教育功能的相互渗透，社区学院充分体现了美国高等教育中社区学院的地区性、开放性、流动性和实用性特征。

1. 地区性

地区性是社区学院区别于其他类型高等学校的一大特色，办在社区、依靠社区和为了社区是它的办学总原则。

首先，它根据社区和居民的需求确定自己的办学方向。从学校的设立、管理制度到专业与课程的设置等都与社区密不可分，突出其办学的总原则：根据社区内居民的直接要求，设立在居民生活圈内的地方性高等教育机关；学校的经营和管理贯穿着居民自治的原则。

其次，千方百计方便本社区的学生。学校除了有良好的交通、通讯、服务等条件外，都把校舍建设的重点放在了教室、图书馆、计算机房、实验室及餐厅和停车场方面，有的学院还与附近的大学和科研机构合作，使授课、实验和资料查询变得更方便。上课时间的安排、学习方式的选择上也采取各种措施方便学生。

再次，社区学院为了使教学内容和教育方法更为充实，往往充分利用当地社区资源和各种条件。如主修司法和法律的学生，可对当地的法院、少年法院、监狱、拘留所和教养所等机构进行调查研究，主修社会学的学生可以对当地的社会现象，诸如种族偏见、贫穷、犯罪、婚姻等问题进行调查研究，等等。这样使教学内容与当地社区情况尽可能结合起来，使学生更了解自己的社区，有利于为建设社区作出贡献。

2. 开放性

美国两年制的社区学院是一种普及型学院，可以说它是美国高等学校中最开放的学校，其开放性体现在入学方式及低廉的学费（或完全免费）上。社区学院的办学目的之一是为本社区各种年龄的公民和各种职业的职工提供继续学习的机会。因此，从初级学院开始创办时起，招生从不进行严格挑选。现在，美国98%的社区学院实行开放型的招生录取办法，没有入学考试，也不必具有中学毕业学历，年满18岁的公民都可以入学。美国社区学院所收学杂费用非常低廉，不及公立四年制大学的一半，只是名牌大学的十分之一，甚至更低，在个别州，如加利福尼亚，社区学院对本州学生完全免费。因此，可以说，美国作为世界上高等教育入学率最高的国家，其高等教育的普及率在很大程度上归功于社区学院。

3. 多功能性

教育的多功能性也是社区学院成功的一大特色，主要表现在：

第一，从教育目的及课程设置上看，它具有学历教育的功能，即初级学院性质的转学教育，为具有高中毕业文化水平而有志于到传统大学深造者开设学分制课程（与传统大学一、二年级所学课程一致），一般两年读满学分，获得准学士学位，然后转到传统大学三年级继续学习。

第二，具有职业教育的功能。职业性课程一般以培养技术应用、熟练操作和经济管理方面的中级专门人才为目标。专业设置完全根据地方经济和社会发展的需要，一般由工商企业界人士组成或参加的顾问委员会提出建议而审定。由于专业课程多为社区所需要，学生毕业后就业率一般比较高。近二十年以来，社区学院的职业教育功能不断得到强化和发展，在美国高等职业教育中越来越占主要位置。

第三，具有成人教育、继续教育的功能。比如，向高中辍学的成年人提供高中程度的补习教育或基础教育，为社区内的居民、在职人员提供各种非正规的（无学位或无学分的）、短期的职业训练课程，等等。

第四，面向社区的文化教育服务功能。学院为成人教育的活动中心，为社区的政治、经济、文化发展提供各种教育服务。这种服务的主要内容包括：开设不计学分的短期培训班，召开讲习会、研究讨论会等；在校园内外开办计学分的开放课程；帮助企业进行职工培训；利用学校的广播和电视等进行远距离教育；向居民开放学校的教育、实验设施设备及文体、娱乐设施，并主办各种文体活动及科学普及活动等等。

4. 灵活性

社区学院教育的灵活性主要体现在两方面：(1)教学计划是灵活的。社区学院根据入学学生的文化水平、入学后所选择的专业方向等具体情况，开设了内容十分丰富的必修课和选修课计划，设计了多种课程表，以供不同的学生选择。学生可以在1～3年不等的时间里完成个人教育计划，只要修满学分就可毕业，毕业之后，可以升学，可以就业，十分自由方便。(2)教学方式是灵活的。为了适应各类学生的需要，社区学院在教学方式上不断创新和改革，充分利用各种教育技术和教育媒介。正规教学和短期讲习班以及集中训练班等教学方式同时并用，采用临床讲授、个别教学、按程度分小班上课和半工半读等各种方式进行教学，以满足各类学生的需要。

5. 实践性

社区学院强调实践，侧重应用，其实践性体现在两方面：(1)注重学生的实践训练。为了培养学生的应用能力，学院比较注重实验室建设。各实验室每天从早晨8时到晚上10时全天向学生开放。所有学生都要经过比较严格的实践训练，以适应社会上的工作要求。如一些学校的牙医助理专业有各种手术室和病房供学生实习；园艺专业有较大的温房和实验农场，学生培植花卉，种植果树和农作物，并出售自己的产品；烹调专业有开设的餐厅，以较便宜的价格为市民服务。正因为如此，学院培养出的学生动手能力强，适应工作快，就业率普遍较高。(2)要求教师具有实践经验。社区学院对教师的要求有别于传统大学，要求教师一般要有硕士学位或同等的学历，但更要在专业上有丰富的实践经验和动手能力。他们的主要任务是教学，并不要求他们从事科学研究或高深的学术性探讨。

美国高等教育已经在普及化的道路上发展了三十多年，其普及化程度是世界上其他国家所不能比的。但美国高等教育大众化的历程及社区学院在这个进程中的独特地位和作用是不可忽视的。在美国如果没有社区学院，恐怕很多人就永远没有进大学的机会，就不可能得到公开入学机会和实现公平就学。社会对人才的需求是分层次的，即呈金字塔形状，美国社区学院经久不衰也证明了这一点。社区学院的活力在于它的地区性，通过为地方服务提升高校的社会价值是一个合乎逻辑的选择，这对于我国高等教育大众化的进一步深化、优化，实现良性竞争是颇有启发意义的。①

三、威斯康星大学与威斯康星思想

从纽曼提出大学的职能是教学，到洪堡提出大学的职能是教学与科研，再到威斯康星大学提出大学的职能是教学、科研与社会服务，高等学校办学理念几经转变。因此，威斯康星大学及其办学理念在高等教育史上具有重要的地位，在本章给予一定的介绍。

① 参见马跃美《美国社区学院的特点及启示》，载《继续教育》2007年第8期。

（一）威斯康星思想的产生

威斯康星大学成立于1848年，是一所非教派学校。内战结束时还是一所规模较小的大学。但当《莫里尔法》赠地基金拨给该校后，它就进入了迅速发展时期。与其他赠地学院一样，威斯康星大学注重农业和机械工艺高等教育，为本州的经济文化发展服务。该大学成名于名校长查里斯・范海斯（Charles R. Van Hise），他提出的"威斯康星思想"，使威斯康星大学扬名海内外。"威斯康星观念"的形成与威斯康星州州长拉福莱特（Robert M. La Follette）的倡导支持也是分不开的。拉福莱特曾是威斯康星大学的毕业生，他在重建州的过程中，希望大学与他的行政机关结成密切的伙伴关系。1904年，他亲自选定范海斯任威斯康星大学校长。范海斯生于威斯康星，长于威斯康星，毕业于威斯康星大学，也是该大学第一个哲学博士学位的获得者，并于1879～1903年任该大学冶金学和地质学教授，此后共担任了15年的校长工作，直到1918年去世。范海斯十分重视大学在社会文化和经济发展中的地位与作用。他提出大学的基本任务应包括：(1)把学生培养成有知识、能工作的公民；(2)进行科学研究，发展、创造新文化、新知识；(3)传播知识，把知识传授给广大的民众，使他们能够运用这些知识解决经济、生产、社会、政治及生活等方面的问题。在这三项大学任务中，范海斯尤其重视第三种任务，他把其概括为"帮助把知识传授给广大民众"，"为全州服务"。范海斯的大学教育职能观体现了一种全新的教育思想，实现了大学内教学、科研与社会服务一体化，也催生出大学的第三职能，即为社会提供直接的服务。1912年，威斯康星州公共图书馆委员会主管立法资料的管理员查尔斯・麦卡西第一次在其专著《威斯康星思想》中用"威斯康星思想"一词概括了范海斯在威斯康星大学的办学思想与模式。①

1904年，范海斯在其就职演说中明确提出了大学应该服务于威斯康星的观念。它是全州所有人的机构，大学要在改革社会中发挥积极的作用，成为承担公共服务必不可少的工具。在这个普及知识的时代，它将不惜一切代价，加强各种创造性的活动。同私人捐赠的机构不同，一所由州资助的州立大学将"面向其所有的儿女"。范海斯说："州立大学的生命力在于她和州的紧密关系中。州需要大学来服务，大学对于州负有特殊的责任。教育全州男女公民是州立大学的任务，州立大学还应促成对本州发展有密切关系的知识的迅速增长。州立大学教师应用其学识专长为州作出贡献，并把知识普及于全州人民。"②在范海斯的领

① 参见王廷芳《美国高等教育史》，福建教育出版社1995年版，第140页。

② 转引自贺国庆《从莫雷尔法案到威斯康星观念——美国大学服务职能的确立》，载《河北大学学报》（哲学社会科学版）1998年第3期。

导下，威斯康星大学焕发出无限的生机与活力，其教学、科研与服务都紧密联系本州的经济与文化的发展。

(二)威斯康星思想的主要内容

体现威斯康星大学模式与威斯康星思想的主要内容表现在两个方面：传播知识和专家服务。

1. 传播知识

范海斯把传播知识、推广技术、提供信息视为威斯康星大学为本州经济、文化发展服务的主要途径。1915 年路易斯・罗伯在威斯康星大学建立了一个能影响全州的知识推广部。该推广部设立了四个服务项目：(1)函授；(2)学术讲座；(3)辩论与公开研讨；(4)提供一般信息与福利。该推广部是威斯康星大学服务于社会的一个窗口。它开设和组织了几百种课程和各种各样的教育活动，包括从大学专修课程到普通教育的补习班、从理论知识研讨到职业技术培训等多种内容与形式。推广部积极组织教师和有关专家为函授学生编写教科书和小册子，编辑、创作各种教育幻灯片流动到各地放映，召开有关犯罪或其他题目的报告会，建立公共音乐机构，甚至为面包师组织专门讲座。凡是社会和民众所需要的，该推广部都尽力去做，从不计较其高低贵贱，走出了“象牙塔”，成为向地方社会提供直接服务的典范。

威斯康星大学传播知识的另一途径是由公共图书馆委员会组织的流动图书馆。该流动图书馆在本州各地区自然有秩序地流动、转移，把成箱的书籍送往各社区、家庭，甚至当时最新最好的著作或其他印刷品也能送达各地。威斯康星大学通过这种流动图书馆的形式得以把知识迅速传播到各地民众中间，一方面可以使广大的民众获得一些有用的知识和技术，促进全州经济的发展与现代化；另一方面也能提高广大民众的文化素质与修养，实现知识的文化价值。威斯康星大学也由于这种传播知识工作的卓有成效的开展，改变了大学闭关自守的状态，实现了知识的价值，提高了教授乃至整个知识分子阶层的地位；同时也大大提高了威斯康星大学在本州的地位与价值，树立了一个良好的大学形象。

2. 专家服务

范海斯在任威斯康星大学校长期间，极力主张效法德国的大学，利用大学教师所拥有的知识财富来解决政府的各种问题。所谓“专家服务”就是指发动大学专家教授服务于州政府，在拉福莱特的身边聚集着一批威斯康星大学的教授、专家，提供咨询服务。在拉福莱特和范海斯的共同倡导和努力下，威斯康星大学与州政府之间建立了良好的合作关系，形成了一种被称作“连锁委员会”的组织。到 1910 年，威斯康星大学有 35 位教授在本州的各种委员会兼职，政治学家帮助起草法律文件，大学工程师帮助规划道路和建筑，农业科学家帮助发展乳制品工业。例如,经济学教授梅尔担任铁路委员会主席六年之久;政治经济学教授亚当斯在州政府兼任税收委员会委员;法律教授卡门斯与麦卡西一起参与州立法改革工作,起草了大量法律文件;范海斯本人在五六个委员会兼职。

大学教授除参加上述高级别的服务活动外,如果社会需要,即使是最高级别的教授也被当作"巡回教师"派到乡村、商店或工厂去指导。大学教授因此可以接触社会实际,把其科研、教学与基层社会需要结合起来,有助于加强大学与社会的密切联系。当然,大学专家服务不仅仅限于大学教师,大量的研究生、本科生也积极参与公共服务,兼任某些部门的工作。他们既提供了社会服务,也便于毕业后顺利择业。

威斯康星州与大学的"专家服务"是双向的,大学派专家教授服务于社会的同时,也从社会上邀请专家来加强大学的教学和科研。此举不失为一种大学加强与社会联系、培养有用人才的有效之举。例如,州森林专家格里弗斯等曾在大学举办专题讲座,而分毫不取。

威斯康星大学以其卓越的成就受到世人的称赞,它创造性地提出了大学的第三职能——社会服务,使大学与社会生产、生活实际更紧密地联系在一起。一些教育学家评论说:"曾欢呼艾略特将哈佛转变为私立大学的榜样的教育家,如今也欢呼范海斯将威斯康星转变为公立大学的榜样。""威斯康星大学是一个高度体现威斯康星州人民共同的社会意识的核心。""威斯康星大学是一所优秀的州立大学,它之所以取得这样的地位,是由于它向州部门提供了专门知识,向大众提供了讲座,把大学送到了人民当中。他称威斯康星大学为美国最主要的州立大学。"[①]甚至罗斯福总统也称赞说:"在美国的其他州里,没有任何大学为社会做过威斯康星大学在威斯康星州所做的同样工作。"威斯康星大学的成功,使大学的服务职能最终得以确立。

第四节 当今世界高等教育的发展趋势

步入21世纪的高等教育迎来了新的发展时期。高等教育规模迅速扩大,发达国家经过高等教育大众化阶段后,迅速进入普及化阶段;高等教育与国家、社会、市场的联系日趋密切,高等教育逐步走出"象牙塔",由社会的边缘走向社会的中心,表现出更多的世俗性;高等教育的层次和类型出现多元化发展趋向,既有以培养精英、创新科技成果为主的研究型大学,也有以培养应用型人才为主的

① 转引自贺国庆《从莫雷尔法案到威斯康星观念——美国大学服务职能的确立》,载《河北大学学报》(哲学社会科学版)1998年第3期。

高等职业学校；高等教育的国际化趋势发展迅速，留学生的比例成为衡量世界一流大学的一个因素。这种趋势既体现了教育交流的需要，也反映出西方国家吸引发展中国家高等教育资源的意图。

一、高等教育普及化

从教育发展的历史进程看，初等教育的普及是在工业经济时代中期实现的，中等教育的普及是在工业经济时代的中后期完成的。在由工业经济向知识经济过渡时期，高等教育开始了普及化的进程。马丁·特罗以美国高等教育发展进程中的量的扩张和质的飞跃为准绳，把高等教育发展分为三个阶段：当一个国家高等教育所接纳学生数与适龄青年的比率在 15%以下时，属于精英高等教育阶段；在 15%～50%之间时，为大众高等教育阶段，在 50%以上时，为普及高等教育阶段。应该指出的是，所谓高等教育大众化阶段，是就高等教育的总体而言，并不排斥将精英教育作为它的组成部分，不能误认为高等教育发展大众化阶段就不要精英教育了。

从当代世界高等教育发展的情况来看，20 世纪中期，少数发达国家适龄青年的高等教育入学率先后达到 15%，实现了高等教育的大众化。进入 20 世纪后期，大众化成为世界高等教育发展的大趋势，而少数发达国家适龄青年的高等教育入学率达到或超过了 50%，又率先实现了高等教育的普及化。美国前总统克林顿曾声称，21 世纪初期，美国将能够实现为任何人提供接受高等教育的机会。在新经济即将到来的时刻，各国都已将发展教育及高等教育作为重要的战略选择，这不仅是因为现实经济与社会发展能够提供高等教育发展的基础，更主要的是迎接新经济到来的迫切需要，是发展新经济对知识的社会化和人力素质的要求所决定的。

二、高等教育多样化

传统高等教育主要是在被称为大学、学院等高等学校的场所进行的，有一定数量的教师和年龄相仿并达到一定入学要求的青年参与，有一定的计划和年限、课程、学分等要求，接受高等教育要受到多方面的限制。随着高等教育形式的多样化，当今的人们可以通过不同的方式，如函授、自学辅导、广播电视教学、夜校等实现接受高等教育的理想。随着信息技术的快速发展和教育教学手段的更新，未来高等教育将逐步向多形式、多途径发展，接受高等教育将变得更加灵活。

许多国家已经或正在进行高等教育机构的改革。不但教与学的方式在转变，而且学校的结构和形式也在发生变化。这些变化可以归纳为以下几个方面：

(1)高等院校的层次多样化。高等院校之间在学科及研究的数量、科研的质与量等方面存在着明显的多样性，同时，各层次高等院校之间的差距更为显著。另外，由于国家对高等教育的投入不能完全满足社会的需求，私立或私人投入股份的高等院校的数量正在某些国家迅速地增长。

(2)高等院校的规模多样化。高等院校呈现出小型、中型和庞大三级规模，学校的规模与学生和职工的数量相一致。许多高等院校设有附属学院，诸如研究生院和专业学院，并形成了多校园的组织形式。既有几万人的巨型大学，也有几百人的微型大学。比如，美国纽约州立大学在校生6.2万人；法国的巴黎高师和巴黎高等理化工业学院每年只招生200人，学生总规模在1000人左右；拥有近20位诺贝尔奖获得者的洛克菲勒大学从1954年创办时就只招研究生，并保持100名左右学生的规模，220名教师中有1/4以上是教授。

(3)教学组织的多样化。一是继续促使现存的农、医、社会科学和自然科学等专业化学科朝着更综合性的学科方向发展。二是学习层次的多元化。除传统的学士、硕士和博士教育外，不授予学位的教育在中小型高校直至大学层面的高等院校中发展着，以满足社会日益增长的对科学知识和适用职业技术技能的急需。三是越来越多的教学活动在社会中进行，而不是在传统的校园中。如远距离教育和合作教育。现在已经开展并正在为人们广泛关注的建立在计算机技术与网络系统基础上的教学，将成为人们接受高等教育的重要渠道之一。虚拟大学、网上大学等等，使人们不出家门就可以选修世界上一流大学的一流教授的课程。高等学校借助于网络，真正实现了无国界、无校园限制的扩展。也正是因为形式的多样化，对不少人来说，接受高等教育也不是一次性的，而将成为一个渐进的、终生的过程。

(4)教育资金来源的多样化。高等院校的运行经费主要来源于国家拨款、私人资助和学费，只是比例不同。对于发达国家的高等院校来说，私人资助和学费在总的运行经费中占有相当高的份额，而发展中国家政府拨款是其主要的资金来源。为了获得更多的资金，各个国家的高等院校正致力于开展与私人企业及社会各行业的科研合作，以扩展资金来源。某些发达国家高等院校科研基金来自于私人企业的份额已占主导地位。如日本为80%，美国和德国占75%，英国为70%，法国为65%。另外一个趋势是，许多高等院校正与建立在其周围的小的风险投资公司开展科研合作。这些公司开发源于高等院校科研的新技术，同时高等院校获得资金，并加强应用性科研开发和技术的转化。

(5)学生成分的多样化。由于经济和社会的原因，高等院校中学生的成分呈现着日益增强的多元化趋向。博士研究生、硕士研究生、可获学士学位的本科生和无学位的学生，以及半工半读、再培训和工作几年又返回校园寻求更高学位的学生混合成了今天的学生群体。

三、高等教育国际化

新经济是全球化的经济，新经济时代将是全球化更加突出的时代。适应这样的经济发展与社会时代的要求，未来的高等教育也将呈现显著的全球化特点。高等教育国际化的趋势在工业经济时代后期就已显现，在新经济时代，这一趋势将更加普遍。各国高等教育的合作与交流将日益广泛、频繁，国际性的或跨国建立的高等学校将成为普遍现象，各国相互承认学历，各国高等学校相互承认学分，一国学生可以自由地到他国或通过互联网学习他国高等学校的课程。高等教育国际化的理念现已被广泛地接受，并主要通过以下四种方式进行运作：一是建立跨国家、跨地区的国际组织开展合作，如拉丁美洲大学协会、欧洲大学协会、亚太大学协会等。二是建立国家间、地区间、不同国家高等院校间教学科研项目的国际合作及援助计划。三是建立信息网把各个高等院校连接起来。四是进一步推动学生和学者的国际交流。据联合国教科文组织统计，1995 年在 50 个主要的外国留学生接受国中有 160 万名留学生，其中 65.5%来自于非发达国家。在美国的外国学生占世界留学生总数的 28.3%，英国为 12.3%，德国为 10%，法国为 8.2%。

此外，适应经济全球化的要求，在教育目标上，培养学生的全球意识将成为重要的内容。所以，联合国教科文组织的文件强调："全世界高等院校互相支持和建立真正的伙伴关系这一原则，对于在各领域开展的教育和培训是十分重要的，因为这种教育和培训促进人们了解全球性问题，了解解决这些问题的民主管理和熟练的管理人员的作用，以及为什么要与不同文化和不同价值观的人生活在一起等问题。多种语言的运用、促进知识与科学合作的教师和学生的交流计划以及高校之间的联系，应该成为所有高等教育制度的一个组成部分。"①高等教育的全球化将同时带来国际高等教育竞争的进一步加剧，这一竞争既是人才的竞争，也是教育市场或教育资源的竞争。

国际化是过去二十多年来全球高等教育界普遍关注和探讨的焦点论题。尽管目前还没有被普遍接受的定义和体系，但每个人和组织都知道它的含义。高等教育国际化的动力来自于以下几个因素：一是高等教育国际化是世界一体化理念的一部分，它伴随着经济一体化、文化国际化、生活方式全球化思想和趋势而提出和发展；二是发达国家高等教育发展处于"问题"和"危机"时期，自身难以解决，而发展中国家普遍进行着高等教育的改革，国际化为高等教育的改革和发

---

① 赵中建选编：《全球教育发展的研究热点：90 年代来自联合国教科文组织的报告》，教育科学出版社 1999 年版，第 425 页。

展注入了活力；三是高等教育国际化不但可以促进高等教育自身的发展，而且将带来科学技术和国家经济的进步，因此它受到了国家的支持；四是知识是世界共同的财富，一体化是许多教育家的梦想，因此它受到教育界人士的欢迎；五是现代新信息技术的发展为其带来了可能性。

四、高等教育信息化

新技术和信息网络给高校带来的变化是革命性的。教育信息化是在教育与教学的各个方面，以先进的教育思想为指导，以信息技术为手段，以深入开发、广泛利用信息资源为重点，以培养适应信息社会要求的创新型人才为目的，加速实现教育现代化的系统工程。教育信息化具有教材多媒体化、资源全球化、教学个性化、学习自主化、任务合作化、环境虚拟化、管理自动化的特点。

教育信息化将带动教育现代化，实现教育跨越式发展；学校信息化是一个不断发展的过程，既是方法、手段的变革，又是文化的变迁；教育信息化是一个庞大的系统工程，需要政府、学校统一规划，统一组织。教育信息化中数字校园的建立，应基于知识管理的“5E”（E-Learning，E-Research，E-Management，E-Service，E-Living）架构，构建基于知识的组织体系与技术体系。数字校园的构建应从注重数据流与信息流的数字化和网络化，转向重视主要应用领域资源的积累、共享与应用，再转向重视主要应用领域知识的发现、组织、共享、应用和创新。这从本质上讲，是资源观和信息观到知识观和管理观的跃迁。

在发达国家的高等院校中，它已无处不在，如果离开了它，图书馆、办公室、实验室、电子信箱将关闭。高等教育从新技术和信息网络得益最大的可能要属远距离教育，网上大学（Virtual University or Meta-University）也译为“无墙大学”，其意为超越过去传统的教学组织模式，通过信息交流技术手段和网络，建立不受时空限制的新型的教学组织方式。

五、高等教育质量观的多元化

高等教育质量是个永恒的主题。质量观是历史的、具体的、有现实针对性的。随着高等教育的发展，人们判断这一事物的质量标准也应是变化的、发展的，不能是固守僵化的。没有一成不变的质量标准。任何事物内部的质和量的矛盾是对立的统一，离开任何一方都是不可思议的。随着高等教育的多样化和职业及成人高等教育、自考和远程、在职教育的出现，高等教育质量观和质量标准也就具有多样化的特征，教学型大学与研究型大学、精英教育与大众教育、学术理论型人才与职业应用型人才的质量标准也都是不同的。

1998 年世界高等教育会议通过的《21 世纪高等教育展望和行动宣言》提出：

高等教育的质量是一个多层次的概念，要考虑多样性和避免用一个统一的质量观和质量标准；否则，不仅会遏制高等教育的多样化，而且会使高等教育与社会发展的需要相脱节，从而为社会所抛弃。因此，在大众高等教育与精英高等教育共存阶段，我们不可用过去的质量意识和质量标准来简单评判现在的高等教育质量。树立发展的、多样化的质量观，就是我们确立大众化阶段高等教育质量观的基本出发点。除此之外，高等教育质量和质量标准的多样化，最主要的是由市场竞争机制来决定，即：在市场竞争条件下，高等教育是否能促进社会经济、政治、文化发展，是否能满足人民群众受教育的需要，是否有利于高等教育自身的发展。这就是整体的质量观。

复习思考题

1. 简述中世纪大学的组织特点。
2. 简述中世纪大学产生的意义。
3. 试述洪堡治学理念的内容与特点。
4. 简述社区学院的形成与发展。
5. 简述威斯康星思想的主要内容和特点。
6. 试述 20 世纪西方发达国家高等教育发展的特点。
7. 试述 21 世纪外国高等教育发展的特点与趋势。

主要参考文献

1. 李兴业编著：《巴黎大学》，湖南教育出版社 1988 年版。

2. 黄福涛主编：《外国高等教育史》，上海教育出版社 2003 年版。

3. [美]查尔斯·霍默·哈斯金斯著，王建妮译：《大学的兴起》，上海世纪出版集团 2007 年版。

4. [德]弗·鲍尔生著，滕大春等译：《德国教育史》，人民教育出版社 1986 年版。

5. 贺国庆等：《外国高等教育史》，人民教育出版社 2003 年版。

6. 刘宝存：《中世纪的大学理念及其对后世的影响》，载《复旦教育论坛》2004 年第 4 期。

7. 张斌贤：《西欧中世纪大学的特权》，载《北京师范大学学报》(社会科学版)2004 年第 4 期。

8. 苏扬中：《世纪大学中的辩论对我们的启示》，载《辽宁师范大学学报》(社会科学版)2004 年第 2 期。

9. 贺国庆:《中世纪大学和现代大学》,载《河北师范大学学报》(教育科学版)2004 年第 2 期。

10. 孙益:《欧洲中世纪大学的学位》,载《清华大学教育研究》2003 年第 6 期。

11. 贺国庆:《中世纪大学向现代大学的过渡》,载《教育研究》2003 年第 11 期。

12. 程玉红:《中世纪"学生型"大学的产生与发展——意大利博洛尼亚大学组织管理述评》,载《沈阳师范学院学报》(社会科学版)2002 年第 6 期。

13. 马跃美:《美国社区学院的特点及启示》,载《继续教育》2007 年第 8 期。

14. 王廷芳主编:《美国高等教育史》,福建教育出版社 1995 年版。

15. 姜秀华:《未来高等教育发展趋势展望》,载《黑龙江高教研究》2003 年第 3 期。

16. 姜波:《面向二十一世纪的高等教育发展趋势》,载《教育研究》2000 年第 5 期。

17. 杨国藩等:《21 世纪世界高等教育改革和发展的趋势》,载《清华大学教育研究》1998 年第 2 期。

第三章

高等教育的历史发展(下)

西方高等教育的嬗变轨迹为我们理解世界高等教育的发展提供了重要的历史启迪和现实参照;然而,它毕竟是外域的。中国高等教育的发展必须根植于中华大地的沃土中,根植于丰厚的民族文化的血脉中。这样,我们就必须将视域聚焦在对中国高等教育历史脉动的考察上,总括并反思蕴含其中的丰富的历史馈赠和沉痛的历史教训,以为建构具有民族特色和符合时代需求的高等教育机制与模式提供历史的支撑。

本章主要讨论两个问题:中国高等教育的历史轨迹;中国高等教育面临的现实问题。前一个问题为后一个问题提供历史素材,后一个问题则是前一个问题的历史延伸;前者是一种事实考察,后者则主要是一种基于史实的现实反思。

第一节　中国高等教育的历史轨迹

历史从哪里开始,思想进程也应当从哪里开始。中国高等教育的思想进程,只能依循中国高等教育实践的历史进程,方能寻到根基,方能作出合历史、合逻辑的价值判断。巡视中国高等教育发展的历史走廊,可以将其脉动轨迹大致划分为四个前后相依相继的阶段。

一、中国古代高等教育的萌芽及其蹒跚轨迹

在人类社会发展的历史长河中,中国的高等教育既源远流长,又曲折漫长。自西周的“五学之制”直至清末的京师同文馆,中国古代的高等教育走过了一段漫长而不平凡的发展历程。

(一)从"五学之制"到京师同文馆:中国古代高等教育的蹒跚轨迹

严格说来,中国成体制、成系统的真正的高等教育制度是从西方引进来的。然而,中国的高等教育思想与活动却有着悠久的历史,成为中国传统文化的重要组成部分。中国古代没有近代意义上的高等教育,却有发达的大学教育。古代的大学教育成为孕育近代高等教育的母体。"中国大学教育发展史,是一幅自从有了文字以来中华民族创造和传递精神文明的历史画卷。"[①]此言甚确。

早在夏商时代,中国就产生了学校,并有了大学、小学之分。《尚书·大传》记载:"古之帝王者,必立大学小学。"大学包括上庠、东序、右学,小学包括下庠、西序、左学。到了西周,中央政府继承并发展了这一制度,周天子将大学分为五种(即"五学"):辟雍、上庠、东序、瞽宗、成均。主要的课程是"六艺":礼、乐、射、御(谓之"大艺")、书、数(谓之"小艺")。这就是"五学之制"。西周的"五学之制"是中国有文献记载的最早的高等教育机构,成为当时高层次的学术研究基地和学问传播中心。学术官守、学在官府、政教合一是其最显著的特征。到了春秋战国时期,随着礼崩乐坏,官学式微,私学渐兴,游学论道、百家争鸣之风盛行。齐国在稷门设立的稷下学宫,是当时学术论争、思想争辩的集散地,是"战国时期百家争鸣的一个缩影"(郭沫若),对后世高等教育活动影响甚大。

公元前124年,西汉武帝批准了董仲舒的奏请,创办了太学,旨在培养精通儒家经术的高级人才。所谓"立太学以教于国,设庠序以化于邑"。太学置五经博士(《诗》、《书》、《礼》、《易》、《春秋》),"五经博士像国家特设的讲座;授经而外,博士也常与闻国政"[②]。汉武帝时太学生只有50人,而到公元146年则达30000余人。太学成为"传授知识、研究学术的专门学府。……是世界教育史上有确切文字记载的由统一的中央政府设立的第一所官立大学"[③]。可以说,太学是中国历史上有文献记载的正式设立大学的开端,是中国高等教育由萌芽走向雏形的表征。中国后世大学教育的一些制度、形式、方法如考试制度、师法家法、学术称谓等多受太学的持久影响。

到了唐代,高等教育机构初具规模,中央政府设立了"六学二馆",其中国子学、太学、四门学相当于大学性质,律学、书学、算学相当于专科性质,弘文馆、崇文馆为大学性质的贵胄学校。由隋代推行的中国古代的"高考制度"——科举制在唐代也得到了完善(科举原指"设科举士",唐代以后演变为纯粹的考试选才)。唐宋时期,中国高等教育诞生了一种特殊的组织形式——书院。书院始于唐玄

---

① 曲士培:《中国大学教育发展史》,山西教育出版社1993年版,序言。
② 孟宪承、陈学恂:《教育通论》,福建教育出版社2006年版,第5页。
③ 熊明安:《中国高等教育史》,重庆出版社1988年版,第71～72页。

宗开元六年(718 年)所设的丽正书院(后改为集贤殿书院),直至清光绪二十七年(1901 年)各省书院改为“学堂”为止,共存 1100 余年。书院是中国近代高等教育机构的原型,20 世纪初设立的第一批省立大学,大多由书院改名而来。书院由此也成为中国封建社会特有的一种高等教育组织和学术研究机构。它所倡导的自由争论、游学访问、自学与讲授相结合的教育方法,对后世高等教育产生了深远的影响。

明清时期,随着中国封建文化教育传统的渐趋衰落,步履蹒跚的中国高等教育如明日黄花,早已风光不再。书院教育至清末已日益官学化,完全沦为科举制的附庸。闭关自守的政策,使得整个民族的思想僵化,传统文化的潜力已到极致。资本主义生产关系的萌芽开始冲破封建文化的桎梏而不断孕育新的教育方式。1840 年西方列强的枪炮使中国门户洞开,西方的高等教育思想慢慢渗入传统的教育体制中来。中国高等教育被迫进入了变革时代。1862 年,京师同文馆的创立,标志着中国古代高等教育历史的结束,中国高等教育进入了新的历史纪元。

(二)中国古代高等教育的基本特征

中国古代高等教育的发展进程与社会历史发展的进程是一致的。中国古代高等教育从西周(公元前 1046 年)发展至 1862 年,前后近三千年。它为中国社会的发展特别是文化的繁荣、文明的进步作出了重大贡献。然而,中国古代高等教育也存在诸多历史的缺陷。比如,政治化色彩浓厚,随社会(朝代)的频繁波动而时盛时衰,缺乏坚实的物质基础,高等教育机构性质不明确,缺乏实体地位,专业教育匍匐于伦理教育的阴影下踯躅不前,等等。中国古代高等教育内在的价值与缺陷,均可以通过对其基本特征的梳理得以呈现。中国古代高等教育的基本特征,择其大要,可以归纳为如下五个方面:

1. 教育目的上凸显人伦教化

在教育目的上,中国古代的高等教育主要是伦理道德教育。伦理道德教育构成了中国古代高等教育的核心。孔子的私学即将“仁”作为教育的最高目的,将培养君子作为教育的最高目标。所谓“修己以安人”,“修己以安百姓”。孟子则明确地将教育的目的视为“明人伦”,所谓“人伦明于上,小人明于下”。《礼记・大学》更是明确提出:“大学之道,在明明德,在亲民,在止于至善。”达致此目的的途径是“格物、致知、诚意、正心、修身、齐家、治国、平天下”。这就是中国古代教育目的的“三纲领”、“八条目”。嗣后,董仲舒把“以教化为大务”作为“兴学育材”的根本宗旨,从而进一步确立了中国古代高等教育重伦理道德的传统。唐代,韩愈的“学以明道”、“文以载道”、“尊师重道”等思想将中国古代高等教育的伦理化旨趣推向了高潮,这一目的观直至唐宋明清的书院教育,均未发生实质性的改变。可以说,凸显人伦教化的目的观,是中国古代高等教育的一个最突出的特征。

2. 教育体制上实行官私并存

官私并存是中国古代高等教育在教育体制上的重要特征。早期的高等教育机构与活动主要以官办或国办为主。西周的高等教育机构——“五学之制”就是由中央政府所设,学在官府、政教合一是其显著特征;齐国的稷下学宫、西汉的太学、晋代的国子学、唐代的“六学二馆”等都属于官办性质的高等教育机构。与此同时,私立高等教育也得到了发展。自孔子首倡私学以降,私立高等教育活动和私人讲学之风从未间歇。政治环境宽松之际,私学往往易于勃兴,如春秋战国时期的百家争鸣和汉初的私人讲学之风等。国势衰微、天下纷争之时,私学也往往能够获得大发展。如每一个朝代的末期,私学通常较为兴隆,所谓“乱世则官学不修”。学术之争也是促进私学发展的重要原因。如两汉时期的今文经学与古文经学之争,直接引发了私学的隆盛;宋代的义理之争,也促进了书院的大发展;而早期的书院具有“非官非私,既官既私”的性质,直至明清才逐渐官学化。官私并存的教育体制,必然导致受教育者入学机会的差异。一般而言,官学的等级性明显,入学机会极为不均;私学的大众性明显,庶民子弟亦可入学。

3. 教育管理上注重名师掌权

如同西方高等教育一样,中国古代高等教育亦十分注重名师建设,大学多由名师执掌。太学的教师大多由学术精湛、品行高洁的名师大儒担纲,称之“博士”,他们“明于古今,通达国体,奉使议政,试贤举能”,享受优厚的俸禄,备受社会尊敬。博士的领袖称“仆射”(即太学校长),东汉改称“祭酒”。唐代“六学”由国子监执掌,均由学识渊博、博古通今的硕学鸿儒担任,孔颖达、韩愈等都曾履任国子祭酒。宋元时期的书院,充当教师者也都是品学兼优的大家,书院的主持人则称之“山长”。这一传统不仅促进了中国古代学术思想的繁荣,而且对尊师重道之风的赓续也贡献良多。

4. 课程内容上突出儒学为尊

春秋战国时期,中国处于人类文明的“轴心时期”,思想繁荣,学派蜂起,百家争鸣,蔚为壮观。秦朝一统天下,取“废黜儒家,独尊法家”的教化政策。到了西汉,为求政治、思想和文化上的统一,汉武帝采取董仲舒的建议,奉行“罢黜百家,独尊儒术”的文教政策,将儒家思想归结为“三纲五常”并使之上升至“定鼎一尊”的统治地位。从此,儒家思想特别是其伦理道德思想成为高等教育的主导内容和课程体系的核心,“四书”、“五经”成为高等教育主要的课程。虽然在社会动荡时期,儒学独尊的地位曾受到过挑战,但整个看来,儒学一统的格局在中国古代高等教育发展史上仍占主流。

5. 教学方法上崇尚自学讨论

中国古代的高等教育在教学方法上，既注重教师的讲授、解惑，又注重学生的自修、讨论。春秋战国时期，百家争鸣，群英荟萃，争辩之风不绝，私学的自由辩论蔚为壮观。稷下学宫的"期会"制度，是自学讨论教学方法的杰出代表。汉唐时期的官学尽管主要采取"大班上课"的形式，但学生的辩论、自学仍是主要的教学方式。宋元时期的书院教育，也非常重视学生的独立钻研和自我修行，如朱熹的"大学之教"采用"讲问"的方式，主张教师只须作解惑式的讲解，不必"支离多说"，应督促学生自己勤于读书；明代书院教育盛行"讲会"制度，自由讨论之风甚盛，书院允许不同思想学派进行"会讲"，各抒己见，相互切磋，学术交流活动频繁，学术自由氛围浓郁。

二、中国近代高等教育的起步及其艰难探索

自 1862 年京师同文馆的建立到 1922 年"壬戌学制"的颁布，为中国近代高等教育阶段。它时光短暂，只有 80 年，但在中国高等教育发展史上却是风起云涌、意义非凡的 80 年。

中国近代高等教育是伴随着西方列强的坚船利炮和西学东渐而形成发展的，它一开始就肩负着"救亡图存"的沉重使命。鸦片战争加速了中国封建政体的解体，中国逐渐沦为半殖民地半封建社会。为挽救摇摇欲坠的封建统治，新兴的资产阶级呼吁变法图强，改变旧的教育体制，办洋务、兴西学成为改革的先声。魏源历经七年（1841～1847 年）编撰的 100 卷《海国图志》，提出了大学教育之"经世致用"、"师夷长技以制夷"的目标，对西学东渐之风的形成发挥了重要的思想启蒙作用。1862 年，清政府深感在与洋人交涉时因缺乏翻译人员而常"受人欺蒙"的苦楚，遂在"四夷馆"的基础上创建京师同文馆；最初只设英语，后增设俄、日、法、德等语，尔后又添设自然科学课程；学制 8 年，前 5 年近似中学程度，后 3 年相当于大专程度。京师同文馆是近代中国政府创办的第一所高等学校，是中国近代高等教育开始起步的标志。

继京师同文馆之后，一批洋务派政治家又先后创办了一批具有西方高等教育性质的学校，李鸿章、曾国藩、张之洞、左宗棠等都为西学的创建作出了贡献。当时开办的高等学堂，多为单科学校，或以一个专业为主设立。如以语言教育为主的"西文"高等学校有上海广方言馆（1863 年）、广州同文馆（1864 年）、湖北自强学堂（1893 年）；以军事、工业技术教育为主的"西艺"学校有上海机器学堂（1865 年）、福建船政学堂（1866 年）、天津电报学堂（1879 年）、天津水师学堂（1881 年）、上海电报学堂（1882 年）、天津武备学堂（1886 年）、广东陆师学堂（1886 年）、广东水师学堂（1887 年）、湖北铁路局矿学堂（1892 年）、天津军医学

堂（1893 年）、湖北武学堂（1893 年）、南京陆军学堂（1895 年）等。从整体上看，洋务派以救亡图存为目的兴办的这些学堂，涵盖的领域已十分广泛，从实践上改变了中国传统高等教育的形式与内容。但这些学堂大多是技艺性质的单科学校，在“以中学治身心，西学治世变；中学为体，西学为用”（张之洞）的宗旨下，封建教育的体制与色彩仍极为浓厚。

1894 年甲午战争的惨败，使得清政府不得不采纳维新派的主张进行教育改革。维新运动的教育改革不囿于西文、西艺的课程改革，而是试图在教育体制上进行某种有限的革新，提出了“废科举，设学堂”的方针，学堂分为小学堂、中学堂、高等学堂三级。1895 年盛宣怀创办了天津中西学堂（1903 年更名为北洋大学堂，新中国成立后改称天津大学），分头等学堂（大学本科）和二等学堂（大学预科），头等学堂前两年不分科，后两年选学一种专门学科。天津中西学堂是中国近代开办的第一所具有大学雏形的高等学校。清政府于 1898 年 7 月“百日维新”运动中成立了“京师大学堂”，在义和团运动的冲击下 1900 年 8 月停办，1902 年重新开学，逐步发展成为一所涵盖经济、文科、政法、商科、农科、格致、工科共 7 科 13 门的多科性大学。京师大学堂是中国近代第一所完整意义上的大学，也是第一所由政府投资创办的国立大学，1912 年更名为北京大学。1902 年，清政府颁布了《钦定学堂章程》即“壬寅学制”，但未实施。1903 年，张之洞、张伯熙、荣庆等奉旨对原定章程进行修订，拟定了《初等小学堂章程》、《中学堂章程》、《高等学堂章程》、《大学堂章程》，经清政府颁布实施。这就是“癸卯学制”。癸卯学制将高等教育机构明确分为大学堂、高等学堂、高等实业学堂、高等政法学堂和优级师范学堂。大学堂即现代意义上的大学。癸卯学制是中国近代教育史上第一个实行了的学制，奠定了中国近代高等教育制度的基本形态。1905 年，光绪帝采纳张之洞等六臣之奏请，废科举，设学部，兴学校。这是隋唐以后中国历史上最重大的一次教育改革，影响深远。

1911 年辛亥革命推翻了封建帝制，建立了中国历史上第一个资产阶级共和国——中华民国。民国设立教育部，由蔡元培任总长，并着手进行教育改革，颁布了《壬子癸丑学制》，对大学的办学宗旨作了明确规定：“大学以教授高深学术、养成硕学闳材，应国家需要为宗旨”，“专门学校以教授高等学术，养成专门人才为宗旨”。大学分预科和本科，允许私人办大学，大学设评议会和教授会。[①] 这一改革的许多内容因袁世凯的复辟而未能完全实施。1917 年，蔡元培任北大校长，对北大进行了全面改造。蔡元培改革北大的主要举措是实行大学自治、思想自由、兼容并包、教授治校、五育并举、倚重研究。他还采取选科制、设立研究院、

---

① 参见杨德广主编《高等教育学概论》，上海交通大学出版社 1991 年版，第 14 页。

招收女生等。北大的改革对全国影响极大，民主、科学的精神开始深入人心，北大也因此成为新文化运动的摇篮。毛泽东曾称蔡元培为“学界泰斗，人世楷模”。

由蔡元培领导的教育改革在当时政局动荡、封建势力顽固的背景下，没有得到完全实施，频繁的改革和不间断的运动亦使高等教育的进展缓慢，加之袁世凯、张勋、段祺瑞的三次复辟运动，改革的成果受到了严重冲击。1922 年 11 月 1 日北洋政府以大总统徐世昌的名义颁布了《学校系统改革案》，对高等教育学制、形式等进行了新的改革，中国高等教育迈入了新的发展阶段。

三、中国现代高等教育的成型及其曲折进程

自 1922 年“壬戌学制”的颁布到 1949 年中华人民共和国成立，为中国现代高等教育阶段。

1922 年由全国教育联合会发起、经北洋政府通过的《学校系统改革案》获准实施，此即“壬戌学制”(亦称“新学制”)。壬戌学制是中国高等教育发展史上的重大改革，标志着中国高等教育进入现代发展阶段。壬戌学制涉及整个国民教育体系，影响最大的中小学改革方案是将“七四制”改为“六三三制”。高等教育的主要改革方案有：将大学修业年限规定为四至六年；大学采用选科制、学分制、学位制；取消预科；高等师范学校升格为大学；设立单科大学等。新学制是在民主主义勃兴，美国教育家杜威、孟禄等来华讲学，留美教育人士推动等背景下诞生的。壬戌学制以美国现代学制为蓝本，是资本主义教育制度在中国教育领域中的改造或移植。它是真正现代意义上的教育改革，是与世界高等教育体制、思想接轨的首次系统尝试。壬戌学制的许多措施不仅得到了具体实施，而且预制了中国现代高等教育制度的基本形态。壬戌学制的颁行，也结束了自辛亥革命以后中国高等教育变动频繁、混乱无序的局面。正是在此意义上，壬戌学制成为中国高等教育现代转型的标志。但新学制也造成了诸如“大学分系过多，叠床架屋，殊不经济”等缺弊。

1924 年教育部又颁行了《国立大学条例》，进一步完善了壬戌学制，中国现代高等教育制度逐渐形成。1927 年南京国民政府成立后又相继颁行了《大学组织法》、《大学规程》等法令法规，规定：大学分文、理、法、教育、农业、工、商、医等八院；单科大学改为独立学院；大学和独立学院可设研究所，招收研究生，研究生学习年限为两年；学分制改为学年学分制；建立系统的学士、硕士、博士学位制度等。至此，高等教育制度已臻于完善。这一段时期高等教育的发展也有很多弊端，如专科学校的“升格运动”，“入学过易”，“入学之大学生多数缺乏适当之准

备”，“为求学生数量之增多，遂不惜牺牲其品质”等，“以致促成学术程度的低落”①和教育质量的下降。这些历史教训是值得我们认真吸取的。

现代高等教育发展时期，诞生了一些有重大影响的高等教育家，带动并促进了中国高等教育的发展。如张伯苓创办的南开大学标举教育救国、教育强国的理念，推行“三育并进”（体育、智育、德育）、“允公允能”（社会公德、科学才能）、民主办学、校长负责、大学的中国化与民族化等举措，很快使南开大学成为一所学术和社会影响力都很强的大学；梅贻琦在任清华大学校长和西南联大校务常委会主席期间，大力推行通才教育（自由教育）、教授治校（民主管理）、学术自由（自由探讨）理念，促进了清华的学术勃兴；竺可桢在任浙江大学校长（1936～1949年）期间秉持培养“领导人才”、“各行各业的领袖”、“社会的砥柱”的办学理念和“诚、勤、求是”的大学精神，推行“教授是大学的灵魂”，倡导“名师授课”，试行师生双向选择的“导师制”，这些改革使浙江大学成为当时中国高等教育的又一面旗帜。

1922～1949 年的中国高等教育，是在外忧内患的艰难处境中缓慢前行的。期间，外敌入侵，战火连绵，内乱不断，人心不稳，制约了高等教育的快速发展。然而，在这种十分困难的背景下，高等教育仍然取得了令人可喜的成就，高等教育在制度完善、规模数量、质量内涵以及社会影响力方面都成绩斐然，为中华民族培养了一大批有世界影响的学者，推动了高等教育的历史进程。这些都是我们应当实事求是地予以肯定的。不过，体制上的根本缺陷以及政治思想上公认的沉疴痼疾，极大地制约了高等教育潜能的释放。1949 年新中国成立以及社会主义制度的建立，才使中国的高等教育步入了新的历史纪元。

四、中国当代高等教育的重生及其改革完善

自 1949 年中华人民共和国成立至今，为中国当代高等教育发展阶段。这一时期，中国高等教育既创造了辉煌的历史，也留下了惨痛的教训。

（一）社会主义高等教育的改造与探索时期

新中国的高等教育走过了一段极为不平凡的发展历程。建国伊始，百废待兴。党和政府对高等教育投入了极大的热情，采取种种措施发展高等教育。首先，接管了旧中国的大学，接办并裁并了教会大学，收回了教育主权。1950 年 6 月召开了全国高等教育工作会议，通过了第一个《高等学校的暂行规程》。其次，对高校师生进行思想改造，设立高等教育部，确立了中国共产党对高校的领导权。第三，进行大规模的院系调整。1952 年暑假，以苏联的高等教育体制为蓝

① 参见吴俊升、王西征《教育概论》，福建教育出版社 2006 年版，第 158～159 页。

本进行院系调整，调整的方针是“以培养工业建设干部和师资为重点，发展专门学院和专科学校，整顿和加强综合性大学”。调整的结果是文理医科按一级学科设置专业，工科按工艺、设备产品设置专业，专业面极窄，综合性大学被削减。1958年中央提出“教育必须为无产阶级政治服务，必须与生产劳动相结合”的方针，加强了党对高校的领导；强调理论联系实际，提出教学与生产、科研相结合的原则；实行“两条腿走路”的方针，试办了一批半工半读高校和各种形式的业余大学。但由于受“左”的思想的影响，高等教育也发起了“大跃进”运动，出现了大办高校、大批“白专”、大砍基础课程的现象。高校数量由229所猛增到1289所，办学师资、设备严重短缺，教学质量下降，高等教育脱离了国情；师生过多地参与生产劳动、社会活动和政治运动，导致教育效益低下。1961年9月中央制定《教育部直属高等学校暂行工作条例(草案)》(即《高校六十条》)，总结经验教训，对重点高校实行定规模、定任务、定方向、定专业，对非重点高校的专业设置和发展规模进行调整压缩，高校又降为407所，专业压缩至549种。1963年又建立了中央和省市区两级管理的领导体制。这些措施不仅使教育质量和学术水平显著提高，而且为社会培养了大批急需的人才。至1965年，全日制高校17年共为国家培养大专以上毕业生155万人，研究生1.6万余人。

(二)“文化大革命”的曲折与波动时期

1966～1976年，一场“文化大革命”使高等教育遭致毁灭性打击。大学被撤、并、迁、散，校舍被挪为他用，教师队伍横遭迫害，教学秩序陷入瘫痪，高等教育完全处于无政府主义状态，人才培养基本中断。高校数量由1965年的434所缩减为1971年的328所，剩下的高校也全面停止招生。高校教师被大量调离或进“五七”干校接受劳动改造，许多被迫害致死；幸免的教师也业务荒疏，度日如年，元气大伤。1970年实行推荐保送制，试招工农兵学员，出现了所谓学生“上大学，管大学，改造大学”的荒唐局面。1971年“四人帮”炮制的《全国教育工作会议纪要》，全盘否定建国十七年的教育成就，提出知识分子大多数是“资产阶级知识分子”的谬论，高等学校一时黑云压城，高校教师普遍惶恐不安，给广大师生带来了无以排解的精神压力和创伤。

“文革”十年所造成的结果是：高等教育受到严重摧残和破坏，基本陷入了停滞状态；教育秩序受到政治冲击，教学活动无法保证；专业教师受到迫害，业务荒疏；人才培养基本中断，质量严重下降，十年间不仅少为国家培养100万名大学毕业生，而且也造成了此后相当长的一段时期我国现代化建设人才青黄不接、后继乏人的窘况。这是一段不堪回首的岁月，其历史教训是十分惨痛、深刻的。

(三)高等教育的改革开放与快速发展时期

粉碎“四人帮”特别是十一届三中全会以后，中国的高等教育渐渐恢复了元气,步入了健康发展的正轨。党和政府全面纠正“文革”的“左”倾错误,大力进行拨乱反正,高等教育得到了迅速恢复和发展。1977年恢复了全国高校统一招生考试制度和研究生培养制度,师资队伍建设、课程与教材建设、管理与规章制度建设也不断走向正规。1978年召开了全国教育工作会议;1979年撤销了《全国教育工作会议纪要》并召开了高校科研工作会议,初步总结新中国成立以来高等教育的历史经验;1981年8月召开了全国思想政治教育工作会议,解决了高等教育领域中的一些思想问题;1983年5月召开了全国高等教育工作会议,探讨进行高等教育体制改革问题;1985年5月颁布了《中共中央关于教育体制改革的决定》,为高等教育的全面改革提出了规划。经过一系列的改革举措,我国的高等教育又重新焕发了生机活力,高等教育的体制、观念、规模、形式、质量都取得了可喜的改善与发展,一个较为完整、具有中国特色的社会主义高等教育体系初步形成。

1992年底,在邓小平“南方视察讲话”精神的鼓舞下,原国家教委召开了全国高等教育工作会议,提出了“规模有较大发展,质量上一个台阶,结构更加合理,效益有明显提高”的新的高等教育改革发展目标。为适应经济建设和社会发展对人才的广泛需求,1993年出台了《中国教育改革和发展纲要》,国家进行较大规模的高校扩招,高等教育实现了规模化发展。1999年推出了《面向21世纪教育振兴行动计划》和《关于深化教育改革,全面推进素质教育的决定》,使得高等教育的发展速度进一步加快。2004年颁布的《2003～2007年教育振兴行动计划》,将高等教育纳入实施科教兴国战略和人才强国战略、实现全面建设小康社会和中华民族伟大复兴的宏伟目标之高度。自此以后,国家不断加大对高等教育的资金投入,高等教育的办学条件不断得以改善,发展速度不断加快,高等教育的大众化格局逐步形成。2003年,我国各类高等教育总规模达到1900万人,毛入学率达17%,2005年达到21%。应当说,这与社会主义市场经济建设的整体需要是相契合的。2007年10月召开的党的十七大提出了“优先发展教育,建设人力资源强国”的目标,明确地把“提高高等教育的质量,办好人民满意的教育”作为新时期高等教育发展的指导思想。高等教育的质量建设提到了议事日程。

应当说,高等教育的改革开放,促进了高等教育的快速发展,为我国的社会主义市场经济建设和社会的全面进步提供了人才、智力与精神支撑。然而,快速发展也带来了诸多现实问题,这些问题正在成为制约我国高等教育质量和和谐社会建设的不利因素,需要人们作出审慎的思考。

第二节　中国高等教育面临的现实问题

从世界范围看，半个世纪特别是近二十年以来，高等教育出现了蓬勃发展的繁荣局面，其发展速度之快、影响之深，超过了过去任何时代。就中国的状况而言，自1993年以来，随着改革开放步伐的加快，尤其是经济发展、科技进步对于人才的广泛需求，高等教育也驶入了“快车道”，发展的规模与速度都达到了历史最高峰。然而，高等教育繁荣的背后也潜藏着危机。由规模发展带来的诸如高等教育的办学体制、发展方向、教育质量等问题接踵而至，有些问题非常突出，甚至成为全社会关注的焦点。高等教育大众化引发的教育质量下降问题，高校合并带来的管理问题，扩招与就业矛盾加剧问题，市场经济以及高等教育的数量膨胀带来的产业化取向问题，高等教育内部的课程改革问题等等，成为制约中国高等教育健康发展的迫切而现实的问题。对这些问题予以宏观分析，对于我们全面了解我国高等教育发展的现状，对于开阔高校教师的职业视野，对于提高人们职业劳动的效率，对于反思高等教育实践活动的价值，对于改善我国高等教育发展的格局，都具有十分重要的现实意义。

本节主要从宏观意义上对影响我国高等教育发展的最突出的现实问题予以初步阐释与分析，而对那些非全局性的枝节问题则暂时存而不论。我们拟讨论的现实问题包括：现代大学的理念缺失与建构问题；高等教育的大众诉求与精英诉求问题；高等教育的全球化与本土化问题；高等教育的规模扩张与内涵发展问题。

一、现代大学理念的缺失与建构问题

在当代，伴随着高等教育的规模扩展和大众化步伐的加快，高等教育自身也面临着诸多亟须解决的重大现实问题。如果说，高等教育在世界范围内面临着质量危机、道德危机的话，那么，这些危机无一不可以归结为更深层次的教育理念危机或大学理念危机。人们为了化解这些危机，从不同的视角重新规划高等教育发展的战略和发展路径，而这种谋划也莫不可以上升到更高层面的大学理念问题。大学理念问题的反思与重构，是世界各国高等教育发展过程中普遍遭遇的现实问题，中国的高等教育也不例外。诚如潘懋元教授所言：“当前大学正面临着‘理念危机’——大学理想的暗淡、大学观念的落后、大学精神的失落、大学现象的扭曲、大学使命的弱化、大学目标的混乱。这些正需要从哲学的高度来拯救，用哲学的观点和方法来重新审视、梳理、明晰、匡正，确立符合时代精神与

需要的'大学理念'。"[①]因而,对大学理念问题作出基本的分析与理解,是我国的高等教育在规模扩展与内涵发展的矛盾不断加剧的历史际遇下所不能不加以认真对待的一个重大现实问题。一个高等教育工作者应该对大学理念的内涵、大学理念的历史变迁、我国现代大学应具备的理念及其建构等有一个初步的理解,从而在更宏阔的视域中找寻自身的工作与中国高等教育整体发展的内在关联。

(一)大学理念的内涵

大学理念问题是制约高等教育健康发展和高效运转的一个基本问题。然而,关于大学理念的内涵问题,却是一个有着不同理解的见仁见智的棘手难题。

1. 何谓大学理念

大学理念(the idea of a university)是大学办学实践中的灵魂性问题。从最通俗的意义上说,大学理念就是大学的理想、大学的观念,它所回答的是大学是什么、应该是什么的根本性问题。大学理念关涉大学的性质、目标追求、价值取向、办学模式等问题,对大学的发展方向、教育质量、功能释放等都具有重要的理论导向作用。成熟的大学,往往是那些有着稳定而科学的理念的大学。"如果一流大学能树立起它们可以理解的理想,如果它们即使在一段时间丧失学生和金钱的情况下仍然能坚持这些理想,那么有一天它们也会使我们的人民理解它们以及它们的理想。"[②]

我们认为,所谓大学理念,乃指人们在观念上对大学的理性认识、理想追求及其所形成的系统的教育观念。大学理念蕴含着大学的办学方向、目标确立、运营策略、社会责任以及人们对理想大学模式的系统构想。

大学理念是一个包含丰富内涵的范畴。它既是人们关于大学的某种理性认识(如大学的含义、大学的宗旨、大学的地位、大学的使命、大学的目的、大学的功能等都可以上升到大学理念的层面予以理性推究),又是人们关于大学的某种理想追求(如大学的理想、大学的信念、大学的精神、大学的目标、大学的责任、大学的走向等)。大学理念属于观念性或精神性范畴,它不同于实践性、操作性、行为性的具体活动,但却对这些具体的活动提供思想基础,发挥着行动指南或规范引导作用。合理而明确的大学理念,是防止大学发展的盲目性、无序性、混乱性的基本保证。

大学理念不是固定的,而是流动的。随着历史的变迁和社会发展之于大学的不同需求,大学理念也会发生历史的变革。诚如美国著名高等教育学者布鲁贝克所言:"不相信会有一种可以通过共同捍卫其纯洁性而永世可靠的、单一的、

---

① 潘懋元:《高等教育:历史、现实与未来》,人民教育出版社2004年版,第97页。

② [美]罗伯特·M·赫钦斯著,汪利兵译:《美国高等教育》,浙江教育出版社2001年版,第34页。

不变的、理想的大学理念。”[①]大学制度的发展和社会需求的变化，使得大学理念时刻受制于时代精神的变迁而不断变革。

2. 大学精神：大学理念的核心

从其内涵构成上看，大学理念包括大学理想、大学信念、大学观念、大学精神、大学使命、大学目标等成分。其中，大学精神是大学理念的核心。

大学理想是人们对于理想的大学应该是什么样子的一种主观构想或合理的设想。大学理想使得大学具有前瞻性、导向性、激励性、超越性、批判性等独特特质。大学理想根植于现实，又超越现实，具有展望未来、导引社会的功能。大学赋予人以理想，又引导人实现理想。大学理想的确立有着民族文化传统的深刻印痕。如英国大学的理想在于培育绅士，牛津大学是其典型；德国大学的理想在于培育学者，柏林大学是其代表；美国大学在于为社会培育实用人才，哈佛大学是其典型。大学理想的丧失，就是大学沉沦的开始。

大学信念是激励人们实现大学理想的价值观念与行为准则。大学信念既是实现大学理想的重要因素，又是构成大学理念的重要组成部分。大学信念是促使大学实践活动合目标、合理性的重要精神力量，是构成大学文化、形成大学传统的重要力量。“大学信念一经形成，对外它是大学整体的、统一的形象，是社会影响力的一种源泉；对内它是大学的方向，是凝聚组织成员，使他们对大学的未来充满信心并自觉和努力使大学目标实现的精神力量，是形成学校健康向上的活力的一种源泉。”[②]

大学观念是人们对作为存在的大学及其教育活动的一种理性认识。不同的个体、不同的群体有着不同的大学观念，不同的时代也有着不尽相同的大学观念。大学观念可能是不系统的、零碎的、主观的，而大学理念则是理论化、系统化、综合化了的大学教育观念或曰体系化的教育观念整合。[③] 当代中国，大学观念的更新成为制约高等教育改革和发展的重要因素。

大学使命是指大学的内在职责和任务。大学使命是大学理念的必要组成部分，是使大学理想变为现实的中介，是进行大学实践活动的前导。传承人类文明，培育专门人才，探求科学真理，推动社会进步，是大学的根本使命。

大学目标是大学在培养人才、发展科学、服务社会方面的总的要求或实践标准。大学目标是大学理念的具体体现，是将大学办成什么样子的一种构想和规划。培养专业教育与通识教育相结合、人文教育与科学教育相统一、全面发展与

---

① [美]约翰·S·布鲁贝克著，郑继伟等译：《高等教育哲学》，浙江教育出版社 1987 年版，第 10 页。

② 眭依凡：《大学校长的教育理念与治校》，人民教育出版社 2001 年版，第 76～77 页。

③ 参见韩延明《大学理念论纲》，人民教育出版社 2003 年版，第 78 页。

完美个性相协调的新型人才，是大学为实现自身价值而应树立的崇高目标。

大学精神是大学在长期的教育实践过程中积淀的人格化、个性化、典型化并富有凝聚力、感召力的一组精神特质。大学精神既是大学校园文化深层结构的内核，又是大学优良传统的浓缩或象征。大学精神是大学的精髓和灵魂。大学的校风、学风、教风等，都是大学精神的表征；大学的形象、特色、水准都取决于大学精神。人们常说的“北大之创新，清华之严谨，南开之笃实，浙大之坚韧”，便是这些大学精神的高度概括。哈佛大学的“与真理为友”，耶鲁大学的“争取个体独立，捍卫学术自由”，芝加哥大学的“崇尚求实”、“开放自由”，麻省理工学院的“追求卓越，挑战极限”，霍普金斯大学的“真理使你成为自由人”等，都是富有特色的大学精神的具体体现。① 当代，自由精神、民主精神、科学精神、创新精神是大学精神的主要体现。大学精神是大学理念的支柱和核心，是大学办出特色、办出水平、办出活力的源泉和动力。

当代中国，加强大学理念的建构，应当尤其突出大学精神的建设。教育是一种精神事业，它本身必须充盈着一种浓郁的精神气息。高等教育作为教育体系的最高层次，也必须是一种富有精神含量、充塞着精神气质、具有精神感召和吸引力的独特领域。“教育依赖于精神世界的原初生活，教育不能独立，它要服务于精神生活的传承，这种生活在人们的行为举止中直接表现出来，然后成为他对‘在’的关注和国家的现实态度，并在掌握创造性的精神作品中得到高扬。在我们的时代里，精神命运必然决定教育的内涵。如果在国家和教育中灵魂被遮蔽，那么，国家和教育就将会陷入理解计划与非理性强制手段的混淆之中，那这也就是教育整体作用的消解和对时间沉默的信号。”②

在人类生活的世俗化愈益明显的当下，高等教育必须具有一种伟岸、卓越的精神品质，这种精神品质或气质是大学之所以称之为大学、大学能够为人类社会进步和青年人的智慧发展作出自身贡献的独特支点。这种精神品质就是广泛意义上的大学理念。缺少了理念，大学就失去了灵魂，就会丧失了由以存在的价值依托。“教育不能没有虔敬之心，否则最多只是一种劝学的态度，对终极价值和绝对真理的虔敬是一切教育的本质，缺少对‘绝对’的热情，人就不能生存，或者人就活得不像一个人，一切就变得没有意义。”③缺乏理念的牵导，大学也就不像一所大学，大学的活动也就变得没有意义。而我们的大学，在大众化的鼓噪声中，不断陷入迎合社会发展的潮流中，知识的传授代替了智慧的引导，技能的培

① 参见韩延明《大学理念论纲》，人民教育出版社 2003 年版，第 85～86 页。

② ［德］雅思贝尔斯著，邹进译：《什么是教育》，三联书店 1991 年版，第 42 页。

③ ［德］雅思贝尔斯著，邹进译：《什么是教育》，三联书店 1991 年版，第 44 页。

训代替了精神的感召，职业教育代替了人的全面发展的教育，就业与考试的培训代替了对生活意义与生命意蕴的思考。高等教育正在“异化”。“当代教育已出现下列危机征兆：非常努力于教育工作，却缺少统一的观念；每年出版不计其数的文章书籍，教学方法和技巧亦不断花样换新，每一个教师为教育花出的心血是前所未有的多，但因缺乏一个整体，却给人一种无力之感。”[①]对高等教育而言，雅思贝尔斯所谓的“观念”、“整体”就是大学的理念。

大学应当是一个精神生活占主导地位的机构，是一方精神与精神相遇、心灵与心灵沟通的领地。没有精神的统摄，没有灵魂的贯穿，大学就会沦为一个培训基地、一个职业培训中心，大学引领社会发展，促进人类文明进步的崇高使命就无以实现。一如雅思贝尔斯的深刻反思：“假如大学里缺乏这种人际间精神活动的背景，只讲书本，不谈哲学；只做实验，不研究理论；只叙述事实，而没有理论概况；只有学术的方法训练，而精神贫困；那么，这样的大学必定是个贫瘠的大学。”[②]合理的大学理念是摆脱高等教育“精神贫困”的思想前导。

（二）大学理念历史变迁的简要轨迹

大学理念有着悠久的历史，它伴随着人们大学实践活动的始终。只要人们从事大学实践活动，只要人们对大学寄予期望，只要人们追求大学的理想并赋予大学以理性认识，就存在着大学理念问题——无论科学与否、自觉与否，大学理念一直伴随着大学实践活动的始终。

在古希腊时期，约公元前 3 世纪建立的雅典大学就将学术研究、知识传播和促进个性的自由发展作为大学的理想追求。柏拉图创办的阿卡德米（Academy）学园尊奉“为社会培养精英”的办学理念，亚里士多德创办的吕克昂（Lyceum）则标举培育学术理性的“博雅教育”理念。这些理念成为后世高等教育发展的经典理念。到中世纪，随着真正意义上的大学的诞生，大学的理念获得了新的内涵，形成了自主自治的大学办学观、学术自由的大学治学观、职业分途的大学职能观、开放性的大学教育观。[③] 到了文艺复兴时期，随着人类理性的觉醒和人的主题的凸显，人文主义成为大学新的理念。

然而，对大学理念的系统认识和自觉的理性把握，却始于近代高等教育发展时期。一般认为，最早系统而专门探讨大学理念的人是 19 世纪英国高等教育学

---

① ［德］雅思贝尔斯著，邹进译：《什么是教育》，三联书店 1991 年版，第 46 页。

② ［德］雅思贝尔斯著，邹进译：《什么是教育》，三联书店 1991 年版，第 151 页。

③ 参见韩延明《大学理念论纲》，人民教育出版社 2003 年版，第 101～102 页。

家纽曼。纽曼的《大学的理念》[①]是专门论述大学理念的第一本系统的学术著作。纽曼认为，大学是一个传授普遍知识的地方，这种知识主要是自由知识或绅士知识；大学是一个提供博雅教育、培养绅士的地方；大学的功用不在于发展知识而在于传授学问，不在于专业教育或职业教育而在于通识教育。因而，大学主要是一个教学的场所，一个培育人才的机构，一个保存文化传统的地方；大学的目的在于对学生进行"性格模塑"。纽曼的大学理念，概言之就是：通过博雅教育，训练人的理性与智力，造就社会的绅士，提升人的社会品味和格调。纽曼的大学理念具有浓郁的人文主义色调。纽曼的大学理念也是英国高等教育理念的理论总结，影响深远，至今仍余绪未绝。重视人文教育和学术研究，培育绅士仍然是当今英国高等教育的重要理念。英国当代著名哲学家、数学家怀特海在专论大学教育时曾对大学的理念作过论述，他认为，大学应该主要是一种智慧力量的象征。"大学的理想，与其说是知识，不如说是力量。大学的任务在于把一个孩子的知识转变为一个成人的力量。"[②]在这里，人文主义情愫跃然纸上。

近代德国的大学理念源自 17 世纪末的新大学运动，柏林大学的创立使德国大学的理念发生了划时代的转折。由威廉·洪堡和费希特共同创办的柏林大学，将大学自治、学术自由、教授治校、教学与研究相统一作为大学的核心理念。柏林大学的理念成为当时乃至后世欧洲大学理念的范本而广泛流传。

美国近代大学理念的形成是以模仿柏林大学为开端的，"洪堡模式"成为美国 18 世纪后期大学纷纷借鉴的经典摹本。到 19 世纪，随着"公立学校运动"尤其是 19 世纪中叶"赠地学院运动"（以 1862 年林肯总统颁布的《莫里尔法案》为标志）的盛行，为社会发展服务成为美国大学独特的理念。1876 年，霍普金斯大学宣告创立，这是美国第一所研究型大学，重视研究生教育、注重科学研究、强调教学与科研相结合是其基本的办学理念。这样，美国就渐趋形成了独具特色的大学理念：教学、科研与社会服务相互兼容；学术性与实用性并行不悖；英才教育与大众教育彼此兼顾；学术自由与社会责任相互结合。美国大学的这些理念，使得美国的高等教育无论在规模还是在效益，无论在内涵还是在影响力方面都走在了世界前列，世界各国的高等教育也以借鉴、引进甚至模仿美国的办学理念为潮流。

进入 20 世纪特别是 20 世纪中叶之后，随着高等教育之于社会发展作用的

---

① 《大学的理念》（*The Idea of A University*）又译为《大学的理想》，是纽曼任都柏林大学校长期间发表的一系列演讲，包括 9 篇演讲稿和 10 篇论文，1852 年正式出版。纽曼于 1854～1858 年还担任过都柏林新天主教大学首任校长，1878 年当选为牛津大学三一学院荣誉院士，1879 年被教皇利奥十三世封为天主教红衣主教。纽曼是 19 世纪大学自由教育的倡导者。

② 王承绪、赵祥麟编译：《西方现代教育论著选》，人民教育出版社 2001 年版，第 139 页。

凸显，大学被赋予“发动机”、“动力站”的角色，而发展科学、为社会培育科技人才成为一种普遍的大学理念。科学主义之风吹遍高等教育大地，大学理念的科学主义色彩无以复加。但对科学主义的过度迷信，也导致了科技理性至上、唯科学主义泛滥的流弊，大学理念变得过于褊狭，大学的精神过于单调。于是，人文主义教育理念又重新进入人们的视域。人文精神与科学精神的统一，价值理性与工具理性的整合，大学自身的发展取向与促进社会发展取向的融合，成为当代世界各国建构高等教育理念的共同趋势。

(三)现代大学的基本理念及其时代建构

大学理念是大学精神与大学传统的历史积淀与存在标志；大学理念又是因应时代的变革而不断发展变化的。从总体上说，当代世界高等教育在形成大学理念的过程中，表现出一些具有共同特点或趋势的大学理念。这些理念也是中国高等教育改革发展所必须认真对待与观照的。现代大学的基本理念，择其要者，主要包括学术自由理念、大学自治理念、教授治校理念、教学与科研相统一理念。

1. 学术自由理念

学术自由理念是最古老的大学理念。从其主流而言，一部世界大学发展史，就是学术自由的发展历史。大学区别于其他社会组织的特殊性，就在于其高度的学术性，而自由是学术创新的首要前提。学术自由(academic freedom)是大学充满活力的象征，是大学完成自身使命和履行社会职责的先决条件；学术自由是发展科学、探求真理、繁荣学术的基本保障。学术自由，意味着在学术研究过程中不屈从于外界干扰与压力，客观、自主地追求真理或事物的真确性。学术自由包括两层含义：一是思想自由、言论自由、研究自由；二是教育过程中的教学自由(即教的自由和学的自由)。对教师而言，学术自由意味着可以自由选择、自主解决、自由发表有关学术问题及其学术观点而不受外在因素的干扰或控制；对学生而言，学术自由意味着学习自由，包括选课自由、择师自由、听课自由。

西方世界，最早的学术自由理念源于苏格拉底，他明确提出：“学者必须有权力探索一个论点到它可能引向的任何地方。”[①]嗣后，柏拉图的阿卡德米学园、亚里士多德的吕克昂、伊壁鸠鲁学派的哲学学校等也都标举学术自由的大旗。到了中世纪，大学将学术自由作为一种制度确立下来，教师教的自由和学生学的自由得到了制度保障，并流传后世。近代，学术自由理念得到了新的诠释。1810年，洪堡改革柏林大学的一个主要目标就是学术自由，认为“大学的生存条件是寂寞与自由。这就是‘坐冷板凳’和学术自由，国家必须保护科学的自由，在科学

① 转引自韩延明《大学理念论纲》，人民教育出版社2003年版，第239页。

中永无权威可言”[①]。柏林大学的这一自由原则，成为近代欧洲大学理念的典范，并对西方各国产生了重大而深远的影响。

学术自由是大学赖以存在的前提，学术自由的丧失就是大学精神的萎靡。大学只有秉持学术自由、思想宽容的理念，才能培育学生的创新意识，推动人类文明的进步。“大概没有任何打击比压制学术自由更直接指向高等教育的要害了。我们必须不惜一切代价防止这种威胁。学术自由是学术界的要塞，永远不能放弃。”[②]然而，学术自由又是一个相对的概念，是学术权利与社会责任的有机统一。完全超越社会的影响而追求所谓的绝对自由，只能最终丧失学术自由。任何时代，从未有无限制的学术自由。

要建构大学的学术自由理念，应当使社会树立尊重知识、尊重人才的观念，形成保护学术自由的良好社会氛围；应当使大学形成珍视学术自由、维护学术尊严的良好风尚；应当使教师养成严谨的治学态度和高尚的学术人格。

2. 大学自治理念

大学自治理念是西方大学最具传统特色的理念。中世纪最早的大学，就是一种国际性的自治团体，称为“学者行会”、“教师行会”，大学的一切事务如经费筹措、教师聘任、课程设置、学习年限、校长任用等，均由师生自主决定。大学自治作为一种理念确立下来，始于 1810 年洪堡创建的柏林大学。柏林大学将大学自治与教授治校、学术自由、教学与科研相统一一道视为确立大学品格的基本原则。[③] 之后，西方大学普遍借鉴这一思想，并通过高等教育立法的形式予以保障。当前，“无论是发达国家还是发展中国家，都在积极通过法律形式来扩大和保障大学的自治权。政府对大学的干预已逐步由国家控制模式转向国家监督模式，通过‘放权’(deregulation)以进一步调动大学办学的积极性、主动性和创造性，不断提高教育质量和效益，从而更充分地发挥其培养人才、发展科学、服务社会、对外交流与合作的职能”[④]。对中国而言，依法自主办学是贯彻大学自治理念的主要途径。

大学自治既是维护学术自由的手段，又是确保大学独立性的根本保障。大学自治理念的确立，是使大学免遭外界干扰而专注于自身学术建设和人才培养

---

① 转引自[加拿大]露丝·海霍著，马健生译《大学与文化冲突》，载《比较教育研究》1996 年第 3 期。

② [美]布鲁贝克著，郑继伟等译：《高等教育哲学》，浙江教育出版社 1987 年版，第 55 页。

③ 洪堡的大学自治原则，旨在反对国家对大学过度的控制和不必要的干预，认为国家不能要求大学“直接地和完全地为国家服务”，“国家若染指其中，它只会起阻碍作用”。洪堡认为，自治型大学应具备四个特点：自由性、学术性、超脱性、教养性。洪堡的这一思想如今已成为西方大学最核心的理念和大学形象的表征之一。

④ 韩延明：《大学理念论纲》，人民教育出版社 2003 年版，第 287 页。

的先决条件。诚如有学者所言:“西方流行的‘大学自治’的本意是,大学应当免受政府的直接干预,依照法律独立处理办学事务,以此维护大学探究真理、创造和传播知识,以及客观公正地批判和导引社会的神圣使命。”[①]对大学而言,大学自治既是一种办学理念,又是一种权利。大学自治(autonomy)不是大学独立(independence),大学不能脱离社会发展的要求和国家利益的规约。

大学自治包含丰富的内容,主要体现在制定大学自身的组织条例和管理规定的权利、支配大学经费的权利、自主招生权利、自主聘任教师的权利、自主设置专业和课程的权利等方面。大学的办学自主权是大学自治理念的核心。

要建构大学自治理念,应当强化自主办学的观念,将管理权限逐步下放给具有独立法人实体的高校;应当正确处理大学自主与政府干预的关系,大学在增强自主办学的同时,要学会自觉地接受政府的宏观管理和调控;应当切实增强高校自身自主办学的能力,实行科学的组织和管理;高校应当建立有效的自我约束机制,自觉接受国家和社会的监督。

3. 教授治校理念

教授治校理念是大学自治理念的逻辑延伸。要贯彻大学自治理念,需要明确实施这一理念的活动主体,这一主体的核心就是教授。这不仅因为教授是大学教学活动、科学研究以及政策制定与贯彻的主导力量,而且还因为教授是自由精神、自由人格的象征。教授治校理念是依靠教师办学观念的集中体现。

教授治校理念也是西方大学最经典的理念之一。最早确立教授治校理念的是1150年正式成立的巴黎大学,其原初含义是指教授集体全权管理大学的教学与学术事务。大学的大政方针如招生考试、教学计划、科研制度、评价制度等都由教授委员会或教授会来决策。后来英国的牛津、剑桥基本上承袭了巴黎大学的这一模式。洪堡改革柏林大学之时,将教授治校明确地视为大学的基本原则,从而使这一传统不断得以发扬光大,至今仍赓续未绝。19世纪初,美国哈佛大学为吸引一流学者采用了高薪聘任和无限期任命制,被其他大学所效仿、发展,形成了终身教授制。终身教授制是教授治校理念的高度体现,美国的研究型大学大多采用终身教授制。中国最早实施教授治校理念的高校是北京大学。1917年蔡元培任北大校长之际,对北大进行了大刀阔斧的改革,教授治校成为大学管理的主要形式。蔡元培先生认为:“北大校务,以诸教授为中心”,“以专门学者为本校主体”。蔡元培将教授治校视为大学民主管理的基本途径,并组织成立了北大评议会、各门教授会来贯彻教授治校理念,北大的各种行政会议、校务会议也多以教授为主体。1931年,清华大学在校长梅贻琦的倡导下,大力推行教授治

① 韩延明:《大学理念论纲》,人民教育出版社2003年版,第270页。

校理念，认为有教授才有大学，大学因教授才能存在。梅贻琦将教授会、评议会、校务会作为清华的常规管理制度确立下来。

教授治校理念所包含的内容非常广泛，校长的任用、教师的聘任、人事的任免、学术的规划、课程的改革、学校的发展战略等，都应充分听取教授的合理化建议。教授治校的具体形式是组织教授会、评议会、校务会及各种委员会。

要建构并实施教授治校理念，应当牢固树立依靠教师办学的观念，为教师的教学与学术活动营造一个宽松和谐的工作与生活环境；应当改革目前学术权力削弱、行政权力增长的陈旧习俗，积极探索调动教授参与学校决策与管理的科学机制[①]；应当采取行之有效的措施打造名师，提高教授群体的学术素质和国际影响力。

4. 教学与科研相统一理念

教学与科研相统一，是大学职能得以具体展现的基本途径，也是现代大学的基本理念之一。大学教育质量的提高和办学效益的增强，均有赖于大学教学活动和科研活动的有机统一。

教学与科研相统一的理念具有两方面的内涵：一是大学教师必须在科研活动中理解学科内容及其精髓，以更有效地进行教学；二是科学研究活动本身具有引导学生的研究兴趣、培养其创造性思维的教学功能。

在大学发展的早期，并未形成教学与科研相统一的稳定的理念。19 世纪以前的大学主要以培养人才为主要职能，科学研究活动仅限于少数人，普遍的科学研究风气尚未形成。随着近代自然科学的伟大胜利及其之于经济发展、社会进步作用的日益彰显，科学研究方普遍进入大学的视野，并渐趋成为大学的一种理念。明确提出教学与科研相统一之大学理念的人是德国现代大学制度的奠基人洪堡。1809 年，时任普鲁士教育大臣的洪堡在创办柏林大学的规划中，首次将教师和学生的任务上升到学术研究的高度，次年创立的柏林大学将教学与科研相统一列入办学的基本原则之一，强调科学研究是大学最关键的职能，加强基础科学研究是大学的永恒使命，主张建立与新的正在出现的学科领域相一致的、以研究所和讲座为中心的大学体制，并赋予讲座主任以空前的权力和荣誉以适应教学与科研相统一的原则。如洪堡所言："大学教授的主要任务并不是'教'，大

① 有学者认为，在中国的现实境遇下，贯彻教授治校理念应设立三层学术与行政管理机制：(1)党政主要负责人由具有学术与行政双重造诣的教授担任；(2)建立由校长主持的校级行政权力机构和学术权力机构；(3)在院（系）一级建立以院长（系主任，均由教授担任）为首的院（系）务委员会，讨论和决定院（系）全部重大问题。这一设想对建立具有中国特色的教授治校模式具有很现实的启示作用。参见韩骅《再论"教授治校"》，载《高等教育研究》1998 年第 1 期。当下，完全以教授为中心进行教学、学术与行政的决策与管理，也并不符合实际，教授治校理念应该与发挥广大教师的积极性、创造性结合起来。

学生的任务也并不是'学',大学学生需要独立地自己去从事'研究',至于大学教授的工作,则在诱导学生'研究'的兴趣,再进一步去指导并帮助学生去做'研究'工作。"①教学与科研相统一的理念不仅推动了德国大学的科学研究,而且对其他西方国家的大学也产生了深刻的历史影响。美国的霍普金斯大学就把研究生教育视为大学最重要的使命,培养了一批高级专门人才,美国的其他大学亦借鉴霍普金斯大学的模式,大力加强大学的科学研究职能。法国于1968年出台的《高等教育法》明确规定,高校基层组织称为"教学科研单位",大学教师称为"教学科研人员"。

我国首倡教学与科研相统一之现代大学理念的是蔡元培先生。他于1917年改革北大时,将教师的教学研究水平特别是科研能力视为衡量教师水准的基本尺度,认为"教授及讲师不仅仅是授课,还要不放过一切有利于自己研究的机会,使自己的知识不断更新,保持活力"②。胡适任北大校长期间,赓续了这一传统。梅贻琦任清华大学校长期间,也极为重视教学与研究的统一。认为"凡大学之使命有二:一是学生之训练,一是学术之研究。清华为完成此使命,故其发展之途径不徒于有效之教学,且致力于研究事业之提倡"。他还采取了恢复研究院、设立研究所、设置特种研究事业、增办学术刊物、教师休假研究等五项措施,来落实教学与研究相统一的大学理念。

世界一流大学的办学经验表明,大学绝非仅囿于知识的传授和人才的培养,还应在创新知识、推动科学进步方面有所作为。当前,我国的大学必须切实纠正以科研成果为评价教师工作唯一标矢的片面做法,将教学与科研紧密地结合起来。实践表明,教学与科研是能够统一起来的。"教师在教学和科研中只能兼顾一方的两难说是虚设的。这两种活动相互促进。一方面,因与知识前沿的难题搏斗兴致勃勃地来到课堂的教师,能够为学生带来第二手材料绝不可能给予的某种东西。另一方面,对一个探索真理的人来说,迫使他用可以理解的术语向一个聪慧的外行阐述他的发现,这是一种有益的训练。"③

建构并实施教学与科研相统一的大学理念,应当引导教师把科学研究有机地引入教学过程之中,通过研究成果指导教学实践,提高教学水平;应当去除教学与研究相互割裂的习惯,将出人才和出成果视为大学的双重任务;应当引导教师在专业教学的基础上因人而异地进行科研活动,以不断提高自身的学术水平;

---

① 转引自韩延明《大学理念论纲》,人民教育出版社2003年版,第332~333页。

② 高平叔编:《蔡元培教育论著选》,人民教育出版社1991年版,第493页。

③ [美]约翰·S·布鲁贝克著,王承绪等译:《高等教育哲学》,浙江教育出版社1998年版,第114页。

应当循序建立一套科学合理、符合伦理规范与人性要求的教学与科研评价机制,改变“一手硬,一手软”的做法;应当探索产学研合作的新路径,拓宽教学与科研相统一的多元渠道;应当立足于教师现实的职业生活,构建外部激励与内源发展相结合的教师专业发展长效机制;应当坚持制度规范与自由发展的统一,创设外部约束与自我调整相结合的生活方式。①

学术自由、大学自治、教授治校、教学与科研相统一,是现代大学最基本的理念。但现代大学的理念又不限于此,随着社会发展以及大学自身的发展,大学会不断生成新的理念,如面向社会理念、高等教育的全球化理念、恢复失落的人文精神理念等正在成为符合时代变化与需求的新的大学理念等,以满足大学自身发展和社会发展的共同需要。

二、高等教育的大众诉求与精英诉求问题

如今,在高等教育的社会功能不断彰显的历史境遇下,高等教育的大众化步伐日益坚定,大众诉求已无可阻挡。面向大众的高等教育业已成为世界各国谋划高等教育发展战略的主要政策性措置。大众化的呼声要求人们对高等教育的目标进行重新审视与评价。正如《学会生存》的诘问:“难以理解的是:国家怎么能够为了某一种教育活动而安然拨出一大笔款项,而这种教育活动依然不顾一切地继续限于为小部分人所享受,而不企图设计另一种教育形式,以保证它们所花的钱可以获得较好的结果。”②高等教育大众化是时代的选择。

(一)精英人才与一般人才:高等教育精英诉求与大众诉求的两种目标

高等教育是培养人的教育,是为社会培养高级专门人才的教育。然而,高等教育培养什么样的高级专门人才,却一直是人们争论不一、纷争无终的一个焦点问题。高等教育是培养精英人才还是一般人才,就是这种争论的两种突出表现。

1. 对精英人才与一般人才的理解

高等教育的最高目的是培养人,高等教育的本质是培养高级专门人才的一种社会活动。那么,如何理解高等教育培养人和培养人才的关系呢?我们认为,前者是基于宏观的、最一般意义上而言的,后者则是基于高等教育的特殊规定性而言的。人才首先是人,是基本素质得到发展的人;但人才不局限于获得基本的素质,而是在此基础上有所提升,有所超越。舍此,也就无所谓人才,也就无以体现高等教育的特殊规定性。“人才是‘人’与‘才’的一个完整的统一体,他们的身

---

① 参见唐爱民等《高校教师工作与心理压力的伦理省思》,载《高等教育研究》2007年第5期。

② 联合国教科文组织国际教育发展委员会:《学会生存——教育世界的今天和明天》,教育科学出版社1996年版,第73页。

体素质和精神素质在更高的水平上达到了统一，品德素质和才智素质在更高的水平上获得了发展，知识素质和智能素质在更高的水平上臻于和谐。”①为社会和人类培育人才，是高等教育的永恒使命。

高等教育培育的人才是高级专门人才。这里的“高级”，是相对于初级和中级而言的。初级和中级人才，是那些具有与社会和职业劳动所要求的基本素质的人，是数量广泛的一个人群，他们属于广义的“人才”。高等教育所培养的人才应该是高级专门人才，即不仅掌握了高深的科学文化知识，获得了专门化程度较高的技能和技巧，达到了较高的智力与能力水平，而且具备了更高水平的道德素质的人。就数量而言，高级专门人才比初中级人才要少得多。

培养高级专门人才的高等教育，对人才的理解又大不相同。培养精英高级专门人才和一般高级专门人才是世界高等教育进程中的两种目标取向。前者是精英高等教育的目标诉求，后者则是大众高等教育的目标追求。所谓精英高级专门人才，简称“英才”，一般是指那些具有突出的智能水平和道德修养，能够在相关领域对社会的发展、科学技术的进展和人类精神文明的推展作出创造性贡献的杰出的人才。精英高级专门人才，是社会发展乃至人类文明的主要推进者，也是人类进步的共同财富。培养精英高级专门人才，是高等教育目标的最高层次。所谓一般高级专门人才，是指那些在知识素养、智能水平、品德发展方面能够满足某种复杂劳动和特定职业要求的人才。他们胜任特定的复杂劳动的职业要求，能够富有成效地从事职业生活。较之精英人才，他们职业生活和职业劳动的创造性相对较小，然而却是社会发展和人类文明进步的中坚力量和主力军。毕竟精英人才是有限的，社会的发展需要大量的一般专门人才。培养一般高级专门人才，是高等教育目标最基本的层次。

2. 高等教育精英诉求与大众诉求的简要历史脉络

在世界高等教育发展史上，关于高等教育在培养精英人才和一般人才的关系上，始终处于不断冲突之中，至今没有得到有效的解决。

总体上说，20 世纪之前世界高等教育属于精英诉求的高等教育。在中世纪，西方最早的大学如意大利的萨拉尔诺大学，波伦亚大学、法国的巴黎大学以至稍后诞生的英国的牛津大学、剑桥大学，意大利的那不勒斯大学等，或以培养医学、法学人才为主，或以培养神学人才为主，都是精英诉求的高等教育，都以培养英才为旨趣。“尽管英才的类型在不同的时期、不同的社会中有所差异，如有的重在培养政治和军事英才，有的重在培养学术和思想英才等等，但培养英才是

① 胡建华等:《高等教育新论》，江苏教育出版社 2006 年版，第 290 页。

高等教育的共同追求。”[①]早期的高等教育，由于学校数量有限，资源稀少，入学人口占适龄人口的比例较小，故进入高等教育领域中的人也相对较少，以统治者、贵族和上层社会的子弟为教育对象的主体，高等教育有限的资源几乎专为他们享用。特权阶层的子弟接受高等教育未必意味着他们都能成为英才，但进入了高等学校本身就意味着只有他们才有机会成为英才，拥有进入上层社会的有利条件。高等教育的这一精英诉求，一直支配着西方高等教育的发展，直到19世纪中叶美国大力兴办州立大学时方得以改观。1862年美国国会颁布了著名的《莫里尔法案》，大兴“赠地学院”之风，大学向所有人开放，向所有领域开放，众多的青年获得了接受高等教育的机会。美国的高等教育开始从精英诉求向大众诉求转变，高等教育所培养的人才也开始由精英高级专门人才向一般专门人才转变。培养实用的、应用的、技术的人才成为高等学校目标的必要组成部分。第二次世界大战之后，随着科学技术的加速度发展和经济竞争、军事竞争、综合国力竞争的加剧及其对高级专门人才的需求，西方发达国家都加入了高等教育大众化的行列，培养大量的实用型人才成为西方国家高等教育的一大显著特征。

在中国，尽管高等教育的大众化道路极不平坦，但在变化了的世界格局和历史发展的时代际遇下，加速高等教育的大众化步伐业已成为我国高等教育发展战略的重要组成部分，且发展趋势愈益强劲，大有后来居上之势。我国仅用了短短十余年的时间，就实现了高等教育大众化的目标。截至2005年，我国高等教育毛入学率已达21%，超越了马丁·特罗所拟定的15%的指标；仅2005年全国高校招生504万人，是1998年的4.7倍，高校在校生人数达2300万，居世界第一。截至2006年6月，山东省高等教育毛入学率达19.2%，高校在校生人数达161万，居全国第一。高等教育大众化的迅猛发展为中国的高等教育带来了诸多现实问题。

（二）高等教育大众化进程中的现实问题

高等教育大众化是我国高等教育发展的必然选择。但过快的发展速度，也带来了诸多现实问题，妨碍了高等教育的健康发展。

1. 高等教育大众化取向弱化了高等教育的精英教育

在迈向大众化的进程中，中国高等教育的精英教育受到了削弱。每年数百万的青年学生涌入大学，而他们并非都是为了获取高深的知识和高级专门技能而来的，有的仅仅是为了获得一张文凭或为了谋取一份令人垂涎的职业而接受高等教育。功利性的入学动机，使大学生丧失了基本的学习兴趣，而所掌握的一些技能也通常在毕业后派不上用场，这对国家和个人来说，都是一种巨大的资源

① 胡建华等：《高等教育新论》，江苏教育出版社2006年版，第293页。

浪费。而高校也受急剧扩张的入学人数的影响，并没有在教学设施、师资力量、教育条件等方面做好充分的准备，根本无法培育精英人才。而且，国家的政策也不断倾向少数重点大学，致使大多数高校基本失去了精英教育的职能。客观地说，与世界一流大学相比，中国精英教育的程度远远不够。高等教育的大众化必须正确处理大众教育与精英教育的关系。要确立多元化的高等教育质量观，防止用单一的标准去评价不同类型的高等学校；要合理控制重点大学的办学规模，防止有限的教育资源向少数重点大学的过分转移；要根据精英教育的规律办精英教育，为高深人才的培育创造宽松和谐的条件；要淡化高校的行政化氛围和不必要的外部控制，为培育精英人才营造良好的内部教育环境；要借鉴国外精英教育的培养模式，积极探索中国特色精英教育的新体制、新机制。

2. 高等教育大众化取向导致了高等教育质量的下降

在实现大众化的过程中，高等教育由于数量、规模的膨胀以及相应的教育资源、条件的缺乏，高等教育的质量已今非昔比，这是一个不争的事实。近些年本科教学质量的不断下滑，就是一个突出的表现。高等教育大众化对教育质量的影响是直接的、致命的。正如马丁·特罗所言："高等教育入学人数的增长，明显地扩展了大学的规模，大批出身于下层社会的学生涌进了大学，从而降低了大学学位的价值，降低了传统的教学方式的质量，加重了大学设施的负担，同时也降低了教学人员的质量。在发展迅速的这几十年里，所雇用的许多教师资格很低，这些人无论是在高等教育大发展之前还是之后，本来都不会在大学获得位置的，可是现在他们仍然留在大学教师的队伍里。"①中国的高等教育大众化不能以牺牲教学质量和整个教育质量为代价。否则，即使实现了大众化，这种大众化也没有实质意义。大众化时代，高等教育在对学生的基本学科知识、基本原理、专业素养的培养方面，要求不断降低，而仅热衷于应付考试、职业操练，大学的整体形象已不复存在。不仅学生有一种普遍的无聊感，而且教师也心猿意马，将教学活动视为例行公事，教学水平与职业道德观念渐趋淡薄。这也是导致教育质量下降的重要原因。孔子曰："德之不修，学之不讲，闻义不能徙，不善不能改，是吾忧也。"高等教育的大众化对教师的资格与学养提出了更高的要求。

高等教育的质量绝不仅体现在学生的考试水平和就业数量上，而且体现在对学生整个人的全面素质的提升上。"大学教育的意义在于它能给你提供一种精神资源，这种资源能够帮助你应付各种环境和挑战，并在这一过程中发展你的

---

① 转引自[美]伯顿·克拉克主编、王承绪等译《高等教育新论——多学科的研究》，浙江教育出版社 2001 年版，第 150 页。

人格和才智，而不被环境所奴役。”[①]大众化的高等教育目前有放弃这一职责的倾向。

3. 高等教育大众化取向忽视了高等教育自身发展的规律

高等教育的发展和高等教育大众化的实现，有其自身的规律。逾越了这些规律，即使实现了大众化，也会引发一系列负面效应。西方发达国家的高等教育大众化，是一个历经漫长发展道路的曲折过程，有着教育民主化、教育机会均等、教育公平思想的深厚理论基础，高等教育大众化基本上是一个自然过程；而我国的高等教育大众化属于一种国家发展战略或政府行为，相对忽视了高等教育自身发展的实际和大众化进程的规律。马丁·特罗归纳的15%的入学率，是基于西方特别是美国的社会与高等教育现实而提出的，具有一定的借鉴意义，但未必具有绝对的普适性，我国高等教育大众化不能机械地搬用这一数字作为标准。高等教育的大众化不仅表现为规模的扩大，还意味着高等教育体制和结构的相应变化。西方高等教育大众化有着成熟的高等教育体制、结构的保证，能够得以顺利、有效地推进；而我国的高等教育大众化则仍然存在着结构、体制方面的诸多弊病，这与大众化的进程是不相吻合的。西方高等教育的大众化也得益于多元化的办学体制，私立教育体系十分健全，民间财力能够进入高校从而保证大众化进程的顺利进行；而我国的民办高等教育进展缓慢，教育质量和社会影响力十分有限，大众化进程基本上依靠公立高等教育系统。如上这些差别，反映了我们急于实现高等教育大众化的急躁心态，而这与高等教育大众化发展的规律是相抵牾的。

4. 高等教育大众化取向诱发了高等教育市场化观念

不管高等教育采取何种发展模式与路径，它都不能市场化；相应地，高等教育的大众化也不能完全以市场机制为价值导向。我国的高等教育能够在如此短暂的时间内实现了大众化，一个重要的原因在于，我们用发展经济的思路来办高等教育，致使高等教育过多地以市场经济的需求为指归，高等教育自身也陷入了市场化、经济化的泥淖。这是中国的高等教育面临的一个潜在的危险。刘小枫教授对大学的市场化现象作了反思，认为不仅大学的科系设置、课程设置日益市场化，而且“学生进校前便面临就业市场的考虑、进校后则受市场声誉和市场意见熏陶——‘教’和‘学’都是为了更好地让自己今后在市场中具有交换能力”[②]。即使在自由市场机制极为完善的西方发达国家，大众化的高等教育也仍然是一种社会公益事业，并未完全用市场规律来发展高等教育。在我国，人们习惯于将

① 薛涌：《谁的大学》，云南人民出版社2005年版，第5页。

② 转引自甘阳、陈来、苏力主编《中国大学的人文教育》，三联书店2006年版，第87页。

高等教育列入非义务教育的范畴，在国家不可能提供全部教育资源和条件的背景下，以市场为手段来筹措高等教育的办学经费，学生承担了较高的学费、培养费；教师的劳动更多地以经济收益为转移，课程的设置也以是否适合市场的需求为原则。高等教育的市场化倾向较为明显。这是不利于大众化的高等教育之"培养人"这一目的的实现的。大学培养人才是通过传授知识和创造知识实现的，然而"无论是创造知识还是传授知识，大学都不适合作为赢利性机构而存在"①。

(三)化解高等教育大众诉求与精英诉求矛盾的对策性建议

首先，高等教育的大众化诉求不能完全取代精英诉求。高等教育的大众化诉求是时代发展的必然，是大势所趋；但大众化高等教育的发展不能以牺牲英才的培养为代价，不能为了大众化而大众化。高等教育必须同时满足不同高校与不同人群的精英诉求。为社会培育英才，既是高等教育自身不可推卸的神圣使命，舍此，高等教育就失却"高等"的意蕴；也是社会发展对高等教育的基本要求，是高等教育满足社会发展和文明进步的重要标志，舍此，高等教育的价值就不完善。高等教育大众化的趋势没有也不可能吞噬人们接受高等教育的精英诉求。培育适合社会发展的数量广泛的一般人才、实用人才，并不是降低教育的标准，而是以不同的标准和培养目标满足不同职业、不同人群的多元教育诉求。事实上，为社会和时代培育英才，一直是西方发达国家高等学校培养目标的最高层次，是西方高等教育追求的最高理想，这种理想从来没有中断过。即使在西方高等教育大众化蓬勃发展的当代，高等教育也仍然保持着必要的精英诉求。一言以蔽之，高等教育不能放弃培育英才的内在职责。20 世纪 80 年代，德国人在反思本国诺贝尔奖获得者人数下降的原因时，将其归结为大学对英才培育的放弃，认为高等教育入学人数的增加导致了大学对英才教育的忽视，主张根据机会均等原则，改善普通高校的办学条件，使有卓越潜力的人才通过高等教育的培育而取得建树。高等教育的精英诉求是大学坚守自身的理想，防止陷入过度功利化、世俗化、流俗化的基本担保。高等教育的大众化步伐越是加快，精英教育的任务就越艰巨。任何以高等教育的大众诉求为借口，忽视、放弃精英诉求的规划或设想，都无一例外地使高等教育步入发展的误区。当下中国高等教育必须对其保持清醒的认识。

其次，高等教育既要适应社会发展的需求，又要超越现实，在适应中超越，通过超越更好地适应社会。当下，高等教育的大众化趋势是满足社会大众渴求知识的必然要求，但高等教育也须体现自身传授高深学问、培养高级人才的特性。

---

① 张维迎:《大学的逻辑》(增订版)，北京大学出版社 2005 年版，第 1 页。

完全跟随社会的需要亦步亦趋，会丧失高等教育自身的存在价值。诚如美国学者所言："大学不是风向标，不能什么流行就迎合什么。大学应不断满足社会的需求，而不是它的欲望。"高等教育如若放弃了超越职责，就变得平庸、浅薄——正如时下的高等教育大众化一样。"真实之理念放任自流和技术得以发展之时，也即平庸之辈兴高采烈之日。学术从未免于迂腐或肤浅。""即使在最现代的大学里，扩展就意味着增加教授和学生这一事实也不能作为一个充分的理由：前者难以得到，后者规模的膨胀可能摧毁大学的组织特性。"①

第三，保持大众教育与精英教育之间的适度张力，实现二者发展的某种平衡。今天，就世界高等教育而言，"作为教学的机构，大学面临另一种困境：尖子高等教育与群众性高等教育要求之间的不相容性。后工业社会，不管是有益的英才主义的还是有害的官僚主义的，向大学要求的是两种矛盾的目标"②。在一个知识驱动的经济社会，向尽可能多的人提供高质量的高等教育机会，无论对个人还是对社会而言，都是有利的。然而，高等教育的发展不能以牺牲精英教育的质量为代价。我们既要扩大公民接受高等教育的机会，又要防止有限的教育资源向少数高校的过度集中。在高等教育大众化最发达的美国，教育机会的增加与精英人才的培育是并行不悖的。近些年，美国的大学纷纷提高选拔学生的标准，注重学校的生源质量与学术质量，以提高教育的优异性。"尽管提供高质量高等教育的机会对美国大学来说，是一个即使不是最首要也是很重要的工作重点，很多大学却反过来被一种选择性和精英主义的文化驱使，这种文化已经成为过去几十年美国高等教育的主要特征。"③只有大众教育与精英教育保持适度的平衡，高等教育才能实现健康发展。

三、高等教育的全球化与本土化问题

当下，世界各国的高等教育都面临着全球化浪潮的冲击，高等教育理念、体制、课程、形式、过程等都卷入了这一冲击波中。中国的高等教育自不例外。诚如北大新改革方案的主要设计者之一张维迎教授所言："全球化的确对我们、对各国的大学形成了压力。全球化浪潮来临，人们流动更容易了，信息流动更容易了，教育模式、大学的好坏慢慢地出现了一个相对一致的标准。你是不是一个优

---

① ［美］亚伯拉罕·弗莱克斯纳著，徐辉等译：《现代大学论——美英德大学研究》，浙江教育出版社2001年版，第3、19、21页。

② ［美］伯顿·克拉克主编，王承绪等译：《高等教育新论——多学科的研究》，浙江教育出版社2001年版，第46页。

③ ［美］詹姆斯·杜德斯达、弗瑞斯·沃马克著，刘济良译：《美国公立大学的未来》，北京大学出版社2006年版，第35页。

秀的大学,再也不能封闭起来自己说了算。”[①]全球化也加剧了与本土化的冲突。全球化与本土化的矛盾成为中国高等教育所遭遇的一个突出的现实问题。

(一)全球化:世界高等教育不可回避的历史机遇

全球化已成为当今世界发展最重要的时代主题。一方面,全球化使世界各地的经济生活方式日益趋同化,另一方面使世界各地的相互关联性与日俱增,世界从来没有像今天这样变得如此相依相赖。全球化正在成为一种新的工作与生活方式而渗透在世界生活的各个领域,也直接冲击着世界各国高等教育的理念与发展走向。全球化的“解民族化”、“解疆域化”特质,加剧了不同国家之间的高等教育竞争。全球化又潜藏着发达国家对发展中国家的宰制及资本主义市场逻辑宰制的企图,因而不同国家又必然遭遇全球化与本土化的矛盾冲突。“‘全球化’助长了以英语为主的西方霸权文化在世界各地的影响力,其对非西方国家的大学教育的直接冲击,就是造成这些国家的本土化认同的薄弱化和流失,使学生成为文化上失根的兰花或漂泊的浮萍。”[②]

随着全球化市场秩序的初步形成,高等教育的国际竞争与合作愈益明显。如何使我国的高等教育融入并促进全球化进程,成为我们当前的一项紧迫任务。全球化时代,我国的高等教育同时面临两项使命:服务于我国的经济建设与社会发展;服务于全球化的国际竞争与合作。因之,“每一位大学的成员,教授、学生和行政人员都同时存在于两个世界中,一个是大学所在国家的政府系统所掌握的有国境范围的世界;另一个世界是在作参考文献研究时,在上网际网络时,以及在参加国际学术活动时所接触的无疆界的知识社会”[③]。尤其是我国加入WTO之后,高等教育的国际性合作、全球化谋划的压力越来越大。WTO将高等教育视为一种“服务产业”,规定必须在四个方面逐步实现高等教育的国际化:跨境提供服务,如远程教学;国外消费,如出国留学和接受专业训练;商业呈现,如大学在国外设立分校;自然人呈现,如聘任国外大学的客座教授等。我国的高等教育也必须自觉地接受这些协议的约束。

(二)全球化时代中国高等教育的历史抉择

中国的高等教育正面临着全球化趋势的挑战,尤其是我国加入WTO之后,这种挑战愈益凸显。先进的高等教育观念、管理体制与人才培养模式逐渐被引入中国,这对我国高等教育的改革与完善无疑具有重要的启示与参照作用。然而,全球化也为我国的高等教育带来了严峻的挑战,高等教育价值观的多元化、

---

① 张维迎:《大学的逻辑》(增订版),北京大学出版社2005年版,第61～62页。

② 黄俊杰:《全球化时代的大学通识教育》,北京大学出版社2006年版,第6页。

③ 郭为藩:《转变中的大学:传统、议题与前景》,北京大学出版社2006年版,第132页。

教育市场的国际竞争、管理体制的僵化、传统培养目标与课程资源的陈旧等,都使得我国的高等教育需要进行相应的改革方能与全球化相契合。概言之,全球化时代中国的高等教育需要进行如下方面的调整与完善:

1. 合理调整高等教育的目标,培养适合全球化要求的新型人才

全球化际遇下的高等教育必须重新审视自身的目的,合理调整自身的教育目标,将培养适合全球化发展趋势的新人作为自身的职责。"这种新人必须懂得个人的行为具有全球性的后果,能够考虑事物的轻重缓急,并能够承担人类命运的个体职责中自己的一份责任。"①全球化时代的高等教育应当把培养具有国际意识或世界共同体意识、拥有国际知识和国际活动能力的高水平复合型人才,作为自身的目标指向。面对高等教育市场日益严重的国际竞争,我国高等教育必须转变培养观念,着力培育学生的创新意识、创业精神和竞争能力,以提高青年学生在国际市场上的竞争力;同时,要加强对学生的国际理解、国际竞争、国际合作意识与能力的培养,以增强其适应国际交流的素质。

2. 加强学生的国际理解教育或全球理解教育

全球化时代的高等教育必须加强学生的国际理解教育或全球理解教育。"教育有一个使命,就是帮助人们不把外国人当作抽象的人,而把他们看作具体的人,他们有他们自己的理性,有他们自己的苦痛,也有他们自己的快乐;教育的使命就是帮助人们在各个不同的民族中找到共同的人性。"②加强全球理解教育有助于培养学生全球化的世界观,高等教育对此负有不可推卸的责任。"如果说人类生活的空间已真的扩展到全球范围,那么教育也就应该培养视野广阔的世界观。"③

3. 增设相关的国际教育课程

全球化时代,高等教育已不可能仅限于本国的需要而独立运行了。培养面向世界的新人这一共同目标,使得各国的高等教育不断突破狭隘的国家观念和民族利益的局限而愈益紧密地联接在一起。而要实现这一目标,需要高等教育的课程必须作出相应的调整,增加国际课程、跨国课程的比重。增设国际教育课程,能够增强学生的国际意识,拓宽其知识的视野,提高其了解国际事务、分析和解决国际问题的能力。增设国际教育课程,应当注意这样几个方面的问题:(1)在传统课程中增加国际性内容,如人口危机、生态危机、宗教冲突等;(2)开设有

---

① 联合国教科文组织国际教育发展委员会:《学会生存——教育世界的今天和明天》,教育科学出版社 1996 年版,第 7 页。

② 联合国教科文组织国际教育发展委员会:《学会生存——教育世界的今天和明天》,教育科学出版社 1996 年版,第 192 页。

③ [伊朗]S·拉塞克、[罗马尼亚]维迪努著,马胜利等译:《从现在到 2000 年教育内容发展的全球展望》,教育科学出版社 1996 年版,第 101 页。

关国际热点问题的新课程，如国际法、国际政治、国际贸易、国际金融、国际关系等，以使学生拓宽视野，形成国际意识；(3)加强外语教学或双语教学，以使学生掌握获取国际信息、进行国际交流的工具；(4)增加各种涉外专业，以培养复合型、国际型的高级专门人才；(5)开展比较研究和跨文化研究，引入联合学位课程；(6)利用国外访问学者开设与国际研究相关的职业课程等。[①]

4. 加强高等教育的国际合作和国际交流

全球化时代的高等教育应当加强国际合作和国际交流的教育。"如果我们认为，彻底检修教育的时机已经到来，教育正面临着严峻的挑战，教育必须整个地重新加以仔细考虑，那么，国际团结和世界合作的必要性比过去任何时候都更为明显了。"[②]当今的大学教师必须具有基本的国际视域，方能全面、透彻地把握本学科发展的动向、趋势与精髓，方能使自己的科学研究与教学活动时刻处于世界发展的前沿；当今的大学生也必须具有一种面向世界的"人类和谐意识"和从事国际交流、合作的能力。这都需要加强高等教育的国际交流与合作。加强高等教育国际交流和国际合作的途径很多，如可以互派留学生或通过联合培养的方式进行高等教育的国际合作；可以互派教师进行高等教育师资的相互交流与合作；可以进行学者的互访，以加强学术信息和教学水平的相互交流或补充；可以开展重大科研项目的跨国协作研究；可以通过举办国际学术会议，进行学术的相互切磋；可以通过国际合作办学的方式，实行人才的联合培养等。

(三)全球化与本土化：高等教育实践面临的现实困惑

当代，世界各国高等教育的发展面临着全球化与本土化的困惑。一方面，高等教育要通过改革开放以加强国际交流合作，实现本国高等教育与世界接轨的理想目标；另一方面，又要加强本国的传统文化和民族精神的教育，以使本国的高等教育免遭外来文化侵蚀的危险。可以说，在全球化和本土化的关系问题上，高等教育从来没有像今天这样面临如此艰难的处境。

高等教育必须坚持全球化与本土化统一的原则。单纯的全球化会使本国的高等教育丧失民族性和传统文化的根基；单一的本土化又会使本国的高等教育保守陈旧，固步自封。全球化要依赖于民族化而逐渐推行，民族化要借助于国际化而充实发展。全球化时代，许多教育问题都具有了国际性内涵。自我陶醉、闭关自守、盲目排外，只能使高等教育陷入僵化、落后的泥淖。只有主动面对，积极应对，方能提高高等教育的质量与国际适应力。高等教育的全球化，不是简单地

---

① 参见韩延明《大学理念论纲》，人民教育出版社 2003 年版，第 500 页。

② 联合国教科文组织国际教育发展委员会：《学会生存——教育世界的今天和明天》，教育科学出版社 1996 年版，第 19 页。

与世界接轨，也不是机械地移植或套用发达国家高等教育的模式，而是从自身的文化传统、经济基础和高等教育的实际出发，进行创造性的转化。这也是避免"教育殖民化"危机的基本保证。"没有一个国家会以与别国完全相同的方式进行教育改造。事实上在任何一个国家里也没有必要同时完成所有方面的教育改造。"[①]"当代全球化浪潮包含着一种支配性的逻辑和同质化的趋势，中国的变革一方面离不开向不同的文化和社会的学习和借鉴，但另一方面又必须在开放中确立自身的自主性。"[②]因而，必须采取"和而不同"、求同存异的应对原则。本土化与全球化是同一个问题的两个方面。"本土化就是要用全人类通用的办法，人类知识共同积累的那些办法去研究本身自己的问题，然后还要走向世界。"[③]如果为了全球化而使得大学生对中华民族深厚的传统文化产生一种疏离感、陌生感，那将会导致中国高等教育乃至民族精神的危机。

早在上世纪中叶，雅思贝尔斯就发人深省地指出："人们普遍认为，大学的更新要与整个人类观念的改变联系起来把握，其结果仿佛会导致国家观念的觉醒。"[④]雅氏的见解实际上就是旨在使"人类观念"与"国家观念"统一起来。推而广之，在世界一体化的时代，大学的一个不可逃避的职责就在于使高等教育的全球化与本土化统合起来，使高等教育既要立足于全球社会发展的新趋势、新动态，树立一种面向世界的现代教育观念，又要深深扎根于民族文化与传统精神的沃土中，将全球化的谋划转化为富有民族特色的高等教育发展的动力，使民族特色的高等教育着眼于全球高等教育发展的宏阔视域，最终使高等教育的全球化与本土化有机统一起来。

四、高等教育的规模扩张与内涵发展问题

当前，影响中国高等教育健康发展最突出的现实问题是规模扩张与内涵发展的关系问题。这一问题已经受到了社会的广泛关注，成为公共话语和教育理论争论的焦点问题。高等教育的规模扩张带来了诸多负面影响，使高等教育的质量与效益受到了严重冲击，整体形象受到了严重扭曲。实现由高等教育的规模扩张向内涵发展的转变，是未来中国高等教育迫切需要解决的关键问题。

（一）高等教育规模扩张与内涵发展的张力：我国当前高等教育面临的突出问题

高等教育的规模扩张是一种外延式发展模式，它是一种追求数量和速度的

---

① ［美］亚伯拉罕·弗莱克斯纳著，徐辉等译：《现代大学论——美英德大学研究》，浙江教育出版社2001年版，第21页。

② 甘阳、陈来、苏力主编：《中国大学的人文教育》，三联书店2006年版，总序。

③ 张维迎：《大学的逻辑》（增订版），北京大学出版社2005年版，第87页。

④ ［德］雅思贝尔斯著，邹进译：《什么是教育》，三联书店1991年版，第145页。

发展路径。在中国高等教育的整体发展水平还较为落后的历史背景下，使高等教育发展达到一定的规模，是符合历史逻辑的。然而，脱离现实国情和社会需求的规模扩张不可避免地影响了高等教育的质量、效益，对社会和高等教育本身都带来了不良影响。“大跃进式培养的代价，不仅是制造学术泡沫、浪费资源和误人子弟，其所造成的文凭贬值、学风溃散、学术队伍弱化、学术生态恶化等严重后果，将会长远地制约国家的教育发展和学术进步，最终也会受到市场的惩罚。”①

1. 我国高等教育规模过度扩张所引发的现实问题

首先，高等教育过度的规模扩张，将使我国高等教育的质量继续踯躅不前。高等教育的过度规模扩张，使得高校的规模和学生的数量极度膨胀，教师的从师素质和学生的知识基础都不可避免地出现了下降的趋势，入学标准、评价标准也相应地有所降低。教育的功利性十分普遍。高深知识与技能、人文精神与品格都不同程度地出现了下滑趋势。高等教育的卓越性和精神品质正在退却。正如意大利著名人文主义教育思想家维柯于 1707 年 10 月在那不勒斯大学的演讲中针对高等教育的功利性、虚伪性所反诘的那样：“许多人选择学问不是为了追求它们，而是被虚假、低下和卑鄙的事情驱使，并因为他们被虚假、低下和卑鄙的事情驱使，就必然导致他们让自己虚假、低下和卑鄙地从事那些学问。……有的人不是在学问中寻求智慧，也就是说，他们培养学问，不是为了改进自己的品性，让心灵获悉真理，让精神具有德性，让言谈变得雄辩，以便让自己始终是一个人，并能尽可能多地帮助人的社会；这样的人，常常不同于他想要表现出的样子。”②维柯所描述的现象对我国时下的高等教育也是适合的，高等教育要提高自身的整体内涵与培养质量，就必须采取切实措施逐步扭转这些流弊。

其次，高等教育规模的过度扩张使规模发展与内涵发展的矛盾更加突出。在追求高等教育大众化的时代背景下，各高校不顾自身的条件，也较少观照社会的真实需求，纷纷扩大办学规模，提高办学层次，盲目追求数量的跃升。一些高校片面追求学科门类的齐全，纷纷向综合性大学过渡。建新校，改校名，上专业，争项目，蔚然成风。20 世纪 90 年代中期以来，一股高校合并之风席卷大地，各地以“调整、合并、联合、共建”为指导，大兴院校合并之风。这也是高等教育片面追求规模发展的表现。在这种思想的指导下，高校自身的教学水平与培养规格则无暇问及，高校的声誉急转直下。在一轮轮的本科生扩招计划中，研究生教育也步入了跃进发展的局面，教育质量急转直下，以致出现了所谓的“硕士不硕，博士不博”的笑谈。诚如杨东平教授的感慨：“在克服过于专门化和平均规模较小

① 杨东平：《杨东平教育随笔——教育需要一场革命》，上海人民出版社 2007 年版，第 164 页。

② [意大利]维柯著，王楠译：《论人文教育》，上海三联书店 2007 年版，第 128 页。

的缺陷时，每个学校都追求综合性，一味地求全求大，是合理的吗？大学究竟该有多大，多大算够？""把巨大当成伟大，不遗余力地追求规模、数量，是一个社会性的痼疾，其弊端是容易认识的。"[①]遗憾的是，许多高校似乎并未认识到这一弊端。

第三，高等教育规模的过度扩张，也带来了愈益严重的高校行政化弊端。在高等教育加速度发展的现实际遇下，我国高等教育发展的势头强劲；而建设世界一流大学或研究型大学的宏伟目标，又使得这种趋势有增无减。"211 工程"、"985 工程"等举措便是此现状的写照。高校规模的扩大，使大学的机构臃肿，效率低下，行政化色彩浓厚。大学的规模越来越大，级别也越来越高。继 2000 年前后北大、清华等 20 余所大学被确定为"副部级大学"以后，华中科技大学、厦门大学等 11 所大学也升格为副部级大学，使得我国的副部级大学数量达 32 所。[②]许多高校还正在为升格殚精竭虑。这种做法进一步强化了本来就十分明显的大学行政化取向和官本位观念，助长了高校的攀比之风，其危害不断显现。

2. 大学不是"大"学：规模发展与内涵发展的冲突

社会发展对高等教育诉求的不断集聚，客观上要求高等教育必须具有一定的规模，才能满足社会经济建设和整体发展对人才培养的需求。因而大学必须具有适当的发展规模，方能体现应有的效益。大学招生规模的扩大，专业设置的扩充，师资力量的增加，校园用地的扩展，都是使高等教育实现规模效益的外在保证。然而，大学规模的过分扩张，又使得大学的办学效益尤其是教育质量受到了适得其反的不利影响。目前，我国高等教育的规模扩张已经超越了高等教育自身能力的容量和社会发展之于高等教育的内在需求，并且逐渐成为僭越内涵发展的潜在危险因素。不顾现实需求和大学自身的承载能力，盲目扩大大学的办学规模和招生规模，追求学科专业的大而全，不切实际地扩大大学的规模效益，这些都成为威胁我国高等教育健康发展特别是内涵发展的不利因素。这种好大喜功、急功近利的取向，使大学的影响力逐渐衰弱。"大学不顾条件上专业，不惜代价上层次，不顾容量上规模，结果自然是适得其反。他们殊不知大学是经长期办学实践和历史积淀有其自身发展规律的结果，而非一朝一夕之功。"[③]世界一流大学并非都是规模巨大的大学，如美国的哈佛大学招生规模一直稳定在 4000 人左右，麻省理工学院、耶鲁大学等也都不是在规模扩张上用力，而是在教育质量上下工夫，法国的巴黎高师每年只招收 200 名左右的学生，但却是法国乃

---

① 杨东平：《杨东平教育随笔——教育需要一场革命》，上海人民出版社 2007 年版，第 140、163 页。
② 参见杨东平《杨东平教育随笔——教育需要一场革命》，上海人民出版社 2007 年版，第 155 页。
③ 眭依凡：《大学校长的教育理念与治校》，人民教育出版社 2001 年版，第 128 页。

至世界教育水平最高的大学之一，该校曾培养出10位诺贝尔奖得主、6位菲立兹奖（数学领域的诺贝尔奖）得主、3位法国首脑。规模扩张如若脱离了内涵发展与质量效益，不仅不会产生效益，而且还会因规模扩张引发的种种问题而丧失了发展的契机和承载的价值。“大学并不一定非‘大’不可，盲目攀‘高’，硬性求‘全’，是不符合高等教育发展的客观规律和运行规则的。”①因而，大学之大，并不是由规模来决定的，而是由教育质量和教育效益决定的。

（二）由规模扩张到内涵发展：我国高等教育发展的必然选择

首先，以提高效益为指向，适度控制发展规模。高等教育无节制地进行规模扩张，无论对受教育者还是对社会来说，都造成了难以弥补的影响。这一点，《学会生存》的观点是颇具启发性的：“毕业生的人数远远超过了经济所能吸收的力量，致使某些特大的集团出现了失业现象，而在这方面的弊端不仅是得不偿失，而且还造成了如此广泛的心理上和社会上的损害，以致破坏了社会的平衡。”②这种现象在当下的中国也已不断展现，甚至有愈演愈烈之势。“如今中国办大学的思维误区，可以说是三个字：高、大、全。所谓高，乃是越高越好，没有硕士点的要搞硕士点，有硕士点的要搞博士点，不管什么层次的大学，个个往高档奔，反而本科教育被轻轻地放在一边。其次是大，合并、兼并成风，学校越搞越大，总是想在规模优势上压倒别人。最后是全，学校恨不得囊括所有的学科，有条件要上，没有条件，创造条件也要上。”③美国著名高等教育学家布鲁贝克曾指出：“大量增加大学入学人数会导致‘教育膨胀’。为大量平庸的学生支付经费，让他们汇入高等教育的通货，只能导致高等教育贬值。”大学过度追求规模发展，只能使大学流于平庸，耽于肤浅。大学不是中学的高级阶段，不能成为满足所有人需要的机构，不能“成为一个担负社会在其他地方所不能完成的各种任务的‘垃圾场’”。“一所大学如果试图办成满足所有人需要的万能机构，那不是骗人的，就是愚蠢的。”④

其次，以内涵发展为导向，合理调整教育结构。高等教育在极速规模扩张的时代背景下，自身的内涵与完整性隐藏着危险，学校无力对所有学生进行整体精神的培养，而仅限于专业知识的传授、职业技能的操练，教育的吸引力与神圣性不断降低。似乎只有那些“对将来生活有用与为未来职业作准备的知识才是有

---

① 韩延明：《大学理念论纲》，人民教育出版社2003年版，第35页。

② 联合国教科文组织国际教育发展委员会：《学会生存——教育世界的今天和明天》，教育科学出版社1996年版，第2页。

③ 许纪霖：《回归公共空间》，江苏人民出版社2006年版，第62页。

④ ［美］约翰·S·布鲁贝克著，王承绪等译：《高等教育哲学》，浙江教育出版社1998年版，第67、76、78页。

用的，因此，就不断在课程中塞进更多的材料，增加专业，直到学校分裂成许多专业学校，这些专业学校都是以将来生活职业的不同任务为宗旨的。在这种情况下，整体精神的传授、对教育团体的信誉都越来越不起作用。到处都为争夺学生数目而在各专业之间展开激战，以及为满足专业精细化而降低原来作为人的教育的总体要求”[①]。高等教育不能为学生未来的发展提供一个坚实的智力与精神基础，而仅热衷于专业知识和职业技能的灌输，仅着眼于学生眼前的利益，这种价值取向正在成为有损高等教育形象和学生的最终利益的危险之举。一如雅思贝尔斯的深思：“今天在大学和技术学院则渗透着：无休无止地招收学生，增加所谓必需的讲座和练习，像填鸭般地用那些诸如形而下之‘器’的东西，塞满学生的头脑，而对本真存在之‘道’却一再失落而不顾，这无疑阻挡了学生通向自由精神之通衢。不成系统的专业和知识，传授考试技巧等等，这些都削弱了原初的精神生活，削弱了学生的反思能力，以及独立自主的个性和对一个问题反思思考的习惯。”[②]高等教育需要一定的发展规模，但高等教育的发展同样需要基本的效率与质量的担保，否则高等教育的数量发展就仅具形式意义而缺乏实质的实践价值。

第三，将质量建设作为高等教育改革发展的生命线，实现教育质量观的转变。教育质量观指的是用什么标准来评价教育的效果和学生的质量。在规模扩展的时代，高等教育的质量观遮蔽于数量发展的价值观之中，知识的多寡、职业技能的熟练程度、应用性的程式化水平成为主要的衡量标准，而能力素质、人文素质被冷落了。必须树立全面素质发展的教育质量观。高等教育规模扩展所引发的问题，只能通过提高高等教育的质量才能得以最终解决。量的增长必须与质的变化统一起来。质的变化包括教育观念的转变、培养目标和教育模式的多样化以及课程设置、教学方式与方法、管理方式、评价方式等的一系列变化。“教育质量，是高等教育发展的核心问题，也是高等教育大众化的生命线。”[③]无论是研究型大学、教学型大学还是服务型大学，都要保证高等教育的质量。这也是贯彻党的十七大提出的育人为本、推进教育公平、办好人民满意的高等教育的时代要求。

复习思考题

1. 试述中国古代高等教育的基本特征。

---

① ［德］雅思贝尔斯著，邹进译：《什么是教育》，三联书店 1991 年版，第 32 页。

② ［德］雅思贝尔斯著，邹进译：《什么是教育》，三联书店 1991 年版，第 33 页。

③ 潘懋元：《高等教育：历史、现实与未来》，人民教育出版社 2004 年版，第 443 页。

2. 试述现代大学的基本理念及其时代建构。

3. 试述我国高等教育大众化进程中的现实问题及其应对策略。

4. 试述全球化时代中国高等教育的现实选择。

5. 评述我国高等教育规模过度扩张引发的现实问题及其对策建议。

主要参考文献

1. 曲士培:《中国大学教育发展史》,山西教育出版社 1993 年版。

2. 孟宪承、陈学恂:《教育通论》,福建教育出版社 2006 年版。

3. 熊明安:《中国高等教育史》,重庆出版社 1988 年版。

4. 杨德广主编:《高等教育学概论》,上海交通大学出版社 1991 年版。

5. 吴俊升、王西征编著:《教育概论》,福建教育出版社 2006 年版。

6. 潘懋元:《高等教育:历史、现实与未来》,人民教育出版社 2004 年版。

7. [美]罗伯特·M·赫钦斯著,汪利兵译:《美国高等教育》,浙江教育出版社 2001 年版。

8. [美]约翰·S·布鲁贝克著,郑继伟等译:《高等教育哲学》,浙江教育出版社 1987 年版。

9. 眭依凡:《大学校长的教育理念与治校》,人民教育出版社 2001 年版。

10. 韩延明:《大学理念论纲》,人民教育出版社 2003 年版。

11. [德]雅思贝尔斯著,邹进译:《什么是教育》,三联书店 1991 年版。

12. 王承绪、赵祥麟编译:《西方现代教育论著选》,人民教育出版社 2001 年版。

13. 高平叔编:《蔡元培教育论著选》,人民教育出版社 1991 年版。

14. 唐爱民等:《高校教师工作与心理压力的伦理省思》,载《高等教育研究》2007 年第 5 期。

15. 联合国教科文组织国际教育发展委员会:《学会生存——教育世界的今天和明天》,教育科学出版社 1996 年版。

16. 胡建华等:《高等教育学新论》,江苏教育出版社 2006 年版。

17. [美]伯顿·克拉克主编,王承绪等译:《高等教育新论——多学科的研究》,浙江教育出版社 2001 年版。

18. 薛涌:《谁的大学》,云南人民出版社 2005 年版。

19. 甘阳、陈来、苏力主编:《中国大学的人文教育》,三联书店 2006 年版。

20. 张维迎:《大学的逻辑》(增订版),北京大学出版社 2005 年版。

21. [美]亚伯拉罕·弗莱克斯纳著,徐辉等译:《现代大学论——美英德大学研究》，浙江教育出版社 2001 年版。

22. [美]詹姆斯·杜德斯达、弗瑞斯·沃马克著，刘济良译：《美国公立大学的未来》，北京大学出版社 2006 年版。

23. 黄俊杰：《全球化时代的大学通识教育》，北京大学出版社 2006 年版。

24. 郭为藩：《转变中的大学：传统、议题与前景》，北京大学出版社 2006 年版。

25. [伊朗]S·拉塞克、[罗马尼亚]维迪努著，马胜利等译：《从现在到 2000 年教育内容发展的全球展望》，教育科学出版社 1996 年版。

26. 杨东平：《杨东平教育随笔——教育需要一场革命》，上海人民出版社 2007 年版。

27. [意]维柯著，王楠译：《论人文教育》，上海三联书店 2007 年版。

28. 许纪霖：《回归公共空间》，江苏人民出版社 2006 年版。

第四章

高等教育的目的

从最一般意义上说，任何活动都必须拥有明确的目的并紧紧围绕着这一目的来进行，才能最终取得活动的预期成效。目的性是人的一切实践活动的根本属性。高等教育作为培养人的一种特殊的精神实践活动，也必须十分明确自身活动的目的，并在目的的牵导下制定教育计划，厘定培养目标，调控教育过程。

高等教育的目的是高等教育活动的第一要素和前提。在高等教育急速扩展的今天，其规模、效益、地位等问题愈益引起人们的兴趣，而高等教育的目的却沦为边缘问题被束之高阁，相关理论的进展十分缓慢；而一旦目的性陷入了混沌不清的境地，高等教育存在的价值、活动的效率就自然问题不断。“高等教育机构在运作着，甚至是高度紧张地运作着，然而它却是目的不明，甚至是漫无目的。”[①]因此，重新思考并理解高等教育的目的，不仅对把握高等教育的本质、理解高等教育活动的价值及其功能，而且对规范具体而复杂的高等教育实践活动，使之步入有序、有效运转的轨道，都具有十分重要的理论与实践意义。

本章的讨论路径是：从教育目的之一般问题的分析入手，阐释教育目的的含义、性质、意义；由教育目的一般问题的分析进到高等教育目的的特殊性推究，拟对高等教育目的的内涵、实践价值及与培养目标的关系诸问题作出概括、简明的论述；由高等教育目的的特殊性推究回到我国高等教育目的的具体分析上，着重探讨影响我国高等教育目的的几种主要理论、我国高等教育目的的核心要旨与应然追求以及我国现阶段的高等教育目的等现实问题。这些问题对引发人们的现实思考，提高人们理解高等教育的理论理性和实践理性的水平及自觉性，都意

---

① 胡建华等:《高等教育新论》,江苏教育出版社 2006 年版,第 258 页。

义重大。因而，构成了学习高等教育学的核心任务之一。

第一节 高等教育目的概观

教育是一种培养人的特殊的实践活动，“培养人”构成了一切教育类型及其活动的目的，离开了这一点，教育活动的价值及其存在意义就会从根本上坍塌；教育又是一种充满各种矛盾的实践活动，最根本的就是教育与人的发展、社会的发展之间的矛盾，它是思考任何教育问题、提出任何教育见解、制定任何教育决策的基本参照点，而教育所遭遇的这些基本矛盾的解决，也要诉诸教育目的这一带有统摄性的核心问题上来。“一切教育活动，都是直接、间接地为了达到一定的教育目的而展开的，一切教育目的又都是为了解决一定时期人的发展与社会发展之间的某种不适应或者说某种矛盾而主观预设的。”进一步，“思考和制定教育目的，只能以人的发展与社会发展的矛盾为根本依据，必须在人的发展与社会发展的关系中寻求其确定性和发展性”[①]。对高等教育目的的阐释必须以人的发展和社会发展的矛盾为逻辑起点。

一、教育目的的含义：理解高等教育目的的前提

教育目的是整个教育活动的一个关键性问题，也是高等教育学所要探讨的一个核心问题。要把握高等教育目的的本质含义，就必须首先对教育目的的含义有一个清晰的理解。教育目的是高等教育目的的种概念，高等教育目的是教育目的的属概念。不从教育目的的概念分析入手，就不能真正进入高等教育目的这一范畴的理解中来。

（一）何谓教育目的

所谓教育目的，是对教育过程所要培养的人的质量、规格或素质的预期结果的规定。教育目的是教育活动的主体对客观现实之于人的素质发展的需要和可能的主观认识以及之于人的素质发展的价值选择的统一。

由于教育时刻处于自身活动之于人的发展和社会发展的矛盾纠缠中，因而，一切教育目的“所要解决的基本问题都是人的素质与社会现实（现状与未来）的矛盾，都是要提高人的素质，使其达到适应甚至超越社会现状的水平，都是要把人培养成社会改造的主体与自我发展的主体”[②]。易言之，教育目的所规定的核心问题，就是如何把社会发展对人的发展的要求转化为受教育者的某种素质，或

---

① 扈中平：《教育目的论》（修订版），湖北教育出版社 2004 年版，第 3 页。

② 王道俊、扈中平主编：《教育学原理》，福建教育出版社 1998 年版，第 126 页。

者把受教育者的素质发展提升到社会发展的要求上来。这种转化要同时实现两种结果:受教育者的社会化;受教育者的个性化。具体而言,教育目的的实质就是通过教育活动把人类世代积累的文化转化为学习者的知识、智能和品德,以使其身心素质得以发展,成为传承人类文明、推动社会进步的人。

从其存在形态上说,教育目的可分为两大部类:理论形态的教育目的和实践形态的教育目的。前者是一定社会的人们根据现存的社会条件和教育目的的基本理论所提出的关于教育结果的价值取向,反映的是人们对教育的主观愿望或意向;后者是指从事教育工作或与教育发生直接联系的人在具体的教育实践活动中所实际追求的教育目的。理论形态的教育目的可称之为应然的教育目的,实践形态的教育目的可称之为实然的教育目的。实然的教育目的应当与应然的教育目的相一致,否则,应然的教育目的就成为一种主观的奢侈,教育实践也丧失了价值指向。在我国的教育现实中,"人们一般只注重对'应然的教育目的'的研究,并提出了许多美好的价值目标、价值理想,但忽视了对'实然的教育目的'的考察,结果必然导致教育的理想价值与教育的现实价值脱节,教育理论与教育实践脱节,'应然的教育目的'不过成了某些玩政治的人的空洞的口号而已"①。理论形态的教育目的与实践形态的教育目的的结合,应然的教育目的与实然的教育目的的统一,仍然是中国的教育包括高等教育需要严肃考虑的重大现实问题。

(二)教育目的的性质

目的性是人类活动的根本特性。从自身活动的内在特性而言,教育作为人类的一种特殊的实践活动——即培养人的实践活动,也内在地具有目的性的追求;从其与自身赖以存在的社会母体的关系而言,教育作为构成社会的子系统以及促进社会文明的承续与发展的重要力量,也外在地具有适应并超越社会发展的总目标的要求。教育目的的特殊性决定了它不同于其他实践活动之目的的规定性:

(1)教育目的的主观性。从思维逻辑上说,与教育实践活动相比,教育目的具有逻辑在先性。换言之,教育目的在先,教育实践活动在后。人们从事任何一种教育实践活动之前,总是在思维上预设了这种活动所要达成的目标,在观念上形成了一种所要培养的人的大体形象或质量要求。这种指向教育活动对象的"思维"、"预设"、"观念"、"要求"就是教育目的。它是教育活动的一种主观要求。即是说,教育目的是教育活动所要取得的结果在人们观念上的预先呈现,是对所培养的人的形象在人的头脑中的观念形态的呈现。一切教育目的都是人们对教

① 王坤庆:《现代教育哲学》,华中师范大学出版社 2000 年版,第 232 页。

育结果的某种主观要求，都具有某种主观性。人们对教育目的的不同规定与争论，都是源于人们对教育活动本质的观念上的差异。必然地，要使教育目的具有某种程度的统一性，就应首先使人们的教育观念达致某种程度的统一性。不同国家对教育目的的不同表达，同一国家在不同时期对教育目的的不同规定，都是教育观念的差异或教育观念变迁所致。

(2)教育目的的客观性。教育目的具有主观性，但它又不是人们对教育活动欲求结果的纯粹的思维与逻辑的规定，不是人的意志自由的产物，更非随心所欲、凭空想象的结果。教育目的是人们对教育活动结果的预先的观念表达，但这种观念的表达必须基于客观现实，才能使所规定的目的具有现实性、可行性，也才使教育目的的意义、价值、功用得以真实而具体的呈现。教育目的所依据的"现实"包括两个方面：一是社会现实及其发展趋势；二是受教育者的身心发展现实及其趋势。前者既包括一个特定的国家或民族社会发展的现实，又包括全球化境遇下人类社会跨国的、跨民族的社会发展状况及其发展趋势之于教育的要求，如全球化时代知识经济、信息膨胀、国际竞争、多元文化等对教育的挑战与诉求；后者既包括受教育者身心发展的既有现状与发展规律，又包括其面对不断变革的社会所可能具有的发展要求与素质上的新变化。因而，教育目的又具有客观性。"人的目的虽然是作为人的一种主观的东西存在于观念之中，但是这种主观观念又是从客观现实对象转化而来的。目的必须以客观现实为前提，目的的提出要以客观的因果性和规律性为根据。"①缺乏客观依据的教育目的，只能是人们纯粹理性的表达，只能是自我陶醉的精神胜利，对教育实践不会有实际的、有效的指导作用；它要么是多余的，要么是有害的。就高等教育目的而言，它既来自于客观世界和高等教育实践，又作用于客观世界和高等教育对象。

(3)教育目的具有主观性与客观性统一的规定性。教育目的既具有主观性，又具有客观性，是人的意识的主观性与现实世界的客观性的有机统一。只强调教育目的的主观性，就会使教育目的仅具理论理性；片面注重教育目的的客观性，又会使得教育目的囿于实践理性。这两种极端做法，在我国的教育发展过程中都有过深刻的教训。如在极"左"年代，我们不顾社会发展的现实和受教育者身心发展的现实性与可能性，片面强调教育目的的超越性，简单地将共产主义的理想目标搬至教育目的之中，不仅极大地伤害了教育，也极大地伤害了社会，它所造成的余孽至今仍难以根绝，这是片面强调教育目的的主观性所导致的恶果；而在当下，随着经济理性对社会发展的绝对支配甚至全面胜利，教育匍匐在经济理性、工具理性、实用理性膨胀的阴影中亦步亦趋，教育之精神培育、价值引导、

① 南京师范大学教育系编：《教育学》，人民教育出版社1984年版，第152页。

人格塑造、品性完善之功能受到了不应有的忽视，造成了教育自身的畸形发展和对社会的不良影响，如不及时予以扭转，也必定会对教育的价值和社会的发展带来可想见的危害。这是人们片面强调教育目的的客观性所难以规避的后果。因而，人们主观预制的教育目的必须来自客观世界，反映客观世界。从此意义上说，教育目的不过是人们对客观现实的某种主观表达。

归结起来，教育目的是主观性与客观性的统一，是客观见诸于主观、主观又见诸于客观的范畴。它不是人们主观臆想的纯粹观念物，而是存在于社会发展与人的发展的对立统一的关系中，存在于人的发展水平与社会发展的要求之间的矛盾之中。教育目的的制定，不能仅从人的主观预设或玄思出发，而必须从社会发展的时代要求和人的发展的内在要求出发，从人的发展与社会发展的关系出发，统筹规划，合理论证。

二、高等教育目的的特殊性

高等教育目的是各级各类高等教育的总目标，关涉到培育什么样的人以及什么样的素质的根本性问题。高等教育目的是高等教育活动的始点、中点和终点。任何高等教育的理论和实践，都首先是教育目的的理论和实践；任何高等教育的改革，也都是从培养何种素质、规格、质量的人而构思并展开的，因而也都是从教育目的的改革开始的。高等教育目的是高等教育理论和实践中的核心问题。

(一)高等教育目的的内涵

从宏观上说，高等教育目的是对整个高等教育活动所要达成的结果或追求目标的根本规定；从微观上说，高等教育目的是对所培养的人的质的规定。前者预示着高等教育目的对高等教育一切活动的方向性、统一性，后者预示着高等教育目的对人的发展的价值追求与尊重。培养人是高等教育活动最基本、最重要的目的。高等教育目的是各级各类高等学校具体培养目标的总的规定。

高等教育必须明确，它是为什么而存在的。因而，必须合理制定自身的目的。目的不明确，就不能使高等教育步入健康发展的轨道，也不能奢求它能取得什么活动效率。然而，就我国而言，我们至今仍然缺乏一个精确的、公允的高等教育目的的定义。人们习惯于用一个具体的表述如高等教育培养什么样的人或高等教育应当具有什么样的职能，来取代对高等教育目的的本质规定。我们认为，把握高等教育目的的本质含义，必须立足于一个基本的出发点——培养人。人的发展需求是高等教育发展最直接的动因。高等教育是培养高级专门人才的活动，它的目的应当从教育对象上去理解，从高等教育应当把教育对象培养成何种素质和才能的人上去理解。高等教育只有通过满足人自身发展的需要才能满足社会发展的需要,而满足社会发展需要的目的最终又是为了满足人自身发展的需要。

概言之,所谓高等教育目的是指把接受过完全中等教育的人培养成何种高级专门人才的素质、规格和质量要求的预期规定。高等教育目的应当是对高等教育的现实、未来的发展方向和预定发展结果的一种明示,是一切高等教育活动和整个高等教育过程的目标导向。高等教育制度的改革、政策的制定、效果的评价、教学过程的优化等,都必须受高等教育目的的规范、制约。高等教育目的是国家意志的体现,而非个人主观意志的产物。

(二)高等教育目的与教育方针、培养目标的逻辑关系

高等教育目的与教育方针、培养目标是既有区别又有联系的两对范畴。

首先,就高等教育目的与教育方针的关系而言,二者存在着内涵上的不同和逻辑上的异趣。教育方针是国家在某一特定时期为教育的发展和变革而制定的具有宏观意义的总体政策或总的指导思想,它对教育的性质、地位、目的及实现的途径等作出原则性的规定;相对而言,高等教育目的则仅限于对受教育者培养规格的总目标的规定。教育方针通常通过一定的立法程序来确认,构成教育政策的精神与思想基础。教育方针是上位概念,教育目的是下位概念;前者规定着、包含着后者,后者遵循着、体现着前者。“一般来说,教育方针作用于教育事业整体,起宏观导向作用;教育目的虽然影响着宏观教育政策,但侧重于指向受教育者个人,规定每个受教育者个体的发展目标。”[①]教育方针与教育目的不具有完全相同的内涵。

高等教育目的与教育方针又有着密切的联系。高等教育目的的实现需要正确的教育方针的指导,教育方针的提出又依赖于人们对高等教育目的的正确理解。教育方针应当成为高等教育目的的价值导向,而不能仅仅根据政治的需要或政策的变迁而频繁变动。这既需要教育方针的相对稳定性,又需要教育方针与教育目的的相对一致性。高等教育目的应当根据教育方针的精神达到某种系统化或体系化。“不能把教育政策缩减为宣布几条总的指导原则。它必须含有一个由许多特定目标组成的严密的统一结构,这些特定目标包括:反映某种人生观的,具有精神、哲学与文化性质的一般目标;符合于国家主要抉择的政治目标;根据一定社会观点与发展观点所规定的社会经济目标;为了达到教育范围以外的某种目标,规定教育体系主要指导方针的广义的教育目标;最后,在

① 王坤庆:《现代教育哲学》,华中师范大学出版社2000年版,第244页。

体系范围内，为各类教育机构或行动所认可的严格表示方向的教育目标。”[①]我国的高等教育，长期以来对教育方针和教育目的的理解是十分混乱的，导致了许多失误。最典型的是将教育方针等同于教育目的，使高等教育要么片面为政治建设服务，要么片面为经济发展服务，高等教育目的游离不定，质量和效率大受影响。

其次，高等教育目的与高等学校培养目标也是既相互区别又彼此关联的范畴。从比较意义上说，高等教育目的是高等教育工作和活动所遵循的总的方向，而高校培养目标是各级各类高等学校培养人的特殊要求，它以不同的学科领域和特定的职业层次的不同而有所差异；高等教育目的是一种哲学性陈述，是对所培养的人的基本素质的大致规定，高校培养目标则是一种对所培养的人的素质的具体的描述；高等教育目的具有相对的统一性，而高校培养目标则因专业领域的不同而表现出多样性；高等教育目的既指向教育者又指向受教育者，而高校培养目标则更多地指向受教育者；对受教育者而言，高等教育目的是对所有接受高等教育的人的较为抽象和概括的规定，是一种教育理想，而高校培养目标则是围绕高等教育目的展开的针对特定对象的较为具体和明确的规定，通常以专业的培养目标体现出来。高等教育目的与高校培养目标是抽象与具体的关系，是一般性与特殊性的关系，是国家意志与具体落实的关系。“目的与目标根本不同，你能测量目标，但不能测量目的。一个最后的目的是一种哲学力量，它是我们行动的先验的本质。培养自由的人和创造思维，最大限度地挖掘每一个人的潜力，这就是最后的目的。一个目标是独立于个人而存在的。”[②]教育目的是一种教育意志、教育理想，培养目标则是对教育目的具体、明确的规定。

高校培养目标又是高等教育目的的具体化，是高等学校对所培养的人的基本素质在层次、类型、规格上的不同规定。对高等教育目的的贯彻执行应建立一个由抽象到具体、由长远到近期、由整体到局部的不同层次的转化体系，遵循由高等教育目的到高校培养目标再到专业目标、课程目标直至单元作业目标的路径，才能使总体的高等教育目的一步步转化为具体的可操作的目标，从而最终接近并实现高等教育目的。

(三)高等教育目的的实践价值

高等教育目的不是仅具有观念意义的理论问题，它对整个高等教育的健康、快速、和谐发展都具有重要的实践价值。

---

① 联合国教科文组织国际教育发展委员会：《学会生存——教育世界的今天和明天》，教育科学出版社 1996 年版，第 210 页。

② 扈中平：《教育目的论》(修订版)，湖北教育出版社 2004 年版，第 51 页。

(1)高等教育目的的导向作用。高等教育目的是高等教育实践活动的起点，指导并支配着整个高等教育过程。高等教育目的不仅为受教育者指明了发展方向，预定了发展结果，也为教育者指明了工作方向和奋斗目标。因之，无论对教育者还是对受教育者来说，高等教育目的都具有目标导向作用。一切高等教育教育过程都是贯彻并实现教育目的的过程。高等教育过程是高等教育目的在实践中的展开，高等教育目的是高等教育过程在观念中的体现。高等教育观念、政策和具体活动的进行都应当具有明确的目的指向性。高等教育的对象是特定的人，高等教育目的是对这些特定的人的素质和规格的观念形态的规定，因而高等教育目的对于培育适合社会发展和自身发展的高级专门人才就具有某种规范引导作用，它对改变人的自然的、盲目的发展具有价值导向作用。高等教育目的的统摄作用能够确保人们的活动不偏离目标，并对那些“经验至上”的行为发挥着抑制作用。高等教育目的的导向作用还表现在将个体的活动聚合在统一的目标引导下的集体的活动，从而保证教育活动的整体性。

(2)高等教育目的的调控作用。高等教育目的一经确立，就对高等教育的全程具有调控作用。这种调控作用包括两个方面：一是宏观调控；二是微观调控。宏观调控是指高等教育目的对高等教育的规划、改革、政策、结构等具有支配、控制作用，是高等教育相关活动的灵魂；微观调控是指高等教育目的对具体的高等教育与教学过程的调节、支配作用，高等教育计划的制定、教育内容的选择、教育手段和技术的运用也都应围绕着高等教育目的而进行。高等教育目的的宏观调控和微观调控都应当是既指向教师又指向学生的，不仅教师的教育与教学活动受教育目的的支配与调控，而且学生的成长和发展也应受教育目的的支配与规约。

(3)高等教育目的的激励作用。高等教育目的是人们进行高等教育活动的需要和动机的主观反映，是人们共同活动的基础。目的一旦被人们所认识、理解、接纳，不仅成为人们进行教育实践活动的价值指向，而且能够激励人们为实现共同的理想而努力。高等教育目的可以给人以进行教育活动的责任感、使命感，鼓舞人们的热情，焕发人们的斗志。合理的、符合时代发展的高等教育目的，能够激励进入高等教育领域的一切人的工作热情。人们为了实现这一具有牵导性、理想性的目的，充分施展自己的才华，以自己创造性的劳动来实现自身的价值，追求自身活动的优质高效。高等教育目的对高等学校的决策者、管理者、教师群体、科研团体、服务群体和数量最大的学生群体都具有规范引导、支配、激励作用。

(4)高等教育目的的评价作用。高等教育目的是衡量、评价高等教育活动效果与效率的根本依据和标准。评价高等教育的质量和高等学校的办学方向、办学水平和办学效益，评估教育教学活动的质量，评定教师的教学质量和工作效果，检查学生的学习水平等，都必须以高等教育目的为准绳。高等教育实践活动的社会价值，也须以是否遵循高等教育目的为标矢。高等教育目的是联接高等教育理论与实践的中介，对高等教育实践活动具有重要的激励作用。高等教育目的是检验高等教育活动结果的最终依据和标准，是高等教育活动的归宿。高等教育目的通过具体的培养目标和丰富的教育活动而得以展现，但最终的结果能否达到教育目的的要求，还需作出评价；评价的依据只能是高等教育目的。教育目的通过培养目标反映出来，培养目标通过教育活动体现出来，教育活动的结果和效率的衡量需要教育目的来裁定。如果评价的结果与教育目的不一致，那么，培养目标与活动计划就需作出修正。评价的标准必须与教育目的的精神相一致，否则，评价就沦为形式主义从而失去意义。

第二节　有关高等教育目的的诸学说

长期以来，始终有一些重大而棘手的问题困惑着人们对高等教育目的的认识与理解：高等教育究竟培养什么样的人？为谁培养人？高等教育是为学生的发展而存在，还是为社会的发展、国家的发展而存在，抑或为高等教育自身的发展而存在？高等教育究竟如何处理人文主义与科学主义之间的张力，又如何使自身既体现人文精神又不脱离科学精神？培养高级专门人才的高等教育如何合理地对待马克思主义关于人的全面发展这一主导我国高等教育目的的核心理论？如此等等，均成为人们思忖我国高等教育目的时难以略过的根本性问题。分析我国的高等教育目的，不能不对这些问题作出基本的梳理与说明。而进入高等教育工作领域中的人，也不能不对这些问题作出自己的判断与领会，否则，就会囿于事务性活动的纠缠中而难以自拔，或者陷入狭隘的单科教学活动的窠臼中而难以脱身。如是，既不能体味高校教师职业的尊严与情趣，也不能攀上把握高等教育的本质与意义的理论高处。对这些问题进行具体分析，既是提高高校教师理论素质的需要，又是使其具体的事务性教学与管理活动上升到较为宏观和全局的高度，从而提升自身活动的教育意义之迫切需要。

关于高等教育目的的理论学说主要有：个人本位论与社会本位论的教育目的观、人文主义与科学主义的教育目的观、全面发展取向的教育目的观。这些理论各持己见，相互纠缠；人们对此也争论不休，见仁见智。我们拟对这些富有争议的理论作出尽可能完整与辩证的理解，并对每一种理论作出客观的评价。其目的旨在使我们加深对高等教育目的问题复杂性的认识，找到构建我国现阶段合理的高等教育目的的某些正反两方面的启示或参照。

一、个人本位论与社会本位论的高等教育目的观

个人本位论和社会本位论是影响教育目的的两种截然不同的价值取向，也是制约高等教育目的的基本理论学说。两种理论纷争无终的焦点是：高等教育应当为个人发展服务，还是为社会发展服务。

(一)个人本位论的高等教育目的观

所谓个人本位论的高等教育目的观，就是主张高等教育应以个人发展的需要为出发点而制定教育目的、建构教育活动的教育目的理论。个人本位论一直是西方具有强势地位和影响的教育目的观，至今仍赓续未绝。18 世纪和 19 世纪上半叶是个人本位论的全盛时期，卢梭、裴斯泰洛齐、福禄倍尔等通常被认为是个人本位论的主要代表。个人本位论的高等教育目的观，可以概括为：

(1)教育目的是根据个人发展的需要而制定的。个人本位论的教育目的观认为，教育的目的在于使人的本性得到完满的发展，如若以社会的要求来培养人，来规定教育的目的，就会使教育成为一种外在于人的活动，成为一种对人性予以外在干预甚至宰制的过程。

(2)个人的价值高于社会的价值。教育是由人来进行、以人为对象、以人的发展为终极目的的实践活动，人的价值、人的发展是其首先予以考虑的重点。就教育之于人、社会的相互关系而言，是人决定社会的发展，而不是社会来决定人的发展。教育必须拒斥社会对人的规约与限制，只有有利于个人发展的教育才能有利于社会的发展，但有利于社会发展的教育不一定有利于个人的发展。

(3)教育的最高目的在于促进人性的完善，而非造就公民。个人本位论的教育目的观主张，人生来就有健全的本能和美好的天性，教育的目的就在于使这种本能和天性不受现实社会影响地得到自然的发展。如卢梭就基于人之性善的观点，主张教育要远离世俗的社会生活，尊重并顺应人的自然本性，以使其成为一个“自然人”而非社会的“公民”，他曾直言不讳地说过，如果要在塑造人与塑造公民之间进行选择的话，他毫不犹豫地选择塑造人的目标。另一位学者鲁迪格尔也指出，教育就是要使人成为一个人，教育的根本目的在于个人而不在于社会；教育即使有促进社会发展的目的，也只能是其中的次要部分。[①] 高等教育不着眼于人的发展、不在培养人上用力，其存在的价值和活动的效率将大打折扣。

应当承认，个人本位论的高等教育目的观，对于克服长期以来我国教育领域中社会本位的价值观占主导地位的局面，对于凸显人的价值、人的尊严、人的潜能、人的主题，对于开掘人性，培育具有创造性和学术个性的人才都具有重大的

---

① 参见扈中平《教育目的论》(修订版)，湖北教育出版社 2004 年版，第 51 页。

现实意义。尽管它囿于狭隘的个人发展视域而难免夸大了人在教育过程中的作用以及过高估计了教育之于人的发展的作用，但考虑到我国高等教育的实际，个人本位论的教育目的观仍然对我们思考高等教育的目的具有重要的理论启示乃至实践意蕴。

(二)社会本位论的高等教育目的观

所谓社会本位论的高等教育目的观，就是主张高等教育应以社会发展需要为出发点而制定教育目的、建构教育活动的教育目的理论。社会本位论是与个人本位论相制衡、相始终的教育目的观，二者在对立中相互颉颃，互竞短长。个人本位论发展到极致之时，社会本位论便异军突起；社会本位论达致高潮之际，个人本位论便与之争锋。一般认为，19世纪下半叶是社会本位论的鼎盛时期，孔德、涂尔干、凯兴斯泰纳、纳托尔普等通常被认为是社会本位论的主要代表。社会本位论的高等教育目的观可以概括为：

(1)个人的一切发展都有赖于社会。社会本位论的教育目的观认为，人无一例外地都是社会中的人，人的潜能的释放，人的价值的彰显，都由社会来决定并通过社会来完成；是社会决定人而不是个人决定社会，人的身心发展的各个方面都依靠社会提供营养。正如19世纪的社会学家孔德所言："真正的个人是不存在的，只有人类才存在，因为不管从哪方面看，我们个人的一切发展，都有赖于社会。"纳托尔普也如是说："在事实上个人是不存在的，因为人之所以为人，只因为他生活于人群之中，并且参加社会生活。"涂尔干更是一语中的："我们本身最重要的部分，都是从社会得来的。"①

(2)教育的目的除了促进社会发展而外，没有其他更高的目的。教育的目的不是为了促进个人的发展，个人只不过是教育需要予以加工的材料，不具有决定教育目的的价值；"人"只能通过"人类"加以理解，"我"只能通过"我们"加以说明。社会目的才是教育的最终目的，个人只是实现社会目的的工具。由此，教育的目的就在于使个人借助于教育实现社会化，教育过程就是把社会的价值观转化为个人的价值观、人生观。纳托尔普对此作了经典论述："在教育目的的决定方面，个人不具有任何价值，个人不过是教育的原料，个人不可能成为教育的目的。"另一位教育社会学家白尔格门持同样的见解："教育除了造就每个人使其乐于为社会而生活，并乐于贡献其最优力量于人类生活的保存和改善以外，不能有别的目的。"②

(3)教育的最高目的是造就公民，而非培育人性。基于以社会发展为指归的

① 转引自南京师范大学教育系编《教育学》，人民教育出版社1984年版，第161页。

② 转引自南京师范大学教育系编《教育学》，人民教育出版社1984年版，第160～161页。

社会本位论教育目的观，将教育的目的规定为使个体实现社会化，成为对社会有益的公民。一如凯兴斯泰纳所言："国家的教育制度只有一个目标，就是造就公民。"涂尔干也作如是观："教育在于使青年社会化——在我们每个人之中，造就一个社会的我，这便是教育的目的。"[①]在涂尔干看来，教育目的必定是随社会发展而不断发展变化的，因而"无论在哪里，教育首先是在满足一些社会需要"。"人实际上因为生活在社会中才是人。"[②]教育的目的在于塑造"社会我"而非"个体我"，社会的价值高于个人的价值。

公允地说，我国的高等教育目的观仍然是以社会本位论为主导的。这对于维护社会的秩序，增进社会的团结，促进社会的和谐发展无疑具有独特的现实意义。然而，过于浓郁的社会本位色彩，又不免使高等教育忽视个体发展的主体性、主动性、创造性，忽视人才成长的个性与多样性，致使高等教育沦为某种社会工具，所造就的人缺乏基本的创造性，导致教育质量的低下，最终也无法达到促进社会发展的目的。如何使高等教育在保持基本的社会功能的同时，加强高等教育自身的人性化、人道化、个性化，是中国的高等教育欲求达到世界先进水平所不可规避的重大时代课题。

(三)个人本位与社会本位的辩证综合观

应当指出，对个人本位论和社会本位论的教育目的观的划分与阐释，只是根据不同的教育学者在教育之于个人发展与社会发展的作用及其关系上的思想或价值取向的一种大致的概括，不具有绝对的意义，也不意味着二者是互不容忍、势不两立、非此即彼的关系。这种划分是出于理论研究的需要而非现实状态的写照。在现实的高等教育过程中，无论是过去还是现在，都不存在绝对的社会本位论或个人本位论。"在现实中，各种教育目的观是错综复杂地交织在一起的，很难找到一种纯粹的、孤零零的教育目的观。"[③]绝对地、无条件地主张或反对个人本位论和社会本位论的教育思想家是不存在的。个人本位论不过是针对社会对人的发展的过分压制而强调个人的价值、尊严与地位；同样，社会本位论也不过是针对极端个人主义或放任自由主义脱离社会发展的轨道或损害社会整体的利益而强调社会存在的价值与作用。

个人本位论与社会本位论的教育目的观都是历史发展的产物，具有深深的历史逻辑的印痕。前者的隆盛时期正值自由资本主义的顶峰，反对社会专制、颂扬个人价值理所当然地成为当时社会思潮、教育思潮的主流；后者的繁荣正值资

① 转引自南京师范大学教育系编《教育学》，人民教育出版社 1984 年版，第 160～161 页。

② 转引自张人杰主编《国外教育社会学基本文选》，华东师范大学出版社 1989 年版，第 11、13 页。

③ 王道俊、扈中平主编：《教育学原理》，福建教育出版社 1998 年版，第 127 页。

本主义制度业已确立但各种社会矛盾日益凸显的时代，肯定社会的需要与社会的价值，反对极端任性的自由主义、个人主义，也合乎逻辑地成为社会与教育发展的主流。不从二者由以产生的历史背景中思忖各自的理论主张及其价值与限度，就无法把捉其各自的理论要害，也不可能对它们的关系作出辩证而周全的理解。

个人本位论和社会本位论的教育目的观既都有自身的理论价值，又都有各自的理论局限。它们共同的理论缺陷在于：以各自钟情的逻辑出发点片面强调某一价值的重要性，从而在处理教育与个人发展、社会发展的关系时陷入了"二元论"的泥淖。个人本位论从社会现实对人的尊严、人性的价值的压抑、戕害出发，强调教育的目的在于发挥个人的价值，尊重人的主体地位，开发人的能动性与创造性，无疑是正确的，令人崇敬的。然而，它过分强调人的主体性、能动性，将人视为一个远离了具体社会的抽象的人，注重对抽象人性的塑造与引导，没有观照人的存在的社会制约性，这就曲解了教育发展与个人发展、社会发展之间的复杂的关系。同样，社会本位论从"只要自由，不要责任"的极端个人主义对社会规范和秩序的破坏的现实出发，强调人的发展、人性的完善对社会的依赖性，注重社会现实对人的发展的决定性，突出教育服务于社会的价值追求，无疑也是正确的，有意义的。然而，它过分强调社会对人的干预、控制，看不到人的主观能动性对推动社会发展、保持社会稳定的积极作用，片面强调社会规范对人的影响，没有观照旧的社会秩序的变革和新的社会秩序的产生同样需要人的积极作用，而只注重人对现实社会的适应，看不到人对现实社会的超越，也不可能真正理解教育之于人的发展、社会发展之间的辩证关系。

用个人本位论取替社会本位论，或者用社会本位论贬低个人本位论，都是片面的二元论，都无助于制定正确的高等教育目的。将二者相互割裂和对立的做法，只能进一步加剧相互之间的裂隙。二者是相互补充、互为制约而非相互排斥、互为否定的辩证统一关系。这一点，杜威的见解至今仍然具有理论启示作用，他在其《我的教育信条》一文中指出："我认为受教育的个人是社会的个人，而社会便是许多个人的有机结合。如果从儿童身上舍去社会的因素，我们便只剩下一个抽象的东西；如果我们从社会方面舍去个人的因素，我们便只剩下一个死板的，没有生命力的集体。"[①]杜威是坚持儿童中心主义教育观的，但他的这一论述，使我们看到了一幅关于教育与人、社会之三边关系的确当而深刻的理论图景。

高等教育具有促进人的发展与社会发展的双重目的，二者相互制约，互为条

---

① [美]杜威著，王承绪等译：《道德教育原理》，浙江教育出版社 2003 年版，第 356 页。

件。人的发展随社会的发展而发展，社会的发展也随人的发展而发展；没有脱离社会发展而独自运衍的个人发展，也没有离却个人发展而单独存在的社会发展。人的发展既决定于社会的发展，又决定着社会的发展。“人的发展决定于社会的发展”的命题，意味着人的发展受社会历史条件和人的社会生活方式的制约，表现为一个社会历史的过程；“人的发展决定着社会的发展”的命题，意味着人对社会环境的积极干预，表现为改造社会的能动性。借用马克思的语言就是，人既是历史（社会发展）的“剧中人”，又是历史的“剧作者”。

高等教育之促进人的发展和社会发展的双重目的又是可以相互转化的。这种转化使得高等教育能够有目的地把社会发展对人的发展的要求落实到培育人的素质上，把人的素质的提高转化到促进社会和谐与进步上。由此，高等教育事实上承担着促进人的发展和社会发展矛盾的中介转化地位。“对人的发展来说，教育促进着人的社会化；对社会发展来说，教育又促进着社会的人化。这样，教育便在人的发展与社会发展之间的矛盾中扮演着中介转化的地位。”[①]高等教育对这一矛盾的两个方面的作用，构成了其自身发展的两个基本关系：高等教育与人的发展的关系，高等教育与社会发展的关系。相应地，在这种关系的实践运行中，产生了高等教育的两个最基本的规律：教育必须适应并促进人的发展，教育必须适应并促进社会的发展。

应该承认，我国的高等教育目的观长期注重高等教育对社会发展的功用而弱化了对人的发展的功能，凸显了对社会发展目的的服从而淡化了人自身发展的价值，其结果是高等教育所培养的人的主动性、创造性受到了不应有的遮蔽甚至压抑，人的潜能难以得到最大限度的彰显，致使高等教育的价值单一化、残缺化。

归结起来，个人本位论和社会本位论的教育目的观，都各自具有自身合理的一面，但又都具有偏颇的一面，二者具有同等的合理性与同等的局限性。高等教育目的的制定，如若不考虑个人发展的要求，就可能使高等教育陷入工具化、标准化、外在化、空心化的误区；而如若不考虑客观的社会条件和社会发展的需要，又可能使高等教育目的脱离社会发展的客观规律而成为抽象之物。要制定合理的教育目的，就要既考虑个人本位论和社会本位论的理论优势，又要避免二者的片面之处，从而把二者放在特定的历史条件和现实境况中加以辩证对待。

二、人文主义与科学主义的高等教育目的观

人文主义与科学主义的教育目的观是制约高等教育目的的又一组重要的理

---

① 扈中平：《教育目的论》（修订版），湖北教育出版社 2004 年版，第 11 页。

论学说，它们影响了20世纪以来世界高等教育发展的进程。到20世纪中期，随着单一的人文主义和科学主义教育目的观之缺弊的不断呈现，一种试图整合人文主义和科学主义的新的教育目的观——科学人文主义教育目的观诞生了。在高等教育的全球化趋势不断加强的今天，人文主义、科学主义、科学人文主义教育目的观也对我国的高等教育目的产生了重大而深刻的影响，值得我们认真对待。

(一)人文主义的高等教育目的观

所谓人文主义的高等教育目的观，是指以人自身发展的需要尤其是精神发展的需要为出发点，以人自身的发展和完善为中心的具有人本主义情怀的教育目的观。人文主义教育目的观又称为人道主义教育目的观，重视人的价值和人的自身的完善是其核心要旨。

人文主义教育目的观，流派众多，体系驳杂，观点不一，光怪陆离。永恒主义、新托马斯主义、存在主义、文化教育学派等是其最具代表性的理论流派。

人文主义教育目的观有着深厚而复杂的理论基础，正是这些坚实的理论基础，才使得它对教育目的的影响特别持久、深刻。人文主义教育目的观的理论基础，可以归纳为三个方面[①]：(1)强调人性不变。人文主义认为，人性是共同的，美好的，永恒不变的，教育的本质和根本目的就是培育人性，使人的美好的人性得以自然展现。永恒主义教育思想是这一观点的突出代表，认为教育是培育人性的，而人性是永恒不变的，故教育的永恒使命就在于培育和发展人永恒不变的美好的人性，从而使其成为一个人性完满、精神崇高的真正的人。(2)将理性视为人的最高价值。人文主义特别推崇理性，将理性视为人兽之别的根本判据。人文主义所强调的理性不是工具理性和科学理性，而是价值理性，即人性和道德意义上的理性。理性是人性最核心的内容，是人之为人最宝贵的财富；理性是人性中的灵魂和向导，失去了理性，人就失去了存在的价值。因而，教育的最高目的就是培育和发展人的理性。只有将理性视为教育的最高目的，才能使人享受教育的精神价值，才能使人获得美好的幸福生活。(3)主张个人价值高于社会价值。人文主义认为，社会是由个人组成的，社会的价值源自个人的价值，个人的价值高于社会的价值。这一点与个人本位论的教育目的观有着相同的理论旨趣。不过，人文主义不仅主张个人价值高于社会价值，而且还主张个人的精神价值高于物质价值。人文主义教育目的观尤其注重个人的精神价值。人文主义主张个人价值高于社会价值，但不反对教育的社会目的，只是强调个人价值高于社会价值，社会价值要由个人价值来实现、来承担，这一点使其与个人本位论的教

---

① 参见王道俊、扈中平主编《教育学原理》，福建教育出版社1998年版，第129～132页。

育目的观区别开来。

人文主义教育目的观的理论基础预制了其核心观点，人文主义教育目的观的核心观点主要包括三个方面[①]：

(1)追求永恒化的教育目的。人文主义认为，教育的主要目的取决于人的本性，人的本性是永恒不变的，故教育的根本目的也是永恒不变的，这个永恒不变的教育目的就是培育人性和弘扬理性。永恒主义的旗手艾德勒在其《为教育哲学辩护》中指出："教育的根本目的，对于一切人在任何时间和任何地方，都是相同的，它们是绝对的和普遍的原理。"永恒主义的主要代言人赫钦斯曾下了这样一个著名的论断："教育的一个目的是要引出我们人类天性中共同的要素。这些要素在任何时间或任何地方都是相同的。……教育意味着教学。教学意味着知识。知识是真理。真理在任何地方都是相同的。因此，教育在任何地方应当是相同的。"永恒人性的教育应该通过永恒学科的教学进行，"我们提倡永恒学科，因为这些学科抽绎出我们人性的共同因素，因为它们使人与人联系起来，因为它们使我们和人们曾经想过的最美好的事物联想起来，因为它们对于任何进一步的研究和对于世界的任何理解是首要的"[②]。简单来说，教育的永恒目的就是培育人完满的人性，以使其成为一个人。

(2)追求理想化的教育目的。追求永恒人性的教育必然也是一种带有浪漫情愫的理想化的教育。人文主义教育目的观反对教育注重现实的功利目的，主张超越现实的非功利目的，坚持人的精神高于、优于物质；一味满足社会现实需求的急功近利的做法最终会导致人的意义和教育意义的丧失。追求理想的教育，也应是富有理性的教育、启发人的理智的教育。人的最高尊严在于智慧，而理智是学生智慧发展的第一推动力。一如赫钦斯所言："不论学生是否注定从事于沉思的生活或实际的生活，由理智美德的培养所组成的教育是最有用的教育。"[③]高等教育应该有助于学生学会自己思考、作出独立判断，理性是其最核心的要义。

(3)追求人性化的教育目的。教育的主要目的决定于人的本性，因而，教育就应当是符合人性的教育、追求人性完满的教育，而非过度的科学教育。对此马里坦曾作过精辟阐述："科学本身主要地既不缔造教育，也不指导教育，因为教育主要地需要懂得人是什么——人的存在的基本原理是什么，他在世界中的地位

① 参见扈中平《教育目的论》(修订版)，湖北教育出版社 2004 年版，第 103～118 页。

② 王承绪、赵祥麟编译：《西方现代教育论著选》，人民教育出版社 2001 年版，第 243、205～206、211～212 页。

③ 王承绪、赵祥麟编译：《西方现代教育论著选》，人民教育出版社 2001 年版，第 204 页。

和价值是什么，他的命运是什么。”[①]在教育内容上，人文主义教育明显地轻视科学教育。认为重要的和永恒的真理体现在人文传统而非科学实验中，科学或许能给人以力量，但这种力量的方向、目的和意义还需诉诸哲学和人文科学。面对日益严重的人的危机、生存意义的丧失、生活的荒谬、精神家园的荒芜和人格的异化，加强人性教育的使命愈益沉重和迫切。意义的丧失使得任何高超与精密的科学教育、职业教育变得枯燥、机械、琐屑。人性化的教育也是培育学生主体性、创造性的必要通道，是使其祛除科技理性的宰制，获得精神与生命自由的基本担保。自由和个性是高等教育的永恒追求，而自由和个性一遭扼杀，高等教育的活动效率乃至存在的价值便无以确保，创造的激情与智慧的升腾也将慢慢被侵蚀、湮没。正如存在主义教育哲学家奈勒的肺腑之言："我越是考虑到今日公共教育的混乱情况，我就越发深信存在主义者揭示了改革教育的道路。我们的儿童像羊群一样被赶进教育工厂，在那里无视他们独特的个性，而把他们按照一个模样加工和塑造。我们的教师被迫，或者认为是被迫去按照别人给他们规定好的路线去教学。这种教育制度既使学生异化，也使教师异化了。现在已经到了要改善的时候了。”[②]

在整个 20 世纪，面对科学主义的“围剿”和科学霸权主义的挤压，人文主义教育目的观对人性的讴歌与赞颂，对自由和个性的追求，成为抗衡科学主义一手遮天的壮观而宝贵的努力，正是这种抗争才使得 20 世纪的教育不至于过度失衡，科学主义的教育不至于走得更偏、更远。人文主义教育目的观所留给人的丰厚的馈赠与深沉的思考，必将成为 21 世纪人们谋划教育改革、追求教育卓越的重要参照，自然，也是 21 世纪高等教育欲求发展的重要参照。

（二）科学主义的高等教育目的观

科学主义教育目的观是与人文主义教育目的观相对应的一种理论观点。科学主义是在人文主义的孕育下产生和发展的，随着科学技术与物质成果的喷涌式显现及其对人类生活的全面干预，科学主义逐渐成为一种世界性的社会思潮，其发展势头因迎合了人们经济理性的普遍诉求而反过来遮蔽了其母体——人文主义。这种情形在 20 世纪中期达到高潮。面对自然科学的伟大胜利以及科学成就全方位地介入人的生活和社会生活，科学及技术愈益显示出巨大的威力，人们崇拜科学、迷恋技术，遂使科学主义逐渐成为一股频奏凯歌的全球性思潮。这一思潮对 20 世纪的教育产生了重要影响，高等教育也难脱其影响。

所谓科学主义的高等教育目的观，是指以科学技术为中心，以功利主义为指

① 王承绪、赵祥麟编译：《西方现代教育论著选》，人民教育出版社 2001 年版，第 204 页。
② 转引自陈友松主编《当代西方教育哲学》，教育科学出版社 1982 年版，第 119 页。

向的关于高等教育目的的主张。突出科学技术在高等教育过程中的作用以及高等教育的科学技术功能,是科学主义教育目的观的显著特征。

科学主义高等教育目的观并不是一个稳定、单一的理论流派,一些具有科学主义教育倾向的思想家并没有宣称自己属于科学主义阵营。我们只是根据某种“家族相似性”将那些凸显科学主义的理论归列其中,根据这样的理解,人们一般把实用主义、学科结构主义、新行为主义理论列入科学主义教育目的观的行列。

尽管考察教育的视角不同,观点有异,但科学主义教育目的观都有着相似的理论基础。这种理论基础主要体现在两个方面:(1)人性是变化的,教育的目的也应不断调整变化。科学主义反对人文主义关于人性永恒不变的观点,认为世界是变化的而非永恒的,世界并不游离于某种抽象的人性而独立存在;人性是社会的和生物的,是变化的和可塑的。教育应当随着世界的变化、社会的变迁和人的发展变化而发展变化。结构主义所钟情的“图式”、“同化”、“调节”、“平衡”等就是对教育适应环境和人的变化而变化的一种科学性观点;新行为主义的“刺激—反应”理论尤其是斯金纳的“操作性条件反射”和“积极强化”理论,更是将人的可塑性上升到了一个新的高度;至于实用主义基于进化论原理对人的本性借助于教育的作用而变化发展的观点,也没有脱开科学主义范式的窠臼。(2)事物是有用的,教育的目的应当以是否给社会和个人带来功效来衡量。科学技术之所以引起人们的兴趣,正在于它能给人类带来物质的、实用的实惠和好处。教育借助于科学并创造新的科学,也是有利于提高人类幸福生活的。教育应该以科学技术为中介,以社会的需要为指向,以现实生活为着眼点,来制定自己的目的,规划自身的活动方向。教育目的的合理性取决于教育是否能够给学习者带来直接的功用和实际的利益。实用主义教育思潮的一系列观点都体现了这一点。

由科学主义的这些理论基础出发,我们可以把科学主义的高等教育目的观概括为三个主要方面[①]:

(1)重视教育目的的社会适应性。科学主义教育目的观认为,世界是变动不居的,社会是不断变迁的,教育的目的也应是不断变化的。教育目的的变化并不是自足的、没有指向的,而是应适应社会的变化并自觉地服务社会、改造社会。实用主义的巨擘杜威就将教育视为一种社会过程,将教育视为一种社会组织或社会生活的一种形式。在此意义上,教育就是引导受教育者生长的过程,是受教育者经验的连续不断的改造或改组的过程,而非立足于抽象不变的人性的静止的、与社会生活无涉的过程。加强科学教育的目的在于实现学校和社会的共同进步。杜威在其著名的《我的教育信条》一文中直言不讳地指出:“我认为教育是

---

① 参见王道俊、扈中平主编《教育学原理》,福建教育出版社 1998 年版,第 148～156 页。

社会进步和社会改革的基本方法。”“教育是达到分享社会意识的过程中的一种调节作用，而以这种社会意识为基础的个人活动的适应是社会改造的唯一可靠的方法。”“坚持学校是社会进步和改革的最基本的和最有效的工具，是每个对教育事业感兴趣的人的任务。”①杜威的这些发人深省的见解为我们理解教育之于社会的适应性提供了重要的思想启示。相对于人文主义，科学主义的教育目的观更现实、更具体，这就是：教育目的应当围绕着能否适应和满足社会发展的需要。

(2)重视教育目的的社会功利性。科学主义的教育目的观反对抽象的脱离社会现实的教育目的观，认为教育必须适应社会生活，发挥教育的社会功利价值，强调教育对社会的有用性和个人对社会生活的有用性。科学主义教育目的观的重要代表赫胥黎强调科学教育对人的社会生活、日常生活乃至精神生活的积极的、独一无二的价值；斯宾塞则高举功利主义的传统大旗，反对虚饰无用、华而不实的教育目的，将教育的目的建立在人们的实际需要的基础上，使教育为人的现实生活做准备，主张教育目的应以是否增进人的福利为判据；杜威的实用主义教育目的观也具有明显的社会功利性取向，认为社会进步必须依靠教育，教育是推动社会进步与改革的基本力量。教育必须着力培养受教育者的社会适应能力，以使其成为能够分享和建设共同体生活的民主社会的合格成员。他在《学校与社会》中如是说：“当学校把社会的每一个儿童引入并培养成为这样一个小共同体的成员时，用服务精神熏陶他，并为他提供有效的自我指导的手段，我们就得到了一个有价值的、可爱的、和谐的社会之最坚实、最美好的保障。”“作为教育目的的社会能力，应该意味着培养自由而充分地加入共享或共同活动的能力。”②他于1896年领导建立的芝加哥大学实验学校，就是按照这一原则而进行改革的，构建职业生活或共同体生活是改革的中心原则。20世纪50～60年代在美国轰轰烈烈开展的学科结构运动，更是将科学主义与功利主义紧密联结起来，成为科学主义教育目的观的经典代表。

(3)重视学校的科学技术教育。重视科学技术教育，是科学主义教育目的观最显著的特质。这源于两个方面：一是科学技术的迅速发展及其对社会生活的广泛影响，使得科学教育成为高等教育的新宠，国家间的竞争越来越取决于经济实力和军事力量的竞争，而经济和军事的竞争又取决于科学技术的竞争，科学技术的竞争又以科学技术人才的竞争为表征，这些竞争最终都落实到教育的竞争

① [美]杜威，王承绪等译：《道德教育原理》，浙江教育出版社2003年版，第363～364页。

② 转引自孙有中《美国精神的象征——杜威社会思想研究》，上海人民出版社2002年版，第31、32页。

上;二是高等教育自身所具有的发展科学、培养学术人才的功能,也需要在变化了的时代进一步加强科学技术教育。正是由于这两点,20 世纪中叶以来,西方发达国家的高等教育纷纷加强了科学教育的内涵与比重,科学主义在与人文主义的较量中逐渐占据了上风。"从当前劳动的需要和控制现实的需要,到控制自己的需要和科学方法与伦理训练方面的需要"看,"科学训练和培养科学精神看来乃是当代任何教育体系的主要目的之一"①。美国 1958 年的《国防教育法》以及学科结构运动,是科学主义教育目的观在高等教育教育中的突出表现。自然科学、数学、现代外语成为课程的核心,科学教育的选修课比重不断增加,科学原理、科学态度、科学精神、科学方法、学科结构成为科学教育的主要目标,学生的智力和能力的培养成为高等教育关注的焦点,求知欲、创造性、批判精神、信息交流和合作意识受到了前所未有的重视。

应该说,在与人文主义教育目的观的历史较量中,科学主义教育目的观由匍匐在人文主义的阴影中到与其分庭抗礼再到对之的全面压倒性胜利,这本身就说明了科学主义教育目的观的价值合理性。科学主义教育目的观成为一种制约高等教育发展的主导思潮,并不是偶然的。它适时地迎合了人们追求科学进步与物质文明的急切心态和欲求社会变革的吁求;高等教育中科学主义教育的隆兴,也现实地推动了人类科学的繁荣和技术的进步,为人类的科学与物质文明作出了突出贡献;它对解放人们的思想,提升人类的理性水平,形成科学的世界观与科学精神,推动人们自由与平等的意识,都起到了不可忽视的积极作用。然而,科学主义教育目的观也对高等教育的发展造成了极大伤害,带来了惨重的代价。它妄自尊大、目空一切的心态,使得高等教育领域中的人文主义精神受到了遮蔽;唯科学主义、科技理性至上乃至科学技术意识形态化的风尚,强化了人们对科学的疯狂追求和对物质功利的着魔,使得大学的精神不断受到蚕食甚或歪曲,高等教育的发展愈益畸形和失衡。"科学享受着过分的尊重,由于现实生活秩序只有通过技术才能得以治理,而技术则通过科学成为可能,所以,在这个时代里人们产生了对科学技术的信仰。但是,科学的本真意义被遮蔽,人们仅仅钦佩科学的成就,却并不明白科学的奥义,因此,这种盲目的信仰只能变成迷信。真正的科学是一种智者的知识,假如把信仰科学的焦点集中在科学技术的成果上,而不去了解其方法,那么在这种错觉中,迷信就形成了真正信仰的赝品,人们

① 联合国教科文组织国际教育发展委员会:《学会生存——教育世界的今天和明天》,教育科学出版社 1996 年版,第 186 页。

就会把希望寄托在仿佛是固定不变的科学成果上。"[①]孔子曰:"君子不器。"[②]高等教育如若单纯依赖科学理性,就会使人类创造的科学成果成为控制自身的异己力量,就会妨碍学生潜能、个性获得全面的发展。对科学的过分迷信使得高等教育正在远离科学的精神。人们试图用寻求新的解决方案来化解因科学主义泛滥而带来的种种流弊。科学人文主义就是这种努力的时代呈现。

(三)科学人文主义的高等教育目的观

科学人文主义的高等教育目的观是科学主义教育目的观与人文主义教育目的观的有机统一,是制定我国高等教育目的的重要理论基础之一。

所谓科学人文主义的高等教育目的观,是指以科学精神为基础,以人文精神为价值取向的高等教育目的观。科学人文主义的高等教育目的观既是科学主义的,又是人文主义的,是科学主义和人文主义的对立统一,是二者的相涉相融。它以科学为基础和手段,以人的自身的完善和解放为目的。诚如《学会生存》的深刻阐释:科学人文主义"是人道主义的,因为它的目的主要是关心人和他的福利;它又是科学的,因为它的人道主义的内容还要通过科学对人与世界的知识领域继续不断地作出新贡献而加以规定和充实"[③]。亦如国际社会的普遍共识:"尽管人们对自然科学和技术的知识十分感兴趣,但这些知识并不足以满足一切渴望,也不足以保证人类的幸福。人们还应学会根据某种新伦理规范来掌握自己的个性和自己的历史。这种新伦理规范可以称之为新人道主义。它旨在提高人类的尊严,让人们接受精神的价值观,强化人类争取个人全面而平衡发展的活动,使人们不仅遵守传统的价值观(作为对地方、地区和民族的忠诚),而且也遵守当代的价值观——如国际团结、对其他人类共同体的尊重、民主的交往方式及对于人类社会变化的信心感和责任感。"[④]

科学人文主义的高等教育目的观代表了世界高等教育发展的方向。

科学人文主义的高等教育目的观有其自身的基本精神或核心观点,主要体现在两个方面:

(1)科学精神是高等教育目的的基础。当代,科学愈益成为人类的一种基本的实践活动,科学技术也愈益成为推动人类文明进步的基本要素,深刻地影响着人们的生活方式、思维方式和价值观念。因此,高等教育目的观必须以科学精神

---

① [德]雅思贝尔斯著,邹进译:《什么是教育》,三联书店 1991 年版,第 141～142 页。

② 《论语·为政》。

③ 联合国教科文组织国际教育发展委员会:《学会生存——教育世界的今天和明天》,教育科学出版社 1996 年版,第 8 页。

④ [伊朗]S·拉塞克、[罗马尼亚]维迪努著,马胜利等译:《从现在到 2000 年教育内容发展的全球展望》,教育科学出版社 1996 年版,第 274～275 页。

为基础，将科学精神贯穿于教育活动之中。高等教育的科学教育应当着重加强科学知识、科学精神、科学态度等科学素养的教育。美国促进科学协会于1989年发表的著名的《普及科学——美国2061计划》，就将科学教育视为教育改革的基础，认为“不论出于何种考虑，美国没有任何事情比进行科学、数学和技术教育改革更为迫切[①]。”1991年，美国政府又推出了指导教育改革的纲领性文件《美国2000年教育战略》，进一步强调了将加强科学技术教育特别是自然科学和数学教育视为美国应对全球竞争与挑战的当务之急。

科学人文主义高等教育目的观是科学的而非反科学的目的观。传授科学知识，培养学生运用科学的能力以及科学态度、科学精神的教育，是高等教育在设计教育目的、培养目标时需要加以考虑的基本问题。一如《学会生存》的见解：“国际教育发展委员会认为基本的问题是：要使科学和技术成为任何教育事业中基本的、贯彻始终的因素；要使科学和技术成为为儿童、青年和成人设计的一切教育活动的组成部分，以帮助个人不仅控制自然力和生产力，而且也控制社会力，从而控制他自己、他的抉择和他的行动；最后，要使科学和技术有助于人类建立一种科学的世界观，以促进科学发展而不致为科学所奴役。”[②]

(2)人文精神是高等教育目的的价值指向。如果说科学技术是高等教育目的的基础，那么人文精神就是其价值指向。科学技术在飞速发展的过程中，以其神奇的力量推动了人类的物质文明，但也给人类带来了灾难和威胁，导演出了一幕幕喜忧参半的悲喜剧。科学技术的非人道化利用，使得它的负面价值进一步凸显。科学技术既可以造福人类，又可以危害人类。单纯的科学教育并不能保证人类社会的全面进步，也不能赋予学生彰显自身价值的全部本领。高等教育作为人类文明承续发展的重要中介，必须用科学人文主义的教育目的观统摄高等教育的改革和发展，采取切实措施扭转重视科学教育、轻视人文教育的思想观念。仍如雅思贝尔斯所言：“我们不要混淆技能的训练和唤醒真正人性的工作，二者都是必要的，但是技能训练必须在人的领导下进行，或是重新归属人的控制。”[③]

科学教育和人文教育都只是高等教育的一半。缺乏人文精神的高等教育只是“一半的教育”，因而是不能展现教育的完整价值的残缺不全的教育。“人们往往特别会忽视人文科学。一般来讲，大多数教育体系并不是有助于受教育

---

① 国家教育发展研究中心编：《发达国家教育改革的动向和趋势》第4集，人民教育出版社1992年版，第3页。

② 联合国教科文组织国际教育发展委员会：《学会生存——教育世界的今天和明天》，教育科学出版社1996年版，第9页。

③ [德]雅思贝尔斯著，邹进译：《什么是教育》，三联书店1991年版，第67页。

者——无论他们是青年还是成人——去认识他们自己，去理解他们个性中的有意识的和无意识的组成部分，去理解大脑机制、智力活动、支配身体发展的规律、梦想和抱负的意义、他们相互之间的关系以及他们和整个共同体的关系。因此，教育忽视了教人如何在社会中生活、热爱生活并从事工作的基本职责；而人们必须创造这个社会，作为他们理想的体现。"①"使科学技术服务于进步事业越来越需要进行扎实的伦理和人道主义教育。"②如果说科学教育旨在使人学会做事(Learning to do)，那么，人文教育就旨在使人学会做人(Learning to be)。科学人文主义的高等教育目的必须把学会做事的教育与学会做人的教育统合起来。"科技讲求的是生产力和强大的武器，而精神要求的则是人的转变。前者只能制造装备，把人变成工具，并且导致毁灭。后者使人悔改，变成真正的人，并且借助精神的转变，人们不但不会被生产力和制造武器的技术打败，反而能掌握它们，挽救我们的生存。"③

高等教育应该成为一个人文精神与科学精神交融、共生的领地，一个使师生的人文修养和科学素养和谐统一、相得益彰的场所。完整的高等教育目的应当体现科学精神与人文精神的有机统一与相互渗透。当下，尤其应当把加强人文主义教育作为高等教育目的的应有之意，突出对学生人格完善的培育，强化道德教育。如此，才能使高等教育摆脱科技理性的宰制，实现高等教育的人化、人性化、人道化与个性化。

三、全面发展取向的高等教育目的观

全面发展取向的教育目的观是世界高等教育发展的基本特征与趋势。在我国，马克思主义关于人的全面发展学说，是制定高等教育目的的重要理论基础，也是指导我国高等教育实践的核心价值观。

(一)马克思主义关于人的全面发展学说的基本内涵

马克思主义关于人的全面发展学说是建立在社会物质生活资料的生产对人的发展的客观决定性的基础上而提出的一套复杂而严密的理论体系。其基本观点可以归纳为：人的发展是与生产的发展、社会的发展相一致的；工场手工业的分工使人片面发展；现代化的机器大生产是人的全面发展的物质基础；共产主义社会使人的全面发展得以完全实现；教育与生产劳动相结合是实现人的全面发

---

① 联合国教科文组织国际教育发展委员会：《学会生存——教育世界的今天和明天》，教育科学出版社 1996 年版，第 95 页。

② 参见[伊朗]S·拉塞克、[罗马尼亚]维迪努著，马胜利等译《从现在到 2000 年教育内容发展的全球展望》，教育科学出版社 1996 年版，第 119 页。

③ [德]雅思贝尔斯著，邹进译：《什么是教育》，三联书店 1991 年版，第 68～69 页。

展的唯一方法。马克思主义全面发展学说具有重要的教育学意义,它是制定我国教育目的的基本方法论。它既确立了科学的人的发展观,又指明了人的全面发展的历史必然性。对全面发展学说本质内涵的把握,不应局限于在静态的、机械的、抽象的层面上简单照搬,而应以发展的、辩证的、具体的态度予以时代的理论转换。我们认为,科学理解马克思主义关于人的全面发展学说,应该坚持如下原则:(1)人的全面发展是一种理想追求,而非现实写照;(2)人的全面发展不等同于个人的全面发展;(3)人的全面发展主要侧重于人的素质的全面发展而非能力的全面发展;(4)全面发展是一个相对的范畴,它是相对于"人的片面发展"而言的,"全面"不是一个量的范畴而是一个质的范畴。对待马克思主义关于人的全面发展学说的正确态度是:将全面发展理论的基本精神加以现实化,结合现阶段我国社会发展和教育发展的实际,提出符合我国实际的高等教育目的价值取向。

根据这些原则,我们认为,马克思主义关于人的全面发展学说具有四个方面的内涵:

(1)人的全面发展应当是人的素质的完整的发展,即人的各方面素质如人的身体与心理素质、德智体美诸方面的素质、做人与做事素质的完整而非片面发展。

(2)人的全面发展应当是人的素质的和谐的发展,即人的各种基本素质的适当、匀称、协调而非失调或畸形的发展。

(3)人的全面发展应当是人的素质的多方面的发展,即人的各种素质内部多方面而非单方面的发展,如道德素质中的道德认识、道德情感、道德意志、道德行为的等方面的发展,智力素质中的认知、能力等方面的发展等。

(4)人的全面发展应当是人的自由的发展,即人的自主的、能动的、不受阻碍的、具有个性和独特性的发展,而非规训的、受动的、压制学生个性的、模式化或标准化的发展。

按照马克思主义经典作家的观点,人的解放、人的主体性的解放,是人的发展的最高追求,这种解放就是使人摆脱各种奴役从而成为自由、自主的人。高等教育作为人的一种特殊的实践活动,也应以此为指归、为导向,以自身创造性的实践活动实现"通过人并且为了人而对人的本质的真正占有"的目的,使进入高等教育活动领域中的青年学生"以一种全面的方式"、"作为一个完整的人,占有自己的全面的本质"。这既是彰显并培育人的主体性,使人成为"自己本身的主人",成为自由、自决、自为的人的目的性要求,也是解决教育之于人的发展与社会发展矛盾的有效路径。高等教育应当既引导学生科学地认识和把握客观世界和社会发展的规律,以使其获得认识外部世界、参与社会、改造社会的知识与智能素质，又要引导他们去认识和把握自身的价值，以增强自身的力量，开掘自身的潜能，提高主动适应和改造外部世界的自由度。任何统一化、模式化的所谓“全面发展”只能导致全面平庸。

（二）建构全面发展与专业发展相统一的高等教育目的观：基于现实的选择

高等教育是培养高级专门人才的教育，因而，必须加强专业教育；高等教育又是面向学生整体素质发展的教育，因而，又必须对学生进行全面的教育。我们需要成千上万的专家，我们也需要成千上万素质全面发展的人，在知识一体化趋势日益凸显的当代尤其如此。诚如赫钦斯的深刻理解：在大学里，“我们姑且认为我们总应当有一些专家；可是这个世界和世界上的知识，并不是像大学那样被任意地分割开来。每个人不可能在每个科目里都是专家。因此，除非具有别的专家所具有的同样的基本教育，否则，除了自己的科目以外，他一定和一切科目相脱离。……我们对于高等知识要有相同的语言和相同的普通兴趣；这意思是说，我们要有一种基本观念的共同基础”①。亦如德国著名哲学家雅思贝尔斯所言：“教育活动关注的是，人的潜力如何最大限度地调动起来并加以实现，以及人的内部灵性与可能性如何充分生成，质言之，教育是人的灵魂的教育，而非理智知识和认识的堆集。”②美国著名哲学家、教育家艾德勒在《怎样读一本书》中描述了美国大学过度主张专业教育而忽视全面教育特别是普通的人文素质教育的缺弊：“凡是曾经在研究院或法学院教过课的人都懂得，从我们最好的学院得到的一个学士学位，很少考虑到一个学生的写作和说话能力。很多读博士学位的学生，必须训练他们怎样写论文，这种训练不是从学术或科学的成就的观点出发，而是有关简单、明了和易懂的英语写作的最低要求。”“他能阅读一篇平常的小说，而且能感到兴趣。但是，给他读一篇写得严谨的论文，一个仔细地、精练地陈述的论证，或者一段要求用批判的眼光来考虑的文章，他就无能为力了。……实际上，他在大学读了几年还停留在六年级学生的阅读水平上。”③从此意义上说，美国的大学教育“失败”了。大学生们只是为了专业发展或职业前景而接受教育，最基本的人文素质甚至阅读能力也低得可怜，这种教育即使能使学生获得一份理想的工作，但却使大学背上了低俗的不光彩的名声，大学的神圣性已荡然无存。这不能不是大学的悲哀。

过度专业化的高等教育逐渐沦为工具化的、失却了人性内涵的、非人化的教育，它降低了人的尊严、生活的价值和生命的韵味。高等教育必须把专门化的学

---

① 转引自王承绪、赵祥麟编译《西方现代教育论著选》，人民教育出版社 2001 年版，第 202、230 页。

② ［德］雅思贝尔斯著，邹进译：《什么是教育》，三联书店 1991 年版，第 4 页。

③ 转引自王承绪、赵祥麟编译《西方现代教育论著选》，人民教育出版社 2001 年版，第 233 页。

科教育和人文学科的博雅教育统合起来，即使专门化的教育也必须尽可能地人性化，使教育和学习的重点由事物世界转移到人格世界。英国当代著名哲学家、数学家怀特海在其《教育目的》一书中，论述了高等教育过程中普通陶冶和专门研究的相互促进、融合的关系，认为专业发展和普通教育并不是相互排斥的，"并没有一门课程只给学生普通陶冶，而另一门课程只给专门知识。为了普通教育目的而学习的学科，也就是专门地去学习的专门学科；另一方面，鼓励一般智力活动的方法之一就是培养一种专门的爱好"。"在普通教育课程中，特殊兴趣的中心将会产生；同样，在专门研究中，学科外部联系使学生的思想向外引发。"[①]"一个心智健全的人通过对人的理解，能够创造出原来的专业中没有的专业，原来的市场中没有的市场。""教育要先塑造人，然后再谈专业，否则你不知道如何把专业技能用到人身上。"[②]不能把高等教育等同于职业训练，因为教育不仅传授知识，还孕育一个完整的人。人的素质的残缺使得任何高超的专业教育失去意义。

过度专业化的高等教育把人的整体素质打碎，使学习者仅获得某种局部的互不关联的知识碎片。它"是一种被切割成一个个小块或部分的教育。它没有灵魂，不向学习者提出榜样或精神理想，把青年扔在半道上，向他们提供的是各种分歧重重的知识，而不是各种可以促使人们为公认有益的行动和价值观念奋斗的答案"[③]。人类的知识是整体的，自然界的现象更是相互关联，浑然一体。大学是各种知识、各种学科相联的教育机构，过分的专业发展取向会使教育结构画地为牢，使知识的整体变为碎片，使人的精神变得褊狭。"大学的职责不是引导学生将来去承担各种具体的工作，而是要使学生打好基础，使之以后能够解决自己的问题。"[④]"过早过窄过细的专业划分恰恰严重限制了我国大学生的想象力和创造力的充分发展，尤其不利于跨学科跨领域的前沿性思维和研究。"[⑤]亦如纽曼的洞识："突出一门科学，这对其余的科学是不公平的。忽视或取代一些科学，便会使另外一些科学偏离正确的目标。这样做会混淆科学与科学之间的界限，妨碍它们的作用，毁坏把它们连在一起的和谐。"[⑥]构成知识的各门科学之

---

① 转引自王承绪、赵祥麟编译《西方现代教育论著选》，人民教育出版社 2001 年版，第 125 页。

② 薛涌：《谁的大学》，云南人民出版社 2005 年版，第 38、114 页。

③ [伊朗]S·拉塞克、[罗马尼亚]维迪努著，马胜利等译：《从现在到 2000 年教育内容发展的全球展望》，教育科学出版社 1996 年版，第 227～228 页。

④ [美]亚伯拉罕·弗莱克斯纳著，徐辉等译：《现代大学论——美英德大学研究》，浙江教育出版社 2001 年版，第 280 页。

⑤ 甘阳、陈来、苏力主编：《中国大学的人文教育》，三联书店 2006 年版，第 4 页。

⑥ [英]约翰·纽曼著，徐辉等译：《大学的理想》，浙江教育出版社 2001 年版，第 21 页。

间有着千丝万缕的联系，它们内部相互统一，相互补充，相互纠正，相互平衡。北京大学2001年实行的“元培计划”为探索专业发展与全面发展相统一提供了很好的范例。元培计划遵循“强化基础，淡化专业，因材施教，分流培养”的方针，实行学分制、导师制、弹性学制、自由选择专业制，旨在“造就基础知识相对宽厚扎实、综合能力强、整体素质高的本科毕业生，为研究生教育输送高素质、创新型、能够胜任交叉学科研究的生源，为他们在完成整个高等教育之后而可能成为具有国际竞争力的领军人物奠定基础；同时也为经济建设和社会发展提供适应能力强的优秀本科毕业生”①。要实现这一目标，单靠专门化的教育是难以奏效的。

第三节 我国现阶段的高等教育目的

在我国，近六十年来，高等教育目的一直是一个教育理论与实践中的焦点问题甚至是敏感问题。在教育领域，围绕着培养具有何种社会属性和质量规格的人，也一直争论不休。对高等教育目的本质理解及其规定上的差异，伴随着我国高等教育曲折发展的整个历程。

一、我国高等教育目的的当代变迁

大致看来，新中国成立后我国高等教育目的经历了从培养“劳动者”培养“人才”、培养“建设者和接班人”、培养“公民”的转变过程。

1957年，毛泽东在最高国务院会议上发表的《关于正确处理人民内部矛盾的问题》中，对教育目的作了这样的概括：“我们的教育方针，应该使受教育者在德育、智育、体育几方面都得到发展，成为有社会主义觉悟的有文化的劳动者。”1958年的《中共中央国务院关于教育工作的指示》进一步明确了这一点。这是建国后党和国家对教育目的的第一次最明确的规定，成为长期以来我国教育目的的最具权威的规定，影响深远。1961年，在《教育部直属高等学校暂行工作条例（试行）》中，对高等教育的目的作了进一步的明确规定：“教育为无产阶级政治服务，教育必须同生产劳动相结合，使受教育者在德智体诸方面都得到发展，成为有社会主义觉悟的有文化的劳动者。”这一规定具有明显的历史的政治烙印，未能明确高等教育之于经济与文化建设的作用。1981年中共十一届六中全会通过的《关于建国以来党的若干历史问题的决议》提出：“坚持德智体全面发展、又红又专、知识分子与工人、农民相结合、脑力劳动与体力劳动相结合的教育方

① 甘阳、陈来、苏力主编：《中国大学的人文教育》，三联书店2006年版，第68页。

针。”1985年《中共中央关于教育体制改革的决定》，提出：“教育必须为社会主义服务，社会主义建设必须依靠教育”的方针，并将教育目的表述为培养“有理想、有道德、有文化、有纪律，热爱社会主义祖国和社会主义事业，具有为国家富强而艰苦奋斗的献身精神”，“不断追求新知，具有实事求是、独立思考、勇于创造的科学精神”的“各级各类合格人才”。教育目的由培养“劳动者”变成了培养“人才”。这就是后来被人们称之为“四有人才”的教育目的。1993年，中共中央、国务院印发的《中国教育改革和发展纲要》指出：“必须坚持党对教育工作的领导，坚持教育的社会主义方向，培养德智体全面发展的建设者和接班人。”1995年通过的《中华人民共和国教育法》进一步重申：“教育必须为社会主义现代化建设服务，必须与生产劳动相结合，培养德智体全面发展的社会主义事业的建设者和接班人。”这样，教育目的就由“培养人才”转变为培养“建设者和接班人”。这是对教育目的的新发展。1998年《中华人民共和国高等教育法》规定高等教育的主要任务是培养具有创新精神和实践能力的高级专门人才，“本科教育应当使学生比较系统地掌握本学科、专业必须的基础理论、基本知识，掌握本专业必要的基本技能、方法和相关知识，具有从事本专业实际工作和研究工作的初步能力”。这实际上是对我国高等教育目的的概括，成为各级各类高校制定培养目标的主要依据。20世纪90年代后期，随着国民对民主政治和公民素质的关注，培养“公民”逐渐成为人们思考教育目的问题的新趋势。2001年江泽民在建党80周年庆祝大会上的讲话中提出了“培养一代又一代有理想、有道德、有文化、有纪律的公民”的观点，同年中共中央印发的《公民道德建设实施纲要》进一步强调了培养公民的观念。公民教育进入了高等教育目标序列之中，其要旨是使受教育者在专业素质、业务技能发展的同时，具备基本的文化素质与道德品质。

可以想见，随着我国社会发展形势和任务的变化，高等教育目的必定不断调整优化以与时代精神相契合。2007年10月召开的党的十七大提出了“坚持育人为本、德育为先，实施素质教育，提高教育现代化水平，培养德智体美全面发展的社会主义建设者和接班人，办好人民满意的教育”。这是新形势下对教育目的的一种新理解、新表述。

二、培养人：我国高等教育目的的核心要旨

培养人是高等教育的最高目的，是我国高等教育目的的核心要旨。高等教育的其他目的如发展科学、服务社会等都是培养人这一最高目的逻辑展开，离开了培养人，高等教育的其他目的就会如同雾中花、水中月一样难以真实地实现。确如马里坦邃密的哲思：“教育的主要目的，在最广泛的意义上就是‘塑造人’，或者更确切地说，帮助儿童成为充分成型的和完美无缺的人。其他目的如传递特

定文明区域的文化遗产，为参与社会生活和成为优良的公民作好准备，以及履行这个社会的特定职能，完成家庭责任和谋生所需要的精神准备，乃是一些推论，它们是重要的，但又属于第二位的目的。”[①]根本说来，“教育只有一个目的，那就是培养人”[②]。离开人自身的发展，教育也就难以促进社会的发展，教育本身也就不复存在。这对高等教育而言，亦复如此。

(一)高等教育的最高目的是培养人

培养人是高等教育的根本立足点，是高等教育价值的根本所在。高等教育活动的出发点和落脚点都系于此。高等教育只有通过培养人才能实现发展科学、服务社会的功能；是否培养人以及培养何种规格、质量的人，成为衡量高等教育发展科学、服务社会的前提条件。培养人是高等教育的本体价值、最高价值。“如果否定了教育的育人价值，也就否定了教育的社会价值，离开了对人的培养，教育对社会便无所作为。”[③]人在教育过程中始终是目的。没有人的发展，就谈不上社会的发展。我国的高等教育必须充分体现促进人自身发展这一本体价值。

高等教育作为培育高级专门人才的活动，尽管有着促进社会发展的内在使命，但它不是直接指向社会发展，而是直接指向人的发展，通过人的发展来促进社会的发展。高等教育之所以被誉为人类社会发展的“动力站”而日益引起人们的关注，正在于它在培育社会所需要的人才方面有着独到的优势，在于它对提高人的素质方面的独特功效。诚如国内学者扈中平教授所言：“教育之所以重要，归根到底还在于人的重要，在于社会发展中人的素质的重要。……因此，说教育重要，并不是说它本身有什么重要，而是由于人的素质的重要。”[④]培育人，成为高等教育的最高目的。

培养什么样的人，是现代一切高等教育目的观的实质和核心。把人培养成社会历史活动的主体，是高等教育的最高价值追求。这是由高等教育自身的质的规定性所决定的。高等教育的质的规定性在于，高等教育是培养社会所需要的高级专门人才的一种社会活动。这是教育区别于其他社会现象以及高等教育区别于其他教育活动的特殊属性。坚守高等教育的这一质的规定性，就要坚持把培养人作为高等教育目的的根本追求。因为，作为教育的一种特殊类型，高等教育目的的出发点仍然是人；人是高等教育的出发点，也是高等教育目的的出发

---

① 转引自王承绪、赵祥麟编译《西方现代教育论著选》，人民教育出版社 2001 年版，第 314 页。

② ［伊朗］S·拉塞克、［罗马尼亚］维迪努著，马胜利等译：《从现在到 2000 年教育内容发展的全球展望》，教育科学出版社 1996 年版，第 228 页。

③ 扈中平：《教育目的论》(修订版)，湖北教育出版社 2004 年版，第 22 页。

④ 扈中平：《教育目的论》(修订版)，湖北教育出版社 2004 年版，第 14 页。

点。高等教育与人的发展、社会发展的矛盾，归根结蒂也只有着眼于、立足于人的发展，通过培育人，把人的素质提高到社会发展所需求的水平上，方能加以解决。人是高等教育目的的出发点这一命题，并不使高等教育的价值追求自动陷入人本主义唯心史观的泥淖。因为，我们所讲的"人"，不是抽象的人，而是具体的人、社会的人；作为高等教育出发点的人是人与社会关系中的人，是不能脱离社会规定的具体的人。在高等教育长期坚持以社会为本的现实境遇下，强调以人为本，正是对高等教育忽视人、遮蔽人的传统目的观的一种纠偏，是对人的目的性、人的价值与尊严的高扬，是对变革了的社会之于高等教育新需求的必然要求。树立培养人的高等教育目的观，是因应信息爆炸、知识经济、全球化趋势之时代变幻的必然选择，是当下中国高等教育欲以实现规模发展与内涵发展统一目标的必然选择。教育领域中日渐流行的"以人为本"、"以学生为本"、"以学生的发展为本"的理念，也正是培养人这一目的观在理论观念领域内的具体展现与在实践活动领域内的生动展开。

把培养人视为高等教育的最高目的，把人视为高等教育目的的出发点，并不会使高等教育脱离社会。高等教育作为联接人的发展与社会发展的中介，内在而天然地将人的发展与社会发展联系在一起了。高等教育的一切计划、模式和具体的活动安排，都应当围绕着人的发展而进行，立足于提高大学生的知识水平与能力素质、专业技能与人文素养、智能结构与情感结构的优化而展开。教育基本矛盾的解决只有首先通过人的发展问题的解决才能完成。这里的人，也天然地属于现实社会中的人，而非远离社会发展的孤芳自赏、自我陶醉的人。如此，立足于人的发展的高等教育就需同时以社会发展对人的发展的素质要求为依据，二者双水合流，而非互竞短长；相互依存，而非彼此隔离。高等教育促进人的发展与促进社会发展的双重目的决然不是非此即彼、势不两立的。一如扈中平教授的正确认识："坚持以人为教育目的的出发点，其意义只是在于使人们充分认识到教育的质的规定性和教育的本体功能，始终把培养人和提高人的素质作为教育的着眼点，而不是要宣扬那种脱离社会发展的教育观，更不是要把教育的育人功能同教育的社会功能对立起来。"真正以人为出发点的教育，不是脱离社会的教育，而是与社会的发展和进步紧密相联的教育。"一种对社会负责任的教育，首先必须对人负责；一种对人不负责任的教育必然也是一种对社会不负责任的教育。"①

总而言之，高等教育的目的在本质上是培养"人"的教育，而非培养"人力"或某种工具的教育。这是我国高等教育目的应当坚持的基本立场。

---

① 扈中平：《教育目的论》（修订版），湖北教育出版社 2004 年版，第 34～35 页。

（二）高等教育培养什么样的人

首先，高等教育培养的人应该是德性优良，品质高洁的高层次人才。高等教育的意义绝不仅仅局限于知识、技能和职业素质，而应内在地涵括人的品格培育与美德成长。甚至在某种意义上，对进入高等教育领域的青年学生而言，修养比学识更重要、更必要。存在主义哲学家布贝尔在其《品格教育》中这样理解教育的本质："名副其实的教育，本质上就是品格教育。因为真正的教育者并不仅仅考虑学生的个别的功能，像任何一个教育者那样只打算教学生认识某些确定的事物或会做某些确定的事情；而是他总是关切着学生整个人，即当前你所看到的他生活的现实情况，以及他能成为什么样人的种种可能性。"①做事所需的知识、技能与本领，都是为做人服务的；相对于人的精神和道德，知识与技能的教育仅是工具的甚至肤浅的东西。教育的真正内涵不在于专业知识，而在于人的品质。"决定教育成功的因素，不在于语言的天才、数学的头脑或者实用的本领，而在于具备精神受震撼的内在准备。"②

其次，高等教育应该主要致力于学生智慧力量的培育，而非知识的积累。知识只是构成智慧力量的一个可能的因素，而非全部。"教育是一个富有人性和使人具有人性的过程，这与只是学习和掌握课程的主要内容截然不同。"③如果大学仍然把传授知识视为自己的主要任务，那么，它不仅与中学毫无二致，而且也必定渐渐丧失大学的存在价值与精神吸引力。一如怀特海在《教育目的》中的深邃见解："在中学阶段，学生伏案学习；在大学里，他应该站起来，四面瞭望。因此，如果大学一年级仍以旧的精神重复旧的课程，白白浪费时间，这是不幸的。……在大学，他应该从一般观念开始，研究它们的具体运用。"大学是智慧的发源地，因而，"培养智慧力量，是大学教育上理论兴趣和实际效用一致的一个方面。不管你给学生灌输怎样的细节，他在以后生活中恰好遇到那个细节的机会几乎是无限小的；如果他的确遇到那个细节，他可能已经忘却你交给他的东西。真正有用的训练，是理解若干一般原则，对于这些原则在各种具体情况下的应用有彻底的基础训练"④。对青年学生而言，与死板的知识、狭隘的技能相比，智慧是更重要、更深沉的东西，智慧的培育是高等教育的主要任务。"大学的基本原则是：经过思考去运用一切工具和全面发展人的所有潜能，让学生在一切行动和信仰上作出自己的抉择，并通过认知让他们完全清楚地意识到自己所负责任的意

---

① 转引自王承绪、赵祥麟编译《西方现代教育论著选》，人民教育出版社 2001 年版，第 325 页。

② ［德］雅思贝尔斯著，邹进译：《什么是教育》，三联书店 1991 年版，第 109 页。

③ ［意］维柯著，王楠译：《论人文教育》，上海三联书店 2007 年版，第 13 页。

④ 转引自王承绪，赵祥麟编译《西方现代教育论著选》，人民教育出版社 2001 年版，第 138 页。

义。"[①]智慧力量的获得，也是保证学生批判性思考、创造性学习的主要条件。

第三，高等教育应该致力于培养人的整体全面的素质。"把一个人在体力、智力、情绪、伦理各方面的因素综合起来，使他成为一个完善的人，这就是对教育基本目的的一个广义的界说。"[②]高等教育"不应仅限于给学习者坚实的知识和培养他们对继续学习的兴趣。它还应该培养人的行为能力并深入精神生活之中。包括明智、责任感、容忍或敏锐、自立精神在内的行为与包括洞察实质、确切概括、区分目的与手段和确定原因与结果等的智能同样主要"[③]。美国哈佛大学将培养"有教养的人"作为大学"合理的标准"，认为一个有教养的人必须能清晰而有效地思考和写作，必须对自然、社会和人文有所批判性的了解，必须了解塑造现在和形成未来的其他地区和历史上其他时期的文化和力量，必须了解并思考道德和伦理问题，必须在某一知识领域有深入的研究，达到介于广泛的知识能力和专业层级之间的程度。[④] 这对我们也是很有启发的。

一句话，高等教育应培养既具有专业素质又具有文化素质、既具有个人涵养又具有公民素养、既具有职业品质又具有道德品质的新型创造性人才。

三、当前我国高等教育目的的应然追求

(一)高等教育目的必须遵循以人为本的原则，将培养人视为高等教育活动的终极追求

以人为本的高等教育目的，就应把学生看作是目的而非手段，把学生素质的提高视为高等教育工作的根本出发点和归宿，破除一切急功近利的短视行为和工具化价值取向；以人为本的高等教育目的，就要把学生视为能动而非受动的人，把调动学生的学习积极性、创造性视为高等教育活动的核心任务，反对一切以宰制、管束为旨趣的外在的硬性干预；以人为本的高等教育目的，就要把学生视为具体的而非抽象的人，把激发学生具体而多样的发展需求与潜力视为教育活动的基本出发点，剔除一切规约化、模式化的取向。"如果教育不是着力于培育具体的人而是培育抽象的人，用同一种标准同一个模子去要求和陶铸所有的学生，并且剪裁掉他们性格中一切与这个模子方枘圆凿的宝贵的东西，形成千人

---

① [德]雅思贝尔斯著，邹进译：《什么是教育》，三联书店 1991 年版，第 112 页。

② 联合国教科文组织国际教育发展委员会：《学会生存——教育世界的今天和明天》，教育科学出版社 1996 年版，第 195 页。

③ [伊朗]S·拉塞克、[罗马尼亚]维迪努著，马胜利等译：《从现在到 2000 年教育内容发展的全球展望》，教育科学出版社 1996 年版，第 144 页。

④ 参见黄坤锦《美国大学的通识教育》，北京大学出版社 2006 年版，第 254～255 页。

一面的结果，那么，最终依然是'人不成其为人'。"[①]以人为本的高等教育，能够深入到学生精神生活的思想与灵魂深处，从而调动其学习的积极性与主动性，使学习成为其生活体验和生活方式的组成部分。"只有导向教育的自我强迫，才会对教育产生效用，而其他所有外在强迫都不具有教育作用，相反，对学生精神害处极大，最终会将学生引向对有用性世俗的追求。"[②]

(二)高等教育必须反对单纯的知识教育，加强智能的教育

高等教育应当成为一个智慧充盈的场所，成为一个塑造人的精神生活的领地，成为一个充满活力的富有吸引力的地方。理智的卓越应该成为高等教育的普遍追求。正如怀特海所竭力主张的，教育的中心应使知识保持活力和防止僵化，"教育上有了无活力的概念，这种教育不仅是无用的，尤为重要的，它是有害的"。"使知识保持活力和防止知识僵化的问题，这是一切教育的中心问题。"[③]大学应该提供给学生充实而饱满的智慧训练，这是保障他们提高生活的力量的主要源泉。高等教育是造就完整的人的教育，是面向全体学生的精神成长与整全素养的全面教育，断非片面的专业教育，亦非狭隘的职业教育。"教育的目的在于使人成为他自己，'变成他自己'。而这个教育的目的，就他同就业和经济发展的关系而言，不应培养青年人和成人从事一种特定的、终身不变的职业，而应培养他们有能力在各种专业中尽可能多地流动并永远刺激他们自我学习和培训自己的欲望。简而言之，我们要彻底重新评价教育的目标、方法和结构，但又不妨碍教育的扩展。"[④]高等教育的目的不是教授单一的技能和造就某一方面的专家，"学生从大学所获得的，不是零碎知识的供给，不是职业技术的贩售；而是心灵的刺激与拓展、见识的广博与洞明，这是要学生花很大的努力和相当的代价的"[⑤]。

(三)高等教育必须反对单纯就业取向的目的观，树立全面发展的目的观

在中国，高等教育的过度职业化倾向，会使高等教育丧失应有的人文精神、超越精神，陷入急功近利的泥淖，从而使高等教育由以存在的价值和理想渐渐衰退。"谋求职业的动机有很大的缺点，因为它使人相信：每种学位都有取得与资历相当的职业的权利。结果，那些找不到与其资历相当的工作的毕业生就感到自己是受骗了，他们宁愿失业，也不愿从事那种名声较低的技能，因为这会降低

① 胡建华等：《高等教育新论》，江苏教育出版社2006年版，第268页。

② [德]雅思贝尔斯著，邹进译：《什么是教育》，三联书店1991年版，第5页。

③ 转引自王承绪、赵祥麟编译《西方现代教育论著选》，人民教育出版社2001年版，第115页。

④ 联合国教科文组织国际教育发展委员会：《学会生存——教育世界的今天和明天》，教育科学出版社1996年版，第14页。

⑤ 黄坤锦：《美国大学的通识教育》，北京大学出版社2006年版，第1页。

自己的身份;何况这个教育体系又没有教给他们这种技能。"[①]中国的高等教育目前也正在遭遇这种尴尬境地:一方面,在高等教育大众化的趋势下,为适应经济社会发展的需要急速地扩大高等教育的规模;另一方面,社会又难以提供足够数量的就业岗位和畅通的就业途径,求学与就业的矛盾变得十分突出。这时,人们变得心浮气躁,接受高等教育不是为了全面提高自身的涵养,而只是为了求得一份稳定、中意的职业,高等教育蜕变成了职业培训教育、就业准备教育、工具化的教育,大学变得日益世俗、流俗,大学的精神正在凋谢。中国的高等教育不仅要造就数以百万计的劳动者、建设者,也要造就一代具有新的国民性格和文化心理结构,从而为建设和谐社会积蓄力量的现代人。仅注重学生的专业知识、技能的培育,就只能培养一些目光短浅、精神贫乏的人。有人甚至认为,泾渭分明的专业教育是"野蛮时代的遗风"[②]。"将大学职业教育化对大学而言显然是有害的。……职业性的气氛对于引导学生理解学科是灾难性的。""当大学和下属的专业学院放弃创造性思维并蜕变为初级职业学校时,专业也必定会蜕变为一个初级职业。"[③]高等教育如若不祛除文凭与就业之间的机械联系,其办学效益和吸引力就不会得以实质性改善。高等教育是给人以全面智慧援助与精神支持的教育,而非单纯的就业准备教育。狭隘的专业学习或就业准备的习惯性思维必须扭转。"毕业生的就业可能不和他自己特定的或理想的资格相适应,这种情况不应被视为不体面的事情。然而,这个人无法或不愿意承担一项对社会有用的职务,而且也不去接受这项职务,这一事实就是教育体系破产的一个迹象。"[④]祛除单纯以就业为取向的高等教育价值观,就应把塑造学生整全的素质、完备的能力、创造性的个性作为贯穿教育过程的核心目标,从而培养一批既符合时代需求又具有完整素质的高层次人才。诚如当代德国著名哲学家雅思贝尔斯的深沉思考:"教育是极其严肃的伟大事业,通过培养不断地将新的一代带入人类优秀文化精神之后,让他们在完整的精神中生活、工作和交往。"[⑤]大学是心灵的故乡。"大学的教育,说到底是一种人文的教育,大学是养育人文精神的地方。""大学就是要为年轻人建立一种精神的故乡,使他们在万变不息的世界上闯荡时,有一种

---

① 王承绪、赵祥麟编译:《西方现代教育论著选》,人民教育出版社 2001 年版,第 118 页。

② [美]约翰·S·布鲁贝克著,王承绪等译:《高等教育哲学》,浙江教育出版社 1998 年版,第 4 页。

③ [美]罗伯特·M·赫钦斯著,汪利兵译:《美国高等教育》,浙江教育出版社 2001 年版,第 22、26 页。

④ 联合国教科文组织国际教育发展委员会:《学会生存——教育世界的今天和明天》,教育科学出版社 1996 年版,第 13 页。

⑤ [德]雅思贝尔斯著,邹进译:《什么是教育》,三联书店 1991 年版,第 44 页。

内在的资源。”[①]这种内在的资源就是做人的素质或人格的品质。

总而言之，我国的高等教育必须把培养人作为自身的最高目的，立足于提高人的整体素质，树立全面的人才观，引导受教育者全面发展，以培养适应时代发展需求的、德智体美多方面生动活泼发展的、具有创造性的个性和健全人格的一代新人。

复习思考题

1. 如何理解高等教育目的的内涵及其实践价值？
2. 评述个人本位论与社会本位论的高等教育目的观。
3. 评述人文主义、科学主义、科学人文主义的高等教育目的观。
4. 如何理解马克思主义关于人的全面发展学说与我国高等教育目的的关系？
5. 为什么说高等教育的最高目的是培养人？
6. 试论当前我国高等教育目的的应然追求。

主要参考文献

1. 扈中平:《教育目的论》(修订版)，湖北教育出版社 2004 年版。
2. 王道俊、扈中平主编:《教育学原理》，福建教育出版社 1998 年版。
3. 王坤庆:《现代教育哲学》，华中师范大学出版社 2000 年版。
4. 南京师范大学教育系编:《教育学》，人民教育出版社 1984 年版。
5. 张人杰主编:《国外教育社会学基本文选》，华东师范大学出版社 1989 年版。
6. [美]杜威著，王承绪等译:《道德教育原理》，浙江教育出版社 2003 年版。
7. 陈友松主编:《当代西方教育哲学》，教育科学出版社 1982 年版。
8. 孙有中:《美国精神的象征——杜威社会思想研究》，上海人民出版社 2002 年版。
9. 国家教育发展研究中心编:《发达国家教育改革的动向和趋势》第 4 集，人民教育出版社 1992 年版。
10. [英]约翰·纽曼著，徐辉等译:《大学的理想》，浙江教育出版社 2001 年版。
11. [美]罗伯特·M·赫钦斯著，汪利兵译:《美国高等教育》，浙江教育出版社 2001 年版。

---

① 薛涌:《谁的大学》，云南人民出版社 2005 年版，第 15 页。

第五章

高等教育的功能

第一节　高等教育功能概论

从20世纪80年代起，我国学术界对教育的功能、高等教育的功能问题就开始密切关注，90年代对高校的职能问题也曾有过激烈的争论，对二者的关系也是见仁见智，至今没有形成完全一致的意见。实际上，高等教育的功能与高等学校的职能是密不可分的，随着研究逐步走向深入，人们对高等教育的功能、高校的职能问题还是达成了一些最基本的共识。

一般来讲，高等教育的功能是高等教育所具有的功效以及能够发挥这种功效的能力的总称，简言之，就是回答高等教育对人类社会发展和人的发展所能够起到的作用。而高等学校的职能则是高等教育功能的具体体现，是把高等学校作为一种机构并针对外部环境而言的。社会实践表明，社会根据自己的需要而产生多种机构，并赋予其相应职能。当社会的需求与机构自身的逻辑（本质）相吻合时，这种机构就能生存下去并可以充分发挥作用。高等学校同样也是这样。

比较而言，功能的产生是客观的，它是事物作为一种独立系统，由于其自身的结构而产生的一种功用、能力，如果该事物是自然的，或者说该事物尽管是人为的，但具有相对的稳定性的话，那么，其功能则具有不以人的意志为转移的特点。职能则在事物本身所具有的客观功能基础上融入了主观的要求，它常常包含了一定社会的价值取向，如高等教育的功能与社会现实需要或要求的统一就表现为高等学校的职能；事物具有的功能如果包含了社会认可的价值方面的内容，它的功能就演化为相应的职能。社会职能的发挥既可以实现功能、作用的最大化,也可以使某些不明显的功能得以凸显或得到强化,但也可以造成完全相反的结果,如让高等教育担负阶级斗争的职能就必然影响高等教育正常功能的发挥。

就高等教育功能与高等学校职能的联系来说,高等教育的功能总是通过高等学校的职能得以体现或与高等学校的职能相对应。我们对高等教育功能的认识和对高等学校职能的思考往往交织在一起,甚至相互代替。进一步,高等教育功能的发挥或现实表现往往需要一定的条件,要借助一定的方式,在其现实性上,它往往以高等学校的职能来表现。高校是高等教育现实的物质载体,高等教育活动是高等学校存在的内在依据;高等教育的功能最终要通过高等学校这一物质载体来表现,其实质就是高等学校的职能。这种关系就如同活动意义的高等教育与机构意义的高校的对应关系一样。[①] 我们从高等教育三大社会功能及其演变和高等学校三大职能及其产生看,高等教育的功能与高等学校的职能二者也存在着明显的对应关系。高等教育的知识传播与传递的功能对应着高等学校培养专门人才的职能;高等教育过程中的研究活动,即创造或创新知识的功能衍生出高等学校发展科学的职能;高等教育由社会的边缘日益走向社会的中心,高等教育活动越来越成为一种主动或潜在的社会服务活动亦即促进社会发展的功能,由此也产生了高等学校直接或间接为社会服务的职能。在某种意义上,高等教育功能与高等学校的职能是从两个不同的角度来阐述了高等教育及其载体(高等学校)应该发挥、能够和事实上发挥的作用而已,二者既有区分,又相互牵扯在一起。

第二节 高等教育的基本功能

关于高等教育到底有哪些功能,近十几年来学术界提出了各种各样的看法,有三功能说、四功能说、五功能说以及各种新功能说等,但无论人们对高等教育的功能持怎样的观点,从哪种角度进行分类,都偏离不了高等教育对人和社会所起的作用这一基本的认识。我们认为,高等教育是通过培养高级专门人才对社会起作用的,为社会培养高质量人才,以促进社会和人的发展,这就是高等教育基本的或主要的功能所在。

高等教育对人所起的作用,也就是高等教育要促进人的身心发展。从其产生之日起至今,培养人始终是它的最基本的功能,它通过有目的、有计划和有组织的教育教学活动,通过知识的传授、能力的训练和道德品质的培养,来促进人

---

① 参见彭拥军《高等教育功能研究的困惑》,载《江苏高教》2003 年第 4 期。

的德智体美等生理和心理各方面的发展。从历史上看,尽管不同的阶级、不同的国家对培养什么样的人有不同的理解和要求,但无论是哪一时期、哪种层次、哪一类型的高等教育,也不管高等教育如何发展,培养人这一功能永远不会消失,这是它最基本的功能之一。

高等教育对社会所起的作用,也就是高等教育要促进社会的发展。高等教育作为社会的一种活动领域,它对社会所起的作用是自始至终存在的,高等教育通过其特定的活动来促进社会的政治、经济、科技、文化等方面的进步和发展,从而对社会起到巨大的推动作用。

一、高等教育的政治功能

高等教育是教育的最高层次,同初等教育一样,是一种人类社会的共有现象,是社会赖以生存、延续和发展的必备条件。在阶级社会中,教育具有鲜明的阶级性和政治倾向性。统治阶级通过制定教育方针、教育政策和法规、控制教育经济投资、任免教育行政人员、规定学校的教学内容等方式,直接或间接行使教育领导权,以确保教育为统治阶级利益服务。在我国教育史上,人们对教育政治功能的认识曾有两种错误的倾向:一段时间认为教育是阶级斗争的工具,要求教育为无休止的政治运动服务,直到"文革"时期的"停课闹革命";又有一段时间有人认为教育为经济建设服务就是为政治服务。这种对教育政治功能认识的左右摇摆性,使得相当数量的大学生在政治理论上困惑和政治行为中盲目,我们要吸取这个教训。高等教育的政治功能主要表现在三个方面:

(一)高等教育使受教育者政治化

政治化是人的社会化的重要内容,通过人的政治化,使个体理解社会的政治观念,树立社会所向往的政治理想,形成维护现行政治制度的政治行为。政治化的内容是由社会的性质、政治制度所决定的。

个体政治化反映在高等教育中,或者以开设政治理论课、思想教育课的形式来进行,或者在相关学科中渗透进有关的政治教育、公民教育的内容,以形成受教育者相应的政治意识和政治理念。在许多国家的高等教育中,越来越重视通识教育,通识教育目的是使学生在具备专业知识技能的同时具有相应的政治、文化、科学素养。如 20 世纪 80 年代,美国哈佛大学通识教育的核心课程包括:文学与艺术、科学、历史研究、社会分析、道德思考、外国文化六大类,其目的是培养出有教养的美国人。有教养的美国人不仅要有人文、科学知识素养,还要了解、思考社会问题、道德伦理问题,并能作出智慧的判断。

(二)培养政治领袖及专门政治、法律人才

任何统治阶级都要为本阶级培养和选拔统治人才,从而巩固其统治地位。

自古以来,各个社会的统治人才在很大程度上是通过学校造就的。中国长期以来就有“学而优则仕”的传统,许多朝代更是设立官学培养统治阶级所需要的统治人才。在近代,科学文化的发展,政治经济活动的日趋复杂,需要较高科学文化知识和领导才能的统治人才,这些人才更有赖于学校的培养。当代,随着科学的社会化和社会的科学化,科学技术全面渗透到社会的各个领域,对统治人才的要求更加突出,并出现了“专家政治”、“技术官僚”的潮流,为此各国更加重视统治人才的培养。现代社会的国家统治人才一般都要通过高等教育来培养,例如美国的哈佛大学、耶鲁大学,英国的牛津大学、剑桥大学,法国的巴黎高师,日本的东京大学、早稻田大学等就以培养高层次统治人才而著名。在我国,随着社会主义现代化建设事业的发展,国家对各级领导干部的科学文化知识要求越来越高,高等学校也承担了培养具有高学历、能坚持四项基本原则、全心全意为人民服务的各级管理干部的任务。

(三)促进政治的民主化

教育与政治的关系错综复杂,政治制约着教育,教育同时反作用于政治。从历史发展的进程看,教育与政治关系的一个核心问题是民主问题。一方面,政治上的民主权利在教育领域得以扩展与延伸;另一方面,教育领域的民主化进程又进一步推动了政治的民主化。目前教育民主化已成为全球教育系统演变的一个基本趋势,这一趋势包括了两个方面:教育平等与教育参与。

高等教育平等作为许多国家重要的政策被赋予了特别重要的政治意义,如“民主主义学派”的教育平等观认为个人自由是人类的最高政治理念,而教育平等是实现个人自由与社会民主的基本途径,当然这种自由仍然是基于资本和财富的自由。“技术绩效主义”的教育平等观则把社会不平等归结为个体的竞争能力,因为高等教育的大众化可以为个体提供各种发展机会,进而促进经济和社会的平等,推动政治的民主化。当然这种把不平等根源归结于个体竞争力的观念并没有触及政治经济制度。

高等教育的参与也与教育民主化紧密联系在一起。高校办学过程与管理过程的民主在很大意义上是让广大师生直接参与学校的决策与管理,这也是学校政治教育和培养学生政治民主素质的一个重要方面。政治民主化的发展需要有政治民主意识的公民,政治参与的实施需要具有政治参与感与实际参与能力的公民,因此高等教育的民主参与对社会政治民主化具有相应的促进作用。

二、高等教育的经济功能

“经济”有以下含义:一是指与一定社会生产力相适应的生产关系,即经济基础或经济制度;二是指物质生产;三是一个国家国民经济的总称或国民经济各部门;四是指日常生活中的节约、节省等。这里的"经济功能"主要指第二种含义上的促进社会生产发展的功能。高等教育的生产力属性,使它产生了促进社会生产力发展的经济功能。

(一)高等教育担负着劳动力再生产的任务,为生产发展提供专门人才支持

人作为劳动力是生产中最活跃的因素,而劳动力的素质直接关系到生产的效率和发展进程。一个人(或劳动力)在生产中发挥的作用如何,同他的智力和体力的发展是密切相关的。劳动者素质的提高、智力和体力的发展,主要靠教育的培养和训练。由于教育提高了个人执行规范、学会完成新任务的能力,提高了个人与他人交流与协调行动的能力,提高了运用新技术和采取新行动的能力,从而对经济发展、经济增长和生产率的提高产生直接或间接的作用。

人们普遍认为,经济繁荣与教育昌盛有着十分密切的关系,这促使人们对教育的经济功能作比较深入系统的研究,促成一门新学科——教育经济学的兴起。20 世纪以来,对教育的经济功能研究进入了量化阶段,其代表作为 20 世纪 30 年代美国沃尔什(J. R. Walsh)发表的《人力资本观》、20 世纪 60 年代初诺贝尔经济学奖获得者芝加哥大学的舒尔茨写成的《教育与经济增长》和他就任美国经济协会主席时发表的《人力资本论》演说、1964 年贝克出版的《人力资本》等。这些著作的核心,是把经济学中的"资本"的含义扩大到人力方面,他们把教育和训练所需要的费用看作是一种人力投资,通过学习而获得的知识和技能是一种资本。教育的投资多少,对个人来说,是以后获得高学历、高工资的决定因素;对国家而言,是提高生产率、经济效益和增加国民收入的来源。这种人力投资的收入比对资本进行投资的收入增长快并且有持久性。根据这一理论,许多学者作了大量计算发现,美国 1900~1959 年教育投资所得到经济增长是 7.5 倍,而物的投资所得经济增长了 3.5 倍,教育投资的收益在劳动收入增长中的比重为 70%,在国民经济增长中所起的作用是 30%左右。高等教育是完全中等教育后的专业教育,是向大学生传授新技术和新知识,训练他们的高层次技能,对他们知识能力和素质起塑造定型作用,因而这种经济功能愈发显著。

(二)作为科学技术再生产的手段和途径,高等教育比基础教育更重要、更直接

科学技术是第一生产力,科技进步因素在国民生产总值增长中的比重,20 世纪 80 年代发达国家已达 60%~80%。20 世纪初,在生产发展中外延粗放因素(劳动力、资本)占 75%,内涵集约因素(技术、技能和管理)占 25%,到 60 年代,这两种因素作用的比重则颠倒过来。如果说科学技术对生产力的作用可以用"生产力=(劳动者+劳动资料+劳动对象)×科学技术"的关系来表达的话,那么,高新技术对生产力发展的作用就可以用这样的公式表达:生产力=(劳动

者＋劳动资料＋劳动对象)×高新技术。然而,作为知识形态的高新技术,一方面,其相当一部分由高等教育领域直接供给;另一方面,所有的高新技术只是一种潜在的生产力,它只有被劳动者所掌握并运用于生产实践,才能转化为现实生产力。这种转化,只能依靠教育特别是高等教育,别无他途。高等教育通过培养各种专业人才,通过高等学校提供的科学技术成果和直接为经济服务的各种活动来实现自己的经济功能。大量事实证明,受教育的程度越高,掌握科学技术的深度越深、广度越广,推动科学技术和生产力发展的作用也就越大。高等教育在现代化生产中的作用也越来越重要。

(三)高等教育促进经济结构的调整和完善

从总体上说,高等教育结构的发展变化、调整改革受到经济结构的制约,但同时高等教育结构一经形成又对经济结构予以巨大影响,促进经济结构的完善和发展。高等教育结构对经济结构的影响主要是通过一定的专门人才的结构来实现的。

一定的高等教育结构形成一定的专门人才结构。专门人才的结构是指国民经济各部门、各行业中高级专门人才的数量、质量及分布的比例关系。高级专门人才源于高等教育的培养,因此高教结构直接影响着专门人才结构的形成并最终作用于经济结构。首先,高教层次结构影响着专门人才技术水平结构的形成;其次,高等教育科类结构影响着专门人才岗位类型和专业结构的形成,科类结构失调会导致专业不对口;再次,高等教育的地区结构影响着专门人才的区域分布。

合理的高等教育结构是解决高层次人才结构性就业问题的基本途径。结构性就业问题是指由于经济结构与劳动力结构方面特点而形成的工作岗位与劳动者科学文化技术水平不相适应的问题。该问题的解决取决于劳动力结构(不同文化技术水平、不同专业类型、不同地区劳动力在总体劳动力中的比例)与经济结构变化是否适应,取决于专门人才本身在文化技术方面是否符合经济发展的要求。而劳动力结构、专门人才结构的变化只能通过发展教育事业来解决。

三、高等教育的文化功能

“文化”有广义、狭义之分。广义的文化指人类在社会历史发展过程中所创造的物质财富和精神财富的总和,是相对于自然界而言的。狭义的文化指精神财富,包括人类所创造的科学、艺术、政治、法律、道德、宗教、哲学、教育等。在此“文化”一词即从狭义的角度使用。

(一)高等教育具有选择、传递、保存文化的功能

人类文化的延续方式是多种多样的,但教育从一开始就是人类文化传递和

保存的重要途径，是主要渠道。随着社会科技文化的发展，在现代社会里，文化品种及总量迅猛增长，人类文化已成为一个浩瀚无比的宝库。如何选择、整理、传递和保存优秀的文化，其重要性日益突出和迫切，这就要通过学校教育。尽管所有的学校教育都具有选择、传递、保存文化的功能，但高等教育处于教育系列中的高层次，与选择和传递文化科学基础知识的普通教育的根本区别在于，高等教育是对高深学问的选择、传递和创造，带有专业化、系统化的特征，或者说，正是高等教育对文化的过滤、加工、重组，使其中对人类发展有价值的东西得到高质量和高效率的保存和传递，以使人类文化的精华得以代代相传，不断延续下去。

（二）高等教育具有创新和发展文化的功能

随着社会生产力的发展和生产关系的变革，与新的社会生产力和生产关系不相适应的传统文化中陈旧落后的东西需要摒弃，而相应地要创造形成与社会生产力发展水平和生产关系变革进程相适应的新的文化思想，而在这一目的的实现过程中，高等教育发挥着极其重要的作用。

首先，文化是社会精神生产的产物，而高等学校是社会上从事精神生产的最重要部门之一。高等学校的学术研究领域可以囊括整个文化的研究对象，哲学、政治学、法学、伦理学、经济学、人类学、教育学、科学、技术等等。这些领域的成果不断通过教学、出版等形式向社会传播，丰富和发展已有的人类文化。

其次，高等教育具有吸收、融合各种文化的功能。高等教育是国际学术文化交流的最主要领域，特别是当代，国际高等教育交流日益频繁，大量的人员交流、情报资料交流、学术会议交流等形式为各种文化的相互理解、相互吸取、相互融合提供了条件。高等教育通过对外开放，在国际学术文化交流的过程中，选择、引进优秀的外来文化，把其积极因素融合到自己民族的文化中，从而促进世界各民族优秀文化在高层次上的相互撞击与启发，创造出更符合本国国情的新文化。概言之，高等教育的传递、选择、发展和创新文化的功能，曾对人类社会发展、人类文明进步作出重要贡献，在今天和将来主要以知识和智力为基础的社会里，高等教育的文化功能会更为突出。

再次，高等教育在培养人才方面，都比较注重学生科学文化素养的教育，培养学生对已有文化批判性思考的能力和创造新文化的能力，这是实现学校更新文化功能的最根本的方面。

需要注意的是，高等教育促进人的发展和促进社会的发展这两个基本的功能是相互联系和统一的。因为，从根本上说，人的发展和社会的发展是统一的，人是一定社会的人，人不能超越社会，人的价值体现于社会价值之中，人的发展要在社会的发展中实现。而社会又是由人组成的，社会的发展归根结底取决于作为个体和群体的人的素质的提高，其发展的最终目的也是为了满足人的物质的和精神的需要。高等教育作为人与社会之间的中介，其功能就在于根据社会的需要，促进人的发展，并通过培养人来促进社会的发展。换言之，高等教育为促进社会的发展，就必须满足人的自身发展的需要，高等教育要促进人的发展，同样必须满足社会发展的需要，两者是统一的。针对教育实践中所存在的“个人本位”和“社会本位”的争论，也就是高等教育是以促进人的发展为主还是以促进社会发展为主的争论，高等教育工作者在实际工作中要善于协调它们之间的关系。因为，两者之间并无根本上的矛盾，高等教育的这两个基本功能在本质上是相互联系和统一的。

第三节　高等学校的职能及其体系

如前所述，高等教育的功能具体体现在高等学校的职能上，高等教育功能的实现有赖于高等学校作用的有效发挥。今天常说的高等学校培养人才、发展科学、为社会服务的三大职能就是经过历史的沉淀和印证后的高等学校最具有生命力的职能。除了这三大职能之外，学术界对高等教育的第四种职能也提出了各种不同的观点。

一、大学职能的演变历史

现代大学经历了一个漫长的演变过程，其职能和作用也随之发生了很大的变化。或者说，今天的大学所具有的培养人才、发展科学及直接为社会服务的三大职能并不是自大学产生之日起就同时具有的，它们是随着社会的发展变革、社会的需要以及大学中人的活动范围的不断扩大与活动性质的逐步改变而发展起来的。

中世纪大学产生之后到 19 世纪初，大学一直沿着培养人才这一办学方向缓慢发展。文艺复兴以后，虽然神学的地位受到人文主义的挑战，但科学家并没有在大学中找到自己的位置。由于大学的保守，正在兴起的自然科学没有与大学联姻，科学家或在自己的实验室里，或在沙龙、书信中讨论科学问题。在科学世纪到来的最初两个世纪(17～18 世纪)，大学仍没有摆脱中世纪大学单一职能的影响，新的科学知识不能进入大学，大学课程没有根本变化，科学研究工作在大学中没能取得地位，除保存和传递传统的知识外，大学没有把科学研究作为自己的职能。因此，这一时期被称为欧洲高等教育的“黑暗时代”。直到 19 世纪初，德国柏林大学的诞生才宣告这一黑暗时代的结束。1810 年，洪堡以新人文主义思想指导建立柏林大学，柏林大学把培养学者和学术发展看成自身的目的，从而确立了大学发展科学的职能。为此,提出了"大学自治与学术自由"、"教学与科研相统一"的原则。德国大学在以下方面突破了传统大学的模式:

(1)强调科学研究是大学职能的一个关键组成部分,大学要加强基础科学研究。

(2)建立起与新的正在出现的学科领域相一致的、以研究所和讲座为中心的大学体制,并赋予讲座主任以空前的权力和荣誉以适应教学与科研相结合的原则。

(3)国家投资大学,大学教师成为国家文职人员。

(4)大学强调学术自由。

柏林大学的创立把学术研究引入大学,大学活动的范围扩大了,大学的职能随之发生了变化,大学至此开始具有了第二种职能——发展科学的职能。德国大学的改革及发展科学职能在大学的确立不仅使德国大学成为德国科学的中心,而且使世界科学的中心随之转移到了德国。德国大学的改革也为19世纪后世界高等教育的发展指出了一个新的方向,德国大学成为各国学者心目中的"麦加",许多想进一步深造的青年学者纷纷前往德国学习,如在1814～1914年的百年间,美国就有上万名青年在德国大学学习过,19世纪后半期美国现代高等教育制度的奠基者、学术界巨人、高等教育改革的先驱们很多都有在德国大学学习的经历,他们把德国大学的经验带回美国,并对美国大学进行改造,从而奠定了美国高等教育在世界上的地位。同时,德国大学的改革也对德国社会的政治经济文化的发展作出了重大贡献,使德国迅速发展为发达的资本主义国家。

德国大学的改革不仅影响了其他欧洲国家的大学的发展,也波及大洋彼岸的美国大学。美国许多大学的学者对德国大学教授追求真理、尊重逻辑思维的治学态度推崇不已,把学习德国大学开展科学研究的做法看成自己的重大使命,并按照德国大学的模式改造美国大学,最典型的就是霍普金斯大学,其创办的目标就是建立一所德国模式的大学。最终美国大学确立了科学研究在大学中的地位,并使大学发展成为国家基础研究的中心。但美国并没有照搬德国大学的传统,德国大学强调科学研究,其特点是培养具有高级抽象思维能力的学者,学术自身的发展便是大学的科研目的,因此只研究理论不注重实际,把纯学术学科看得至高无上,把培养思辨能力看得至高无上,把脱离社会实际的职业看得至高无上。大学要培养法学家而非法官,故不与法院联系;要培养医学家而非医生,故不附设临床医院。这样大学走向了社会的边缘,成为"象牙之塔",德国大学的这种传统与美国的实用主义精神是格格不入的。因此,美国大学在营造德国大学式的学术研究氛围的同时,亦将美国人的"求实"精神注入了大学的办学思想与办学实践之中,形成了美国大学的独特风格,并引发了大学的第三职能的发展。

从历史上看,高等学校直接服务于社会早在 17 世纪的英国已见端倪,到 19 世纪中后期就已成为常见的现象。但这些活动多为自发性的,甚至个别性的,尚未得到普遍的接受或正式的认可,只能称为高等学校社会服务职能的萌芽。高等学校社会服务职能无论在观念上还是在实践上,首先是在美国产生的,这已为人们普遍认可。一般认为,19 世纪末是美国高等学校社会服务职能的产生时期。

1862 年,美国总统林肯签署了著名的《莫里尔法案》。《莫里尔法案》规定:联邦政府按 1860 年分配的名额,每州凡有国会议员一人可获得三万英亩的公共土地或相等的土地期票,赠予各州作为建立一所从事农业和机械工程教育的学院的经费资助,并要求所建立的农业和机械工程学院的主要课程应依照各州议会所分别规定的方式,讲授农业和机械专业有关的知识。绝大多数州按法案要求相继建立起农业和机械工程学院,也有的州则把赠地用于改造老大学,在其中开展农业、机械教育。所有这些学院在美国历史上统称为"赠地学院"。到 1922 年,美国共新建和改建了 69 所赠地学院。《莫里尔法案》的颁布(1862 年)为美国高等学校社会服务职能的产生提供了法律基础。它的产生既是美国现实社会发展的必然要求,也是主张高等学校为社会服务的办学思想占主导地位的表现。继第一个《莫里尔法案》颁布之后,联邦政府于 1890 年又颁布了类似的法案,包括林肯在内,美国相继有六位总统签署过类似的法案,使以推进工农业发展为目标的赠地学院直接得到巩固和发展。然而,《莫里尔法案》里并没有关于赠地学院直接服务于社会的条文,但赠地学院依法开设的各种实用课程和专业,正是使赠地学院朝着这个方向发展的基础。美国高等学校社会服务职能的思想与实践的出现,正是这些学院进一步发展的结果,因此《莫里尔法案》对高等学校社会服务职能的产生起到了催化作用。在赠地学院中,具有典型意义的是康乃尔大学的建立和威斯康星思想的提出,尤其是威斯康星大学的办学思想及其实践,是高等学校社会服务职能的思想和实践正式形成的标志。

康乃尔大学是赠地学院运动中诞生的一所著名大学,其办学思想是大学向所有人开放,向所有学科领域开放。为体现这一思想,康乃尔大学提出了"适用于所有目标"的课程计划,开出了从旅馆管理到数理逻辑的上万门课程。康乃尔大学还提出在大学中没有等级制度,课程向所有学生开放,优秀的学生可获得奖学金资助进一步深造,各种学科和课程一律平等,具有同样的地位和威望。

威斯康星大学是另一所在美国高等教育史上占有重要地位的赠地学院,它以"威斯康星思想"而著名。威斯康星思想明确地把服务社会作为大学的重要职能,提出大学的基本任务是:第一,把学生培养成有知识、能工作的公民;第二,进行科学研究,发展创造新文化、新知识;第三,传播知识给广大民众,使之能用这些知识解决经济、生产、社会、政治及生活方面的问题。大学为社会服务的基本途径包括:第一,传播知识,推广技术,提供信息。威斯康星大学专门成立了一个知识推广部,设立函授、学术讲座、辩论与公开研讨、提供信息与福利四个服务项目,建立了一个流动图书馆,把知识和书籍送往全州。第二,专家服务。发动大学教授服务于州政府,参与决策和管理工作,发动大学专家做巡回教师,到农村、工厂指导工作。威斯康星大学直接为社会服务的思想和实践是当时整个赠地学院办学思想和实践的典型代表。威斯康星大学将直接为社会服务作为其任务和职能的办学思想与实践,使孕育已久的高等学校第三职能——社会服务职能终于明朗化了。正如布鲁贝克等所说的:"20世纪早期,威斯康星大学最彻底地实现了与美国州立大学相关的一个重要理想。这就是为民主社会所有需要提供服务的理想。"①这不仅为当时美国其他州立大学所接受,而且后来影响了整个高等教育界,并为世界各国的高等学校所效仿。因此,可以说高等学校社会服务职能至此正式产生。

《莫里尔法案》的颁布和赠地学院的建立给美国高等教育带来了一场革命,并使美国高等教育逐步发展成世界高等教育的范例。(1)打破了美国高校封闭的体制,大学也向工农子女、中产阶级子女打开了大门,在大学与社会之间建立起了更为密切的联系,高校为社会服务成为第三个职能。(2)在学术性科目之外确立了应用科学研究及农业、工艺学科在大学中的地位,农学院、工程学院成为大学的有机组成部分,大学向更加综合化、多科化方向发展。(3)开创了联邦政府资助高等学校的先例,同时使州政府对高校的财政拨款制度化,推动了州立大学的发展。至此,大学跳出了"象牙之塔",开始了与社会各个领域的全面合作,大学成了社会生活的中心。

当今,高等学校社会服务职能已被广泛认可,美国几乎每所院校的办学宗旨都不光包括教学与研究,还包括服务——这一义务我们今天比以往任何时候都更需要。当今高等学校社会服务职能已成为高等学校三种职能中发展变化最快的一个,其表现日趋多样化。具体而言,当今高等学校社会服务职能发展变化的主要特点有:其一,高等学校社会服务的内容和形式更加丰富,日趋多样化。其二,高等学校与社区相互合作,使服务呈现双向性,即高等学校在向社会提供各种服务的同时,社会也不断满足高等学校的各种需要。其三,高等学校社会服务实体化。当今高等学校的社会服务已不只是简单的知识与人力的输出,而是利用自身的优势与社会有关部门合作或单独(或多个高等学校联合)成立联合体,

① J. S. Brubacher & W. Rudy, *Higher Education in Transition: A History of American Colleges and Universities*, 1636—1976, Harper & Row Publishers, 1976, p164.

通过联合体的运行实现高等学校社会服务正常化、规范化。如当今各国建立的与高等学校相关的科技(工业)园区、服务中心、咨询中心等等。其四,高等学校社会服务更为直接。如果说过去高等学校为社会(特别是经济)服务主要通过提供咨询、技术指导、成果转让等形式,比较间接,那么,现在高等学校的社会服务不少是直接地把科技成果转化为产品,建立或合作建立生产实体,直接承包企业中的某些技术革新和产品更新等方面的任务等。其五,高等学校社会服务范围更为广阔。高等学校不仅为本地区服务、为本国服务,甚至有的还参与国际事务,为世界或全人类服务。高等学校已由社会的边缘走进社会的中心。①

在我国,大学职能也经历了一个演变的历程。中国最早的高等学校可以追溯到战国时期的"稷下学宫"和汉朝的太学。但是中国古代大学没有严格意义上的办学理念,办学的目的就是要培养"成熟的人"或者体格健全的人,是为了统治阶级的利益服务的,然而从其办学理念和办学目的上来说,还是以培养人才为其主要职能的。

我国近代大学的创设,肇始于第二次鸦片战争之后。1898 年清政府创办的京师大学堂,是中国近代第一所最完备的公立大学。当时,以蔡元培、梅贻琦、张伯苓为代表的一代教育大师在大力传播欧美大学理念的同时,结合中国实际提出了自己的许多创见,为在我国建立近现代大学奠定了思想基础。特别是蔡元培先生在 1917～1927 年任北大校长时,他的大学理念主要是:其一,认为大学是一研究机关。其二,兼容并收,学术自由。其三,教授治校。在这里就有了大学发展科研、进行学术研究的职能的体现。梅贻琦先生在 1931～1948 年间任清华大学校长,他认为:"所谓大学者,非谓有大楼之谓也,有大师之谓也。"所以,应实行教授治校。另外他还提倡"通识为本",认为应该对学生进行通识教育。而张伯苓在 1919～1948 年间担任南开大学校长,提出了育才救国、以图自强的办学理念。在这些大师的办学理念中,很明显地体现了高等教育与国家社会所处的状况的密切关系。

如果说我国近现代高等教育和高等学校的发展是在社会变革的夹缝中,凭借其顽强的生命力才延续下来的话,到了 20 世纪 90 年代以后,我国的高等教育迎来了新的发展契机。现代大学理念的研究有了新的进展,高等学校的办学也出现了空前繁荣的局面。大学与社会的逐渐接轨,产学研基地的建立,使我国高校的第三大社会职能——服务社会的职能也日臻完善。②

---

① 参见朱国仁《从"象牙塔"到社会"服务站"——高等学校社会服务职能演变的历史考察》,载《清华大学教育研究》1999 年第 1 期。

② 参见王莹《高等学校及其社会职能的演变》,载《武汉职业技术学院学报》2005 年第 4 期。

二、现代大学的职能体系

从大学职能的变化中我们可以看出，大学从最初培养专门人才的单一职能到发展科学、服务社会的多重职能，其间的变化经历了一个漫长的历史过程。如果说发展科学、服务社会在第二次世界大战之前还是少数国家或少数大学的职能的话，那么第二次世界大战后，随着科学技术的迅猛发展，经济水平的不断提高，高等教育也获得了前所未有的发展。大学在社会经济生活与国家发展中的重要作用也日益为人们所认识，高等学校成为社会生活的中心，人们越来越要求大学在社会中承担起更大职责，发挥更多的职能。

(一)培养专门人才是现代高校的根本使命

首先，培养专门人才是大学产生之日起就具有的职能，这一职能和高等学校本身的历史一样悠久。中世纪大学即以培养人才为其唯一任务，无论大学如何发展，这一职能永远不会消失，离开了这一点，大学便不成其为大学了。因此，培养专门人才是高等学校的根本使命，也是高校工作的根本出发点和工作的中心，高校的一切工作都要围绕培养专门人才这一使命来展开。

其次，高校培养专门人才的职能是永恒的，但培养专门人才职能的内涵是发展变化的。在不同的历史时期、不同的国家，高校所培养的专门人才从目标、规格到内容、质量都不尽相同。如在历史上，英国大学以文化为中心，把学术视为学生自我发展的手段，培养贵族、绅士；德国大学的生命在于学术，把学术发展看成自身的目的，培养学者；美国大学的重点在于服务，把学术看作从事服务的工具，培养为社会服务的公民。再如，中世纪大学远离社会生产和生活，只为统治阶级培养统治人才，为上流社会培养绅士，为自由职业者培养后备军。随着科学的发展，科学研究进入大学，大学开始培养科学研究人员和科学家。在当代社会，高等教育逐步大众化，培养人才的职能也在分化，从最初的培养少数学术尖子，发展成为社会各行各业培养各种类型和层次的人才。现代高校培养的专门人才从层次看包括了专科、本科直至硕士、博士研究生等多种层次。就类型而言，高校专业门类越来越多，甚至在同一类专业人才中也有类型之分，如理论型、技术型、应用型等。

我国正处在社会主义现代化建设时期，需要一大批德、智、体全面发展的高级专门人才，高等学校必须面向现代化、面向世界、面向未来，为造就一大批合格的社会主义现代化建设人才不断努力。

(二)发展科学是现代高校的重要职能

发展科学的职能体现在大学的科学研究活动中。大学开展科学研究活动，既是培养科学人才不可缺少的途径，也是科技、经济发展的客观要求。

科学研究活动作为培养人才的重要途径，在人才的培养中发挥着越来越重要的作用。首先，科学研究有助于提高教学质量，是教学内容不断更新的主要源泉。其次，科学研究有助于提高教师的水平。再次，科学研究有利于发展学生的智能，培养学生的能力。同时，高等学校在培养专门人才的过程中，必然集中大量具有丰富科学理论和方法的专家，高校设置科类齐全的专业、学科，购置先进的科学仪器设备，收藏丰富的文献资料，拓展广泛的信息来源渠道，创造良好的科学研究氛围，这就同时也为开展科学研究、发展科学创造了良好的物质和精神条件。于是，高校就自然成为科学研究的主力军或重要的方面军。如美国60%的基础研究、15%的应用研究是在大学中进行的。英国的大学也承担了全国2/3的基础研究任务。几乎所有的科技新成果，都是在大学研究的基础上搞出来的。我国高校也是我国发展科学的重要方面军。1982 年全国科技奖励大会授予自然科学奖 124 项，其中有 57 项成果出于学校，占 45.9%；授予发明奖 428 项，以高校为主的发明有 117 项，占 27%。1995 年公布的国家自然科学奖、国家发明奖、国家科学技术奖三项大奖评定结果，分别为 58 项、116 项、474 项。其中 27 所高校获自然科学奖 19 项，占总数的 50%；43 所高校所获发明奖项占总数的 47.7%；113 所高校获科技进步奖 115 项，占总数的 32%。1997 年，邓小平同志就强调，高等学校，特别是重点高等学校，应当是科研的一个重要方面军，这一点要定下来。他们有这个能力，有这方面人才。事实上，高等学校过去也承担了不少科研任务。随着高等学校的整顿，学生质量的提高，学生的科研能力会逐步增强，科研任务还要加重，朝这个方向走，我们的科学事业的发展就可以快一点。在很长时间里，中国的科研活动主要集中于国立科研院所中。改革开放以来这种局面有了很大的改变。大学承担了国家自然科学基金 70%以上的项目、50%左右的重点项目，承担的国家“863 计划”的项目也在 30%以上。高等学校在国内外发表的论文已占全国论文总量的 60%以上。上述数字说明高等学校已经成为中国科研方面，特别是基础研究方面的一支生力军。大学，特别是一批研究型大学已经成为中国知识体系创新中的重要组成部分。

当前日新月异的科技发展态势也对高校提出了新的要求，高校所独有的人才优势、科研优势也对科技和经济社会发展作出了积极的贡献。随着高科技的发展，发达国家和地区相继出现了地区性科研中心，这些地区科研中心均以大学为核心。北美和欧洲等发达国家中的大多数知名企业，都与著名的高校相联，由科学家们创办起来，并且在高校的周围形成相关的高科技园区。例如美国的“硅谷”就是以美国斯坦福大学和伯克利大学为依托发展起来的，其中分布着三千多家高科技企业和许多研究开发机构，可以说，如果没有这些著名高校，就没有“硅谷”。提起“硅谷”，一定会谈到斯坦福大学。研究“硅谷”的人们都知道，斯坦福大学在“硅谷”的发展中起了非常重要的作用。在“硅谷”，斯坦福大学的师生和校友创办的企业的产值就占“硅谷”产值的50%～60%。美国三大科学园区中的另两个——128公路和三角地带也同样，依托于哈佛大学、麻省理工学院等高校。在这些科技园区中的企业与其他企业相比，在创新精神、技术后援、人才素质等方面都有着突出的优势。“剑桥现象”描述了英国剑桥市及其周围高科技的发展。一个方圆不过数英里、居民区区十多万的小城，集聚着1200多个高新技术企业，并以每年40亿英镑的贸易额，使得该地区当仁不让地成为欧洲最为璀璨夺目的高科技集聚区。在我国也有这样的实例，我国首批较有影响的高新技术企业大多出自中关村，中关村集中了我国一些著名的大学和科研所，以其为依托发展高新技术产业。北大、清华等高等学府也都在此建立和发展着自己的产业，形成了信息、基因工程、生物制药、精细化工、电脑网络等一大批知识含量高、规模效益好的大型支柱产业群。这些中心园区的形成，不仅对更好地完成教学任务、提高培养质量和教师的水平，而且对发展科学技术、促进科研与生产结合、高科技转化为生产力都具有十分重要的意义。

学术研究是大学的生命线，推动科学技术的发展是21世纪大学的历史使命之一。21世纪的大学，特别是研究型大学，应该既是高水平的教学中心，又是高水平、有影响的研究中心。

(三)服务社会是当代高校职能的延伸

首先，培养人才，发展科学，从广义上讲，都是为社会服务，但高等学校还通过各种形式为社会提供直接的服务。大学面向社会，直接为社会服务在19世纪末20世纪初肇始于美国，最初还仅仅是作为美国州立大学的一个办学特色。第二次世界大战后，人们逐渐认识到大学在国家科学事业、经济增长与社会发展中的作用，认为大学应该充分发挥其潜在优势，直接服务于社会，尤其是在社会经济、文化生活中发挥积极作用。

其次，高校直接为社会服务是社会的客观需要。高校作为社会文化科学的中心在社会文化、科学技术等领域居于领先地位，能够也应该担负起对社会各方面工作的指导与咨询责任，帮助社会解决在发展过程中遇到的种种理论和实际问题。

第三，高校直接为社会服务也是高校自身发展的需要。通过广泛的社会服务，有助于充分了解社会对人才和科技的需求情况，以便针对社会需求培养人才和确定科研方向；有助于促进高校理论联系实际，丰富和充实教学内容，提高教学水平和质量；也有助于加速科研成果向产品、商品的转化，获得更大的社会效益和经济效益，促进高校的更好发展。高校为社会服务的意义和作用主要表现在：(1)高校通过为社会服务能充分了解社会对人才和科技的需求状况，从而制定高校的教育事业的发展规划和科研项目，更好地贯彻“教育为社会主义建设服务”的方针；(2)高校通过为社会服务，使教师更多地接触生产实际，促进理论与实际的结合，提高教师的业务水平；(3)高校通过为社会服务，可从生产实际中选择毕业设计和课程设计课题，使大学生能较早地接触社会和生产实际，增强学生分析和解决实际问题的能力；(4)高校通过为社会服务，可以加速科研成果向产品的快速转化；(5)高校通过为社会服务，可以获得一定的劳务所得，是高校筹措教育经费的渠道之一。

大学的社会服务职能在20世纪明确之后，不但得到了广泛的认可，而且在不断地增强。现代高校社会服务的范围已很广泛，由生产到生活遍及社会各个领域，包括经济、科技、卫生、文化、教育等各个方面。服务的对象既有政府，也有企业，乃至个人。随着大学社会服务范围的不断扩大，服务的形式亦趋于多样化，其中，主要的形式有：(1)教学服务，包括委托培养、推广教育、举办技术人力培训等；(2)科技服务，包括科技成果转让、技术咨询等；(3)信息服务，包括利用高校数据库、图书资料等为社会服务；(4)装备服务，包括利用高校精良的装备，如仪器设备、实验室、测试中心、电教中心、计算中心等向社会开放。高校社会服务包括了教育推广、人力培训、决策咨询、技术转让等诸多形式。

总之，现代高校的培养人才、发展科学、服务社会三项职能，是相互联系、相互渗透的，共同构成了现代高校的职能体系。其中培养人才是现代高校的根本使命，无论是哪一种类型或层次的高校，培养人才始终居于中心地位；发展科学是高校的重要职能，它直接关系到高校培养人才的质量和学术水平的提高，直接服务社会是高校培养人才、发展科学职能的进一步延伸，否则高校培养人才、发展科学的活动就会脱离社会实际。但不同时期、不同层次的高校，职能发挥的重点是不一样的，任何高校都应根据自身特点，以培养人才为中心处理好三者的关系。

近年来，随着人们对高等教育的认识不断深化，关于高等学校职能的研究也在走向深入，有关高等学校发展的第四职能，目前有很多种说法，包括改造社会的职能、国际合作的职能、促进整个社会的可持续发展和进步的职能以及随着社会的发展将会出现的其他的适应社会要求的新职能等等。在此，仅列举几种具有代表性的观点。①

1. 国际合作(国际化)说

国际合作，是指跨国界、跨民族、跨文化的高等教育交流和合作，它主要包括师生互换、学位等值、学者互访、国际联合办学、国际合作研究、参加和举办国际

---

① 参见薛秀珍《高等学校“第四职能”述评》，载《清华大学教育研究》2005年第6期。

学术会议、国际教育资源的互补和援助等。

2. 创造新产业(参与社会生产)说

文献分析显示,最早详尽、明确地论述高等学校第四职能为“创造新产业”的代表是朱国仁。在《经济形态的转变与高等学校职能的演变》等文中,他认为:经济形态是高等学校的职能存在与演变的主要社会基础和动力,知识的发展及其价值的变化是高等学校职能演变的直接动因。“创造新产业”职能的内涵在于:催生新产业,创造新职业,提供就业服务等。

3. 技术创新说

在《高等教育“第四职能”:技术创新》一文中,方展画指出:高等教育的传统职能,随着知识经济社会的逐步显现而遇到了挑战,在企业和高校合作方式上要求建立一种将高校的科技开发与企业的实际需要紧密联系在一起的一体化运行机制,在(企业的)经营资本、市场意识、营销渠道和(高校的)科技力量、科学知识、科研设备诸要素之间建立起互为因果的实质性联系,从而使高等教育的科学研究、社会服务以及人才培养能直接介入社会经济发展的主流中去,满足知识经济社会对高层次、可持续发展的技术创新的迫切需要。

4. 改造社会说

改造社会说的代表为眭依凡。在《改造社会:未来大学新职能》一文中,他提出了大学在新时代下的崭新定位并阐述其原因。引导社会变革,建立社会规范,参与社会决策——这就是未来大学改造社会的崭新定位。

5. 社会阶层的再生产说

该观点强调了高等学校对个体的社会阶层所属和整个社会层次结构的变化发挥着重要作用,提出了社会阶层再生产是高等学校的第四职能的观点。社会阶层的再生产有三个方面的含义和两个维度。三个含义是:第一,阶层间的变化,即个体的纵向流动;第二,阶层内的变化,即个体的横向流动;第三,新阶层的生成。两个维度即个体维度和社会结构维度。个体维度是个体在同一阶层内的流动或在不同阶层间的转换,社会结构维度是指构成社会的阶层的不断变化,即阶层的重组或生成。

复习思考题

1. 简述高等教育的政治功能。
2. 简述高等教育的经济功能。
3. 试论述高等学校的文化功能。
4. 现代大学的职能有哪些?

5. 如何理解人文主义的高等教育目的论？

6. 理论联系实际，谈谈你对大学的服务职能的认识。

主要参考文献

1. 彭拥军：《高等教育功能研究的困惑》，载《江苏高教》2003 年第 4 期。

2. J. S. Brubacher & W. Rudy, *Higher Education in Transition: A History of American Colleges and Universities*, 1636－1976, Harper & Row Publishers, 1976.

3. 朱国仁：《从"象牙塔"到社会"服务站"——高等学校社会服务职能的历史考察》，载《清华大学教育研究》1999 年第 20 卷第 1 期。

4. 王莹：《高等学校及其社会职能的演变》，载《武汉职业技术学院学报》2005 年第 4 期。

5. 薛秀珍：《高等学校"第四职能"述评》，载《清华大学教育研究》2005 年第 3 期。

第六章

高等教育的基本取向

长期以来,在高等教育理论界,人们围绕着一些重大的理论和实践问题展开了争论,有些争论随着高等教育的发展而逐步地达成了共识,而有些争论长期没有取得共识,逐步形成了高等教育发展中的"两难问题"。这些两难问题代表着高等教育发展中的基本取向,反映了高等教育发展中长期存在的矛盾以及必须面对和处理的关系。由于高等教育活动的复杂性,这些矛盾和关系在一定时期、一定条件下以这样处理为好,而在另一时期、另一条件下,则又以那样处理为佳。因此,对这些问题、取向认识的目的不在于从根本上彻底解决它们,而在于把握它们之间的关系,并寻求在特定条件下作出最佳选择的方法。

第一节　通才教育与专才教育

一、通才教育与专才教育的内涵及其特征

所谓通才教育,通常指培养学识广博、具有多种才能之人的教育,而从人才学、教育学的角度,则是培养横向型人才,即知识面较广、发展较全面、活动领域较宽的人才的教育;所谓专才教育,则指培养对某一专业甚至一个小专业的某一方面进行深入研究的知识面较窄的人才的教育。一方面,现代科学发展日益专深,学科分化高度精细,即使天赋上智,毕生也难以穷尽某一专门领域之涯;另一方面,现代科学发展又日趋综合,边缘学科、交叉学科等不断涌现,产业结构变化、职业频繁变动以及人自身的全面发展,都对人才培养提出了更多方面的要求。与现代科学和人才发展趋势相适应,以培养人才、发展科学为基本职能的高

等教育出现了通才教育与专才教育。

跟通才教育、专才教育最相关的一对教育范畴是通识教育与专业教育，它们之间既有联系又有区别。通识教育是指高校全体学生所应接受的非专业性教育，旨在养成他们能够积极参与社会生活、富有社会责任感的全面发展的人所必须具备的广泛的非功利性的基本知识、技能和态度。专业教育往往亦称专门教育，是使受教育者成为专业人才的教育。早在 1945 年，哈佛大学发表的《自由社会中的通识教育》报告中便提出：大学中的教育可分为通识教育与专业教育两部分，前者主要关注学生作为一个有责任感的人和公民的生活需要，后者则给予学生某种职业能力训练。由上可知，通才教育与专才教育，不仅是一种价值层面的教育理念，更是一种实实在在的培养目标和培养模式；通识教育与专业教育，则更多地体现为一种理念及其指导下的课程设置。并且，前二者之间主要是矛盾关系，后二者之间主要是并列关系，即使有矛盾，也是统一多于对立。通才教育可以依托专业教育，专才教育则通常排斥通识教育。

相对于专才教育而言，通才教育目的是为了培养具有高尚情操，有高深学问，有高级思维，能自我激励、自我发展的人才。它实行的是一种博雅教育，注重理智的培养和情感的陶冶。概括起来，通才教育具有三个明显的特征：第一，知识的基础性和经典性。通才教育非常重视基本理论、基本知识、基本技能和基本方法的训练，重视培养学生解决各种复杂问题的能力。第二，内容的综合性和广泛性。通才教育的教学内容相当丰富，它不仅涵盖了整个学科领域，而且还充分体现了学科之间的相互交叉、渗透和综合。第三，教育形式的多样性和灵活性。通才教育的目标可以通过各种不同的途径来实现，如设置通博类型的课程，开设综合学科讲座，举办专题讨论会等。但是，过分通博，学科的深入发展将受影响，经典性的知识也可能与实际生活脱节。

与通才教育不同，专才教育是指培养专门人才的教育。专才教育的目的是通过系统地讲授某一学科专门知识，培养掌握一定专业知识，同时具备一定专门技能的人才。专才教育具有三个明显特征：第一，专才教育主要是通过分科进行，培养的人才短期内具有不可替代性；第二，教学内容与社会生产和生活紧密联系，偏重应用；第三，比较注重学生实际工作能力的培养，学生在毕业之后能较快适应社会的需要。但是，在专业划分过细的情况下，片面强调职业教育，会造成学生知识面狭窄，并影响其后期发展。

纵观历史，所谓通才教育与专才教育之争，其实是专业教育的口径之争，是人才的社会适应性之争。一般来讲，实施宽口径、适应性强的教育为通才教育；反之，则为专才教育。当然，通才教育与专才教育的划分远非如此简单。过去那种百科全书式的“全才教育”，在当今科学技术不断分化与综合的时代已不可能实现。所谓的通才是相对的。因此，20 世纪以来，尤其是近二十年以来，整个世界高等教育出现了从重视专才教育向提倡专才教育和通才教育相结合的重大转变。

二、通才教育与专才教育的历史演变

中国历代对于“博”与“专”的认识是随着时代的政治、文化、教育的发展变化而消长的。先秦时期是社会大变动的时期，其时诸侯争霸，群雄竞起，思想学术上流派众多，见解各异。这样的社会环境，必然要求学者广泛地“格物致知”，因为只有掌握多方面的知识与诸家的观点学说，才有可能另辟蹊径，独树一帜，自成一家，达到“修身，齐家，治国，平天下”的理想目标。

汉代“罢黜百家，独尊儒术”。此后，这便成了历代封建王朝的文化教育方针。在董仲舒等人的建议下，汉武帝兴太学，立五经博士，经学便成为士人仕进的工具。而太学的师法、家法极为森严。太学只拘守一经，学生严守师法、家法，知识面狭窄，且只记诵章句，故很多人皓首穷经，所学却空疏无用。魏晋南北朝时期，玄学、佛教的兴起和传播使知识来源趋向多样化。隋唐时期，科举制度得以建立和普遍推行，同时，儒、道、佛三教都同样受到人们的重视，儒家和道家经典都被列为科考的重要内容，从而使教学的知识源和知识面大大扩展。北宋中前期，唐代俱收兼蓄的博学精神仍具较大影响。欧阳修提倡：“强学博览，足上移通古今。”[①]苏东坡诗云：“读破万卷诗愈美”，“书如富贾在博收，仰取俯拾无遗筹”，也因此出现了苏东坡这样的在诗、词、文、赋和书、画等方面都取得卓著成就的杰出通才。但宋代毕竟是程、朱理学形成和开始传播的时代，文人士子的思想受到“存天理，灭人欲”的极大禁锢。程、朱理学虽主张学习要以“穷理”为主，但认为“天下之物”“只是一理”，“一物之理即万物之理”。而大多数理学家都在著书立说的同时从事教育讲学活动，有着众多弟子门徒，因此，无论在官学还是私学（包括书院）中，专精于一、穷究一理便成为宋代较盛行的教育目标与求学规则。明清两代的教育求学更加注重专精而忽视广博，其成因是多方面的，有理学的进一步钳制和“八股”科举的严重影响，有国家文教政策的制约。此外，还有两点成因：一是明代政治上党争激烈；二是明清两代文禁森严，“文字狱”泛滥。尤其是“文字狱”严酷恐怖，使文人士子万马齐喑。因此，明清时代，人们尤其强调学业的专精而反对广博。

近代以来，西学东渐，科举废止，新学兴起。数理化、天地生等自然科学和工程技术科学成为教育求学的重要内容。人才培养的知识源大大拓展，而某一学

---

① [宋]欧阳修：《赐翰林学士吴奎乞知青州不允诏》。

科人才又必须以多种学科知识为基础。由此，中国近代学者受西方科学的影响，对人才培养的知识结构再度提出在“博”的基础上达到“专”，做到既博又专。例如，胡适提出“为学要如金字塔，既能广大又能高”；鲁迅提出“广然后深，博然后专”；华罗庚认为，“我们对知识的要求是既要有广度，又要有深度，广博深精才是对知识丰富的完好评语”。

1949年以后，由于学习苏联模式，高等教育的专业设置颇为专细狭窄，甚至与具体产品和生产工艺流程相对应。现代科学技术发展的特点是既高度分化，又高度综合，学科界限趋于模糊、淡化，各种交叉学科、边缘学科纷纷产生。同时，市场经济中利益主体的多元化，要求人才规格多样化和人才知识结构、能力结构多样化，尤其是大量需求一专多能的复合型人才，也要求很多人才具有宽广的知识与能力基础，以适应转业、转岗的现实需要。改革开放以来，我国高等教育界已经注意拓宽专业、强化基础，人才培养由单一规格的专才向多规格人才尤其是复合型人才发展。但是，由于高等教育的个人需求的扩大与高等教育的供给不足所产生的矛盾以及人才选拔手段的单一和存有缺陷（例如以考试分数作为选拔人才的主要依据），使基础教育中的片面功利性、应试性进一步强化；基础教育中的各级教育管理部门和各级学校的教育目标、原则、内容、教育评估标准的制定与实施都以适应升学考试为依据，进而使高等教育的生源整体素质下降——在各项综合素质中偏重智能素质，在智能素质中偏重课本知识的掌握。其结果不仅仅是“高分低能”，而且是“高分少知”。同时，在高等教育内部，我国高等教育实施的专门化人才培养模式，学科之间的森严壁垒，虽然造就了不少优秀的单科人才，但同时也存在着学生知识面不宽、缺乏人文素养、艺术素养以及科学素养的缺憾，很难适应当前社会的发展，在无意中扼杀了现代社会急需的创造型和管理型的“通才”。这些现象对高等教育拓宽人才的知识面、强化基础、增加通识教育成分提出了更高更迫切的要求，也带来了新的难度。

西方传统的大学教育的观念源于古希腊的人文教育。在古希腊，教育的目的是培养公民（自由民），教育内容包括文法、修辞学、辩证法、音乐、算术、几何学、天文学，这些内容被称之为“七艺”，这和我国古代殷商的“六艺”很相似。“七艺”的目的不是给学生一种职业训练或专业训练，而是通过几种学科基本知识的传授和技能教育，培养一种身心全面发展的理想人格。

到了中世纪，产生了与近现代意义上的大学有渊源关系的中世纪大学。中世纪大学实行分科教学，共分四科，其中文科被视为基础学科，以“七艺”为教育内容，用那些被世代证明为永恒真理的古典学科对学生进行通识教育，在此基础上再通过法学、神学、医学三科的分科教学来培养律师、牧师和医生，这三科已具有专门人才教育的属性。

文艺复兴时期，人文主义教育者从个性解放出发，推崇自由教育，他们主张实行广博的非专业性的学术教育，对受教育者进行心智的训练和性格的陶冶，以增强他们对社会上层生活的广泛适应性。他们坚决反对专业化教育，认为专业化教育损害了人的精神世界的整体性，有损于人格尊严。他们把大学的教学科目限定在以“七艺”为代表的古典语言、古典学术及纯数学的范围内，并认为只有这些内容最能训练人的心智，陶冶人的个性。

17 世纪，资产阶级革命运动萌芽。随之兴起的产业革命在客观上对传统的高等教育提出了新的要求和挑战，迫使它在人才培养上作出变革以适应资本主义大机器生产发展的需要，即为社会提供大量的专门人才。同时，随着科学革命的到来，学科大量分化，这又为专才教育的实施提供了可能。这样，专才教育又重新在大学教育中得到了强调。

这一变化首先在美国出现。最初美国的高等教育完全承继欧洲传统，注重学术性，教学内容以古典人文课程为主。19 世纪中叶，南北战争中以北方的胜利彻底结束了美国的封建制，从此，美国全面走上了资本主义大工业发展的历程。在实用主义和功利主义哲学的影响下，美国在 19 世纪 50 年代创办了许多以专业教育为主要任务的新型学院，如多种技术学院、工学院等。1862 年，政府颁发了《莫雷尔法案》，允许各州以政府赠予的土地开办“为本州农业和工业发展服务”的农业大学。这一决定彻底改变了传统大学脱离社会、穷究学术的单一、封闭的办学格局，使高等教育向着多样化、市场化和专业化方向发展。高等学校的任务不光是培养有修养的公民，而且面向社会、面向职业，培养促进社会经济发展的专业人才。

但是，19 世纪末和 20 世纪上半叶，由于物质和精神的失衡而造成的人类文明的危机日益显著。在大学教育中，存在着只注重知识的传授和技能的训练，而忽视人格的培养和心灵的教化的现象。学生被当作要加工的零件，经过加工，成为大工业生产所需要的标准型的专门人才。教育完全成为经济发展的工具，而不是注重引导青年去寻找人生的价值和意义。于是，20 世纪一股通才教育回归的浪潮在各国高等教育中涌现。以巴格莱为代表的要素主义，以赫钦斯为代表的永恒主义，以马利丹为代表的新托马斯主义，均强调人类文化的“永恒不变”，倡导“人的理性原则”，认为教育的目的主要是培养理智的运用，只有全面掌握了人类的普遍经验，才能更好地了解自我、了解社会、了解整个世界。

回顾通才教育和专才教育的演变历史，我们可以初步作出这样的判断：

(1)通才教育和专才教育各有不同的特点，也有不可取代的独特价值。二者在不同的历史时期和不同的国度里都取得了一定程度的成功，但又有各自的不足。专而不通，导致知识专业化和思维片面化，不能在科学高度综合的时代取胜;通而不专,解决不了社会问题,也不能在科学高度分化的时代立足。科学技术的高度分化和综合化的问题显露出来,给现代人才提出了新的要求:至少具备一门以上精湛的专业技能,又需要对其他领域的知识相当精通。因此,最近几十年以来,高等教育出现了从重视专才教育向提倡专才教育和通才教育相融合的重大转变。

(2)历史上通才教育和专才教育这两种最基本的高等教育人才培养模式,在社会生产力、科学技术以及社会政治制度等因素的作用下,呈“钟摆”现象。当社会出现新的分工,需要专门人才的呼声强烈时,钟摆就摆向专才教育;反之,当社会需要综合性人才时,钟摆就摆向通才教育。

(3)在不同的历史条件下,通才教育和专才教育的内涵和外延存在着较大的差别。就通才教育而言,大学初兴之时,推崇通才教育,乃是因为生产力低下和科学技术的不发达。有限的知识总量,易造就“学问大师”和“知识全才”。而20世纪二三十年代所提倡的通才教育,以及当代美国等西方国家大学所实行的通才教育,都是在“术业有专攻”的基础上进行的。因为,在科技昌明发达、分工繁细的今天,要一个人无所不知、无所不能,是绝对做不到的。再就专才教育而言,中世纪大学产生之后,出现了比较简单的专业设置(神学、法学、医学、文学)。但是,由于科学技术发展缓慢,社会分工还比较粗放,加上神学在当时所具有的至高无上的特殊地位,因此,其他三个专业只是神学的附庸或陪衬而已。实际上,大学在培养人才上的专门化程度是不高的。人类进入20世纪以后,随着人们对自然与社会的认识日新月异,各门科学及其分支学科层出不穷,并不断向着专深方向发展。与中世纪大学相比,20世纪大学的专业种类大大增加了,人才培养也越来越专门化了。

三、制约通才教育和专才教育的因素

从历代关于人才培养的通与专、博与精的发展演变中,我们可以看到至少有五大要素在发挥制约作用。下面我们将在古今中外的比较中作进一步探析。

(一)社会政治与人文思想环境因素决定着教与学的知识源和知识面

如前所述,我国先秦时期,其学术思想上形成百家争鸣、流派迭出、异说纷呈的局面,故教与学颇为重视博与专的结合。汉代的“罢黜百家,独尊儒术”,尤其是宋代以后理学家所谓的“穷究一理”,以及明清森严的文禁和清代闭关锁国、夜郎自大的愚昧,都使文人学子的思想和视野受到拘囿而一味注重于学问的专精。欧洲古希腊、古罗马时期以及文艺复兴时期,社会的思想活跃、文化繁荣,人们可以广泛地学习人文科学、社会科学、自然科学等各方面知识,其教育和学习注重博专结合,出现了许多世界级的文化大师和科学巨匠。文艺复兴时期盛行的“自由教育”，极力反对中世纪的专业化教育，主张实行非专业性的广博的学术教育。而欧洲中世纪时，教会神学主宰着一切，社会思想受到很大禁锢，教与学的面非常狭窄，学校主要培养牧师、医生等专才。

(二)人才选拔制度对教育的内容和方法具有巨大的指导作用

我国先秦时期，诸子游说列国，策士雄辩剧谈，文人士子基本是通过向诸侯面陈治国争霸的雄韬大略而得到任用的。而要具备这些才能，必须首先广泛地掌握丰富广博的知识，才能得到诸侯的赏识。魏晋南北朝的“九品中正制”重门阀而轻才学，无论通才抑或专才，只要出身寒门便遭埋没，从而大大抑制了人们求学受教的积极性。隋唐以后的科举制度以科考取士，大大激发了文人士子求学受教的热情。考试的内容、方式也自然成为教、学内容与方式的主宰。唐代备受文人士子青睐的进士科须考试诗赋，而优秀诗赋的创作又需以广博的知识才能为基础，故促使教与学向俱收并蓄的广博方向发展。然而，明清以后五百余年的“八股文”科举，由于科考内容的偏窄和形式的呆板而促使教与学走上极其褊狭细窄、空洞无用的歧途。处于两种经济体制转轨中的非规范的市场经济的当今社会，人们注重文凭而轻视实际能力，简单和机械地将文凭与个人的待遇挂钩。这种偏颇的人才观，在很大程度上强化了人才培养的片面应试性；而考试内容和考试方式的重知识轻能力乃至重单一知识、轻全面知识的偏向，更促使各级教育机构重知识传授而轻能力培养，重考试科目的知识而轻非考试科目的知识教学。

(三)不同的社会经济体制对人才知识与能力结构和人才规格提出不同的要求

在计划经济体制中，社会发展和经济建设要求人才的知识与能力结构比较专精、规格统一和单一化，高等教育的专业设置相当狭窄，人才培养非常专精，甚至成为与产品相对口的极端性专业教育。这种专业与产品的极端性对口，具有极其鲜明的“计划”和“指令”色彩——都是由国家计划统包指令的。而市场经济体制中由于经济结构、产业结构和职业结构的多元多样化，故而要求人才类型、规格、层次同样多元多样化，即：既需要通才，也需要专才；既需要通晓多种学科知识的高层次通才，也需要“万金油”式的低层次通才。

(四)科技、文化等的发展既大大开拓了知识领域，同时又对人才素质提出了新要求

古代社会的科学技术发展缓慢，其学科粗疏，知识量不大，因而有不少横跨多个学科的通才。欧洲科学革命和工业革命时代的到来，使学科不断产生和分化，社会生产分工不断细化，洪堡因此开创了现代高等教育意义上的学科专业教育。二战以后，世界科学技术发展日新月异，并呈现既高度分化又高度综合的趋

势，科学研究项目日益大型化，科学技术和知识迅猛发展。这些发展变化都对未来人才的基础知识和基本能力提出了更高要求。对于本科高等教育，美国1984年的研究报告突出了通识教育的重要性。他们认为，谁也不能确切地知道新的技术将会怎样地影响未来的劳动力所要求的技能和知识。因此，为未来的最好准备不是为某一个具体职业而进行面窄的训练，而是使学生能够适应不断变化的世界的一种教育。同时，科学技术的发展又促使社会分工更为细化，具体岗位技术要求不断上移，从而使高中后的教育注重培养与具体岗位或岗位群非常专一对应的专向性很强的职业教育和岗位培训。

(五)社会生产力发展程度决定着不同层次阶段的高等教育对于通才教育与专才教育的选择

二战以后，世界高等教育发展相当迅速，规模日益扩大，重心不断上移。一些发达国家(如美国)因社会生产力迅速提高，经济实力强大，其高等教育规模不断扩大，已达到大众化乃至普及化的阶段，其专业性教育在很大程度上已上升到研究生教育层次，而本科高等教育的专业性则逐渐淡化而主要成为更高层次教育的基础性教育，其本科高等教育可以从容地实施通识教育。而像中国这样的人口众多、经济实力不足的发展中国家，虽然正在坚定不移地实施“科教兴国”战略，但却毕竟是穷国办大教育，高等教育仍然处于精英教育阶段，有限的教育资源必须发挥最大最切实的效益。其研究生教育规模还较小，因此，本科高等教育的专业性还应继续保持。

以上诸多因素，都在共同影响着高等教育智育目标对于通与专、博与精的选择，当然，有时往往是其中某一因素在发挥着主要作用。在市场经济和知识经济时代，不同类型、不同层次的高等学校在确定自己的人才培养规格时，必须综合考虑多种因素，制定切实可行的培养规格。对于当今高等教育，很少会有人再说应该是完全的通才教育或专才教育了，通专才教育之争已经演变为通识教育与专业教育关系的处理，甚至不必探讨二者究竟需要或更需要哪一种的问题，而是在承认同等需要乃至重要的前提下，研究它们之间的比例，尤其是用什么样的方式相互整合促进，即在高等学校的课程体系当中寻求二者的均衡点与结合点。只是长期以来，以科技教育为核心的高度专门化的专业教育受到广泛而不懈的重视，对于通识教育却误解多多。现在逐渐认为：高等教育不是专业教育的独擅，通识教育不是可有可无的点缀，而同是个体与社会发展的必要工程，通识教育不是专业教育发展以后的高级品，不是富人闲暇教育的装饰物，而应是高等教育的公共资源；随着人们对终生学习、终生发展的渴望日益增强，通识教育也日益显示出其重要意义，大学本科教育可能呈现“专业教育——在专业教育中引进通识教育——通识教育基础上的专业教育的改革趋势”[①]。

第二节 英才教育与大众教育

一、英才教育与大众教育：高等教育发展的两种模式

所谓高等教育中的英才教育和大众教育，是指高等教育的两个不同发展阶段，它们是由社会政治制度、经济发展水平和社会意识形态所决定的两种不同的教育模式。在教育目的、对象、规模上，它们都存在着明显的区别，而主要的区别则是在受教育者的面的宽窄上。

西方一些学者于 20 世纪 70 年代初提出：高等教育可按其总体规模的发展依次分为英才高等教育（elite higher education）、大众高等教育（mass higher education）、普及高等教育（universal higher education）等阶段。在社会对教育投入有限的情况下，大众教育和英才教育两种模式决定了教育资源的投向，并涉及到教育的规模和效益之间的关系。

（一）英才高等教育模式

美国学者马丁·特罗提出：高等教育入学人数低于适龄人口的 15%时，属英才高等教育阶段。一些学者后来又提出若干不同的划分标准，其意均是指仅有少数青年得以进入高等教育的发展阶段。

英才教育阶段的大学培养治国的精英，大学成为明显地为统治阶级服务的机构。高等教育的支撑者为国家，国家几乎承担了对高等教育的全部投资。在这一阶段，高等教育只培养为数很少的精英，是通过对智力、品行等各方面的考查、考试等选拔方式而决定谁能获得受教育的权利。教育的内容主要是博雅教育，注重人文精神的熏陶，致力于统治才能的培养，而面向劳动者的教育往往是低层次的职业教育。在阶级社会，它主要表现为统治阶级筛选并培养统治人才的工具。高等教育是面向少数人的，规模较小，这也是它区别于大众教育的最显著的标志之一。

第二次世界大战前，各国高等教育均属英才高等教育阶段，认为高等教育只应对少数人开放的“英才教育”观点盛行。战后，社会、经济、科学、技术和普通教育的迅速发展，要求高等教育培养更多的人才，也为保证高等教育发展所需各种资源的投入提供可能。要求扩大高等教育就学机会和高等教育机会均等的“高

---

① 李剑萍《20 世纪中国的高等教育：通才教育与专才教育的张力》，载《山东师范大学学报》（人文社会科学版）2002 年第 5 期。

等教育民主化”思想应运而生。高等教育迅速发展，少数国家的高等教育已进入大众高等教育阶段。但大多数国家因社会、经济发展的水平不高，普通教育尚不发达，国家、社会无力提供大规模发展高等教育所需的资源，高等教育仍处在英才高等教育阶段。

（二）大众高等教育模式

大众高等教育常以普通教育的普及或极为发达和比较开放的高等教育招生制度为前提，以高等教育的层次、科类和形式的多样化为特征。按照美国马丁·特罗的提法：高等教育入学人数达到适龄人口的15％～50％时，属本阶段。其他学者后来又提出一些类似的判断标准。特罗认为，进入此阶段后，高等教育不仅在数量上比英才高等教育阶段有所发展，且在高等教育的观念、教学内容与形式、学术标准、管理与决策及高等学校的功能、模式、招生和聘请教师的政策与办法等方面，均发生质的变化。

这一阶段的大学主要培养国家所需的各行各业的建设者，当然这其中也包括了一部分未来的国家管理者。国家、政府虽然提供一部分的高等教育经费，但高教的主要支撑者已是老百姓，即高等教育经费的主要来源为社会和个人对教育的投资。高等教育面向全体社会成员，不设入学选拔考试或入学选拔考试不通过率极低。教育的机会增多，受教育者分布广泛，更多的人可以上大学，特别是工农大众子女也可以通过平等竞争进入大学，从而重新选择社会角色和地位。这一时期高等教育规模的扩展，一方面表现为学校数量增多，学生入学人数比率达到相当程度，且学生人数的增长幅度远远高出学校数量的增长；另一方面表现为高等教育种类、层次、形式的多样化，如美国的社区学院、英国的多科技术学院等。同时，与各种职业相对应的技术逐渐成为专门的学科，并作为知识进行传授。高校向学生提供实用的、能为产业界利用的短期课程。美国、新西兰、日本、法国、瑞典等一些国家20世纪70年代后高等教育的发展无论基于何种标准判断均属本阶段。

（三）大众教育和普及教育的关系

特罗的这种量化的区别虽比较直观，但它把大众教育和普及教育并列，忽略了它们都具有区别于英才教育的共同本质特点：为大众提供丰富的教育机会。

大众教育虽包含普及教育，但其外延比普及教育广。普及教育是大众教育中大众化程度最高的一种。大众教育向社会大众普遍提供一种接受教育的可能性，而只有当社会大众利用了这种条件，社会大众中的绝大多数把这种可能性变成现实性时，才实现了普及教育。大众教育虽包含普及教育，面向社会开放，但并未强制实施，所以事实上并未普及。这在高等教育阶段更为普遍，这是因为受到办学条件、受教育者的知识基础和智力条件等的限制。

因此,根据高等教育发展的历史,应将高等教育划分为英才教育和大众教育,而大众教育中又包含普及教育。

二、高等教育由英才阶段向大众阶段的转变

(一)高等教育大众化的必然趋势

高等教育大众化是20世纪中叶以来世界高等教育发展的大趋势,它是一国社会经济、文化发展的必然产物,是社会现代化的重要标志,也是高等教育现代化的基本内容之一。目前在我国部分地区及许多大城市,接受高等教育的适龄青年的比例已接近或超过15%,高等教育大众化是中国高等教育发展的必由之路。

中国高等教育大众化的呼声不是空穴来风,它是社会、教育和科技发展的必然要求和趋势,也是世界发达国家教育发展历程在中国的再现。从世界范围来看,高等教育大众化的初衷无非有二:一是满足经济和社会发展的需要;二是追求教育民主和平等。我们将前者称为社会目标,后者称为本体目标。历史告诉我们,达成社会目标远较实现本体目标容易和现实。事实上,中国高等教育大众化乃至世界高等教育大众化,更多考虑的是前者而非后者。

首先,中国高等教育大众化是与经济和社会发展阶段、发展水平和发展目标相适应的要求与体现。随着我国社会主义现代化建设事业的快速发展,改革开放的不断深入和扩大,社会经济和社会公众对高等教育的需求与高等教育的办学能力和发展水平的供给之间存在的矛盾日趋突出。从经济发展阶段来看,我国正从基本实现小康向初步实现现代化迈进。此时,经济增长方式将发生重大变化。经济结构、产业结构的调整力度进一步加大。技术进步和产业升级将导致人才需求结构层次的上移,进而拉动高等教育的发展。同时,人们尤其是青年人要求接受高等教育的愿望非常强烈。这是推动高等教育发展的强大动力,也是对高等教育扩大开放、迈进大众化的强烈呼唤。由于普通高等学校招生计划和入学条件的限制,人们转而参加开放度比较高的高等教育自学考试。人们越来越认识到,接受高等教育能够大大增加获得更多的生活乐趣、安全感和较好工作的机会。根据教育必须全面主动适应经济和社会发展对各类人才培养的需要,国家应采取积极发展高等教育的方针,坚持"发展才是硬道理"的思想,调动各方面的积极性,创造条件,促进发展,以利于解决高等教育的供需矛盾。从经济发展水平来看,一般认为,在工业化初期,必须普及义务教育,以保证劳动者的基本素质适应其经济发展的需要;进入工业化中期,必须普及高中阶段教育,并逐步实现高等教育的大众化,以满足工业化进程中急剧增长的对各类人才的需求。可见,高等教育大众化是进入工业社会的必经之路;而在工业化后期及迈向

知识经济社会阶段，则必须普及高等教育，才能适应和促进社会经济的发展。综观当今世界，经济发展水平与教育发展已经到了唇齿相依的地步。科学技术愈进步，生产力水平愈高，社会愈发达，高等教育的数量和质量也必然随之相应地发展和提高。巨大的经济增长和社会进步，总是伴随着新技术需求和新就业机会而出现的，并强有力地推动高等教育的发展。高等教育如果能在较短时间内达到或接近中等发达国家和地区的发展水平，就能为经济的全面高速增长提供源源不断的动力，进而推动经济发展和社会的全面进步。从经济发展目标来看，高等教育必须超前并推动其目标的实现。优先、超前发展教育，从而推进经济长期发展目标的实现，已成为各国共同的选择。我国特别是一些发达地区，目前正经历重大转变，既是从第二步战略目标向第三步战略目标加速推进的重大转变，也是由农业经济向工业经济和知识经济加速推进的质的飞跃。而实现经济目标的关键是依靠大量的科技和人才。因此，积极发展高等教育，推进高等教育大众化，从而促进科技进步与加快人才培养，是我们实施"科教兴国"战略的重要内容之一。

其次，中国高等教育大众化是推动教育民主化进程的需要。教育民主化是在更深层意义上人类对教育的不断追求。教育民主化一开始并在很长一段时期内是提供教育的入学机会均等，放宽入学者的社会基础，重在教育数量的扩大和普及。大众化最初是从初等教育开始的，而且是针对贫穷阶级的子弟，以科学教育为基本内容。随后，中等教育入学机会问题就提出来了。于是中学入学人数增多，国家就将义务教育的年限向中等教育延长。伴随基础教育民主化的基本实现，民主的注意力和焦点自然转移到教育特权的最后一个堡垒——高等教育。20 世纪 40 年代以后，首先从美国然后扩展到其他发达国家并波及发展中国家，大学入学人数急剧增多，高等教育的大众化开始了。教育，尤其是高等教育长期以来一直是部分人的特权，充满了不平等。对教育的地区、城乡、种族、民族、社会经济政治地位等的不公平和歧视，对教育内部因学生性格、爱好、品质、智力等的差异所导致的不平等，特别是对教育结果及在社会上成功机会的不平等很少有人关注，更不要说试图去解决了。总之，在推行教育民主化时，外显为平等的自由精神已被有意无意地淡忘或忽视了。加之，国家认识到教育在政治、经济等方面起着日益重要的作用，教育就愈益成为国际政治、经济、军事、意识形态斗争的工具。国家也加强对学校的控制，致使大学的行政权威强化，等级性、层次性和专门化的限制太严，因此，学校缺少自主权，更因为现代教育自由精神的丧失，连学校内部都不具备民主，遑论推动社会进步及培养人的独立自主和创新精神。我国目前教育民主化进程有了相当大的进展。但是，由于入学条件所限，仍有许多适龄青少年被关在学校的大门外，无法接受教育。我国高等教育适龄青年的入学率远低于一些发达国家，甚至低于一些发展中国家。从更广的意义来说，我国高等学校向所有希望继续学习、接受和丰富知识或渴望满足文化生活的成年人敞开校门还不够。早在1978年，美国纽约卡内基高等教育委员会在其报告《以学习社会为目标》中提出，要创造一种使所有人都可以自由利用和享受高等教育的条件。随着社会的发展和进步，高等教育的大门敞开了，大学不再是远离社会的象牙塔，不再是门第、阶级、权利的象征，不再是选拔尖子、培养精英的高门槛，而是平民百姓也能拥有的地方。因此，从提高整个国民素质和推进民主化进程的高度来看，要广辟渠道，为愿意接受高等教育的青年创造更多的机会。高等教育大众化要求高等学校日益成为面向全民的文化场所和学习场所。

(二)英才阶段向大众化转变的两种模式

在世界高等教育发展史上，由英才教育向大众教育转变过程大致有两种模式：一种是美国模式，主要依靠公立高等教育系统的扩展；另一种是日本模式，主要依靠私立高等教育系统的扩展。

美国的高等教育首先发展起来的是私立大学，但在“赠地运动”之后，公立高等教育发展起来。特别是第二次世界大战后，美国通过“开放入学”来实现高等教育的扩展，即获得高中毕业文凭的学生就可以获得继续上大学的机会。社区学院的发展，使美国高等教育由英才教育发展为大众教育，目前已达到普及化水平。现在，在办学水平上，名列前茅的多为私立高校，而在校生人数方面，私立高校只占21.8%(1990年)。

日本的高等教育起源于国立的帝国大学，原来私立大学的力量较弱，政府长期采取不扶持态度。直到第二次世界大战后，特别是到了1965年左右，日本的适龄人口(18岁左右)到了高峰期。人们对接受高等教育的要求非常强烈，再加上日本在这个时期经济高速增长，社会对高校毕业生的需求量增加。在这种形势下，日本的私立高校迅速发展。到了1972年，日本公布《高等教育促进法》，政府开始资助私立高等教育。现在，日本大学的在校生人数中，私立大学占73%(1993年)。但在办学水平方面，除少数私立大学外，国立大学占压倒优势。日本的私立大学在日本高等教育由英才教育阶段发展为大众教育阶段起到了重要的作用，日本学者常把这种做法称为既省力又经济的政策。

(三)我国高等教育大众化应遵循的原则

1. 发展速度要适度

从上述内容可以看出，我国高等教育大众化的实现必须要经过一个大发展的过程。但加快发展要注意规模适度，防止大起大落。一方面要主动适应市场经济快速发展对人才的需要，认真作好人才需求预测；另一方面要考虑高教自身的基础和条件，主要是师资条件和办学设施，不能为某些表面现象和短期行为所迷惑，不顾教育规律和学校自身条件，盲目扩大某些专业的招生规模，造成结构性的供过于求，或者是因为办学条件跟不上而降低教学质量，影响社会效益。根据近几十年世界各国的实际情况，一般认为，专门人才拥有量的增长应等于或略高于经济增长速度。

2. 以内涵发展为主提高规模效益

尽管我国各地教育资源有限，但多数学校的原有办学条件尚未被充分地利用，即人员、空间和设备等教育资源尚未得到合理配置和充分利用。尤其是我国的高校师资还没有充分发挥作用，师生比处于低水平。

一方面，应充分挖掘现有学校的内部潜力，不建或少建新校，集中力量使现有学校尽量达到合理规模。这样不仅可以节约投资、缩短回报时间，而且还能促进现有各所学校提高办学效益和教育质量。

另一方面，应通过联合办学的方式，使资源优化配置，在不增加投资的情况下，可使学校资源集中共享。这样，不仅可以合并学校各自的优势、提高效益，也可引导今后的学校建设走出“小而全”的模式。

3. 建立多元化的筹资体系

虽然高校的生均成本会随着招生规模的扩大、办学效益的提高而呈下降趋势，但是目前我国政府的税收还不足以支持大众化的高等教育，应建立起政府投资为主、多渠道筹集资金的多元化筹资体系。除了政府拨款，各社会团体、企业的捐资助学外，个人分摊高教的成本也正成为必然趋势。提高学费在高等教育成本中的比例，吸收社会资金投入教育，可以进一步保证政府教育经费优先用于中小学教育和优化资助贫困地区和贫困家庭学生上大学。

在公立大学里创建民办机制的学院，实行成本收费，有利于充分利用已有的教育资源，让更多人有机会接受高等教育，减少资源的闲置和浪费。同时，实行成本收费也有助于理顺各种经济成分在教育投入中的关系，有助于学生正确理解个人和社会的关系。

4. 发展终身教育

在促进高等教育大众化的过程中，除了数量上的增加外，另一个重要的内容是促进高等教育的多样化。高等教育不再仅仅是指正规的有一定年龄阶段的学校教育，还应包括使任何年龄阶段的人在生活中的任何阶段都能进出的各种非正规教育形式，即终身教育。

目前正在进行的高等教育管理体制调整、布局及结构的优化可以提高今后教育投资的效益；大力发展各种高等职业技术教育、远距离教育及各种类型的成人教育，支持发展多种形式的办学模式，在今后若干年内也将会发挥重大作用。

三、正确看待英才教育与大众教育的关系

由于追求和定位不同，精英高等教育和大众高等教育之间在同一时空条件下必然会存在各种各样的矛盾和冲突，大众高等教育会对精英高等教育起到抑制作用，精英高等教育也会对大众高等教育的实施产生不利影响，但精英教育与大众教育，并不完全是“非此即彼”的关系，精英教育或是大众教育是每个国家高等教育都面临的选择，但要求二者平均发展，或二者仅择其一都不是正确的选择。在高等教育的大众化的趋势下，需要在二者之间保持一个结合点、平衡点。大众高等教育阶段，包含了一定数量的精英教育。两者朝着不同的方向发展，都是“科教兴国”战略必要的组成部分，不能因高等教育的大众化完全否定和忽视英才教育的意义。

(一)大众教育与英才教育并重是世界各国教育发展的普遍趋势

放眼世界，当今主要国家无不是大众教育与英才教育并重。从发达国家高等教育大众化的发展经验来看，英才和大众高等教育是能够各自得到充分发展的。例如，美国的哈佛、斯坦福、普林斯顿等研究型大学，承担着培养各界精英的任务，履行着英才教育的职能。同时，美国又有 2000 多所两年制社区学院和专业学院，它们承担着普及高等教育的任务，履行着大众教育的职能。英国的牛津大学、剑桥大学举世闻名，法国的巴黎大学、法兰西行政学院，日本的东京大学、早稻田大学、京都大学，德国的科隆大学、波鸿大学等也出类拔萃，它们都是各国大学中的佼佼者，培养着各国的精英。同时各国也都有实施大众教育的高校。如英国的多科性技术学院、法国的技术学院、日本的短期大学和高等专门学校、德国的高等专科学校和职业学院。这些学校是高等教育大众化过程中的主力军。目前，我国存在的问题是随着高校的扩招，理应承担起精英教育任务的重点大学却卷入了大众化的浪潮中，大力举办高等职业教育，导致办学质量下滑。重点大学是精英教育的主要承担者，只有控制规模，才能使学生在德才学识等方面都能适应精英教育的要求。

(二)英才教育和大众教育并重是由它们各自的特点决定的

大众教育是面向大多数资质一般的学生的。英才教育是面向少数具有极佳天赋和潜质的学生的。目的是让这些更容易成才的人尽早成才，尽可能成为高水平人才。以大多数人的发展需要为出发点的大众教育，难以满足少数高资质学生的发展需要。不可否认，由于人的智力发展的复杂性，大众教育也可能培养出许多“英才”，但大众教育与英才教育的标准是不一样的。如果以大众教育的标准要求少数资质高的学生，无疑会扼杀他们的发展潜力，使之也趋向平庸。没有高标准，就不能培养出高水平的人才。大众教育可以提高全民族的素质，也可

以培养出一些英才，但仅有大众教育是不够的。

心理学研究也表明，人的智力发展水平是有差异的，大多数人属于中智水平，只有少数人具有极佳的天赋和潜质，人的先天素质，在后天的发展中起着基础性、前提性的作用。关于这一点，人们感受最深的、最直接的是体育、艺术、文学等，不是每一个人通过适当的体育训练、艺术培养、文学熏陶，就可以成为体育明星、艺术家、文学家的，只有少数先天素质突出，对体育、艺术、文学感悟能力极强的人才有这种可能。如果给每个人都提供同样的教育，那势必使一部分人的潜质得不到充分挖掘，扼杀他们的发展潜力，使之趋于平庸。按照现代教育机会均等而不是均衡的理念，教育机会均等就是为每一个人提供适宜的教育环境以使其潜力达到最大限度的发挥。为高智力的人提供更好的教育是理所当然的，英才教育就是为了更好地为社会培养优秀人才。20 世纪 80 年代初原联邦德国科学委员会反思“德国诺贝尔奖获得者为何这么少”时，认为最重要的原因就是大学不重视英才教育。为此，该委员会出台了《关于促进天才开发的建议》的文件。文件认为高等教育入学人数的增加导致了“忽视”英才教育，主张根据教育机会均等的原则，改善高等学校的办学条件，使有卓越建树潜力的人才取得建树，以使这些人有能力在政治、行政、工业、科学技术界以及学校中取得卓越成绩。法国前总理科尔更是认为，“民主自由的社会需要有成就的英才，就像我们需要空气一样”。我国的教育也值得我们深思。建国五十多年来没有出一位大科学家、大文学家，更没有诺贝尔奖获得者，甚至没有出超过前辈顶尖人物的人才，如鲁迅、巴金、郭沫若、李政道、杨振宁、钱学森、钱钟书等。我们认为，一个很重要的原因就是对英才教育重视不够。

(三)英才教育和大众教育并重是符合我国实际的选择

建国五十多年来，我国按照教育平等的理想，一直把发展大众教育作为基本方针，但在大多数时间里也都尝试着大众教育与英才教育并举，在中小学教育阶段实行普及与提高相结合的方针，在高中阶段实行重点高中制度，便是在实施大众教育的基础上开展英才教育的尝试。在高等教育阶段，我国正在实现由精英型高等教育向大众型高等教育的转变。在我国高等教育的发展战略中，也体现了大众教育与英才教育的并举。我国的中国科技大学等高校试办少年班，可谓是重视英才教育的一个重要措施。前些年启动的“211 工程”和近期创建若干所世界一流大学的措施，都是推行英才教育。而目前普通高校扩大招生规模和大力发展高职，都可以视为发展大众教育的措施。无论在大众教育方面还是在英才教育方面，我们有不少经验值得总结，也会有一些教训需要吸取。中国的社会主义现代化建设，不仅需要学术型的人才，而且需要数以千万计的专业性、职业性的技术、管理、服务型人才。

在人才培养方面，大众教育与英才教育是互补的，两者不可偏废。我国应明确大众教育与英才教育并重的方针。我们的大众教育水平还很低，我国的平均受教育年限还很低。大众教育需要从量和质两个方面予以提高。由于对英才教育长期重视不够，我国的英才教育无论在理论研究还是在制度、内容、方法上都落后于发达国家。未来的社会离不开高素质的大众，也离不开高素质的精英。我们应既发展大众教育，又发展英才教育；既重视大众教育，也重视英才教育。两者并举、并重，才是我们在现时代所应作出的唯一理智的选择。

第三节 科学教育与人文教育

一、科学教育与人文教育的内涵

科学教育是指通过传授自然科学技术知识、演示科学方法，引导学生辨认客观事实，发现客观规律，进而形成认识和改造世界的能力的教育。科学教育是关于“做事”的教育，是解决“方法论”的教育，是追求“真”的教育。科学教育包括四个方面：科学知识教育、科学思维教育、科学方法教育和科学精神教育。科学知识是生产力发展的源泉，“科学技术是第一生产力”，没有科学知识就没有发明创造，就没有社会前进的推动力；科学思维是正确思维的基础，严密科学的逻辑思维是许多科学家发明创造的保障。没有科学思维方式的科学研究，轻则走弯路，重则走入误区甚至遭到毁灭的结局；科学方法是事业成功的前提，是科学知识按科学思维而付诸实施的保障；科学精神是求真的精神，是求实的精神，是科学的精髓。

人文教育，简单地说，就是培养人文精神的教育。它是以人的和谐发展为目标，希望人的本性、人的尊严、人的潜能在教育过程中得到最大的实现和发展，强调发展人的天性、发展人的个性、发展人的潜能。顺性达情，和谐发展，强调天性、个性及人格尊严，这是人文教育的核心与精髓。人文教育的实质是一种人性教育，以个体的心性完善为最高目标。它涉及的内容较多，其中最主要一点就是教人树立正确的世界观、人生观；教人如何做人、做事；教人如何正确认识客观世界并妥善处理好各种关系；教人如何不断增强学识、学养。人文教育是关于“做人”的教育，是“价值观”的教育，是追求“善”的教育。人文教育也包括四个方面：人文知识教育、人文思维教育、人文方法教育和人文精神教育。人文知识是人文文化的历史沉淀，是人文文化的基础，是人的精神世界升华的源泉，也是一个民族的历史与灵魂。社会的进步与发展不仅由社会生产力的发展决定，也是由包括人文知识在内的精神文化组成的社会生产关系决定的。人文思维是原创性思维的主要源泉。人文思维属于形象思维，与直觉、灵感和顿悟分不开。爱因斯坦说：我喜欢物理，也喜欢音乐。物理给我以知识，音乐给我以想象。知识是有限的，而想象力是无限的。人文方法是指对人文知识按照人文思维方式进行原创性工作开展的途径。人文精神是指求善、求美的精神，是人文文化的精髓。人的一切活动，特别是教育，应该是"在止于至善"，人文精神是维系人类社会稳定和发展的牢固纽带。

二、科学教育与人文教育相互冲突的历史

在人类教育发展史上，可以说19世纪中叶以前的教育基本上是人文教育或者说是人文教育占主导地位。西方的人文教育思想，最早出现在古希腊亚里士多德的著作中。亚里士多德把教育分为"自由的"教育和"职业的"教育两大类，自由教育适合于"自由人"——有闲阶层，是进行最高形式的理性训练，其目的在于心灵的享受和陶冶，因而是高尚而文雅的教育，在实质上乃是人文教育。

中世纪大学是近代西方高等教育的源头，在中世纪以及其后相当长的一个时期，西方的高等教育主要地表现为人文教育。它以探求真理、完善人格为宗旨，强调大学远离喧哗的城市，与时代的变迁保持一定的距离，从而免受"市侩"和功利的影响，思索与探讨人类几千年来积累下来的文化遗产，获得心性的纯洁与智慧的高扬。老牌的牛津大学和剑桥大学一直固守着人文教育的宗旨，在他们看来，设立大学是为了给教会和政府培养服务人员，即培养有教养的人，而不是知识分子，就大学毕业生而言，具有教养比具有高深学识更重要。

欧洲的文艺复兴运动确立了人文主义的价值观，为人文主义教育奠定了理论基础，同时也为当时的人文教育确立了教育内容，即用古希腊、罗马的文学艺术——人类生活自由和思想自由时代所创造的精神文化遗产来陶铸人文精神，实现以发展人格为核心的促使人的身心和谐发展的培养目标，培养通达人情世故，善于处理公私生活、掌握生活艺术的绅士。

在19世纪初，新人文主义者洪堡领导和组织了德国的教育改革运动并创建了柏林大学，使德国的高等教育成为世界各国的典范。洪堡认为，传授高深知识是大学的基础，但这种知识不是实用的、专门化的知识，而是一种"纯科学知识"，即一种脱离社会需要、超越社会现实的理念性知识。他极力主张的科学研究也并不是实用性科学研究，其目的完全是为了心性和品格的陶冶，为了个人和思想的完善。洪堡的新人文主义教育思想并没有脱离人文教育的旨趣，只是适时地将逐渐发展起来的科学纳入了人文教育的范畴；他注意到了科学完善心智与品性的功能，但反对科学的功利与实用特性，把科学固定在一定的范围中为人文教育服务。

如果说德国的高等教育最早引进了科学教育的话，那么美国的高等教育则使科学教育占据了统治地位，并以此逐步拓展了大学的社会功能，使大学教育在为社会服务的过程中也浸透了功利和实用的特质。美国实用或功利主义的教育思潮，反过来又影响了德国和英国的高等教育。德国的高等教育在传统的侧重纯科学和艺术训练与研究的大学体系之外，建立了以实用为主的工科大学，侧重开展科学和技术教育；英国19世纪中叶的新大学运动，实质上就是一场重视科学教育和实用教育的大学改造运动。

科学教育在大学教育中的兴起和发展，导致了它与人文教育之间旷日持久的矛盾和冲突。在英国以纽曼和阿诺德为首的古典人文教育派力图保持人文教育的传统，使“古典学科”在大学教育中占据统治地位，并贬低科学教育的功能和价值。而斯宾塞和赫胥黎作为19世纪下半叶英国提倡科学教育的“旗手”，则大力提倡科学教育。斯宾塞从其实证论和社会进化论的观点出发，强调自然科学的重要性而忽视人文教育的重要意义。

在美国这个讲求实用的国家，科学教育与人文教育也不是没有矛盾冲突的。就在哈佛大学大力开展以科学教育为中心的课程改革并在全美高等教育界形成一股课程改革浪潮的时候，著名的《耶鲁报告》发表了。它极力肯定人文教育的重要价值而排斥科学或实用教育，声称“没有什么东西比好的理论更为实际，没有什么东西比人文教育更为有用”。即使是在科学教育已完全征服美国高等教育的时候，芝加哥大学校长、美国著名高等教育家赫钦斯仍在大声疾呼：“教育应是主体为人的教育，教育的目的唯在发挥人性，使人达到完善的境界”，“其目的是人性不是人力，教育不应成为可悲的经济工具”。他对大学毫无原则地放弃原有的目的、徒以适应社会各方面的需求的办学态度深感不满，认为教育走向功利主义是大学教育的悲哀。

然而，无论人文教育家们怎样抗争，科学教育仍以不可逆转之势向前发展，并逐步取代了人文教育，在大学教育中获得了统治地位。之所以如此，首先是因为科学教育具有巨大的经济功能，它适应了工业革命和生产力发展的需要，工业化进程迫切要求高等教育培养具有一定实用知识的专门人才；其次是自然科学的发展为科学教育提供了丰富的教学内容，为高等教育开辟了广阔的领域；再次是以国家为中心的教育价值观使得科学教育不断地展示出它实用和功利的一面，国家政权的干预加速了科学教育在高等教育中统治地位的确立；最后是由于传统的人文教育对人性的提升和心性的陶冶脱离了客观物质世界，它漠视社会现实和人类精神价值领域的新追求，在自然界的枷锁仍套在人类头上的时候，这只不过是一个美丽的神话，因此当科学教育把大量的物质财富展现在人们面前的时候，它为科学教育所取代也就是必然的了。

科学教育在与人文教育的冲突中逐渐在高等教育中取得了统治地位，并按照它自身发展的逻辑，拓宽了人的认识领域，发展了人的智慧，解放了生产力，使人类从大自然中获得了巨大的物质财富，充分显示了人的力量。但是，当人类进入现代社会并开始对自身面临的众多社会问题进行深刻反思的时候，科学教育的局限性便凸现在人们面前，科学教育受到了诘难。科学教育的局限性集中表现在以下两个方面：一是科学教育自身并不能保证人类就一定会将科学技术用于造福人类的目的。人们曾一度对科学产生过崇拜，认为只要依靠科学技术，就可以解决人类社会的一切问题。然而，在人的道德精神和价值领域中日益发展起来的野蛮和贪婪的特性，却使人类一再地把科学技术成果用于邪恶的目的，从而出现了所谓“科学的野蛮”，导致了人的道德精神价值的失落，导致了物质和技术世界对人性的束缚。其重要表现就是教育走向功利主义或实用主义，只注重科学知识的传授，注重智力的开发，而忽视人文精神素养的培养，忽视道德价值的教育。这种教育培养出来的人只是“经济人”或“政治人”而不是完整的人。只是工具意义上的人而不是目的意义上的人。二是科学教育的片面发展不仅无助于人与自然的冲突、人与人的冲突以及人内心的不平衡等世界性问题的解决，反而在一定程度上使得这些矛盾和冲突更加突出地表现出来。由于科学主义强调向世界索取，强调把他人自然化、物化、对象化，这就直接导致了向世界索取、向他人索取、通过和他人竞争来强化自我意识的思想观念的产生。因此，在人与自然的关系上，人对自然的一味征服、改造和利用，使得生态失衡、环境污染和能源危机日益加剧，直接威胁着人类的生存。在人与人的关系上，彼此之间不理解、不信任，冷漠无情、自私自利的情况日益普遍，人的内在精神世界严重失衡，孤独、苦闷的情绪日益滋长，并由此产生了诸如吸毒、淫乱、赌博和暴力行为等各种社会问题。高等教育发展到现代，人文教育的价值重新受到重视。

三、正确认识科学教育与人文教育的关系

正确认识科学教育与人文教育的关系，对高等教育具有十分重要的意义。未来世界高等教育的选择应是科学教育与人文教育的整合。

所谓整合，通俗地说，就是通过交融形成我中有你、你中有我、浑然一体的关系。因此，科学教育和人文教育的整合，不是两者的简单调和，也不是教育的科学取向与人文取向的二元相加，而是它们在高层次上的结合。这种结合是全方位的，是教育思想、教育价值观与功能观、教育制度和课程编制等方面的根本改变。具体地说，它是科学化的人文教育和人文化的科学教育的有机整体，它力图使科学人文化，使人文建立在科学的基础之上，以人的全面发展为最高目标，而以科学的发展作为基础和实现目标的手段。

之所以要实现科学教育与人文教育的整合，是因为科学教育和人文教育各自有其合理的内核与现实价值，也各有其自身局限性。科学教育发展了人的智慧与知识，使人在征服、开发自然的过程中解放人性、体现人的价值，使人自身得到肯定，从实质上讲，它在一定意义上表现为实现教育最根本目的的手段；人文教育重视人性的完善，努力提升人的道德精神价值，使人理解人生的意义和目的，它在更大程度上体现了教育的本质和根本目的之所在。但两者各自的局限性也是显而易见的，简言之，不重视教育根本目的的教育和忽视实现教育目的的手段的教育都是片面的、不完善的教育。应该说，两者是教育中相辅相成、不可分割的两个侧面，只是由于人类知识体系发展的不平衡性（科学产生于近代，而人文知识可以说从人类一开始就出现了），才导致了这两种教育的不平衡发展、割裂以至彼此间的矛盾冲突。因此，从未来社会发展的需要和教育自身发展的规律来看，高等教育必须改变非此即彼的状况，实现科学教育与人文教育的整合。

之所以能够实现科学教育与人文教育的整合，是因为科学与人文、科学教育与人文教育具有内在的关联，两者是相互渗透、相互支撑的，二者有整合的基础。首先，科学蕴涵着人文精神与人文教育价值。人是一种有精神生活的生命，这种精神生活的本性与方式之一，就是有"求真求知"的理性需要与能力，而"求真求知"这种需要与能力的实现，则意味着人在精神上的完善与进步，意味着人的自我实现与自我完善。同时，从其人文意义上看，科学作为探索真理的事业，还造成一种独特的人格气质，一种极负责的人文精神——不懈地探索真理、勇于坚持真理、为真理而献身。当然，科学所蕴含的人文教育价值远远不止以上这些，科学精神也蕴含着人文内容。其次，人文以科学为基础。人文文化、人文知识承认与尊重客观实际，提炼与抽取客观实际的本质，探索与揭示客观实际的规范，人文提倡"源于生活，源于实践"，尊重客观，这和科学的求真相一致。因此，人文教育对人性的提升和心性的陶冶不能脱离客观物质世界，不能漠视社会的现实需求。另一方面，人文精神在不同的时代有不同的内涵，但都强调人之所以为人的精神，这种精神主要体现在人是否能正确对待自我、他人、社会和自然，这和科学精神的要求是相通的。①

科学与人文、科学教育与人文教育如鸟之两翼、车之两轮，不可或缺。科学教育要以人文教育为指导，人文教育要以科学教育来奠基，二者相互依存。高等教育只有坚持人文教育和科学教育的统一，用人文教育引导科学教育，使科学造福于人类，实现真、善、美的完美统一，才能更好地完成时代赋予自己的历史使

① 参见田霞《从大学职能看科学教育与人文教育的融合》，载《北京行政学院学报》2007年第6期。

命。总之,科学教育和人文教育共同构成了教育的整体。要实现教育培养全面发展的完整的人的终极目的,必须实现教育的契合,用完整的教育来培养完整的人。也就是说,21 世纪的教育除了不断加强科学教育外,更重要的是要把长期受到忽视、贬斥的人文教育提到它应有的地位上来。科学教育是整个教育的基础,但不是全部,尤其是科学教育本身并不能自动地规定自身的价值方向。而没有价值方向的教育是难以设想的,甚至是十分危险的。

实现高等教育中科学教育与人文教育的整合,可以通过以下渠道:其一,强化科学教育和人文教育相整合的教育观念,将人文精神与科学精神同时纳入学校的总体人才培养目标以及各专业培养目标。其二,建立融科学教育与人文教育为一体的课程体系,比如,通识课程是进行人文教育与科学教育的基础,通识课程中的许多课程都非常适合开展人文教育与科学教育,通过这些课程的开设,可以大大提高培养对象的综合素质,并为培养创造能力打下坚实的基础。在基础课和某些专业基础课中,一是可以开设综合性课程,兼顾人文与科学课程,打通文、理、工相互隔离的壁垒,强调知识的融合与方法的贯通;二是跨学科课程,不仅是大学科内部各分支学科的相互渗透,而且也包括跨越大学科的融合;三是元知识学习与研究课程,学习与研究所攻学科、专业的历史演变和独特性,使学生能从整体上把握学科专业的发展;四是活动课程,以发现问题为起点,以解决问题为基本过程,以经验整合、改组为目的,使学生能以不同的研究模式认识现象、获取知识、发展能力;五是选修课程,以拓宽知识面。其三,教师是培养目标和课程体系的实施者,因此,将人文教育与科学教育融于一体的首要条件是教师言行中自然彰显的人文与科学精神。因此,必须提升广大教师的人文与科学素养,使之带着人文的觉醒从事教育教学和科学实践,并在教育教学和科学实践中启发人文的觉醒,从而潜移默化地对学生进行自然的而不是勉强的甚至是强加的、丰富而生动的而不是单调枯燥的人文与科学教育,培养学生的人文与科学精神。①

第四节　高等教育的平等与效率

一、平等与效率是高等教育政策中的两种价值取向

平等与效率是高等教育政策中的两种基本的价值取向。

人类教育史上,教育平等思想的提出最早可以追溯到孔子和柏拉图。孔子

① 参见薛天祥、庞青山《大学人文教育与科学教育融合新论》,载《教育发展研究》2003 年第 7 期。

主张“有教无类”，而柏拉图则提出了“对所有儿童实施初等教育”的主张。这是最初的“教育民主思想”，是人类教育平等思想的发端。此后许多学者志士都对教育平等问题有所研究，但真正的理论研究则是在20世纪，尤其在第二次世界大战以后达到高潮。

教育平等与社会经济的发展、人们的价值观念等有着密切的联系，因此在不同的历史时期它分别有其不同的含义。

从教育的发展历程来看，它先后经历了原始教育平等、教育特权、现代教育平等三个阶段。二战后，教育平等日益成为各国推行民主政治时不能不考虑的重要内容。它的表现主要是：

(1)就学权利平等。切实保障每个人的就学权利，国家、社会、学校、父母和受教育者共同承担起教育的责任和义务。

(2)教育条件平等。逐渐废除形形色色的双轨学制，保证受教育年限、学校类型和课程内容的非歧视性。

(3)教育过程平等。不同社会和家庭背景、不同天资条件的学生应该受到社会、学校和教师的平等对待，使所有在校学生一视同仁地获得平等的发展机会。因为人们越来越意识到，就学权利的平等只是创造了平等的竞争起点，教育过程的平等才更加重要、更富隐蔽性。

(4)教育结果平等。受过相同教育的学生，具有平等的就业机会。相同学力、资格的学生，在社会中享受平等的待遇和平等的发展机会。

应该看到，经过几十年的努力，教育平等虽然取得了重大成就，但相当程度上还只是对理想的无限接近。瑞典教育学家胡森认为，影响教育平等的有五组变量：第一组是学习的各种物质因素，如学生家庭经济状况、学习开支总额、学校的地理位置和上学的交通工具；第二组是学校的各种物质设施，如学校建筑物的质量、实验室、图书馆和教科书等；第三组是家庭环境中的某些心理因素，主要是家长的期望、家庭对学习知识的态度等；第四组是学校环境中的心理因素，如教师的能力、教师对学生的态度、教师希望学生取得的成绩以及学生的学习动机等；第五组是狭义的学习机会，指教学的条件、教学的时数等等。① 只要在这些方面还存在差异，教育平等就有待进一步改善。

高等教育平等是教育平等的一个重要组成部分。随着义务教育年限延长，中等教育规模扩大，人们对高等教育的需求也不断增长。而且随着社会经济的发展，竞争不断加剧，高等教育平等问题也日益凸显出来，并成为人们关注的焦点。理解高等教育平等的含义，应准确把握以下两个基本点：

---

① 参见张人杰主编《国外教育社会学基本文选》，华东师范大学出版社1989年版，第197页。

(一)高等教育平等是一种理想与现实的复合体

高等教育平等作为一种理想，是指人们把接受高等教育看作是一种应有的权利，从而要求任何人都能不受限制地享受这种权利。高等教育与个人的经济收入、生活质量、社会地位等有着密切的联系，本着人人平等的原则，每个社会成员都应当充分享受这种权利，任何人为的障碍都是不合理的。人们甚至还试图借助高等教育平等达到消除社会差异的目的。高等教育平等作为一种理想，至少应包括三个方面：进入高等学校的机会均等；受高等教育的过程平等；受高等教育的结果平等。因此，高等教育平等作为一种理想所追求的是绝对平等。

而现实中的高等教育平等只是相对的，不平等则是绝对的。目前任何国家或地区的高等教育都未能实现理想的平等。高等教育存在着各种不平等的事实，如种族之间的不平等、性别之间的不平等、城乡之间的不平等、富人与穷人之间的不平等等等，这些不平等的事实向社会提出了严峻的挑战，是我们无法回避的现实问题。事实上高等教育平等已成为一个世界性的问题，每个家庭、每个人都关心着它，每个国家和社会都在积极探求有效的对策。但从理论上讲，高等教育平等只能是一种无限接近、永远不可能完全实现的理想，所以高等教育平等作为人类共同面临的现实问题将长期存在。

(二)高等教育平等是一个发展的概念

高等教育平等问题是社会、经济、文化、教育发展到一定阶段的必然产物。而在不同的历史时期，高等教育平等的内涵是不同的，它伴随着社会进步、经济增长、教育发展而不断发展，经历了从“高等教育入学机会平等”到“学业成功机会平等”，再到“教育后就业及接受再教育机会平等”的过程。而且随着历史的发展，高等教育平等的概念还将进一步扩展；随着高等教育平等概念的演变，高等教育平等的衡量指标也在不断变化，由“进入高校就读的机会是否平等”到“受教育年限、学校类型、课程内容是否平等”，再到“受教育过程是否有利于个人成为社会栋梁之才”。这些都表明高等教育平等是一个发展的概念。可见，不同的历史时期高等教育平等实现的程度是不断变化的。而特定的历史时期，既要求实现特定程度的高等教育平等，又为它的实现提供了可能。

关于教育效率的内涵有各种不同的观点。世界银行把教育效率分为内部效率和外部效率：内部效率是指某一教育系统用尽量减少浪费和提高教学质量的方法所培养学生的数量；外部效率是指一般教育同职业教育的关系以及学校同就业机会的关系，即学校和教师能为学生将来就业做什么以及学生所学知识就业后能否运用。该定义既反映了教育内部的投入与产出的关系，又反映了教育与社会、个人的关系，它涉及以下几个方面：(1)是否浪费(这里浪费是指可能出现退学、留级等)，若浪费，则必然造成效率低下；(2)学生的学习成绩是否理想，学生学习成绩不理想则必然是低效率的;(3)学生所学是否有用。这几个方面都主要针对教育的质量而言。上述定义中也提到培养学生的数量,但可以看出,数量必须在保证质量的前提下才有效率可言。这种以质量为核心的效率观反映了人们要求教育资源合理配置,用有限的教育资源培养最好最有用的社会人才,从而更有力地改造社会的愿望。

教育平等要求每个人不受外部条件限制,平等地享受教育权利(包括入学机会、教育资源及其带来的理想的结果);但教育效率则追求资源的合理配置,用有限的投入产出最好、最有用的教育"产品",两者显然是有所抵触的。主张教育平等的人往往建议降低一些效率,为所有要求接受教育的人提供相同的入学机会、平等的教育过程,而且学校应当保证每一个人都能得到平等的教育结果(如平等的职业、收入、社会地位等);主张效率至上的人往往建议先把有限的教育资源集中在一部分人身上,以尽可能培养出拔尖人才,不惜推迟或牺牲一部分人的受教育机会。两种不同的价值取向反映到教育决策中,往往使得教育在平等与效率间左右摆动。

二、高等教育的平等与效率的关系

如何在高等教育平等与效率之间作出选择,很大程度上取决于对平等与效率相互关系的理解,因此对平等与效率相互关系的探讨既有理论意义,又是指导高等教育决策所必需的。从理论上看,效率和公平属于不同的范畴,不成为一对矛盾,但从高等教育的实际情况来看,它们之间存在着顾此失彼的现象,所以又构成了一对矛盾。高等教育的公平和效率是一对矛盾,它们既是对立的又是统一的。

(一)平等与效率是一对矛盾的范畴

高等教育是一种高投入的社会活动。目前,任何国家都还没有富裕到能不受限制地发展高等教育的程度,高等教育经费短缺是一个全球性问题。用有限的投入从事一项昂贵的服务活动,就必然提出高等教育的效率问题。

(1)高等教育的资源要适当集中以保证这种高投入的活动能够顺利、高效地进行。

(2)对谁受高等教育要有所选择。选择的目的是减少浪费(如避免留级、退学),也是为了保证学生能够获得好的学习成绩。

(3)高等教育应按社会需要分层培养人才,达到学有所用的目的,更好地适应社会的需要,实现效率目标。

把资源适当集中,必然要减少入学机会,这从根本上说不符合平等的精神。减少入学的机会,同时又提出了另一个更复杂的问题:谁应受教育? 如何选拔?

目前最常用的选拔方法是文化知识考试，考试成绩优异者则优先享受高等教育的权利，但这种方法却忽略了由于家庭背景等因素造成的学生能力之间的差异本身正是社会不平等的产物。这种选拔方式及随后的教育进一步复制和扩大了不平等。其次，选择的手段、标准本身也不是很可靠，即不一定是平等的；有幸进入高等学校的人，要根据社会需要接受不同层次和专业的教育，这又加剧了不平等。因为平等观基于这样的假设：一个人的能力绝不可能在任何的时刻内都被认识清楚，而只能设想，如果提供一个良好的发展机会，它可能怎样。所以为使每个人都通过教育而获得发展，必须提供相同的发展机会。

另外，从宏观上分析，提高高等教育的效率要求建立一种竞争机制，通过竞争使得教育资源流向效益好的部门，实现教育资源的优化配置。但这种竞争仍是建立在以往既成的不平等的事实上，它往往导致“马太效应”：好的愈好，差的愈差，加剧社会不平等。而高等教育的平等则追求的是享受教育权利的均等，而不惜满足于低水平运作，从而大大降低了高等教育的效率。换句话说，高等教育平等观主张尽量把高等教育资源这块“蛋糕”做大，使更多的人能够享用它。高等教育效率观主张把“蛋糕”切得更科学，使有限的资源能产生最大的效益。

从以上分析看，高等教育的平等和效率总是处在矛盾之中，此消彼长，似乎不可调和。因而有人把平等与效率比作一架天平，增加平等的砝码，会带来效率的下降、质量的滑坡；增加效率的砝码，又会产生不平等。但这仅仅是看到了事物的一面，它还有更深刻的另一面。

(二)平等与效率又是一对统一的范畴

高等教育平等作为社会平等的一部分，是人类所向往的理想；而效率又与人类进步、社会发展密切相关，它也是人们所不懈追求的。平等与效率虽然在一定条件下相抵触，但从根本上说二者是统一的。

(1)人们所追求的效率以质量为核心，而质量同时又是平等的基本内涵之一。没有质量，高等教育平等只能是形式上的。平等的最终实现绝对不能离开质量这一前提。

效率不仅仅指质量，它通过竞争机制实现资源优化配置，从而使得有限的资源最大限度地发挥作用，最终产出尽量多的产品，这与平等的精神是一致的。所以从长远来看，效率的发展最终为平等提供了可能，而平等的实现必然依赖于效率的提高。

(2)从另一角度来看，平等也是提高效率必不可少的条件。首先，效率的提高需要一定的相对稳定的社会环境。其次，从某种意义上说，整个社会的合作是实现理想效率的关键。如果缺乏必要的平等，必然造成“短板效应”，即人与人之间、不同人群之间能力不能衔接、协调，从而导致整体效率低下。最后，人类之间的竞争不同于自然界自发的“物竞天择，适者生存”的原则，它是由人类所特有的自觉性来支配、并通过理性的协调与合作而实现的。用单纯的“竞争”、“对抗”、“斗争”代替“团结”、“合作”、“互助”，便会倒退到动物界的“弱肉强食”。所以，人类社会所追求的效率本质上离不开平等。

综上所述，高等教育平等与效率是既矛盾又统一的一对矛盾范畴。

既然平等与效率是既矛盾又统一的辩证关系，那么，也就说明高等教育不是只能在高平等与低效率或高效率与低平等之间作出选择。平等与效率可以，至少在某种程度上可以兼顾。随着高等教育大众化进程的推进，高等教育的速度、规模、质量和效率的辩证关系逐渐被人们所认识，公平和效率的对立性可以得到转化也得到越来越多的认可。如果高等教育不能满足社会和个人的需要，也就不是高效率的。在具体操作中，高等教育平等与效率的组合形式大致可分为两类：一是“单一型”，即所说的高效率低平等或高平等低效率，这是一种由片面认识所支配的观点；二是“兼顾型”，即追求高等教育平等与效率双重目标，它代表一种辩证的观点，是应当追求的。“兼顾”并不是二者没有轻重先后地绝对同等对待。平等与效率在现实中不可能完全相同地齐头并进，正如有人所说，改进教育质量的目的并不一定与增加教育机会均等的目标相矛盾，但有时会产生明显的对抗。当这种情况发生时，必须考虑替代的方法和权衡利弊，目的不在于实现理想，而在于达到一种合理和现实的折衷和平衡。在现实中绝对平衡的发展只是一种理想，更多的时候必须作出“效率优先，兼顾平等”还是“平等优先，兼顾效率”的选择。这种选择应当以一定历史时期一国一地区的具体情况为依据。

三、效率优先，兼顾平等：我国高等教育价值取向的现实选择

高等教育领域中的平等与效率问题，是随着社会的发展以及高等教育的发展逐步产生的，伴随着社会经济的发展，二者的矛盾也日益突出，有限的教育资源和日益增长的需求之间的矛盾，凸现了高等教育中平等与效率的对立。但是，从现实的高等教育政策的效率与平等取向上讲，在高等教育领域中的平等与效率问题上，我们更应重视其统一的方面，力求缓和矛盾，加强统一。我们不能凭主观推断来决定，而应该以具体事实为依据，从实际出发作出符合国情的抉择。我国现阶段高等教育资源的有限性决定了高等教育发展必须坚持“效率优先，兼顾平等”的原则，承认差别教育的合理性。同时，通过高等教育政策和制度的平衡与协调机制，将差别教育控制在社会各阶层可承受的限度之内。

1996 年我国人均国内生产总值（GDP）为 674 美元，这个数字并不高，尚低于美国 1940 年的水平（759.9 美元）。在资源相当有限的情况下，高等教育却面临着更大的挑战：可持续发展战略、“科教兴国”战略要求高等教育为社会培养更

多的高级人才。高等教育究竟如何迎接这些挑战呢?“效率优先”便成了必然的选择。

从教育自身的发展来看,基础教育的普及是实现高等教育平等的前提。高等教育的发展策略很大程度上取决于基础教育发展状况。我国 1993 年小学适龄儿童入学率为 97.7%,而小学毕业生升学率仅为 81.8%,即使到 2000 年也只能是占全国人口 85%左右的地区普及九年制义务教育,其余 15%的地区只可望普及小学教育。在基础教育仍未普及的情况下,过分地把资源投入高等教育是不现实的。

另外,我国目前经济发展模式以劳动密集型为主,就业人口中 70%是从事简单农业和手工业劳动的劳动者。教育与经济、社会相适应,必然要求我国教育是低重心的。我国城市化率非常低(1995 年城镇人口仅占全国人口 27%,不到美国 20 世纪 40 年代水平的一半),地区发展极不平衡,城乡差距明显,这种情况下过分强调平等显然是不现实的,理智的做法是提高效率,促进经济发展,缩小地区间差距,逐步实现平等。

从上面种种情况来看,在经济与社会转型时期,为了加快改革与发展的步伐,社会发展一般采取的是“效率优先,兼顾平等”的原则。同整体的社会发展原则一样,高等教育发展也应当坚持“效率优先,兼顾平等”的方针。这是符合时代要求,符合我国国情的选择。

“优先”应当“适度”,“兼顾”不是不顾。所谓“效率优先”,是指当前必须把提高高等教育效率作为首要目标。所谓“兼顾平等”,一是指在保证效率的前提下,要最大限度地满足人民群众对高等教育的需求;二是指目前仍不能用平等的理想目标来要求现实,而只能用发展的眼光审视现实,作符合现实的最大努力。为了提高高等教育效率,在目前高等教育经费紧张的情况下,我们首先要改革办学体制,实现教育资源多元化,允许社会团体、私人办学,采取民办公助、公办民助等多种形式充分利用各方面教育资源。进一步完善高校收费制度,并通过立法保证教育经费的稳定来源和增长。其次,要实现高等教育适当分层分流,比如可以由市场竞争形成重点大学,废除重点大学的终身制,让所有的高校在高等教育“金字塔”结构中都有同等的向上流动的机会。这有利于高校充分发挥自身优势,更好地培养社会需要的各种人才。再次,要进一步改革管理体制,给高校充分的办学自主权,要让学校成为面向社会依法独立办学的法人实体。这利于学校间展开竞争,利于资源优化配置。以上这些方面虽然主要从效率角度出发来考虑,但也对提高高校的入学率,促进高等教育的机会均等有着积极作用。国家还应采取具体措施对在竞争中处于不利地位的学生给予帮助,建立对弱势群体的补偿制度,以尽量避免“马太效应”,积极推进高等教育的平等。如对少数民族地区、农村地区、落后地区的学生给予一定的政策倾斜，以期逐步缩小差异。建立和完善面向学习成绩优异的贫困学生的助学金、奖学金、贷学金制度，也是保证高等教育平等的重要措施。

复习思考题

1. 制约通才教育与专才教育的因素有哪些？
2. 简述我国高等教育大众化应遵循的原则。
3. 试述平等与效率的关系。
4. 如何理解高等教育的个人本位与社会本位的关系？
5. 为什么说高等教育大众化是高等教育发展的必然趋势？
6. 试述应如何处理科学教育与人文教育间的关系。

主要参考文献

1. 李剑萍：《20 世纪中国的高等教育：通才教育与专才教育的张力》，载《山东师范大学学报》（人文社会科学版）2002 年第 5 期。

2. 田霞：《从大学职能看科学教育与人文教育的融合》，载《北京行政学院学报》2007 年第 6 期。

3. 薛天祥、庞青山：《大学人文教育与科学教育融合新论》，载《教育发展研究》2003 年第 7 期。

4. 张人杰主编：《国外教育社会学基本文选》，华东师范大学出版社 1989 年版。

第七章

高等学校的教育制度

自近代以来,随着社会对教育需求的加强,教育系统内部之结构和功能也日趋复杂,在各个国家逐渐形成一些各具特色的现代教育基本制度。在高等学校中,这些基本制度主要包括高等学校的学制、学位制度、招生就业制度等。

第一节 高等学校的学制

高等学校的学制指各类各层次高等学校的系统。它是一个国家整个学校教育制度的一个组成部分。

一、学制的概念及其演变

学制是指一个国家的各级各类学校的系统。具体包括:有哪些种类的学校,这些学校由谁来主办和管理,学校的性质和任务是什么,实际的入学条件、修业年限以及各级各类学校的关系如何,等等。因此,它既随时代发展变化而变化,又具有相对的稳定性。

学制建立的基本依据在于:

(一)社会的生产力和科学技术的发展水平

在人类社会早期,由于生产力水平低下,教育与日常生活密切融合在一起,学校作为一种教育活动的组织还没有正式形成。进入奴隶社会和封建社会以后,生产力水平有所提高,出现了剩余产品,由于社会的分工,使一部分人有可能从生产劳动中解脱出来,专门从事精神活动,所积累的知识与经验需要系统传递,由此出现了一些早期的学校,但这些初期的教育机构还不能够形成完整的体系,学校间也不存在严格的高等、中等、初等的级别。只是到了近代以后,随着生产力的快速发展,特别是科学技术在生产中的广泛应用,资本主义大工业生产方式开始出现,它不仅要求拥有大量具有一定文化水平的工人,而且还急需一批拥有各种专门科学知识的技术人才和管理人才,这就客观上推动了教育的发展。至此,在一些西方国家,一个贯穿初、中、高等教育的完整体系率先形成。

(二)社会的政治制度

任何社会对教育机构所培养出来的人才都有一定的规格要求,这具体体现在学校的办学性质和办学任务上。学制作为学校教育的基本制度,它规定着各级各类教育机构应该向什么人敞开大门,各级各类学校间在教育内容上如何衔接,各级各类学校办学方向是否保持一致等。

(三)受教育者的年龄特征和发展水平

学校教育的主要目的在于传授知识、培养技能、提高能力,这受制于受教育者的接受和领悟能力。所以,受教育者的身心发展特征是确定各级各类学校分段以及学生入学年龄、修业年限的基本依据,它体现了统一性的原则。在目前世界各国,尽管学制基本稳定,但围绕着学制中如何更合理地划分阶段、各阶段的修业年限如何确定等问题,还在进行不断的尝试和探索。

二、高等学校的学制概况

高等学校系统一般是由普通高等学校和成人高等学校两大子系统构成。其中普通高等学校子系统内部结构特征比较复杂。以下从宏观和微观两个角度着重对各国的普通高等学校的学制结构作大致分析。

(一)世界各国普通高等学校系统的宏观特征

美国学者伯顿根据世界各国高等学校系统的不同特点,从举办者角度将其概括为四种基本类型,它们分别是:单一公立系统,单一机构部门;单一公立系统,多重机构部门;多重公立系统,多重机构部门;私立和公立系统并重,多重机构部门。

(1)单一公立系统,单一机构部门。在该模式中,所有高校都由政府来举办,并统一接受政府的某一主管部门的垂直领导。系统中各高校间存在差异很小,基本只有国立大学一种形式,意大利为该模式的代表。

(2)单一公立系统,多重机构部门。高等教育虽然是由统一的政府部门管理,但却分化为两种或多种类型的机构。这种模式的特征在于:所有高校由中央政府举办,但资金却来自政府不同的部门。如法国高校系统分大学、大学校和专门从事技术教育和师范教育的机构等三类部门,大学由政府教育部负责,但大学校中除少数归教育部外,大多分属其他政府部门,如理工学校由国防部负责。

(3)多重公立系统,多重机构部门。该模式主要出现在实行联邦制的国家,高等教育主要由地方举办,在不同程度上受中央政府的影响。许多西方国家如澳大利亚、加拿大和德国等属于该模式。以澳大利亚为例,高等教育系统可划分为三种部门:大学、高级教育学院和继续教育学院。它们分属六个州,由各州统一管理。

(4)私立和公立系统并重,多重机构部门。这一模式的典型代表是日本和美国。如日本高校分国立、公立和私立三种类型,除少数国立大学外,大多是由地方举办的公立高校和由私人举办的私立高校。无论公立还是私立高校,都包含大学和学院等不同的部门。在美国,高等教育被划分为公立和私立两大系统,其公立高校归属各州,两大系统中部门的分布都体现为比较广泛的分类。如州立高校中按层次可分为州立大学、州立学院和社区学院。而私立高校则根据水平的差异分化为研究型大学和服务型的大学。

根据以上分类我们可以对世界各国的高等学校的学制轮廓有比较初步的认识,总括起来,世界各国高等学校的学制宏观上表现为两大特征,即公立和私立高校两大系统并存,办学层次呈阶梯式分布。以下着重从办学层次角度作专门的介绍。

(二)各国普通高等学校系统的微观特征

综观世界各国普通高等学校学制系统,一般可分为三个层次:初级学院和短期大学、大学和专门学院、研究生院。

(1)初级学院和短期大学。这是一种以承担专门的技术人才培养或职业培训功能为主的高等学校,有时也通过开设与大学一、二年级相同的普通教育课程与大学同年级课程相衔接。在美国,该类学校称社区学院,其修业年限一般为2年。日本把该类学校称为短期大学,其办学宗旨与美国的社区学院大致相似。此外,日本的高等专门学校的招生对象是初中毕业生,学习年限为5年,主要培养目标是实践能力强的技术人员。法国的短期技术大学的培养对象也是各种技术人才,其生源既可以是高中应届毕业生,也可以是在职工人,其学习年限、学习方式都比较灵活,可以2年,也可以是3年,学生可以采取全日制也可采取半工半读的形式申请入学。以上所述的各类学校在入学条件上一般比较宽松,持有普通中学毕业证书即可入学,它反映出各国高等教育大众化的特征。

(2)大学和专门学院。这是世界各国高等教育系统中的一个主要层次,在不同的国家其表现特征不同。

美国这一层次的高校主要是大量的州立或私立大学、文理学院,各机构间无论在水平还是在规模上都存在很大的差异,其中既有世界一流的研究型大学,规模庞大、由多个分校组成的巨型大学,也有办学水平一般、规模较小的私立大学和学院。美国大学或学院的修业年限一般为4年，学生的入学条件因校而异，越是高水平的研究型大学竞争越激烈，对入学的成绩要求越高，而一些一般性大学和文理学院则基本上实行宽进严出。

在法国，这一层次的高校包括综合性大学和大学校。综合性大学分三个阶段：第一阶段修业年限为2年，修业期满获大学普通教育文凭；第二阶段1～2年，主要以专业课程学习为主，修满获学士或硕士学位；最后进入专业深造阶段，年限1～4年或更长时间，毕业获博士学位。综合性大学的学生入学不存在竞争，持普通高中文凭即可入学，但在不同阶段淘汰率较高。大学校是法国的精英教育机构，对学生的入学条件要求苛刻，必须是高中或大学第一阶段的学术尖子才有可能被接纳，大学校的修业年限为3～5年，其培养出的人才往往成为社会政界和工商界的高级职位人员。

英国这一层次高校的机构分类则比较复杂，古典大学、近代大学和新大学在入学条件、修业年限和学习形式上都各不相同，如古典大学入学考试严格，新大学实行工读交替制，等等。

(3)研究生院。这是高等教育系统中的最高层次。研究生教育目前已成为发达国家高等教育发展的一个重要方向。为保证本国经济和科技等领域处于世界领先地位，各国纷纷通过大力发展研究生教育来满足国家对高层次人才的需求。为此在美国、日本和德国的大学中都专门设立研究生院，来招收大批的硕士和博士研究生。研究生教育是建立在相当于大学本科基础上的更高层次学位教育，各国通过不断的探索和创新，在植根于传统的基础上，逐步形成了各具特色的研究生教育学制体系。

一般来说，世界普通高等学校系统的微观特征可归纳为以下几点：(1)由于大多发达国家目前已进入高等教育大众化阶段，高校的入学条件限制一般比较宽松，特别是在初级学院和短期大学层次；(2)在一些国家，同一层次的高校由于办学水平上存在差异，入学条件的要求有所不同，体现了大众化教育中依然清晰可见的精英教育特征；(3)各国高校学生就读的形式呈现多样化的特点，具有一定的弹性和灵活性，特别是对于一些低层次和新创办的高等教育机构而言更是如此；(4)在各个层次中，由于培养规格的多样化，办学策略和学生的修业年限有一定的差异，但总体上，初级学院和短期大学层次一般为2～3年，大学和独立学院一般为3～4年，研究生教育层次则差异比较明显；(5)各国在各个层次间既考虑到合理的分流，也注意建立相互衔接和贯通的机制，以满足不同能力水平和有不同发展需要学生的入学要求。

三、我国高等学校的学制

(一)我国高等学校学制的历史沿革

1951 年国庆节，中央人民政府、国务院公布了《关于改革学制的决定》，明确高等教育是作为中等教育基础上的更高层次的教育，它包括高等专科学校、大学和专门学院、研究生部三个层次。1951 年新学制的确立，明确了劳动人民和工农干部的教育在各级各类学校中的地位，因而使工农业余学校及工农干部文化补习学校的学生都有可能进入高等学校，从根本上改变了旧中国高等学校的办学性质。1952 年，鉴于高等学校系科庞杂、国民经济所急需的工科人才缺乏以及高校地区分布的不合理等问题，我国政府模仿前苏联模式对全国高校进行了院系调整，调整后的高校类型是：建立了一批新的文理综合大学，将国家建设所迫切需要的系科或专业予以分别集中和独立，使之成为新型的工、农、医、政法、财政、艺术、体育等专科学院。由此开始，我国高校由国家举办、分属中央各部委和地方的条块体系基本形成。经院系调整所产生的大量专科学院和部门所有的条块分割体系，对我国后来的高等教育发展产生了巨大而深远的影响。

“文化大革命”开始后，我国高校曾一度停止招生，后来实行推荐入学的办法，将大学的学习年限一律定为三年，取消专科、本科和研究生层次之分，实行所谓“开门办学”，致使我国高等学校学制出现了严重的混乱。

“文革”后，随着招生制度的恢复，我国高等学校学制开始逐步进入一个重建秩序的阶段，同时，由于社会环境的巨大变迁，系统的调整和改革也势在必行。

目前，我国普通高等学校系统的宏观总体特征是：以多重公立系统为主，即大多高校由各省(市、区)举办和管理，部分由中央部委负责，与此同时，私立系统也逐步形成；高等教育学制结构可分为专科、本科和研究生三个层次。

(二)我国高等学校的学制结构

高等专科学校、大学或专门学院以及研究生院是我国高等学校系统的三个基本层次。

(1)高等专科学校。其培养目标主要是培养初级的专业人才，学生来源一般是高中应届毕业生，修业年限为 2～3 年。也有部分高校招收初中毕业生，修业年限一般为 5 年。

(2)大学和专门学院。这是我国高等学校系统的主要部分，主要包括部分综合性大学和大量的分别以工、农、林、医、师范、政法、财经、体育、艺术等科目为主的大学或学院。其主要培养目标是高级专门人才，学生的主要来源是普通高中应届毕业生，修业年限一般为 4 年，个别为 5 年。

(3)研究生院。这是设立在大学、专门学院或有关科研部门中专门负责组织和管理研究生教育的职能机构,在一些高校中由于研究生培养规模较小,成立研究生部、研究生处或研究生办公室来具体负责。我国研究生教育划分为两个层次,即硕士研究生教育和博士研究生教育,培养目标分别是具有从事本专业实际工作或者科学研究工作能力的高级专业人才和具有独立从事本学科创造性科研工作和实际工作能力的高层次专业人才。通常硕士研究生教育修业年限为2～3年,博士研究生教育的基本修业年限为3～4年。

(三)我国成人高等教育的学制结构

目前我国成人高等学校系统从形式上可以分为以下几种:

(1)职工大学和职工业余大学。主要招生对象是社会企事业部门的职工,学习方式为脱产或业余形式,学习期限脱产一般为2～3年,业余为4～5年。培养层次大多为专科。

(2)广播电视大学。主要利用现代化教学手段实施远距离教育。招生对象为社会上具有高中毕业程度的人员以及应届高中毕业生,通过考试录取。培养规格以全日制普通高等专科毕业水平为准。课程学习以广播、电视教学为主,适当辅之函授教学。由于学校采取学分制,因此学习时间比较灵活,有全日制、部分时间制和业余形式,学习期限不一。

(3)函授学院和普通高校的函授部。招生对象一般为具有高中毕业程度和大专文凭的在职职工,通过入学考试择优录取。学习方式以自学为主,辅之集中面授和经常性的辅导,学习期限为:高中毕业起点本科为5～6年,专科一般为3～4年;专科起点升本科为2～3年。学生毕业颁发专科学历证书或本科学历证书。

(4)普通高等学校的夜大学。招生对象和职工大学一样,以专科教育为主,部分为本科,也有专门设立单科以满足职工岗位需要的。夜大学的学习年限一般为3年。

(5)其他。包括教育学院和中学教师进修学院、管理干部学院等。

除了以上由具体机构承担的成人教育以外,我国还建立了高等教育自学考试制度,又被称为"没有围墙的学校"。参加自学考试的对象,不受学历、年龄限制。学习方式主要是自学,考试是中心环节,专业考试的计划,专科一般为3～4年,本科为5～6年。考试采取单科形式,及格者发单科合格证,并累积学分,不及格可来年再考,如最终考完全部专业计划所规定的课程,成绩合格,且满足其他要求,可获得学历证书。本科毕业完成毕业论文(设计)者,可向有学位授予权的主考学校申请学士学位。

第二节　高等学校的学位制度

学位是评价个人学术水平的一种尺度，也是衡量一个国家学术水平高低的一种标准。对于学位获得者来说，学位不仅代表着他在知识等级中的地位，而且反映出他自身的学术能力。所以，学位本身具有很强的严肃性。这种严肃性通常具体体现在学位授予的过程当中。

学位制度就是国家和高校为保证学位的严肃性，通过建立明确的学术衡量标准和严格的学位授予程序，而对达到相应学术水平的受教育者授予一定称号的制度。

一、学位制度的由来

学位制度的产生和发展过程大致经过了两个阶段。

（一）中世纪大学的学位制度

现代学位制度主要起源于一些西欧的中世纪大学。作为最初的学者行会组织，中世纪大学仿照行会的习惯，制定严格的会员入会标准。一般地，学生必须在大学中经过一段时间的学习，在取得优异成绩后，方可被介绍成为教师。其获得教师资格的证明就是最初的硕士学位证书，后来又出现了博士和教授等头衔，但起初硕士、博士和教授几种头衔间几乎没有区别，不存在高下之分。

随着文科与其他专业科包括神学科、法学科和医学科间发生分化，到 15 世纪末，博士和硕士头衔所代表的资格就出现较大的差异，硕士一般授予低级科（文科）学生，而博士授予高级科（神、法、医）学生，由此，这种具高下之分的学位制度逐渐传播到世界各地，并为大多数国家所采用。

约在 13 世纪以后，比硕士和博士学位稍晚，出现了作为教授助手的学士，学士头衔获得者的资格一般是必须修完低级科“七艺”中的前“三艺”，并担任一些教学工作。

从以上中世纪大学中学位产生的过程看，学位在当时主要代表一种教师职业的资格，它虽然在一定程度上反映了不同学位间的学术水平差异，但其衡量标准和学位的授予程序并不是十分规范，而且由于当时学科分化不明显，大学的科学教育和研究活动尚未得以全面开展起来，所以学位并不代表个人的学术研究能力。

（二）现代学位教育制度的确立

19 世纪初，德国教育家洪堡根据新人文主义思想创办了柏林大学，他主张大学要广泛开展世俗的科学教育和发展民族文化，提倡学术自由、实行教学和科研的统一。在他的倡导下,德国的新型大学很快突破了中世纪以来大学中由法、神、医三科占主导地位的传统模式,而有关自然科学和社会科学知识的哲学科受到空前的重视。由此开始,德国大学内学术思想活跃、研究气氛浓厚,在19世纪中期,一度成为世界哲学、科学和学术的中心,并作为样板为众多国家特别是美国的研究生教育所仿效。

在德国新型大学中,由于自然科学和社会科学研究备受重视,所以哲学博士学位也就应运而生。通常哲学博士学位的标准十分严格,它不仅要求申请者接受正规的学术性高等教育,而且必须从事科学研究工作,并最终完成富有创见、对科学发展有所贡献的论文,论文需提交大学教授会主持的答辩会,通过后方可授予哲学博士学位。

与此同时,为配合高层次的博士生教育,德国对其整个学校系统进行了调整,统一调整了完全中学,将其转变为德国大学的预备学校,并纳入了整个学制,从而为大学奠定了坚实的中等教育基础,进而保证了从小学教育到博士生教育的连续性和正规性。

德国哲学博士学位的设立,一方面丰富了学位的内涵,强调纯理论研究和学术探究,体现了学位的学术价值和水准;另一方面,严格的学位授予程序又推动了学位授予过程的规范化和制度化。至此,现代学位制度基本确立。德国模式此后也纷纷为世界各国所模仿,在借鉴基础上形成了各自具有特色的现代学位制度。

二、现代世界各国学位制度的概况

随着世界各国对研究生教育在社会发展中作用的认识不断提高,在结合本国教育基本制度的基础上,各国逐渐建立和完善了各具特色的学位制度。总体上,各国的学位层次都包括学士、硕士和博士三个部分,个别国家也授予其他学位。

(一)美国的学位制度

美国大学目前实行准学士、学士、硕士、博士学位制,分别代表本科和研究生两大类教育四级不同的学术水平。由于准学士学位只是读完二年初级学院或社区学院的资格证明,不是攻读学士学位的必经阶段,因此美国的学位制基本上还是三级水平结构。美国高等院校设置的学科专业名目繁多,新兴学科和边缘学科层出不穷,因此美国的学位五花八门,达2000种左右,但按学位性质,只有学术(研究)学位和专业(学科)学位两种。此外,美国大学还颁授荣誉学位,此种学位并不反映学术成就,而是对于那些对社会有杰出贡献者的承认。在美国,各高等院校之间的学位水平也不一致。

准学士学位：完成中学教育后进入四年制高等院校修完前两年课程，或只在二年制的初级、技术或社区学院修完全部文理科课程的学生可获得准文学士或准理学士学位，修完相应的职业、技术课程则可获得准应用文学士或准应用理学士学位。

学士学位：中学毕业取得文凭后，成功地在学院或大学完成四年学业，便可取得学士学位。文理科学士学位课程通常为四年，每学年两个学期，目前亦有不少院校实行三学年制或三学期(秋季、春季和夏季)制。

硕士学位：在美国，有 600 个以上授予此种学位的院校，即便是在这些院校不同的系中，硕士学位也有着不同的意义。在有的院校，学生在学校学习五年便可获此学位；而在另一些院校学生须通过资格考试，提交学位论文，还须选修一门外语。有时它是修完二年制专业课程的学位，如工商管理专业；或三年制的研究生课程，如美术专业。它还可以是第二级专业学位，如在药理学和建筑学专业。

博士学位：博士学位是美国高等院校授予的最高学位。在自然科学、社会科学和人文科学众多领域，该学位的获得者不管专攻何种学科，均被称作哲学博士。哲学博士学位强调学术研究的能力，有别于侧重应用领域的专业博士学位。

对博士学位的要求各院校均有差异，但也有一些共同点。学生通常需修二年的专业课程，在此期间学生不仅增加对所学专业的全面了解，同时也接触并初步掌握学术研究的方法。

美国的博士后职位，不是博士学位后的一级学位，而是对博士学位的一种补充，它是为取得博士学位者在一定的科研机构继续从事研究工作而设置的一种过渡性职位。博士后教育无严格的教学结构和形式，博士后研究人员在某处完成一个阶段的研究后，即转到适合自己工作的地方就职或到另一处继续进行博士后研究，对他们不授予学位。

(二)俄罗斯的学位制度

俄罗斯的学位制度沿袭前苏联。前苏联高等院校的学制结构有其特殊性，其学位制度也不同于世界上的其他国家。在当今世界教育制度的影响下，普遍实行了学位制。凡是受过大学和研究生教育的人，都持有证明自己通过高等教育达到相应水平的学位、享有相应的学位称号的证书。而前苏联在研究生教育中只设副博士和博士两级学位，不设硕士学位。大学本科毕业生不授予学士学位。由此可见，前苏联与我国及欧美国家的学制结构存有差别，学位制度也不尽相同。学位这种形式并不能完全反映出各个国家的教育水平和教育质量。俄罗斯人认为，他们的高等教育水平和质量相当于甚至超过欧美国家获得硕士学位的学习年限，已经达到欧美国家的硕士水平，尽管没有设立这一级学位。而俄罗斯的副博士学位完全不逊色于欧美的博士，因为都需要 3～4 年的学位课程学习，都要通过严格的考试和论文答辩。至于俄罗斯的博士学位同欧美的博士后资格规定在原则上更是大同小异。

俄罗斯高等学位制度的特殊性，反映了俄罗斯独特的文化背景和教育传统。但这种特殊性也给其在国际学术和文化交流中带来诸多不便。

目前，俄罗斯的高等教育学制正处于新旧转轨时期，俄罗斯新旧两种高等教育学制结构同时并行。实行旧体制的高等学校，学制一般为五年或者六年，学生毕业后获得高等教育毕业证书，同时获得"工程师"、"经济师"、"医师"等专家称号。而实行新体制的院校基本与国际上通行的学位体制接轨，分为以下几个层次：

第一层次为不完全高等教育(相当于我国的大专学历)，这是高等教育的初级阶段，学制两年，学业期满领取"不完全高等教育毕业证"。

第二层次为学士学位教育(相当于我国的本科学历，毕业生获得学士学位)，旨在根据学生选定的高等教育专业方向培养具有学士学位的专家，学制四年(2＋2)。学校向按规定修完全部课程(包括实习)、通过全部考试考查、经考核合格的学生颁发高等教育毕业证，同时授予相应专业的学士学位。获学士学位的学生可以继续接受第三级高等教育。第二级学士学位教育仅限于人文、社会经济、理科等专业。

第三级为硕士学位教育和专家资格教育。这一级高等教育由高等院校按照两种类型的基础专业教育大纲实施。一种是培养具有硕士学位的专家，另一种是培养具有"工程师"、"教师"、"农艺师"、"经济师"等资格的专家。

硕士学位教育是在学士学位教育的基础上再接受两年专业培养(包括科研或教学实习)，标准学制为两年(加学士学位教育共六年，即 4＋2)。学校向按规定修完全部硕士学位课程，通过考试、答辩，经考核合格的学生颁发高等教育毕业证，同时授予相应专业的硕士学位。

根据俄罗斯国家高等专业教育标准，专家资格教育保留原来的学制——五年制。学校向按规定修完专家资格教育全部课程，通过考试、答辩，经考核合格的学生颁发高等教育毕业证，同时授予"工程师"等专家资格。

获硕士学位或专家资格的高等院校毕业生可报考研究生，攻读副博士学位。副博士资格考试合格，撰写论文并通过答辩者可获得相应学科的副博士学位。

(三)瑞典的学位制度

目前，瑞典的学位分为大学教育及大学后教育两大系列。在大学教育系列内有大专毕业证书、学士学位、硕士学位及职业学位。大学后教育有博士学位和副博士学位。

大专毕业证书：该毕业证书实际相当于两年的全日制教育，学生至少要完成80个学分后方可获得。在瑞典，每学分相当于一周的全时学习，每学期完成全时学习可获20个学分。

学士学位：该学位实际相当于三年的全日制教育，学生至少要完成120个学分的学习以后方可获得。其中在专业领域里至少要完成60个学分（三个学期）的学习，所要求完成的论文至少相当于20个学分或完成两篇各10个学分的论文。

硕士学位：该学位相当于四年的全日制教育，学生至少要完成160个学分的学习以后方可获得。其中在专业领域里至少要完成80个学分（4个学期）的学习，所要求完成的论文至少相当于10个学分。

职业学位：自20世纪90年代以来，根据社会某些行业的需要以及与欧盟其他国家的学位和求职相衔接，从1993年起推出该种学位。职业学位的标准一般由学校自行制定，没有全国统一的标准，也没有全国性的权威机构具体管理和指导。职业学位的学习期限不固定，主要取决于学生本人的具体情况和不同的职业背景。职业学位主要满足于学生从事某些职业的需要而设，如医学、工程学或农学硕士以及义务教育学校的教育学学士等，职业学位的种类总共有51种。

博士学位和副博士学位：在瑞典的研究领域大约有450个不同的专业，博士生教育实际上是大学毕业后再一个四年的全日制教育阶段。在这一阶段学生要完成160个学分，以课程和交流的方式进行理论学习和科学研究，最终完成比较系统的论文后方可获得博士学位。

某些学科的博士学位只需要两年时间，但同样需要学习课程和论文；在两年内获得所需学分的学生可以获得副博士学位。在瑞典有权授予博士和副博士学位的机构，是瑞典的大学以及与大学有关的研究机构和少数大学学院。

（四）德国的学位制度

从19世纪以来，德国就只有哲学博士一级学位，1965年才设立了硕士学位。

硕士学位：在四年制学校基础之上再上九年完全中学，取得中学毕业证书后，便可进入高等学校学习。德国的高等学校学习年限较长，一般为4～6年。硕士考试、文凭考试和第一次国家考试是同一级考试。文凭考试是对学习技术科学和自然科学的学生进行的一种考试。第一次国家考试是对未来的公务员和受国家监督的职业的人员如医生、教师、律师、药剂师等的考试。硕士学位考试是高等学校教师的最低一级学术考试。上述三种考试，和英法的硕士水平相当，和前苏联的高等教育水平也大体相当。

哲学博士：在德国，哲学博士是从事学生工作的必要条件。通过硕士学位考试、国家考试或文凭考试是哲学博士候选人的先决条件。博士论文要准备两年或更长的时间,论文应包含候选人科学研究的重大成果,论文答辩后,还有一次口试。

大学任教合格证书:这事实上是一级比博士学位更高的学位。持有博士学位的人,通过考试,并提交比博士论文水平更高的大学任教论文,得到教授们的满意,就被宣布获得了大学任教资格。此后,再经过若干年,才能被聘为一名教授。在大多数情况下,候选人要用三年以上的时间从事研究工作以准备论文,同时还要担任助教工作。

(五)法国的学位制度

法国的学位制度比欧洲其他国家教育机构的学位制度更加多样化。这一学位制度分普通大学类、高等教育工科类和高等教育医学类等几种。不同的教育机构都具有组织严密、教学目的明确等特点。

普通大学的学位制度根据学制的三个阶段可分为既独立又连续的三个阶段学位制。第一阶段教育是大学学位制度的一个重要环节,期末举行考试,合格者可得到“大学普通学习毕业证书”(DEUG),持有大学普通学习证书者,升入大学第二阶段继续学习。第二阶段有两个学位,一个是学士学位,一个是硕士学位。学士在第二阶段的第一年学习合格,可获得学士学位,第二年学习合格可获得硕士学位。学士学位阶段的教育与硕士学位阶段的教育前后连接,协调一致。持有学士学位证书者,可以直接参加工作,也可以继续深造,攻读硕士学位。

大学第三阶段是高层次专业教育和培养研究型人才的阶段。进入第三阶段学习必须持有硕士学位证书或工程师证书,并经过考核选拔。第三阶段设有不同的学位证书,一种是学习高水平的专业知识,学习一年合格者可获“高等专业学习证书”,毕业后直接就职。另一种是研究型人才教育,培养从事科学研究的人才。在第一年里学习理论知识和从事初步的科研工作,撰写一篇论文,合格者可获“深入学习证书”,并同时取得注册攻读博士学位的资格。博士学位阶段的学习一般需要 2～3 年,学士需要完成论文并通过答辩,方可获博士学位。

综上所述,法国高等教育第一阶段的任务是帮助学生选择学习方向。第二阶段主要是培养学生为选择职业作知识和技能方面的准备。第三阶段主要是向学生教授科研方法,是培养科研人才的阶段。

(六)日本的学位制度

日本的高等教育包括专科、本科和研究生教育。专科两到三年,本科一般四年,医科(含牙医、兽医)六年(毕业后可报考博士课程研究生,学制四年),硕士二年,博士三年。研究生教育阶段,有些学校硕士课程和博士课程分别设立,有些学校是合在一起设立,分博士课程前期二年,博士课程后期三年,前期课程二年也视为硕士课程。日本大学专科毕业颁发毕业证书,不授予学位;大学本科毕业授予学士学位;硕士课程或博士前期课程研究生成绩合格,论文审查通过,颁发硕士学位;博士学位研究生根据其不同情况,或颁发博士学位证书,或颁发课程博士学位证书,或颁发论文博士学位证书。

(七)英国的学位制度

在英国,由于不同类型的高校有各自的传统,学位制度也有所不同,但总体上大多学校的学位等级为三级:学士学位,分优等学位和普通学位两种;硕士学位,授予学士后1～2年的学生;博士学位,包括哲学博士和高级博士,前者比较正式,属研究学位。

以上对世界各国学位制度概况所作的简单介绍,表明了它们相互之间存在的差异与共同之处。总体看来,各国学位制度在分级、名称和要求上不尽相同,即使名称相同,但所代表的意义也有区别;大多国家的学位的授权机构一般是由政府通过制定条例或以立法的形式来控制,体现了各国国家学位制度的统一性和规范性,但由于授权机构的权限有所不同,故而造成各国在学位授予标准、授予形式上的灵活性和弹性存在差异;此外,由于各国学位制度往往植根于各自的高等教育传统及不同高校间在等级或地位上的传统差异,导致学位制度在一国之中又有不同特点,所以统一性中还存在多样性。

三、我国的学位制度

我国现代学位制度最早建立于民国时期,1935年国民政府颁布了《学位授予法》,教育部颁布了《学位分级细则》,规定学位分学士、硕士和博士三级,并且对学位授予的级别、学位获得者的资格和学位评定的办法等作了规定,这是中国现代学位制度的开端。由于旧中国教育落后,这项制度最终没有得到认真施行,到1949年新中国成立前,仅有232人获得硕士学位。

新中国成立后,政府十分重视研究生教育,1950年即招收研究生。1950～1965年共招收研究生22700多人。从1966年后,由于"文化大革命",中国研究生教育中断了12年之久。

1978年,中国实行改革开放政策以后,立即恢复了招收培养研究生制度。1980年2月12日,中华人民共和国第五届全国人民代表大会常务委员会第十三次会议审议通过了《中华人民共和国学位条例》,并于1981年1月1日起施行。1981年5月20日,国务院批准了《中华人民共和国学位条例暂行实施办法》,制定了学士、硕士、博士三级学位的学术标准,中国学位制度从此建立,中国学位与研究生教育自此有了长足发展。

(一)我国学位的级别、标准和授予办法

根据《中华人民共和国学位条例》及其暂行实施办法，我国学位分三级：学士、硕士和博士。对各级学位的要求、标准及授予办法如下：

1. 学士学位

高中毕业生经国家统一考试，进入高等院校学习。高等院校本科学制一般为四年，少数工科院校的少数专业为五年，医学院校一般为五年。

高等学校本科毕业生，成绩优良，达到下述学术水平者，授予学士学位：(1)较好地掌握本学科的基础理论、专业知识和基本技能；(2)具有从事科学研究工作或担负专门技术工作的初步能力。

学士学位由国务院学位委员会授权的高等学校授予。

2. 硕士学位

学士学位获得者或同等学力者，经考试进入有权授予硕士学位的高等院校或科研机构攻读硕士研究生，学习期限一般为2.5～3年。

高等学校和科学研究机构的研究生，或具有研究生毕业同等学力的人员，通过硕士学位课程考试和论文答辩，成绩合格，达到下述学术水平者，授予硕士学位：(1)在本门学科上掌握坚实的基础理论和系统的专门知识；(2)具有从事科学研究工作或独立担负专门技术工作的能力。

由于中国学位制度建立时间不长，在建立学位制度之初，很多学科中的教学科研工作很大程度上要由硕士来承担，在今后相当长的一段时间内，硕士学位是中国学位结构中的一级独立的学位。攻读硕士学位者不仅要学习学位课程，还要从事科学研究，撰写学位论文。与一些国家把硕士学位作为过渡学位的做法相比，中国硕士学位的学制较长，学术水平要求较高。

3. 博士学位

硕士学位获得者或同等学力者，经考试进入有权授予博士学位的高等院校或科研机构攻读博士研究生，学习期限一般为三年，也可适当延长。

高等学校和科学研究机构的研究生，或具有研究生毕业同等学力的人员，通过博士学位的课程考试和论文答辩，成绩合格，达到下述学术水平者，授予博士学位：(1)在本门学科上掌握坚实宽广的基础理论和系统深入的专门知识；(2)具有独立从事科学研究工作的能力；(3)在科学或专门技术上作出创造性的成果。

硕士、博士学位由国务院学位委员会授权的高等学校和科研机构授予。

(二)我国学位的授权体系

《中华人民共和国学位条例暂行实施办法》规定：学士学位由国务院授权的高等学校授予，硕士、博士学位由国务院授权的高等学校和科学研究机构授予。授予学位的高等学校和科研机构及其可以授予学位的学科名单，由国务院学位委员会提出，经国务院批准公布。

学位授予权力机构为各授予单位的学位评定委员会，其基本权限和职责如下：审查通过申请硕士和博士学位的人员名单；确定硕士学位的考试科目、门类和博士学位基础理论课和专业课的考试范围，审批主考人和论文答辩委员会成员名单；通过学士学位获得者的名单；作出授予硕士学位决定；审批申请博士学位人员免除部分或全部课程考试的名单；作出授予博士学位的决定；通过授予名誉博士学位的人员名单；作出撤销违反规定而授予学位的规定；研究和处理授予学位的争议和其他事项。

学位评定委员会由 9～25 人组成，任期 2～3 年。成员名单应当由各学位授予单位报主管部门批准，主管部门转报国务院学位委员会备案。

(三)授予学位的学科门类和学科、专业目录

依据《中华人民共和国学位条例》，中国的学位按哲学、经济学、法学、教育学、文学、历史学、理学、工学、农学、医学学科门类授予。1983 年和 1997 年，国务院学位委员会分别决定增设"军事学"、"管理学"门类。目前授予学位的学科门类为 12 个。

为了对学位和研究生教育实施宏观调控和有效管理，国务院学位委员会和原国家教育委员会于 1997 年统一制定和颁发了《授予博士、硕士学位和培养研究生的学科、专业目录》。该目录是国务院学位委员会学科评议组审核学位授权资格时划分专业范围的依据。同时，学位授予单位也按目录中各专业归属的学科门类，授予相应的学位。培养研究生的高等院校和科研机构以及各有关主管部门，参照此目录拟定培养研究生的规划，进行招生和培养工作。目录由三个层次的内容构成：第一层，学科门类，即学科类别；第二层，一级学科，在一个学科门类下包含若干一级学科；第三层，二级学科，一般地，在一个一级学科下设若干二级学科，国务院学位委员会在二级学科范围内制定获得硕士、博士学位授予资格的标准。

(四)学位授权审核制度

依据学位条例，任何单位要在某一学科专业授予学位必须经国务院学位委员会审定并取得授权。国务院学位委员会 1981 年 2 月颁布的《关于审定学位授予单位的原则和办法》是审定各级学位授予单位及其学科、专业是否具备授予单位条件的重要依据，它规定了各级学位授予单位及其有权授予学位的学科、专业教师队伍、课程设置、科研条件和管理制度等方面应达到的基本标准。学位授权资格的审定，必须按照"坚持标准，严格要求，保证质量，公正合理"的原则进行，既对学位授予单位整体条件进行审核，又对授权学科、专业进行审核。学位授权审核由国家统一部署。严格的学位授权审核工作，对保证学位授权质量，促进学

科建设,推动教学质量和科研水平的提高,都有极为重要的作用。

高等学校及其学科、专业申请学士学位授予权须经本校学术委员会讨论后,由学校向主管部门申请,主管部门组织相同专业的同行专家评审通过后,由国务院学位委员会或其授权的省级学位委员会审批。

高等学校和科研机构及其学科、专业是否有权授予硕士、博士学位,一般由国务院学位委员会办公室组织同行专家通过评审,国务院学位委员会学科评议组复核,再由国务院学位委员会全体会议讨论和批准并予以公布。

近年来,学位授权审核办法的改革迈出了较大的步伐,主动适应国家现代化建设的需要,注意调整授权学科、专业的结构和硕士授权学科、专业合理的地区布局,按需授权,适当增加国家急需发展的学科,特别是直接为国民经济建设和社会发展服务的学科、新兴边缘学科和高新技术学科,同时兼顾一些当代科学发展前沿的基础研究骨干队伍建设的需要。从 1995 年开始,逐步实行新的学位授权审核办法:新增博士、硕士学位授予单位和博士点由国务院学位委员会组织审核和批准;硕士点由地方、部门或学位授予单位根据统一规定的办法组织审核、批准;学位授予单位在自行审核招收培养博士生计划的同时,遴选确定博士生指导教师。在一定的学科范围内和一定的总量控制下,硕士点审批权也下放给成立了省级学位委员会的省市和一部分条件较好的高等学校。学位授权审核办法的改革,发挥了有关部门在学位授权审核中的作用,扩大了高等学校的办学自主权。

为适应现代科学技术交叉融合、向纵深发展的趋势以及我国高等教育管理体制改革的客观要求,从 1996 年起,国务院学位委员会通过一级学科选优评估,在有条件的博士学位授予单位中,确定在部分学术水平高、整体力量强、培养研究生质量好的一级学科范围内招收培养研究生并授予博士、硕士学位,其博士、硕士学位授权范围由原来的若干二级学科扩大到一级学科,成为具有博士、硕士学位授予权的一级学科。

(五)专业学位

为了拓展人才培养的类型和规格,加快培养社会急需的复合型、应用型高层次专门人才,从 1990 年开始,国务院学位委员会先后批准设置了工商管理硕士学位(MBA)、建筑学专业学位(建筑学学士学位和建筑学硕士学位)、法律硕士专业学位、教育硕士专业学位、工程硕士专业学位、临床医学硕士学位和临床医学博士学位、行政管理硕士专业学位、兽医硕士专业学位、农业推广硕士专业学位等专业学位。专业学位的设置,是我国学位制度改革的一项重要内容,它改变了我国学位类型、规格单一的状况,推动了复合型、应用型高层次专门人才的培养工作,丰富和发展了我国的学位制度。经过多年的试点和发展,专业学位教育正在成为高层次专业人才成长的重要途径。

(六)学位工作的国际交流与合作

根据《学位条例》规定,对于国内外卓越的学者或著名的社会活动家,经学位授予单位提名,国务院学位委员会批准,可以授予其名誉博士学位。1989 年 2 月,国务院学位委员会颁布了《关于授予国外有关人士名誉博士学位的暂行规定》。名誉博士的授予促进了我国教育、科技、文化、体育等工作的国际或地区交流与合作,对我国的涉外工作以及教育事业的发展,也起到了积极的作用。

中国政府历来重视建立与发展同世界各国在学位工作方面的国际交流与合作,稳步推进国家与地区间的学历、文凭和学位的相互承认工作。1983 年 12 月 16 日,亚太地区有关国家在泰国缔结了《亚洲和太平洋地区相互承认高等教育学历、文凭和学位的地区公约》。中国是缔约国之一,国务院学位委员会办公室是该公约的国家级执行机构。此外,中国还和 12 个国家签订了相互承认高等教育学历、文凭和学位的双边协议。

为了更好地促进高等教育的国际交流与合作,在国内相对薄弱的一些学科,批准了一批与境外教育机构合作办学的项目。通过合作办学,不仅培养了一批社会急需人才,还引进了一批先进的教材,培养和锻炼了相关师资队伍,借鉴了境外一些好的办学模式和管理经验,提高了高校的办学水平。

第三节　高等学校的招生和就业制度

一、高等学校的招生制度

招生制度是高等学校招生的目的、方针和实施办法的总称,是国家教育制度的重要组成部分,受国家政治和社会制度的影响。高校招生制度包括招生政策、选拔形式、入学考试、录取方式等方面的内容。完善的招生制度对于人才的选拔和培养具有重要作用。

(一)世界各国高等学校招生制度的历史与现实

在传统社会,由于接受高等教育是少数上层社会家庭子弟所享有的特权,因此,自中世纪大学兴起以来的很长时期里,大学的入学条件基本上是以阶级、身份和是否付得起学费为标准,少数贵族子弟只要通过专设的预备学校的毕业考试,即可进入大学就读。18 世纪资产阶级工业革命后,随着各种为满足平民子弟入学需要而开设的大量中等学校的出现,由下至上学制体系逐步得以建立和完善,但是在学校有限的条件下,为合理限制入学人数,在西方一些国家首先实行了各级各类学校的入学考试制度。直到第二次世界大战前,大多西方国家的高等学校基本上是实行入学考试制度。

第二次世界大战后，欧美等国为满足社会对高层次人才的需求以及迅速膨胀的个人入学要求，纷纷着手高等学校招生制度的改革。特别是在当今时代，围绕着高等教育公平和学术优秀的价值观念，各国在探索中逐渐形成了带有本国特色的、相对稳定的高等学校招生制度。

由于历史的、社会的以及传统的因素，世界各国招生制度形成了不同的模式。按有的研究者的划分，目前世界各国的招生制度大致可归纳为两种，即证书制和高考制。①

1. 证书制

对应证书制的是中等教育终了资格认定型模式，只要学生通过高中毕业考试（或会考），并获得毕业资格证书，同时也就基本获得大学学籍登录权和进入大学学习的资格。采取这种考试方式的国家有英国、法国、瑞典、西班牙等。高中毕业考试或会考的组织者既可以是国家教育主管部门，也可以是地方教育主管部门，如法国、德国、英国等。他们实行国家或地区性的中学统一毕业考试，学生只要考试合格，凭借中学毕业证书即获得进入高等学校的入学资格。以德国为例，由各州教育部统一命题和评卷，并组织本地区的高等中学毕业考试，学生获得合格证书后就可申请入学。在英国，中学毕业生必须获得由考试委员会颁发的“普通教育证书”，方可申请进入大学学习。普通教育证书分为一般水平与高级水平两级。一般高校招生主要根据申请入学者参加高级水平的普通教育证书考试所取得的成绩来选拔。高级水平的普通教育证书考试有近30个考试科目，学生可自愿选择，通常要求参加三门以上的考试，这种证书考试一年举行两次。高级水平的普通教育证书考试成绩分为A，B，C，D，E，O，F七个等级，其中A，B，C，D，E为及格以上，O，F为不及格。一般要求学生在高级水平的考试中有三门主科在及格水平以上。但各校对学生所应达到的高级水平的普通教育证书考试成绩具体要求不尽相同。如剑桥大学要求三门主科成绩均达到A级，而有些学校只要求两门通过就可以。此外，由于考生在普通教育证书考试中报考的科目不一样，学校在录取新生时就比较注重其已通过的考试课程与大学的专业是否对口，同时也了解学生在中学的学习情况、学习能力和兴趣等。

因此，持有证书只是意味着具有初步的入学资格，并不能完全保证有上大学的机会，尤其是名牌高校，还要进一步审查和考核，以面试等手段了解申请者对所报专业的学习能力和中学时各方面的表现。

2. 高考制

---

① 参见陈晓云《中外高校招生制度比较与研究》，载《比较教育研究》2003年第4期。

对应高考制的是大学统一考试型模式，指的是由某个考试机构负责全国考试，为大学提供选拔性信息的考试模式。实行这种考试模式的有日本、美国、俄罗斯。但由于这些国家的历史和背景不同，其统一考试方法、利用目的及程度也不同。它的特点是：一是具有统一的尺度性，用一个标准衡量每个学生；二是具有层次的区别性，通过考试把考生区分成不同等级，为高校选拔优秀生服务。但这类考试一般都不是一次性的，而是另外还有补充和辅助手段。例如，日本虽然有统一考试，但各高校还要单独进行第二次考试，而第一次的考分对是否能参加第二次考试以及能否录取起着重要作用，两次考试的考分是决定考生能否被录取的根本条件。

在美国，大学指定考生参加的考试主要有：(1)SAT(Scholastic Aptitude Test)考试：是一种学能测试，考试目的不是检查考生在高中掌握的知识，而是测验考生的综合能力，属于水平考试。只要通过某分数段就说明考生具备入大学学习的最低水平的能力和知识。此种考试每年举行六次，是美国采用最广泛的高校入学统一考试。(2)AT(The Achievement Test)考试：是一种成就测试，大多是为入学竞争较激烈，也就是水平高一些的高校采用。(3)ACT(American College Test)考试：即美国大学考试，主要考查学生的基本知识和基本技能。ACT 考试与 SAT 考试地位不相上下，同为高中生申请大学所需的一项考试。还有一项考试是学业成绩测验，学生在规定的十五门考试科目中，根据自己的实际情况任选三门，有的高校将此项考试成绩作为录取学生和对学生入学进行因材施教及指导专业选择的重要参数。这些国家一般都采取全国统考与各高校单独组织考试相结合的方法。私立高校一般都自行组织考试。

以上证书制和高考制主要是从考试方面探讨的。除此之外，各国高校招生录取也不尽相同。有的国家在录取学生时主要根据考试总分，如日本和俄罗斯。有的国家录取学生时依据中学提供的志愿生的全部中学时代的资料，如英国、德国、法国、瑞典等国。这些国家高校招生录取时主要审查普通教育终了资格认定考试成绩、平时考试成绩、教师评语、校长的推荐意见等。还有的国家依据中学提供的志愿生中学时代的全部资料和参加统一考试的总分来录取，如美国等。

不管是证书制还是高考制都离不开考试，所不同的是，证书制的考试主要是高中毕业考试，而高考制的考试则是专门的大学招生入学考试。就考试的组织形式而言，可以大致分为以下几种：

(1)统一的入学考试方式

实行统一的考试制度，根本目的在于保证不同的高等学校学生入学水准的相对统一性，实行择优录取。统一考试的组织者既可以是国家和地方教育主管部门，也可以是社会中的民间组织。前者如美、法、德、英等国家，它们实行国家或地区性的中学统一毕业考试，学生只要考试合格，凭借中学毕业证书即获得进入高等学校的入学资格。以德国为例，由各州教育部统一命题和评卷，并组织本地区的高等中学毕业考试，学生获得合格证书后就可申请入学。在英国，中学毕业生必须通过由考试委员会组织的“普通教育证书”考试，方可申请进入大学学习。需要说明的是，许多国家的这种统一考试并不能保证取得可进入所有高校的入学资格，对于一些处于顶端的高水平大学来说，招生过程中还有许多其他的严格限制。

作为统一考试组织者的另一种形式，一些国家中的民间考试组织，在为高水平大学选拔优秀人才中发挥了重要的作用。如美国的“大学入学考试委员会”和“大学考试协会”属于民间考试组织，它们通过组织学术性向测试和学业测验等考试形式，为高校提供能较真实地反映考生情况的成绩。

在亚洲地区，实行统一的考试来录取新生的做法被普遍采用。如我国的台湾地区，目前仍实行大学联考制度，在东南亚的泰国和菲律宾等国家也都实行全国统一的招生考试制度。

(2)由大学单独组织入学考试的形式

一些实行大众化高等教育的国家，为保证部分顶尖大学的学术水平，以体现大众化高等教育中的精英教育特征，允许一些高校依旧采取竞争性的严格选拔的单独考试制度。如美国的许多名牌私立大学，自行举办入学考试，对申请入学者进行严格的淘汰和选拔，只有少数成绩优异的学生才能获得入学资格。法国大学校的招生选拔机制更为严格，只有部分学术尖子在参加预备班的学习之后，通过各校单独举办的竞争性考试才有可能获得入学机会。

(3)统一考试和单独考试相结合的形式

实行统一考试与大学的单独考试相结合，其根本目的在于更准确地把握考生的详细情况，避免“一考定终身”的弊病。实行该形式招生制度的国家主要是日本的国立、公立大学和英国的一些传统大学。如日本通常由具有独立法人地位的“大学入学考试中心”负责组织、实施全国统一考试，也就是第一次考试，考生的成绩直接由考试机构送达考生所申请入学的大学。大学在收到考生成绩后，接着单独举办第二次考试。两次考试的目的有所区别：第一次着重考查学生对高中阶段基础知识和基本技能的掌握程度；第二次考试的目的则是考查学生的专业适应能力和特殊能力，考试的形式也不同。在英国，考生在“普通教育证书”考试中所有科目都达到高级水平后，若申请进入传统大学如牛津和剑桥大学就读，还必须参加由大学举办的入学考试，成绩合格后方可获得入学资格。

除了以上形式外，在许多国家高校的招生制度中也采取了推荐免试入学的方式，为具有卓越才华和在某一方面有特殊才能的学生提供特殊的机会。

(二)我国高等学校的招生制度

1. 我国高等学校招生制度的历史沿革

新中国成立以后，国家在大力发展高等教育的同时，实行了考试制度。从1952年开始实行全国普通高校统一招生入学考试，1958年，一度改为省、市自行考试就地招生，1959年又实行全国统一招生，一直到1965年。"文化大革命"期间，改为公社、各行业推荐入学的办法，全国统考招生中断了11年。当时的推荐办法，标准不一，弊端丛生。

1977年8月8日，邓小平在科学和教育工作座谈会上发表了讲话，他强调："从今年开始要下决心从高中毕业生直接招考学生，不要再搞群众推荐。"1977年10月，国务院批准《教育部关于1977年高等学校招生工作意见》，明确提出重新恢复全国统一招生制度，废除由群众推荐上大学的招生制度；恢复入学文化考试，实行德、智、体全面考核、择优录取的原则；恢复招收应届高中毕业生，坚持考生必须具有高中毕业的文化水平；并实行"自愿报名，统一考试，地市初选，学校录取，省、市、自治区批准的办法"。

1978年，高等学校招生实行全国命题，由省、市、自治区组织考试、评卷和录取。报考高等学校的青年必须拥护"四项基本原则"，热爱祖国，遵纪守法，有为社会主义现代化建设奋发学习的决心，高中毕业或具同等学力，身体健康，未婚，年龄一般不超过25岁；有丰富实践经验的优秀青年，可适当放宽年龄，婚否不限；在中国定居的外国侨民和华侨、港澳同胞，符合条件的也可报考。从此，高等教育考试招生工作开始逐渐走向正规化。

1984年6月，伴随着以"计划经济为主，市场调节为辅"的经济体制改革的推进，教育部、国家计委、财政部联合颁发了《高等学校接受委托培养学生的试行办法》，其精神实质就是在保持指令性国家任务计划形式下，高校开始招收委培生和自费生。由此形成了高等学校招生制度的以国家任务为主、以招收委托培养学生和自费生为辅的招生形式和录取办法上的"双轨制"。高等学校招生的"双轨制"在挖掘高等学校的办学潜力、调动教职工的积极性、优化资源配置，适应社会各界对人才的需求、促进高等学校发展和办学效益提高方面，都起到了积极作用。但是，"双轨制"存在的招生录取办法的差别带来了明显的弊端：统一计划招生和调节性计划招生存在的两条分数线之间有较大差距且越来越大，甚至同一学校、同一专业在同一地区所招收的新生，执行的录取分数线差距依然很大。另外，还出现了在可通过调节性计划招生的范围内，有些高考分数较低的考生可自费上大学，而有些高考分数较高的考生却因无力缴费而上不了大学的问题。这严重违背了教育公平性原则和高等学校的基本理念。

自20世纪80年代以来，我国逐步推行了定向生制度、保送生制度、委培生和自费生制度。所谓定向生制度，即高校根据不同地区、不同行业对人才的需要，实行定向录取、定向分配的招生制度。保送生制度则是对部分品学兼优或某方面有特殊才能的学生实行免试录取的招生制度。委培生制度则是打开培养单位和用人单位联系的渠道，由用人单位通过合同形式委托高校培养人才的制度。通常用人单位要向培养单位交纳一定数量的培养费。自费生制度是考虑到我国高等教育中的供需矛盾和高校的培养条件，国家允许高校在培养任务之外，再招收部分自我承担培养费用的考生，国家不负责考生的分配。

通过以上制度的实施，一定程度上克服了我国高校招生制度中存在的一些问题。但与此同时，又出现了许多新问题，其中高校在录取过程中执行不同的分数标准，以致造成学生水平参差不齐，甚至严重损害教育公平的问题尤其突出。1993 年 2 月，中共中央、国务院颁发了《中国教育改革和发展纲要》，其中明确提出“改变全部按国家统一计划招生的体制，实行国家任务计划和调节性计划相结合”，并规定“改革学生上大学由国家包下来的做法，逐步实行收费制度”。随后发表的《纲要》实施意见进一步提出，待条件具备后，“学校可根据社会需求和办学条件自行调整招生规模”，并要求高等学校招生收费不应以收取高额学费而降低录取标准，从而淡化了两种计划招生的“双轨制”，逐渐变双轨为单轨。1994 年，国家教委决定对 37 所高校实行并轨，统一收费标准。1997 年全国本科院校全面并轨，实行收费制度。

实行收费制度，即国家本着成本分担的原则，由高等教育的受益者自己承担部分培养费用，毕业生自主择业。我国高校实行收费制度，其意义在于缓解国家财政团难，拓宽高校经费来源渠道，理顺基础教育与高等教育的关系和通过并轨实现相对意义上的公平。当然，也不可否认，收费制度也必然带来一些新问题，特别是对于低收入的家庭子女而言更甚，所以在实行收费制度的同时，又如何建立与之相配套的资助制度，是关键环节。

在考试内容及形式方面，1985 年，我国上海地区开始试行高中毕业会考，1990 年 8 月国家教委发布《关于普通高中实行毕业会考制度的意见》，决定从 1990 年起，国家用两年左右的时间有计划地在全国逐步实行高中毕业会考制度。会考采取考试和考查两种方式，考试科目由省、自治区、直辖市统一命题、统一组织考试、统一阅卷，考查项目由县级教育部门根据统一的会考标准进行命题并组织考试。在此基础上，1994 年，国家对全国高校招生考试进行了改革，在 24 个省份推行高考“3＋2”方案，即文理科各在语文、数学和外语三门科目之外再加两门。考试方式上将逐步实行标准化。

实行新的招生方案，对缓解考生的压力、克服中学片面追求升学率的不良倾向有一定的积极意义。但高校根据自己的需要来对考生作主动选择的余地还显得不够大，为此有必要对方案作进一步的调整。1998 年，教育部决定试行“3＋X”的方案，其目的在于进一步增加高校对考生选择的灵活性，该方案的实施，标志着我国在高校招生方式上又迈进了一大步。

2. 我国高等学校的招生制度现状

我国高校经历了二十多年的改革，已经建立了以统一文化考试为主、单独考试为辅、保送生为补充的入学体系。全国统一的入学方式是我国高校选拔新生的主要方式。全国统一录取原则、录取体制、录取方法(网上录取)、录取时间，各省自行录取。录取分批进行，基本上按考生的所填志愿，按考生高考总分从高分到低分并不大于高校招生计划数的 120％向高校提供考生信息，高校按招生录取原则进行择优录取。

高考科目，从 2002 年开始，我国全面实行“3＋X”科目设置方案。其中，“3”指语文、数学、外语，并作为每名考生的必考科目，“X”是指高校根据本校的层次、特点和要求，从物理、化学、生物、政治、历史、地理六个科目中或综合科目中自行确定一门或几门考试科目；考生根据自己所报的高考志愿，参加高校(专业)所确定科目的考试。“X”的设置为“文科综合或理科综合”、“大综合”、“大综合＋1”，其中“文科综合”含政治、历史、地理，“理科综合”含物理、化学、生物，“大综合”含六门学科，“大综合＋1”就是“大综合＋其所含六门学科中的一门单科科目”。“综合科目”是我国新一轮高考改革的产物，主要是考查考生对中学所学课程的基本知识、基本技能的掌握程度和运用这些知识分析问题和解决问题的能力，以及考核考生运用各科知识解决问题的能力。鉴于各省基础教育水平的差异，各省可以自行选择“X”方案。我国的高校招生制度，经多年的探索，取得了较大的改革成效。它改变了高等学校全部按国家计划招生的旧制度；扩大了高等学校招生方面的自主权；实施高等学校学生缴费上学制度，实现了新旧体制转轨，结束了普通高校招生“双轨制”的历史使命；逐步建立了公平、科学、合理、权威的国家考试评价体系。这些改革有利于促进中学开展素质教育，有利于高等学校在较大范围内选择新生。

3. 我国高等学校招生制度改革的趋势

自 1977 年我国恢复高考制度以来，我国基本上实行全国统一考试的招生制度。这种考试的优点是显而易见的，统一命题、统一考试、统一录取，有助于保证入学新生的质量，一定程度上体现了公平的原则，且有利于制止高校招生中的不正之风。但不足之处也很多，如“一考定终身”难免出现随机性和偶然性，文理分科导致学生知识面狭窄，高考作为“指挥棒”引发高中片面追求升学率，学生的素质结构不尽合理，高考科目过多，学生压力太大，不利于学生身心健康，等等。与此同时，在招生方式上也存有明显弊端，由于区域间中等教育质量上的差异，难免出现地区间、行业间新生录取数量上的不平衡,造成局部的人才短缺。

为此,围绕这些问题,多年来我国尝试着进行了一系列招生制度的改革。这些改革的几个主要方向是:

第一,进一步扩大高等学校办学自主权。在保证办学质量,不降低办学条件的情况下,高等学校将被允许根据社会需求和办学条件自行调整招生规模,自主决定增加录取学生的数量。国家宏观调控高等学校招生的手段要与高等学校自行调整招生规模、自主决定增加录取学生的数量办法相结合。在劳动力市场和人才市场成熟以后,高等学校调整招生规模将主要依赖高等学校根据社会需求和办学条件自主决定。

第二,高考制度的改革将从有利于全面推进素质教育的原则出发,增加对学生实践能力和综合素质考核的比重,逐渐建立更加灵活的为考生、家长和社会普遍接受的招生考试制度。高考内容和形式改革在总体上更加注重能力和素质的考查,高考命题要有助于高等学校选拔新生,有助于推进中等学校实施素质教育和对学生创新意识和实践能力的培养。

第三,高等教育大众化带来高等学校培养目标和培养方式的多样化,与此相适应的是我国公众接受高等教育的形式更加灵活,成为终身教育的重要一环。在改革开放和市场经济条件下,高等学校的培养目标不再是单一地为国有企业、事业单位和国家机关培养"量身定做"的专门人才,而是面向社会、面向现代化建设、面向人民群众的需要,培养多样化的人才。社会公众,不仅是应届高中毕业生,还包括所有符合高等学校招生条件的人都可以根据个人发展的需要和自身条件的可能选择报考自己喜欢的学校和专业。同时,培养人才的方式也不再是单一的按学科专业方向系统培养,而是注重培养复合型人才,采取学分制、选修制等多种方式进行培养。在新的培养方式下,大学生对学科专业和课程将有更多更灵活的选择。①

二、高等学校的毕业生就业制度

(一)我国高校毕业生就业制度的历史发展

长期以来,我国基本上实行统招统分的制度,高校毕业生的就业必须纳入到国家的整体计划。统一分配制度,在我国有计划地建设社会主义事业过程中既保证了国家重点部门所需的人才,又改变了旧中国毕业即失业的局面,体现了社会主义国家的优越性。

---

① 参见赵庆典《改革开放以来我国高等学校招生体制改革的回顾与展望》,载《辽宁教育研究》2001年第10期。

建国初期，我国各类高级专门人才极端缺乏，但在“集中使用，重点配备”的原则下，毕业生有力地支援了全国重点项目的建设。20 世纪 60 年代初期，国民经济出现了暂时的困难，大学生毕业分配出现供过于求的问题，但国家实行“统筹安排，合理使用”的原则，对全国的大学毕业生都安排了工作。事实证明，其方针对于发挥大学生的专长，为社会主义建设服务具有重要作用。“面向基层，充实和加强第一线”，是我国 20 世纪 60 年代以来大力提倡的分配政策。虽然由于体制原因，大学生很难分到基层，但其指导思想还是正确的，符合我国的基本国情。“学以致用，人尽其才”是很长时间以来指导毕业生分配的一个主导原则。

高校毕业生分配制度，虽然在一定历史时期起过积极作用，但随着经济和社会的发展，这种分配制度也逐渐暴露出了它对社会发展的不适应性。因为它不利于调动学生学习的积极性和高校办学的主动性，用人单位无法选择适用的毕业生，高等学校无法直接与用人单位沟通，得不到社会所需人才的反馈信息，以致招生计划、分配计划都有很大的盲目性，造成了专门人才使用不当、需要的单位得不到人才、不需要的单位却人才积压的尴尬局面。面对社会改革开放的环境变化，高校仍显得反应迟滞，不能满足社会对人才的需求。为此，我国开始实行指令性计划和指导性计划相结合，并开始试行“供需见面，双向选择”的分配制度。

1993 年《中国教育改革和发展纲要》明确指出，要把高等学校的毕业生就业制度的改革作为整个教育体制改革的一项重要内容，强调，随着我国社会主义市场经济体制的建立和劳动人事制度的改革，大多数毕业生将在国家政策方针的指导下，通过人才劳务市场，自主择业。改革的整个过程是渐进的，大致上分为两个阶段：(1)1993～1997 年。在这期间，国家任务计划招收的毕业生，原则上仍由国家负责安排就业，但尽量采取由供需双方协商落实就业计划的方式，对大学生和研究生的就业采取一定范围内的双向选择办法，定向生和委培生按合同分配，自费生自主择业。(2)1997 年后。由于高校招生制度实行全面并轨，因此，自 1997 年开始，所有收费生的毕业分配全部实行自主择业。国家成立“全国高等学校毕业生就业指导中心”，在各高校设立就业指导、咨询和服务机构，为高校毕业生就业提供全面的指导和服务。与此同时，为保证国家重点建设发展需要以及一些特殊行业对人才的需求，对部分高校的部分学科、专业依旧采取国家承担培养费用，由政府统一负责安排就业的模式。

目前的毕业生就业制度完全打破了传统的计划就业模式，其整体框架是少数毕业生由国家安排就业，多数由学生自主择业。就其内部的运作机制来讲，以毕业生就业市场作为基础性的资源配置方式，同时，又适当地利用计划的手段来作为补充。

(二)我国高等学校毕业生就业制度的改革

高等学校毕业生就业制度的改革，是与高等学校招生制度的改革配套进行的。我国将统一招生计划改为国家指令性招生计划和调节性招生计划相结合，相应地也把统一分配制度逐步改为在国家方针政策指导和宏观调控下，经过学校推荐，毕业生自主选择职业，用人单位择优录取的“双向选择”制度，并逐步过渡到毕业生自主择业的就业制度。

“双向选择”和“自主择业”，对于推动高等学校面向社会需要，调整专业设置和培养规格，改革教学内容和方法，把竞争机制适当引进办学过程，促进高等学校教育改革的深化、教育质量的提高，具有重要意义。

1. 建立就业新机制，完善就业管理体制

高校扩大招生后，高校毕业生数量迅速增加，毕业生就业产生了一些新的问题，一些地方毕业生就业出现困难。从总体来说，目前高校毕业生数量与各行各业的需求量相比还远远不足，高校毕业生在地区分布和结构上也不平衡，就业困难只是结构性的。解决这一问题，需要进一步解放思想、转变观念，深化高校毕业生就业制度和社会用人制度等方面的改革，进一步转变高校毕业生的就业观念，建立市场导向、政府调控、学校推荐、学生与用人单位双向选择的就业机制，努力实现高校毕业生的充分就业。

为切实做好高校毕业生就业工作，在国务院领导下，教育部、人事部、国家计委、财政部、劳动保障部、公安部等有关部门应密切配合，省、自治区、直辖市人民政府可成立由政府主管领导牵头、有关部门参加的领导协调机构，统筹做好高校毕业生就业工作。要把高校毕业生就业工作纳入当地经济和社会发展的整体规划，提出妥善解决毕业生就业问题的具体措施。

2. 调整专业和人才培养结构，实行学业和职业资格证书制度

为使高校培养的人才更好地适应实际需要，高校要根据经济、社会发展的需要和科技发展的趋势，加快调整高校学科专业结构和人才培养结构，提高教学质量。要进一步加大社会急需专业的招生数量，控制长线专业的发展规模，对教学质量不高、专业设置不合理而导致高校毕业生就业率过低的学校和专业，要减少招生数量，甚至停止招生。

为适应就业需要，要加强对高等专科学生的职业技能培训，鼓励他们取得相应的职业资格证书，并逐步在全社会实行学业证书、职业资格证书并重的制度。

3. 拓宽到基层就业渠道，解决到非公有制企业就业阻碍

引导高校毕业生到基层、中小企业就业是解决高校毕业生就业问题的主要途径。各级人民政府要抓住西部大开发、小城镇建设和城市社区建设的有力时机，积极创造条件、拓宽渠道，引导并吸纳高校毕业生到基层和中小企业就业。

鼓励和支持高校毕业生到农村基层和西部地区工作。做好农村中小学教师的定编和教师资格的认定工作，坚决清退不合格的教师和代课教师，空出岗位吸纳高校毕业生到农村中小学任教；县乡（镇）机关、学校、企业事业单位以及基层金融、工商、税务、审计、公安、司法、质检等部门的领导和专业工作岗位，原则上都应由具备大学学历以上并具有相关专业证书的人员担任。到西部地区工作的高校毕业生，应给予一定的政策优惠，可提前定级，并适当定高工资标准。

应切实解决非公有制单位聘用高校毕业生的有关问题。到非公有制单位就业的高校毕业生，公安机关要放宽建立集体户口的审批条件，及时办理落户手续；用人单位要按照国家有关规定与毕业生签订劳动合同，为其办理社会保险手续，缴纳社会保险费，保障其合法权益。

4. 取消不合理收费和限制，延长毕业生择业时间

应制定鼓励人才合理流动的政策，落实企业用人自主权的规定，鼓励用人单位多招聘高校毕业生；取消对接收高校毕业生收取的出省（区、市）费、出系统费和其他不合法、不合理的收费政策。省会及省会以下城市放开对吸收高校毕业生落户的限制。省会以上城市也要根据需要，放宽高校毕业生就业落户规定，简化有关手续。

5. 规范就业市场秩序，高校在毕业生就业市场中的地位和作用需进一步加强

进一步整顿和规范高校毕业生就业市场秩序。应届高校毕业生就业招聘会可在高校内举办。要实现高校毕业生就业市场、人才市场和劳动力市场相互贯通，实现网上信息资源共享，更好地为高校毕业生和用人单位服务。

高校在毕业生就业市场中的作用主要表现为两方面：提供合乎市场需要的人才和正确有效地引导毕业生就业。前者主要贯穿在高校的招生、学科专业结构调整及培养的整个过程的各个环节。后者则主要指高校如何通过提供广泛的信息服务，为学生提供就业指导；如何加强与社会用人部门的联系，为毕业生牵线搭桥；如何开展就业教育，使学生树立正确的就业观念，提高学生就业所必须具备的身心素质等等。

目前高校首先要转变观念，强化市场意识和服务精神，机构名称的改变并不意味着职能发生根本转变，高校的就业指导机构应以高度的责任感、勤勤恳恳的敬业精神和危机意识，主动介入毕业生就业市场活动中去，为毕业生提供全面的服务。

6. 毕业生要树立正确的就业观念，有充分的就业心理准备

自主择业，无疑为毕业生的自我选择提供了机会，使个人的愿望能得到一定程度的满足，能力得以充分地发挥。但个人愿望和现实间毕竟存在一定的距离，

市场只可能为每个人提供公平的机会,但不可能使每个人都获得理想的结果。而且市场的竞争特点,需要每个就业者都应具备良好的心理素质。因此,在进入就业市场前,毕业生既要有充分的思想上、心理上的准备,同时也要注意从各方面完善自身,提高自己在市场中的竞争力。

复习思考题

1. 试述我国普通高等学校学制的现状及其历史沿革。
2. 试述我国的学位制度状况。
3. 我国高校招生制度的现状及其改革方向是什么?
4. 我国高校毕业生就业制度的改革应注意哪些问题?

主要参考文献

1. 谢安邦主编:《高等教育学》,高等教育出版社 1999 年版。
2. 戚万学主编:《高等教育学》,山东人民出版社 2004 年版。
3. 薛天祥主编:《高等教育学》,广西师范大学出版社 2001 年版。
4. 潘懋元:《新编高等教育学》,北京师范大学出版社 1996 年版。
5. 谢安邦主编:《比较高等教育》,广西师范大学出版社 2002 年版。
6. 薛天祥主编:《高等教育管理学》,广西师范大学出版社 2001 年版。
7. 谢安邦主编:《中国高等教育研究新进展·2005》,华东师范大学出版社 2006 年版。

第八章

高等教育的结构与管理体制

现代高等教育系统呈现出多维度多层次的复杂的综合结构，明确这种结构状态可以使我们更好地了解一个国家高等教育的整体状况。高等教育管理体制包括宏观管理体制与微观管理体制两部分，前者是就政府与高校的关系而言的，后者是就高等学校内部而言的。高等教育管理体制是制约一个国家高等教育发展的一个直接决定性因素。

第一节　高等教育的结构

高等教育结构是指高等教育系统内各组成部分之间的联系方式和比例关系，它是一个多维度、多层次的复杂结构体系。宏观高等教育结构主要包括高等教育层次结构、科类结构、形式结构、地区结构和管理结构等。

一、我国高等教育结构现状

(一)我国高等教育的层次结构状况

高等教育层次结构是指不同要求和程度的高等教育构成状态，主要表现为专科教育、本科教育和研究生教育等。高等教育层次结构的合理性主要体现在两个方面：一是高等学校培养的各种层次和规格的人才要适应经济和社会发展的需要；二是各层次人才比例适当，以利于高等教育内部由较低一级向较高一级及时输送人才。

建国以来，初步建立了与我国社会发展相适应的高等教育层次结构，在不断提高本科教育质量和水平的基础上，研究生教育和专科教育得到了较快发展。

从发达或中等发达国家的经验来看，在人均 GDP 为 1000～2000 美元阶段，高等教育层次结构的情况是：研究生教育占 5%～10%，本科教育占 35%～40%，专科教育占 40%～60%。借鉴国外经验，结合我国实际，我国高等教育层次结构调整的策略是：稳步发展本科教育，加快人才培养模式改革，提高培养质量；大力发展专科教育尤其是高职教育，突出“实用性强，技能高，使用成本低”等鲜明特色；积极发展研究生教育，首先是规模的扩大，由于知识经济在各种经济中的比重日益加大，研究生层次人才的需求量将大增，其次要改革研究生培养模式，加强创新能力培养。

（二）我国高等教育的科类结构状况

高等教育科类结构是指不同学科领域的构成状态，一般以高等教育机构所授学位、文凭与证书的科类划分为准。高等教育科类结构的合理程度，直接关系到人才的使用效益，是高等教育结构合理性的最直接、最集中的表现。

随着我国社会主义市场经济体制的建立和完善，现代社会、经济、科技、文化的发展和世界高等教育的发展，对我国高等教育人才培养提出了更高的要求，首当其冲的是进行科类结构的调整。1997 年，国务院学位办和教育部联合颁布了《授予博士、硕士学位和培养研究生的学科、专业目录》，分设哲学、经济学、法学、教育学、文学、历史学、理学、工学、农学、医学、管理学、军事学等 12 个门类，下设 88 个一级学科，381 个二级学科。科类结构的调整主要应瞄准我国经济、社会、科技发展的现实需要和发展趋势，及时、准确地进行人才需求的预测，为高等教育科类结构的优化提供依据。在科类结构优化的基础上，进一步促进高校结构的优化，改变单科性院校过多的局面，加强多科性大学建设，建设一批真正意义上的综合性大学。

（三）我国高等教育的形式结构状况

高等教育形式结构是指按学习形式的不同而划分出的不同类型和样式结构，一般情况下包括全日制高等教育与非全日制高等教育两类。前者有定型的组织、必备的设施、相对固定的学业期限等，学生以学习为主要任务；后者的学习时间较为灵活，学制弹性大。

目前，我国普通高校超过千所，在校生达五百多万人，成人高校达七百多所，在校生达三百多万人。多种形式办学，反映了我国高等教育发展的客观需要。今后改革的重点是：加强各种形式教育之间的统筹规划、合理分工、相互协作；进一步发挥普通高等学校在多种形式办学中的核心和龙头作用，为全面提高各种形式的高等教育办学质量和办学效益作出积极贡献；大力发展现代远程教育，积极探索建立网络学院等新型高等教育形式；发展和完善高等教育自学考试，探索和发展将高等教育自学考试与普通高等学校、成人高等学校、网络学院等有机结合的新形式和新途径。

(四)我国高等教育的地区结构状况

高等教育的地区结构是指高等教育机构在地区分布上的构成状态。高等教育地区结构状况与一个国家或地区经济、政治、文化的发展状况密切相关,由于高等教育属社会中的稀缺资源,其地区布局常常成为国家整体规划中的重要组成部分。

我国高等教育地区结构呈现出以下特色:一是高等学校的地区分布呈梯层结构,多数高校集中在发达地区,其次是经济发达或比较发达的地区,而在边远省区和内地经济不发达地区的分布则较少;二是高等学校大多集中在中心城市,三十多个省会城市和直辖市的本科院校占全国高校总数的65.4%;三是形成了从沿海到内地和边疆的高等教育布局,边远和少数民族地区高等教育有了突破性进展。从总体上看,我国高等教育呈现出按三个梯度逐步推进的非均衡发展状态,三大区域高等教育发展规模在总体上呈现东部高于中部、中部又高于西部的发展格局,尤以东、西部差距最为明显。西部地区高等教育经费严重短缺,办学条件差;教师待遇低,专业人才流失严重;办学环境差,学校难以形成自我发展的能力;高等学校少,绝大多数地级市、县级市没有大专以上的高等教育机构。

新世纪,我国高等教育布局结构改革要与国家的整体发展战略布局相适应。对全国高等学校实行分层次、分类型指导,各地在规划、调整和设置高等教育机构时,应将各类高等学校统筹考虑。针对不同地区发展状况进行合理定位,尤其要配合我国城镇化发展,使高等教育通过中小城市辐射农村。

二、我国高等教育结构调整的策略与注意问题

(一)我国高等教育结构调整的原因与意义

我国高等教育结构还存在诸多有待完善之处:高等教育的层次结构还不尽合理,对高层次人才需求难以满足;科类结构与产业发展的需要有较大差距,新兴学科发展速度较慢,难以适应高新技术发展的需要,服务于第三产业的学科跟不上其崛起的速度,尤其是加入全球经济贸易体系之后,与之相关的财政、金融、法律、贸易和管理等领域的高层次人才相当缺乏;高等学校办学形式结构还比较单一,还没有形成"立体化"的终身教育体系;高等教育布局结构不尽合理,造成智力资源的分配失衡,影响了地方人力资源开发和社会的全面发展。

当前正值我国经济和社会发展的重要时期,是进行经济结构战略性调整的重要时期,也是完善社会主义市场经济体制和扩大对外开放的重要时期。经济结构调整的主要任务是:优化产业结构,全面提高农业、工业、服务业的水平和效益;合理调整生产力布局,促进地区经济协调发展;逐步推进城镇化;努力实现城

乡经济良性互动;着力改善基础设施建设和生态环境,实现可持续发展。随着高新技术的迅猛发展以及国民经济运行日益融入全球经济贸易体系之中,要以信息化带动工业化,发挥后发优势,实现社会生产力的跨越式发展。产业结构的发展将对不同层次、类型、规格的人才提出更高且多元化的要求。面对新形势的要求,迫切需要进行高等教育结构调整。

(二)我国高等教育结构调整的基本策略与模式

1. 高等教育结构调整的基本策略

一般而言,高等教育结构调整的基本策略有两种,即战略性调整与适应性调整。

(1)高等教育结构的战略性调整

高等教育结构战略性调整的特征是创新性、前瞻性、效益性和长期性。战略性调整区别于适应性调整的根本特点在于其创新性,所谓创新是一个有破有立、以立为主的过程。战略性调整多在社会转型时期,需要建立新的结构秩序来代替已不适应社会发展的旧秩序。战略性调整以高等教育发展的内在逻辑为基准,以社会发展需要为导向,规划高等教育发展方向,制定相应的政策并保证这些政策的有效实施。在新世纪之初,世界各国都纷纷紧跟时代步伐,着眼于21世纪社会发展对高等教育的挑战来调整高等教育结构。随着信息社会的到来,高等教育的载体发生了深刻变化,这必将促进高等教育结构的变革。如在高等教育活动中具有重要作用的图书馆将改头换面,虚拟化的电子图书馆将成为学术工作的依靠。战略性调整面向未来,并不是零敲碎打地进行,而是整体推进。战略性调整一般都有特定的历史契机,一旦调整过后,就要在相当长时间里起作用。建国初期的院校调整由于其规模庞大、涉及面广、内容深刻,属于典型的战略性调整,对我国高等教育产生了长达几十年的影响。如今,在新世纪,战略性调整将根据新的时代特征和中国特色来进行。战略性调整的长期性,一方面反映了调整的力度和范围,另一方面显示了调整的作用。

(2)高等教育结构的适应性调整

适应性调整的着眼点是如何维持高等教育结构间合理的比例关系,是高等教育系统自身体系的调整,具有一定的应时性和封闭性。往往是在高等教育结构已经失衡时才着手进行。从适应性调整的力度看,它主要是在量的变化范围内的调整,并且不是全方位的调整,适应性调整不涉及系统要素的增和减,主要偏重于系统要素关系的调整,适应性调整与战略性调整互为补充。

为达到适应外界变化以保持自身稳定演化的目的,高等教育系统能够进行结构的自我调节。高等教育系统结构的适应性调整在时间上的表现是具有持续性和经常性,在空间上表现为局域性。适应性调整始于系统之初,终于系统之末。因为系统中矛盾是无处不在、无时不有的，随时随地都需要系统的适应性作用。社会环境的革命性变化总是有限的，社会制度总是在较长的时间里保持其稳定的作用。科学技术也总是在一定的阶段才会取得突飞猛进的发展，因此，战略性调整不能频繁进行，在大多数情况下高等教育系统进行的是适应性调整。适应性调整具有积累性，表现出和风细雨、具体而微的特征。

适应性调整往往能对眼前发生的事物给予最快捷的反映，具有即时性，能够使高等教育系统在信息、能量与物质的交换中保持快速的流通。适应性调整是根据既定的高等教育各种合理比例关系来安排调整的，其注意的焦点是高等教育系统对社会的顺应，强调的是高等教育机构对社会制度需要的满足，并以此为前提促进社会的统合与和谐发展。因此，如果忽视了相互作用，适应论就会被视为"迎合主义"的代名词。

2. 高等教育结构调整的基本模式

就世界范围来看，高等教育结构调整有两种基本模式，即一体化模式与多样化模式。

(1)一体化模式

一体化是指把以前地位不同的教育机构联合在一起或建立新的包括多种培养目标、教育内容的机构。一体化模式在 20 世纪 60 年代末至 70 年代初达到高潮。提倡一体化模式的主要理由是:第一，减少机构间的质量等级差距。一体化模式提倡者认为，年复一年建立起来的多样化结构有导致"纵向结构"和把各种教育途径分割开来的倾向，处于不利地位的学生集中在低一级的机构并被剥夺了进入更有吸引力的教育部门的机会。第二，一体化的机构能特别有效地利用各种教育资源，如图书馆、教室、教师等。第三，加强理论与实际的联系，把以前相互割裂的学术教育与职业教育结合起来，为科研提供更广阔的基础，使所有高教机构的教师都能参与科研活动。第四，一体化模式的一个基本假设是学生的学习能力在某种程度上是充足的，如果提供适当的教育机会，学生之间的学习成绩的差异就可以得到控制。一体化模式有利于学生重新选择学习机会。在一体化模式中，前一段成绩不佳但有学习潜力、前一教育阶段学业成绩较好但对学术性课程缺乏兴趣的学生有机会进行第二次选择。

一体化模式在中等教育领域得到广泛实施，并获得了极大的成功。在高等教育领域实施一体化改革的国家主要是德国、美国、瑞典等，但并不那么成功。如前联邦德国以综合高等学校的形式将各种类型的高教机构联合在一起，并实行课程改革，缩短学制，避免大批学生涌入长期的学习项目，在一个共同学习阶段后，根据学生的学习能力实行分化。但其一体化高等教育结构改革计划没有完全成功，综合高校数从 20 世纪 70 年代的 11 所下降到 20 世纪 80 年代的 6

所。究其原因，除了各政党意见不一、社会团体不热心支持外，重要的根源在于十分庞大的综合高等学校中包含着从专科学校到研究型大学的各种层次和类型的教育，统一的机构难以完成如此众多、复杂的任务。

(2)多样化模式

教育结构的多样化模式大致有以下典型特征：第一，多样化模式的目标是为学习能力、动机等方面各不相同的学生提供与之相应的教育环境，它重视的是为不同类型的学生提供不同的教育而不是设法消除差异。第二，在一个多样化的系统中，不同结构在声誉、学术水平等方面存在着等级或差别。第三，在多样化的高等教育系统内部，英才教育部门与其他教育部门在管理上有区别。英才部门有更大的自主权，以保证其英才教育的传统特征。第四，各种高等教育机构和课程项目不仅存在纵向的等级差别，而且在性质、目标、课程内容方面存在横向的区别。

高等教育形式多样化是世界高等教育发展的潮流。我国高等教育形式结构的分化性表现就是形成了以普通高等教育、夜大学、函授大学、自学考试、电视大学、网络大学等多渠道的高等教育形式。随着高等教育体系正逐步向终身教育过渡，将会促使高等教育结构更加多样化。这种多样化具有诸多优越性：第一，使任何人都有可能进入高等学校，并且在实际上扩大了可供学习者选择的范围；第二，使高等教育能够适应学生的需要、目标、学习方式、速度和能力；第三，使学校能够依据所处的地理位置、资金来源、教育水平和学生状况来确定自己的任务和活动，并且使学校能够应对来自极为复杂和多样化的社会的各种压力。

我国高等教育多样化结构为满足我国人才需求作出了巨大贡献，特别是自学考试制度，使不少人圆了受高等教育之梦。但是由于办学体制的限制，我国高等教育形式结构中普通高等教育与成人高等教育被割裂开来，造成了高等教育资源的巨大浪费。在世界各国，关于成人高等教育应该是自成体系还是以普通高校为依托来扩展，答案并不一致。现实状况就是多样化。多样化发展一方面指类型结构的多样化，即根据市场需求创办形式多样的高等教育机构；另一方面指现有高等教育机构办学形式的多样化。以日本为例，国立、公立和私立大学纷纷出台新政策为社会提供继续教育和回归教育，主要措施有：(1)招生入学的特别制度，由此可以使社会在职人员进入大学；(2)中途编入的特别措施，允许短期大学和高专毕业的就读者中途转入四年制大学学习；(3)开设面向社会在职人员的特别讲座；(4)增加旁听生名额；(5)科目履修制，不是在校生的旁听者甚至是有能力的高中生，如果履修大学一门或几门教学科目，也能得到与此相应的学分；(6)学部于 1991 年承认在大学以外教育设施获取学习成果的学分制度；(7)大学设置函授教育课程；(8)在大学院培养在职的高技术职业人才等等。

事实上,大学应作为终身教育的中心,大学要与其毕业生保持终身的联系,要为这些毕业生一生中的任何阶段提供他们所需要的获取新知识和新素质的机会,否则,继续培训就有被其他部门特别是工业部门来开发的危险。我国高等教育结构的多样化发展还大有潜力可挖,高等教育自学考试将更好地与高等学校结合起来,电视大学也会随着虚拟技术的发展而获得更广阔的发展空间。

高等教育结构的多样化和一体化并不矛盾,一体化是有条件的:一是有利于提高办学质量,二是有利于提高办学效益。要防止一体化过程中的行政干预,强调竞争机制的作用。多样化是绝对的,一体化是相对的,在一体化中存在着多样化。

(三)我国高等教育结构改革应注意的几个问题

1. 各种类型高等教育机构要保持自己的特色

最近几年我国高等教育界存在低层次的高等教育机构试图盲目升格的现象,不少中专学校在条件不具备的情况下设大专班,大专设本科班,而招生的专业与其他条件较好的院校是重叠的,这样很可能影响教育质量,并带来教育资源的极大浪费。前联邦德国的高专、美国的社区学院之所以深受欢迎,根本原因在于它们形成了自己的办学特色。所以,不同类型的高教机构在层次上应有高、中、低之分,在性质上应有学术和职业之别。这对于提高教育质量和办学效益都是有益的。

从世界范围来看,高等院校大致可划分为以下几种类型:综合性全面的巨型大学、综合性研究型大学、精英学院、专业职业学院、普通教育的学院、公共学院。有人也曾针对当前我国高等学校的状况,提出了全日制普通高等学校结构的大致框架:综合性研究型大学、多科性或单科性的大学或学院、多科性或单科性的职业技术型院校(高职高专)。[①] 每一类学校都应对自身有一个准确的定位,并形成和保持自己的特色。

2. 高等教育为地方经济建设和社会发展服务

世界上短期高等教育(如美国社区学院、德国高等专科学校、挪威地区学院等)的一个主要宗旨就是为地方经济、文化发展服务。这是值得我们吸取的一条重要经验。我国各地经济与社会发展水平极不平衡,沿海开放地区与内陆地区、中心城市与边远地区在经济发展水平、人口密度、教育水平等方面存在明显的差异。这种经济、文化发展的不平衡造成各地对人才数量、规格的要求不一致。国家宏观调控固然能解决一些问题,但这种方式很难从根本上解决复杂的具体问

---

① 参见潘懋元《21世纪,国家的核心竞争力——“教育·人才”的合理结构》,载《中国高教研究》2005年第3期。

题。为此,地方高等院校应适应地方要求,办出地方特色,灵活多变地解决特殊问题。在专业设置上,地方院校要充分考虑本地区的实际需要,面向本地办学。避免以往设置专业小而全的现象。在课程设置上,地方院校应更加注重应用性,坚持理论为实际服务的原则,使学生学有所用。

3. 建立相应的转学机制

国外许多国家短期高教机构既提供终结性的职业教育,也提供升学准备教育。如:美国社区学院的毕业生一般都有上大学继续学习的资格,德国高专、挪威地区学院的毕业生符合一定条件可以进入大学深造。这一做法值得我们借鉴。从我国目前经济发展状况看,我们迫切需要一大批既懂理论,又会实际操作的中等技术人员。因此,短期高教机构的主要任务是职业教育。我们不能把高职教育办成大学预科教育,专科学校的课程当然不应该是大学课程的简单浓缩,但对于少数有进一步升学要求和能力的学生,应该建立一种灵活的机制,让他们转入四年制的大学继续学习,这对于个人和国家的发展都是有益的。

三、外国的高等教育结构

从不同国家高等教育分类形式,可以透视其高等教育结构的特点。

美国卡耐基高等教育委员会的高等教育机构分类。卡耐基教育委员会曾在1987年、1994年、2000年提出过不同类型教育机构的标准。1987年的高等教育机构标准,将美国高等学校分为六类:(1)研究型大学,提供全方位的学士学位课程,进行研究生教育,有权授予博士学位,对科研给予极大优先;(2)授予博士学位的大学,提供全方位的学士学位课程,也有进行研究生教育的任务,有权授予博士学位;(3)综合性大学和学院,提供学士学位课程,只有少数学校进行研究生教育,一半以上的学士学位授予限于两个或两个以上的职业和专业领域;(4)文理学院,主要从事本科生教育,一半以上的学位授予限于人文科学和自然科学领域;(5)两年制社区学院、初级学院和技术学院;(6)专业学院和其他专门学院,提供的学位从学士到博士都有,至少有一半的学士学位限于一个专门领域。2000年该委员会提出了新的分类标准,其特点是以纵向层次结构和横向的学科结构作为划分的标准,将大学分为有博士学位授予权、硕士学位授予权、学士学位授予权、副学士学位授予权等几种类型。在新的分类标准中,将专门院校和种族院校单列,专门院校以学科门类为标准,有一半以上学位属于单一领域。根据学科覆盖面将所有博士学位和硕士学位授予权大学分为两个等级,将所有学士学位授予权院校分为文科学院、综合学院、学士/副学士学院等三类。

德国的高等学校分为两大类:(1)学术性高等学校,如综合性大学,几乎包括所有的专业领域,规模较大。技术学院和技术大学主要面向工业发展的需要。

(2)非学术性高等学校，即高等专科学校，以应用型人才培养为主，为职业实践做准备。德国三分之一的大学毕业生是由高等专科学校毕业的，并且新的对专科学校的人财物追加投资计划正在实施，将新建学校设立于中小城市中。为了改变以受教育的方式和时间来区别大学和大专毕业生的用人原则，规定大专和大学毕业生在国家公务员任用、工薪起点和职务晋升等方面具有相同的发展机会。德国科学审议会在 1993 年提出的《关于高校建设的十个建议》中第五条建议，“高等专科学校的学习安排应在专业上加以扩展并对学习组织加以区别，应设置那些至今只在管理高等专科学校和职业学院里普遍设立的学习类型和部分时间学程”，在学习的灵活性上加以改革。

世界主要发达国家高等教育分类有以下明显特点：(1)国家能够提供多样化的高等教育，以满足社会和学生的不同需求；(2)不同类型和不同层次的高等学校合理分工，形成各自的特色；(3)各类学校之间呈互补关系，彼此不可替代。

第二节　高等教育的宏观管理体制与运行机制

高等教育管理体制是指与高等教育管理活动相关的组织制度体系，它主要包括高等教育组织机构的设置、组织机构间的隶属关系，以及相互间职责、权限的划分等等。高等教育管理体制从本质上讲，体现了一个国家在高等教育管理活动中的中央和地方政府、政府和高校以及高校各管理层次、管理单元间的职责、权力和利益关系。前两者通常被称为高等教育的宏观管理体制，而后者则称高等教育的微观管理体制，又被称为高等学校的管理体制。本节重在宏观层面的探讨，下一节着眼于较为微观的学校管理层面。

高等教育的宏观管理体制，即在高等教育管理活动中中央政府与地方政府、政府与高校间的职责、权力和利益关系体系，牵涉到诸如如下一些基本问题：高等教育由谁来举办？高等学校的举办者、办学者和管理者三者在职责、权力和利益上的关系如何？等等。显然，按照一般的利益、权力和职责相一致的原则，举办者的性质是决定一国高等教育管理体制的关键性因素。然而，综观世界高等教育的发展，我们已经很难清晰地分辨各国高等教育中举办者的角色，因为社会的广泛参与，已使现代高等教育的宏观管理呈现出极其复杂而多样的特征。因此，在探讨世界各国高等教育宏观管理体制问题时，只能根据不同国家中央、地方政府和社会在高等教育管理活动中的地位和作用，来约略地刻画出其不同的宏观管理体制特征。

一、高等教育宏观管理体制的模式

根据中央政府、地方政府和社会在高等教育管理活动中的地位与作用，可以将当前世界各国高等教育的宏观管理体制划分为三种模式：

（一）中央集权型的高等教育宏观管理体制

在中央集权型的宏观管理体制之下，高等教育完全由国家举办，高等教育的管理和决策权力在中央政府，由中央政府通过一定的计划、法律、命令、拨款、监督和行政手段来直接调节高等教育活动。在该类模式中，政府和高校间表现出一种完全的上下级的关系，权力集中在中央政府，高校很大程度上处于依附地位。高校的经费几乎完全由国家划拨，因此高校必须向政府承担责任。在利益关系上国家作为社会各个利益集团的代表，统筹高等教育的宏观管理活动，履行全面的职责。欧洲大陆的一些国家如法国、意大利和瑞典等大致可归为该模式，其中以法国尤为典型。

在法国，高等教育基本属于国有，法国政府的国民教育部是最高的决策权力机构，其主要职责几乎囊括了全国除大学校以外的整个高等教育系统运行的所有方面，如制定方针政策，审批学校专业文凭授予权，批准各级人事安排，确定限额招生专业及其招生数，分配经费，等等。大学必须围绕国家的方针政策、发展计划、经费方案和人员录用标准等，来组织安排内部的具体活动，其行为要接受政府主管部门的严格监督、审查和限制。法国高等教育的地方管理机构是大学区，但大学区总长由总统任命，并代表教育部长履行职责，因此，大学区的自主权十分有限，高等教育管理的权力重心向中央政府倾斜。

（二）权力分散型的高等教育宏观管理体制

权力分散型高等教育宏观管理体制又称分权制。所谓分权制，一般是指高等教育的决策权力不在中央政府，而是由地方政府或利益集团来独立行使高等教育决策、立法、财政拨款以及评估、监督职能的高等教育管理体制。除此之外，权力的分散也可指权力向高等教育部门分散，特别是对那些举办者是法人代表的私立学校而言。在分权体制之下，地方政府一般是作为地方公立高等教育的举办者，承担着高等教育宏观管理和协调的职能，但其管理的方式一般具有宏观指导、服务和监督的性质，社会的广泛参与，是分权制的一个典型特征。社会中的各种利益集团如政治组织、学生家长群体、实业界人士以及教育界各种团体等可通过种种途径将自己的意志渗透到高等教育的决策活动中。因此，实行分权制国家的高等教育，由于宏观管理决策主体的多样化，因而使其往往具有复杂而又难以统一的管理特征。人们普遍认为，美国是该模式的典型。

在美国，联邦政府对高等学校没有直接的管理权，它虽然设有联邦教育部，但只是作为一个一般性的指导和咨询机构。各州政府下辖的高等教育管理委员会或高等教育协调委员会是各州公立高等教育的决策权力机构，该机构一般由政府和高教界人士组成，它负责制订本州的高等教育规划、向州政府提出预算方案、以及协调本州各高等学校间关系等。尽管高校特别是一些州立大学经费来源渠道具有多元化的特点，但由于州政府是高等教育部门的主要经费提供者，因此，它们在一定程度上必须接受州政府的政策监督和指导。美国各州高等教育的立法权归州议会，其制定的法案的许多条款对本州高等教育机构的经费来源、组织形式和课程设置等都作了原则性的规定。但是作为具有法人地位的办学实体，高等学校在入学条件、人员聘用、学科专业和课程设置以及科研和社会服务等具体方面，都拥有很大的自主权。特别是私立高校由于其办学经费很大程度上不依赖于政府，因此形成了其独特的自我约束、自我发展的办学机制。此外，正是美国高校办学经费渠道的多元化，才体现了社会广泛参与办学的特点。

当然，联邦政府也并不是完全不介入高等教育管理事务，在高校财政资助、大学生奖学金和贷款提供、重点学科发展以及高等教育机会均等等方面，它也发挥着重要的制约和调节作用。

美国高等教育宏观管理分权制的特征，使高等学校在面向社会自主办学、增强适应性和灵活性方面展现出极具特色的一面，它是形成美国高等教育多样化的基础。特别是高等教育领域中市场机制的引入，促成了它独特的运行机制。

（三）集权与分权结合型的高等教育宏观管理体制

集权与分权结合型的高等教育宏观管理体制，简称“结合型管理体制”。这是一种由中央和地方政府或政府与高等教育部门共同承担高等教育管理职能的管理体制。结合型管理体制体现了国家、地方和高校分享高等教育管理权力，各自在不同层次行使不同职能，并满足各方利益需要的宏观管理特征。由于在政治体制、文化背景、特别是高等教育观念上的差异，属于该模式的不同国家的宏观管理具有不同的特征。它们的共同之处在于，中央政府一般发挥宏观指导和协调职能，并与地方政府和高校共同行使一定的决策权力。分权制的代表有德、日、英等国家，在此我们虽然把它们统归为一种类型，但它们却各有其自身的特色。

德国在二战结束后一度效仿美国的分权模式，但后期特别是 20 世纪 70 年代后，随着联邦政府对高等教育在经济社会中作用的认识不断深入，其对高等教育事务的介入越来越频繁。如联邦政府通过与州政府共同制订总体教育计划，统筹高等教育事业的发展，为保证政府计划的落实，与州政府协同开展调查，进行有效的监控；除此之外，联邦政府也采取一定的经费支持手段来加强对高校的间接引导和控制。当然，州政府作为地方高等教育的举办者，是高等教育管理活动的主体，它拥有较大的决策权力并以满足地方社会发展需要为立足点，高等学校必须对州政府承担责任。此外，为便于各州间的协调，德国的各州部长联合会、大学校长联席会议等半官方的中介组织，也在促进高等教育的整体协调与发展方面发挥了极其重要的作用。

日本的高等学校分为国立、公立和私立三部分，除少数国立大学由文部省直接负责以外，由都、道、府和市举办的公立高等教育的宏观管理也具有与德国相似的特征。地方政府是公立高等教育的管理实体，但国会和文部省通过教育方针确定、教育立法、教育计划制定和学校基准设立等，广泛介入地方高等教育管理事务。此外，日本私立高校占有较大比重，它们一般拥有较大的自主权，但为保证其办学水平和质量，政府采取发放补贴和设立基准的形式来促其发展和实行控制。

与德国和日本显著不同，英国的高等教育管理体制是结合型的另外一种形式。传统上英国的大学是自治性组织，自 1919 年大学拨款委员会成立后，政府开始通过拨款形式介入大学内部的管理，但由于传统的习惯势力，委员会的干预显得极其软弱，因此，直到 20 世纪 80 年代初，委员会始终被认为是一个更倾向于大学自治的机构。此后，随着政府对投资效益的重视，特别是对大学与社会间分隔现状的不满，政府开始要求委员会更多地向政府承担责任。20 世纪 80 年代末，英国政府改组了大学拨款委员会，成立了大学基金会，后与多科性技术学院与其他学院基金会合并为高等教育基金会，基金会中增加了社会实业界人士的比例，并采取以严格的质量等级评估为依据增加拨款的选择性，来督促高校提高办学质量和效益，同时推动高校面向社会办学，鼓励高校在经费削减的情况下，拓宽其他经费渠道。至此，高等教育基金会才真正成为一个联结政府和高校间的特殊机构，它一方面根据政府的政策和意向来指导和监控高等教育部门的活动，另一方面又在一定程度上维护高校的自治，所以人们常称之为介入政府和高校间的中介机构，具有减缓双方冲突和压力的“缓冲器”效应。

以上从中央、地方政府和高校在高等教育管理中所扮演角色和地位的角度，简单地分析了目前世界各国高等教育管理体制的三种模式。这里必须说明的是：从举办者的性质分析，上述三种模式间并不存在着绝对的界限。因为目前在一些集权制国家，如法国，为更好地满足地方特别是社区的经济、文化、科技和个人对教育的需求，地方参与高等教育管理的意识和愿望越来越强烈，同时，社会各种利益集团也越来越多地介入高等教育的决策活动。而中央政府为增强高校的灵活适应能力，也给予高校一定的自主权，因此，其宏观管理体制有分权化的趋势；另一方面，在分权制国家，如美国，联邦政府虽然不直接干涉地方政府的管理，但它可以通过经费资助的形式，间接地向高校施加影响，体现了国家的意志力。有关资料表明，在一些研究性大学中，联邦政府的科研拨款已成为大学办学经费的一个主渠道。所以，美国的分权制也是一个相对的概念。

再有一点需着重强调的是，以上所作的三种模式划分，实际上主要考察了各国高等教育宏观管理体制中中央与地方的关系，却不足以说明政府和高校间的关系如何，尤其难以体现社会与个人在各国高等教育活动中的角色地位，也没有细致地分析高等教育自身的内在逻辑对各国高等教育体制所带来的深层次影响。所以，在此有必要从政府、社会、高校三个维度来进一步洞察世界各国高等教育宏观管理体制的内部运行特征。

二、高等教育宏观管理的运行机制

所谓高等教育的宏观管理运行机制，是指高等教育宏观管理系统内部各构成要素间相互联系、相互作用的方式。高等教育宏观管理系统的构成要素主要包括三个方面，即中央和地方政府、社会及高校。在不同的国家，这三方面要素作用的特点、程度和表现方式是不同的。由于高等教育的宏观管理体制规定了政府、社会和高校各自的角色地位，因此它是构成各国不同宏观管理运行机制的基础。

根据世界各国三方力量的不同作用，高等教育宏观管理的运行机制基本可分为以下三种类型。

(一)以政府干预为主的运作方式

政府和高等学校间的关系，一直是世界高等教育宏观管理中的一个核心而又十分敏感的问题。在西方社会，自中世纪大学兴起以来，关于大学自治和国家控制间的冲突不断，之所以造成政府和高校间这种紧张的关系，其根本原因在于政府和高校两者间在价值取向上存在着巨大的差异。政府作为社会中占统治地位利益集团的代表，极力地欲使大学成为自己手中的政治工具；而以知识的传播和创造为己任的大学，则始终认为不接受外来侵扰、抱守自治和学术自由的传统是大学的唯一选择。

但是进入近代社会后，随着科技与社会发展间联系的加强，政府作为外部力量的介入已经成为不可阻遏的历史潮流。出于对传统的惯性力量的批判，西方各国分别采取了不同的介入方式。实行中央集权制的法国，政府表现出了其强大的国家意志，它采取了直接干预的形式，大学一般由国家举办，政府对高校采取“科层化”的管理方式，法国的等级形式是“国民教育部—大学区—高校”。这种运作机制固然有其优点，如强调政府的宏观管理，有利于从全局角度统筹规划；实行等级管理，有助于上下一致，使政府的意图得以有效的贯彻；规范化的管理保证了高校办学的统一性，能避免管理上的混乱，高等学校的办学质量能得到基本的保障,等等。

然而,这种运行机制的弊端也是显而易见的,正如美国学者伯顿所言:“刻意追求集权往往产生人们始料不及和不愿看到的远期效果,这种现象在高等教育领域中显然会产生更为严重的后果。”由于权力集中而形成的刻板的科层化管理模式,往往显得比较僵硬。它一方面人为地养成了大学的惰性,使之缺乏适应社会的能力,也不利于高校间展开正当的竞争,提高办学效益;另一方面,也阻塞了社会参与办学的渠道,造成高等教育的办学形式单一。

(二)以社会力量为主的运作方式

社会力量参与高等教育宏观管理活动通常采取以下两种方式:一种是由社会政治团体、社会用人部门以及学生和学生家长群体等直接介入到高等教育决策活动当中,这是一种显性的干预行为;另外一种则是社会以隐性的市场机制来潜在地引导高等教育的内部行为。美国的高等教育宏观管理运行机制带有明显的社会参与特征,地方高等教育的大多决策方案本来就是社会各利益群体集体协调的结果,而在高等教育机构层次上,普遍的董事会制使各方社会力量向高校的直接渗透成为可能。

但美国高等教育管理运行机制的显著特点是高等教育的市场化,伯顿根据世界各国高等教育的运作特点,设计了一个由国家权力、学术权威和市场三方面组成的三角模式,其中美国处在市场的一端,他认为美国是个典型的高等教育市场化的国家。消费者市场即学生人数常常成为地方政府编制预算的基础,因而,在面临着越来越少的学生人数而导致的“财政急需”窘况时,高校不得不改变办学的某些根本原则:在高校人员聘用方面,由于高校有充分的自主权,因而使学术人员的自由流动成为可能,这种流动是在一种劳动力市场机制的调节下进行的,它为高校间相互竞争优秀的人才提供了良好的环境;院校市场则是院校单位间的相互作用,声望似乎是交换的主要商品,相对的声望不仅影响消费者和工作人员的判断,同时还对院校的行动起主导作用。

美国的这种高等教育市场化特点,应归功于其独特的权力分散型的管理体制。由于政府极少直接干预高校的内部行为,而是在决策过程中充分运用市场的作用,来鼓励高校展开竞争,因而使美国高等教育体现出极具活力的多样化特征。市场化也难免带来一些负效应,如高校办学水平参差不齐,高校为满足社会需要,课程设置过于细化,质量难以得到保证等等。

(三)以高校自主办学为主的运作方式

如前所述,由于传统的大学自治观念根深蒂固,因此一些国家的大学往往对国家和社会的介入抱有敌意。如在英国,长期以来,传统性的大学始终处在相对封闭的自主办学状态,作为政府和高校间的缓冲机构——大学拨款委员会在改组之后，虽然开始插手高校内部管理事务，但其介入的程度和深度仍极有限，还不足以与大学的自治相抗衡。

实行大学自治，无疑有利于弘扬大学学术自由的传统，使高等教育活动按照其内部逻辑自主发展，因而大学或许会真正成为文化意义上的知识圣殿。但这种运行机制，又可能造成大学脱离现实社会，使之丧失作为推动社会变革和发展的动力源的作用。此外，作为社会系统的一个子系统，向社会的绝对开放是大学无法回避的选择，因此与其被动地由社会来牵动，不如大学去主动地适应社会。英国 20 世纪 90 年代以来的高等教育改革其实已表明政府对此作出了反应。

以上简析了三种不同的高等教育管理运行机制，有针对性地分析了政府、高校和社会三种力量在运行机制中不同的表现方式和作用。然而，任何国家高等教育宏观管理的运作方式都是三方力量的结合，在此只是分别着重加以强调而已。应该说任何一种运作方式都有其自身的优势和劣势，各国目前也逐步意识到运行机制中的不足之处，并相应地采取了一定的措施。如法国在 1989 年的《四年地区发展合约》中，允许当地政府和企业参与大学的决策，一个自治的国家评估委员会已经建立。在美国，联邦和地方政府出于保持科技领先和高等教育公平等的考虑，通过财政手段来对大学实施控制；而在英国，对效率化的追求已经成为政府拨款酌情优先考虑的目标，大学纯粹的自治不过是镜花水月。因此，国家的宏观协调、社会的广泛参与和高校的自治三方面的有机结合，是当前世界发达国家高等教育宏观管理运行机制的共同特点。

三、我国高等教育宏观管理体制

高等教育的宏观管理体制始终是我国高等教育发展中的基本问题，特别是在当前社会转型时期，如何改革我国现有体制，使高等教育的运行与社会的整体运行达到协调一致，使高等教育更好地满足和适应社会主义市场经济的需要，尤其值得人们关注。

(一)我国高等教育宏观管理体制的历史沿革

新中国成立后，于 1949 年 11 月 1 日成立了中央人民政府教育部，为了加强国家对高等教育事业的管理，1952 年 11 月 15 日成立了高等教育部。后来教育部和高等教育部几经分合。社会主义高等教育体制的确立大致经历了以下历程。

1950～1958 年为中央集中管理时期；1958～1963 年为地方管理时期，强调权力下放，高等学校由省、直辖市、自治区直接管理；1963～1966 年实行统一领导分级管理；1966～1979 为“文革”混乱时期；1978～1995 年又确立了集中领导分级管理的体制；1995 年 7 月，国务院转发了国家教委《关于深化高等教育管理体制改革的若干意见》，指出，在未来若干年内，我国高等教育领导体制改革的重要任务是建立和完善“中央与省、自治区、直辖市人民政府两级管理、分工负责，以省、自治区、直辖市人民政府统筹为主”的体制，即“两级管理，以省级统筹为主”的体制。其结构框架如图 8-1。

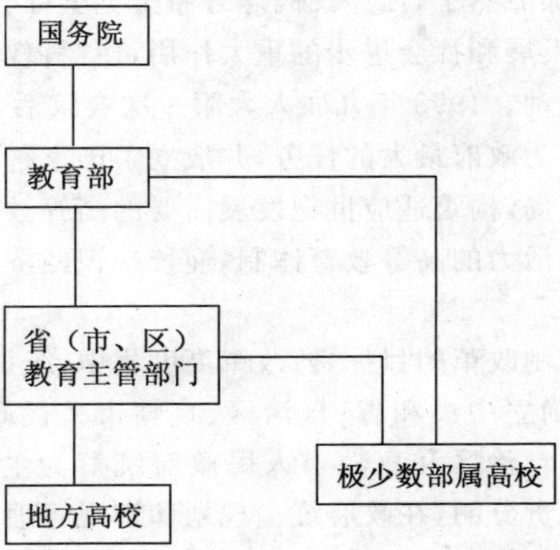

图 8-1　我国高等教育宏观管理体制结构框架图

应该说在 1995 年以前，我国高等教育宏观管理体制虽几经调整，但整体特征变化不大。其主要表现为：中央实行高度集中的管理，原国家教委作为国务院的职能部门和最高的教育行政机构，负责编制学校发展计划、招生分配计划，审批专业设置以及基建投资，负责编制学校发展计划、招生分配计划，审批专业设置以及基建投资、事业经费预算等；各地政府和业务部门必须依据中央的精神，对所辖高校实施管理，地方和业务部门的自主权力有限；高校作为政府部门的附属，在人、财、物的分配和使用上，甚至在教学和科研等学术事务上，几乎没有自主权，严重束缚了高校办学的积极性；由国务院业务部门和地方分别创办和管理的条块分割、多头领导的管理体制，又往往造成学校的重复设置、资源浪费，专业过细过窄，布局结构的不合理等；此外，高等教育办学的唯一主体是国家，社会有关部门不可能有机会介入高校内部活动，高等教育投资渠道单一，许多高校经费拮据，始终处于“等米下锅”的窘境之中。因此，旧的体制已很难与社会的发展相适应，为此，必须进行高等教育宏观管理体制的改革。

1985 年 5 月，中共中央作出了《关于教育体制改革的决定》，尖锐地指出了我国高等教育管理中存在的弊端：在教育事业管理权的划分上，政府有关部门对高等学校统得过死，使学校缺乏应有的活力；而政府应该管的事情，又没有很好地管起来。因此提出：改革管理体制，在加强宏观管理的同时，坚决实行简政放权，扩大学校的办学自主权。由此引发了高等教育体制改革的快速发展。

1993 年，党中央、国务院联合颁发了《中国教育改革和发展纲要》，以邓小平同志南巡讲话和党的十四大精神为指针，确定了跨世纪高等教育改革的方向、目标和战略。党的十五大后，高等教育管理体制改革和布局结构调整的紧迫性加强了，条件和时机更加成熟了，江泽民同志号召全党全社会都要高度重视知识创新、人才开发对经济发展和社会进步的重大作用，使“科教兴国”真正成为全民族的广泛共识和实际行动。1998 年九届人大第一次会议后，新一届政府明确宣布把实施“科教兴国”作为政府最大的任务，并成立了国家科教领导小组，把理顺体制、调整结构、合理布局，构筑适应世纪发展需要的高等教育基本框架，在新世纪建设一个充满生机和活力的高等教育体制，迎接知识经济新时代的挑战，作为政府的重大历史责任。

我国高等教育体制改革的目标是：改革高度集中、统得过死、包得过多、条块分割的体制，进一步确立中央和省、自治区、直辖市人民政府两级管理、分工负责，并逐步做到以省、自治区和直辖市人民政府统筹为主，条块有机结合，举办者、管理者、办学者职责分明，在政府统一规划和宏观管理下，高等学校面向社会自主办学的高等教育新体制。建立“一主多元”的高等教育办学模式，即以国家和地方政府办学为主，社会各界共同参与，多种办学模式共同发展。

（二）我国高等教育宏观管理体制改革

自 20 世纪 80 年代后期以来，围绕我国高等教育宏观管理体制中存在的问题，我国政府实施了一系列改革，这些改革的重点和趋势是：

1. 为满足地方社会发展需要，调动地方办学积极性，转换政府职能，实行高等教育管理权力的下放，扩大省级部门对属地高校的统筹权

高等教育管理权力下放的关键是首先要转变政府的职能，实现中央政府由过去的统一集中管理，向以规划、立法、财政资助、评估、监督和信息服务等为手段的宏观调控过渡，中央政府除负责管理少数代表国家水平的高校和极少数特殊行业高校以外，其他具体方面如高校的招生计划、财政拨款、地方高等学校布局结构和专业结构调整及专科院校、民办高校的设置权应逐步下放，由地方负责管理，从而形成一个两级管理、分级负责、以省级统筹为主的高等教育宏观管理体制。

所谓规划是政府根据科学预测和调查，通过编制指导性的计划来协调全国的高等教育发展规模、质量、数量、发展进程、招生就业和经费资金的分配等活动。其特点是强调全国和区域性的整体性协调，并根据市场的需求情况可随时作适当的调整，具有一定的弹性和灵活性。立法则是从法律的角度来明确高等学校的办学方向、高校的培养目标，严格地界定政府各部门与地方、高校间的权

力和职责关系。财政资助则是彻底地改变过去的财政拨款制度，中央政府为实现合理、有效地配置高等教育资源和高等教育公平的目标，只负责部分有代表性高校的拨款，对其他高校则采取竞争性的科研合同拨款、特殊的资助拨款如对大学生的直接资助、对贫困地区的公平性补贴等形式，而大多高校的拨款应由地方政府承担，自求平衡，不受中央政府财政干预。评估是政府对高等教育活动实行监督的主要参考依据，在社会主义市场经济体制下，评估主体应是政府、社会和高校三方面共同参与的联合体。

今后，随着地方权力的扩大，地方将被允许在中央大的政策框架下，根据本地社会政治、经济、文化和科技的发展实情，有针对性地制订地方高等教育的发展规划，确定高校的规模，进行地方高等教育布局结构和专业结构的调整，甚至准许地方拥有一定的立法权，如确定高校的收费标准，开征教育税等。

在目前阶段，扩大地方政府权力的基本方向，就是要淡化高校的单一隶属关系，改革条块分割的现行办学体制，充分发挥地方政府对属地高校的统筹作用，实现“条块分割”向“条块有机结合”的转变。目前，针对高等教育布局结构不尽合理、条块分割严重制约本地高等教育事业发展的现状，一些省、市已进行了多种形式的改革尝试，如教育部与上海市共建共管上海交通大学、复旦大学和同济大学，教育部和福建省共建厦门大学等。共建增强了地方政府统筹的力度，也有利于高校面向地方自主办学，为地方经济建设和社会的发展服务，与此同时也提高了办学效益。除了共建以外，各地还进行了其他形式的尝试。如不同隶属关系的学校进行实质性的合并，像合并后的同济大学、扬州大学等；在原隶属关系和投资渠道不变、资源互利基础上的合作办学，如上海西南区上海交通大学、华东师范大学等七校实行教师互聘、学生互相听课、图书设备资源共享等；实行“划转”，即部委院校划转地方管理，如原属农业部的湛江水产学院划转地方教委管理；协作方式——一种由企业、企业集团及科研单位参与的办学机制等等。实行条块有机结合、合理优化资源配置、调整高校布局结构是我国高等教育宏观管理体制改革的一个重要方向。

2. 建立起一个社会广泛参与办学的管理运行机制，推动我国高等教育的合理、健康发展

社会的广泛参与是许多市场经济国家高等教育管理运行机制的一个主要特征。社会参与不仅是高等教育决策科学化、民主化的需要，而且也是调动社会力量办学，减轻政府财政困难，加快我国高等教育发展的重要途径。目前我国社会主义市场经济体制的运行，为社会广泛参与高等教育管理活动提供了一个良好的社会环境，社会各界特别是企业界和教育界对高等教育事业表现出强烈的参与意识。要正确引导和充分发挥社会参与办学的积极性，就必须从体制改革着

手,建立起一个良好的社会参与办学管理运行机制。

首先,应实现政府高等教育决策活动的民主化,由中央政府组织建立一些由各界人士共同组成的高等教育决策咨询和审议机构。目前国外许多国家中央政府和地方政府都组织建立了一些由政府、社会各界和高校人士共同组成的决策咨询、政策研究和协调性机构,如日本的"临时教育审议会"、大学审议会,英国的高等教育基金会等,它们通过发挥各自独特的运行职能,对推动本国高等教育决策的科学化发挥了重要的作用。

其次,要发挥社会中介组织的作用。作为介于政府、社会和高校间具有相对独立性的中介性机构,中介组织不仅具有协调政府、高校和社会间关系的功能,而且在吸引社会人士参与高等教育管理,提高决策过程的透明度,加强社会对高等教育的监控等方面,扮演着极好的角色。当今世界许多市场经济国家都建立了各种半官方、民间性和学术性的中介机构,它们通过承担高等教育的决策咨询、入学考试、质量评估和信息服务等不同职能,在一定程度上协助政府实现了高等教育管理的宏观指导和协调。

此外,宏观管理体制改革的一个重要方面是要更新大学由国家办的观念,形成新的办学体制。所谓办学体制即是关于办学者的法律地位、办学者在办学过程中所拥有的权力、所承担的职责和义务的管理制度体系。一个国家的办学体制要受制于该国的政治体制和经济体制。目前,我国社会多种经济成分并存的现状,客观上对高等教育的办学主体提出了多元化的要求。为促进社会各种资源向高等教育流动,加快我国高等教育事业的发展,就必须破除大学由国家办的陈腐观念,积极支持和正确引导社会团体、民间机构和私人通过纯粹民办、国有民办、民办公助和公办民助等多种形式推进办学活动,实行高等教育办学主体的多元化。

3. 扩大高等学校的办学自主权,增强学校的活力,提高学校主动适应社会的能力

政府高等教育宏观管理权力的下放,最终必须具体落实为办学者的权力,实现办学者权力和责任的统一。长期以来,我国高校与主管部门间始终存在着权、责分离的现象,政府包揽了一切,高校处于附属地位,缺乏必要的经营和管理自主权。社会主义市场经济体制的确立,势必要求高校面向社会来自我组织内部的教学、科研和社会服务活动,以向社会提供合乎社会需要的人才和科技产品。因此,扩大高校的自主权既是我国社会主义市场经济发展对高等学校提出的外在要求,也是高等学校寻求自身发展的内在要求。

所谓高校的办学自主权,就是指高校作为具有独立法人资格的机构,它在不受其他组织或个人非法干扰和阻碍的前提下,依法行使教育决策、教育活动组织

的权利。《中华人民共和国高等教育法》对我国高校的办学自主权作出了较明确的规定，包括：(1)一定的招生权——“高校根据社会需求、办学条件和国家核定的办学规模，制定招生方案，自主调节系科招生比例”；(2)学科、专业的自主设置和调整权；(3)教学计划制定、教材选编和教学活动组织与实施的自主权；(4)“高校根据自身条件，自主开展科学研究、技术开发和社会服务”的权利及对外学术交流与合作的权利；(5)内部教学、科研和行政职能部门等组织机构的设置和人事配备权；(6)教师及其他专业技术人员的职务评聘权、津贴调整和工资分配权；(7)“高等学校对举办者提供的财产、国家财政性资助、受捐助财产依法自主管理和使用”的权利等等。应该说，自 20 世纪 80 年代以来，我国政府在一系列有关高等教育事业改革和发展的文件如《中共中央关于教育体制改革的决定》、《高等教育管理职责暂行规定》和《中国教育改革和发展纲要》中，一再强调要扩大高校办学自主权，如今高校自主办学的能力有了较大的提高。如高校通过与社会部门合作开展研究，对外提供科技咨询服务、人员的培训以及兴办校办产业等，大大拓宽了经费来源渠道；根据市场的需要，自主设置相关专业，提高了社会适应能力，等等。但是，传统的由政府包办的观念至今并未完全失去其影响力，一些高校的主管部门管得过多过死的现象依然普遍存在，而也有部分高校领导缺乏独立意识，一味地等、靠、要，以致在等待和观望中坐失改革良机。

《高等教育法》的颁布，使我国高校的办学自主权自建国以来第一次得到了法律的保障，这对高校的办学活动的全面开展，无疑将具有极其深远和广泛的影响。但是在此还必须加以说明的是，高校的办学自主权是一个相对的概念，它所代表的权力限度和范围必须受到一定的约束，这种约束力来自国家的法律、政策、管理制度以及社会利益集团力量的控制等。我国高校行使办学自主权的前提条件是必须坚持社会主义办学方向，以国家的法律为依据，并服从政府部门的宏观指导和协调。实际上即使是极其崇尚大学自治的西方国家，高校的自主权也不是无限膨胀的，法律的制约、政府对资源的控制以及社会利益集团的协调，往往使大学的自治显得有些苍白无力。而与此同时，建立起一个有效的自我约束机制，也是大学为获得更好的生存和发展环境、保护自我利益不受损害而无法回避的选择。

没有约束或约束机制失灵的权力，其运作的结果必然走向其反面。我国近些年来高等教育改革中出现的一些问题足以证明这一点。如招生权力的下放，导致高校规模膨胀，收费制度混乱；学位管理权力的下放，造成乱发证书的现象；一些学校盲目设置专业，缺乏长远眼光等等。而一旦出现问题，政府随即又加强控制，因而出现高等教育领域常见的震荡起伏现象。所以，要使高校自主权真正得以有效的发挥，必须从完善高等教育宏观管理体制的角度入手。这里涉及以下几方面：

（1）高等学校作为办学实体，它拥有独立法人地位，为此在从法律上对高等学校的办学自主权和政府宏观管理的权力予以清晰地界定和说明的基础上，必须制定和严格履行一定的执法程序。

（2）政府对高等学校的宏观管理运用立法、规划、拨款、信息服务、检查评估、政策指导和必要的行政手段，进行宏观调控，其管理行为也应受到法律的约束，应避免过多的直接干预。

（3）高校依法独立办学，并接受政府的宏观指导和监督，对办学中出现的违法行为，政府有权实施必要的行政干预。

（4）高校要真正地实现自主办学，关键还在于提高自身办学水平和办学效益，增强自身的"造血"功能，特别是在财政上要具备一定的独立能力。因此，应从体制改革的角度，沟通高校与社会的联系，鼓励社会直接或间接地参与高等学校的办学活动。

以上分别从政府、社会和高校三个角度分析了我国高等教育宏观管理体制改革的重点和趋势，并试图表明：在当前及今后很长一段时期内，我国要建立起比较完善的高等教育宏观管理体制，并使之形成良好的运行机制，必须从政府管理、社会民主参与和高校自主办学三个维度来综合考虑，全面规划和设计。由于高等教育管理体制的改革是一个牵动面广、难度大的复杂系统工程，在改革过程中必须持慎重态度，从我国的国情、不同地区的实际情况出发，采取分别对待、分类指导、分步推进的策略，积极稳妥地推动改革的过程。

第三节　高等学校的管理体制和运行机制

高等学校管理体制是高等学校在管理机构设置、领导隶属关系和管理权限划分等方面的总称。高等学校运行机制是指高等学校的运作原理和机理。这需要首先从分析高等学校的组织特点开始。

一、高等学校的组织特点与组织结构

（一）高等学校的组织特点

自古以来人们就把大学视为传递知识、批判现存知识和创造新知识的场所，为此，高等教育机构的学术性已经成为人们不再辩驳和质疑的基本特征。所谓学术性，它的基本体现是高校以知识为核心，根据知识在其传播、发现和应用过程中表现出的静态和动态形式，来组织内部结构和内部日常活动。这个社会机构由于以知识为核心，所以决定了高校组织必然具备以下特性：

1. 具有专门化的性质

由于学科和专业的分化和系统化，使组织内部自发地分化和形成不同的领域，而不同的领域又形成自己专门的共用话语，具有不可替代性。因此，围绕各种专业人员的活动来实施管理是组织运作的基本特征。

2. 专业人员拥有较大的自主权

知识领域的深奥性，使专业人员成为无可争议的权威，因此无论是在教学还是在科研活动中，他们都很不情愿接受外行的干预；此外，知识的探索和发现是永无止境的，不存在预设的、精确的目标来等待人们在规定的时间里去从容地实现，所以，高校中的专业人员在时间和空间上，享有其他部门难得的相对自由。

另外，在西方学术界，人们就现代高等教育的组织特性提出了种种不同的认识，大致有以下几个方面：

(1)作为科层组织的高等学校。高等学校有效率化的要求，内部管理存在科层化倾向。组织内部形成等级结构，各部门间分工明确，强调通过规章制度来控制内部活动。

(2)作为松散结合系统的组织。作为一种学术性机构，由于专门化的结果，高校内很多不同的学院或学部、系或讲座间是独立自主、互不联结的。正如伯顿所作的比喻：整个组织实际上就像拥有各知识群体的控股公司。

(3)作为社会政治系统的组织。这种观点认为：组织是个集合体，在组织之内甚至组织之外，人们共同分享权力。高等学校组织内外存在多种利益群体，如各种社会政治团体、不同社会阶层、家长群体、教授群体、一般教师群体和学生群体等，这些群体在高校的发展规划制订和决策过程中，发挥着各自不同的作用。高校管理的实质在于通过建立合理的机构和程序，推动各方的民主参与。

(4)作为有组织的无政府状态的组织。鲍得里奇根据他对美国高等教育组织及管理的长期研究，将高等学校不同于工业组织、政府机构和商业公司的几方面特性概括为：学术组织中存在共同的目标模糊性；学术组织是为顾客服务的特殊机构，这里的“顾客”是指学生；组织内部的运作需要错综复杂的技术；高度的专业性削弱了传统的官僚系统，导致独特的专业组织管理模式；学院和大学专业人员趋向于相互割裂状态，组织内部有非集权倾向；组织越来越易受环境的影响，几乎不存在完全独立或自治的组织。

以上简单介绍了西方国家有关高等教育组织的理论和观点，它们实际上反映了人们对高校管理所持有的基本态度和认识。由于在历史传统和外部环境上的差异，各国对高等教育组织的特性都有各自独特的理解，而这些理解和认识往往是上述各种理论的相互交织，只不过是存在某种倾向而已。当然，也许正是因为不同的倾向，才有可能帮助我们区分出各自的管理模式。

(二)高等学校的组织结构

高等学校组织结构是指高等学校内各要素及其组合方式。我国高等学校的组织结构一般有以下类型：

1. 直线制组织结构

该结构是一种由上级首长对下级下达命令的组织形式，组织结构中各个阶层的指挥和管理职能都由校长自己执行，只有个别的职能人员协助校长工作，不设职能机构。这种组织结构一般仅适用于规模较小的学校。

2. 职能制组织结构

在校长之下设立各种职能机构，校长将具体的专业性指挥权委托给各种职能机构，因职能部门有指挥权，所以称为"职能组织结构"。

3. "直线—职能制"组织结构

该结构将组织内各层次的管理机构和人员分为两类：一类是直线指挥机构和人员，对下级进行指挥；另一类是职能机构和管理人员，是参谋机构和助手，有建议权，没有决策权。这是我国高等学校普遍采用的组织结构。

4. 矩阵式组织结构

该结构在校长之下直接设立系科，同时再设若干中心，中心的人员是根据任务的需要挑选而来的，这些人员既归中心领导，又归原来的系所领导。这是现代高等学校科学研究中常见的组织结构。

二、高等学校的组织管理模式

大学作为一种文化机构，其组织的特点主要体现在组织的构成要素上，伯顿从系统的角度，将高等教育组织的基本构成要素分为三个方面：工作的表达和安排方式，即根据知识特性而展开的劳动分工；信念，指组织的主要规范和价值观特别是学术信念；权力，主要是学术权力。这三方面构成要素分别决定着大学成员(主要是教师)的工作，号召着他们的忠诚，分配他们的权力。[①] 学术性作为组织的基本特征，使教师们既属于某一学科和研究领域，又属于特定的大学和学院，因而，形成了系统由学科和事业单位两条主线构成的矩阵型组织结构模式。这种矩阵型组织模式在管理体制中的具体表现就是西方高校中一定程度的学术管理和行政管理的分离。

然而，学术活动目的的"自然模糊性"，又往往使高等教育机构成为"松散结合的系统"，即由于组织目标不够具体明确、系统组织技术不够清晰和参与者的

---

① 参见[美]伯顿·克拉克主编，王承绪等译《高等教育新论——多学科研究》，浙江教育出版社1988年版，第125页。

进进出出，使系统始终处于“有组织的无序状态”。这种无序特征表明，高等学校作为学术性组织，它与政府和企业组织间存在着根本的区别。因为一般的社会组织往往是根据理性管理原则如科层化和科学管理来设置机构、划分权限和进行明确而清晰的职责分工，以实现效率的最大化。但高等教育内部的这种模糊特征，使上述原则往往很难得以有效贯彻。

此外，由于现代高等学校活动领域极其广泛，各种职能的加强特别是与社会间依存关系的密切，以及高校在人员、资源规模上的迅速膨胀，使高等教育事务变得越来越繁杂，正如克拉克·克尔对美国大学所作的描述，现代大学是一座城镇—— 一座由知识分子垄断的城镇。多元化巨型大学是一座充满无穷变化的城市。[①] 因此，通过建立比较完善的高校管理制度，形成一个具有效率化特点的运行机制，又是西方一些国家高校不得不作出的抉择。

正因为上述组织特性，在西方国家，围绕着高等学校的行政管理和学术管理、学术的自由发展和管理的效率化等一系列相互矛盾的范畴，各国通过缓慢渐进的变革过程，在植根于自身文化传统的基础上，逐步形成了各自独特的高等学校内部管理体制。

高校管理体制的核心是权力结构。西方一些学者通常将西方各国的高校权力结构划分为三种模式，即欧洲大陆模式、美国模式和英国模式。

1. 欧洲大陆模式

是一种以学术权力为主的管理体制模式。由于欧洲大陆国家如法国、意大利等大多实行的是中央集权制，德国则倾向于州政府主导，高校在校级层次上校长的权力很有限，其工作多为事务性的，有关高校的重大问题它可以提出建议，由校务委员会一类的机构讨论决定。相反，在基层，讲座教授的权力很大，操纵着基层包括经费使用、人员安排等大权，中央政府或州政府一般与基层间直接发生联系。在学部和学校层次上，主要由教授组成的学部委员会、大学评议会（德国）、学部理事会、大学理事会（法国）来行使决策和协调的权力。由此可以看出，在该模式中，教授和教授群体处于学校的权力中心，而行政部门几乎没有什么权威。

该模式的主要优点是体现了教授治校，有利于弘扬高校学术自由的气氛，调动个人的积极性；但组织的过于分散化，必然带来效率问题，对此人们也褒贬不一。

2. 美国模式

与行政权力相比，美国高校内由教授执掌的学术权力要显得脆弱得多。在

---

① 参见[美]克拉克·克尔著，陈学飞等译《大学的功用》，江西教育出版社 1993 年版，第 26 页。

美国大多高校特别是研究型大学中，董事会和院校的行政官员的权力地位比较显赫，董事会多由政府官员、企业首脑、社会名流等组成，它负责制订政策，审批设备购置、财政预算，选拔和委任校长等。校长受董事会委托，全权负责学校内部具体的管理事务，包括确定学校发展目标和重点、建立或调整组织机构、筹集和分配经费、处理与董事会和外界各种组织的关系等等。校长一般有一套包括多名副校长在内的助手班子协助管理，学校下属的分校、学院负责人由校长委任，他们必须向校长负责。系作为基本的教学和科研单元，由系主任主持。但系行政机构处于学校组织矩阵结构中的交叉点，系主任既要面向校长、院长负责，又要在决策上与系所有教学人员协商。因此，与欧洲国家大学的讲座制相比，系的权力受到来自上下两方面的牵制，是行政权力和学术权力的混合体。

总体上，美国高等学校的权力结构是以行政权力为主，但也不可否认，在学院和系层次上，教学和科研人员也保留了较大的学术管理权。不过，这种结构仍然表现了明显的等级性，中心行政官员和董事位居其他人之上。简而言之，美国大学的控制结构是一种社团联盟，按官僚体系指挥，由院外人士监督。

3. 英国模式

如伯顿所分析指出："英国高等教育的学术组织模式，是把教授行会与院校董事及行政管理人员的适度影响结合起来的模式。"[①]在英国传统大学中，校务委员会是形式上的最高权力机构，但在具体的管理上，主要由校外人士组成的理事会是实质性的行政权力部门，由教授组成的评议会全权负责大学的学术管理。在英国，由于校长是荣誉性职位，所以副校长才是大学的首席行政和学术领袖。副校长人选是理事会和评议会协商的结果，同时又是作为它们中间的主要联系人。在学部和系的层次上，由各方面包括教学和非教学人员组成的学部委员会和系委员会是各自的决策机构，与法、德等国家的大学相比，其决策过程更为民主。

以上简单地分析了世界各国高等学校管理的三个典型模式，三种模式各自在不同层面上反映了高等学校管理的本质，即学术管理和行政管理的协调、对学术目标的追求和效率化实现的统一。各国的管理模式和内在的运作机制对当前我国高校的管理体制改革具有很好的借鉴意义。

三、我国高等学校的管理体制和运行机制

长期以来，我国高等学校是以政府行政部门下属事业单位的身份而存在的，

---

① ［美］伯顿·克拉克主编，王承绪等译：《学术权力——七国高等教育管理体制比较》，浙江教育出版社1989年版，第188页。

高校的办学活动受到政府部门的严格限制，高校作为办学实体，却并不拥有法人地位。学校不仅在招生分配、经费的使用、人员安排以及学校发展规划上没有自主权，甚至在学科发展、教学和科研活动等学术事务上也没有发言权，行政管理完全替代了学术管理，高校作为学术性机构的组织特征表现模糊，这种状况既不利于我国高校自主适应社会能力的提高，更不利于高校学术事业的发展。

为此，近些年来，随着我国高等教育宏观管理体制改革的深入，高校自主权不断扩大，高等学校管理体制的改革也逐渐被提上了议事日程。以下将结合我国高校管理体制的历史和现状作尽量全面的分析。

(一)我国高等学校的领导体制

高校的领导体制主要反映的是高等学校举办者、办学者二者间的权力和职责关系、党委和行政部门间关系以及高校行政管理系统和学术系统间关系等一些基本的关系范畴，它是高校管理体制的核心内容。自建国以来，我国基本上采取了由国家举办高等学校、高校作为政府下属事业单位由政府实行统一管理的制度。由于政治和经济环境的几度变迁，高校的领导体制也不可避免地随之发生一系列变化和调整。

1. 我国高等学校领导体制的历史沿革

建国五十多年来，我国高等学校管理体制不断变迁和完善，先后实行过校(院)长负责制(1950～1956 年)、党委领导下的校务委员会负责制(1956～1961 年)、党委领导下的以校长为首的校务委员会负责制(1961～1966 年)、“文革”中的革委会领导制(1966～1977 年)、党委领导下的校长分工负责制(1978～1985 年)、校长负责制的试行(1985～1989 年)、党委领导下的校长负责制(1989 年至今)。

纵观我国高等学校领导体制变革的历史轨迹，不难发现：首先，在较长的一段时期内，关于高等学校的举办者和办学者的角色界定在我国并不是十分清楚的，正因为如此，高校相对独立的地位才往往为环境所埋没；其次，高校的党政关系在我国不同历史时期表现出不同的形式，它既反映了社会环境的变化，同时，也表明自建国以来我国高校中的党政关系还未能得以有效理顺；此外，由于上述两方面的关系问题没有得到妥善地解决，高校的学术事务管理和行政管理的关系自然被搁置一旁，行政管理完全代替了学术管理，高校学术人员对属于自己领域的问题没有发言权，处于被动的服从地位，再加上要么把学校视为政治工具、要么看作经济工具的习惯，致使高等学校作为学术性组织的特性没有得到充分体现，一定程度上影响和制约了我国高校办学水平的提高和学术事业的发展。

以上种种反映了我国高校领导体制中的一些基本的现实问题，20 世纪 80 年代后，随着我国高等教育宏观管理体制改革的深入，高校领导体制的改革自然成为关注的热点。

2. 我国现行高等学校领导体制的特点

自1984年以来，在总结过去经验和教训的基础上，结合我国社会现实，我国政府基本确立了党委领导下校长负责制的领导体制，并且在《高等教育法》中也作了明确规定："国家举办的高等学校实行中国共产党高等学校基层委员会领导下的校长负责制。中国共产党高等学校基层委员会按照中国共产党党章和有关规定，统一领导学校工作，支持校长独立负责地行使职权。"该体制的主要特点表现为：确立校长作为高校行政领导的地位，校长受国家委托，在党委的领导下全权负责学校的管理工作。

实行党委领导，充分体现了我国社会主义的办学特色，它是保证我国高校社会主义办学方向的基本措施。高校党委的主要职能是："执行中国共产党的路线、方针、政策，坚持社会主义办学方向，领导学校的思想政治工作和德育工作，讨论决定学校内部组织机构的设置和内部组织机构负责人的人选，讨论决定学校的改革、发展和基本管理制度等重大事项，保证以培养人才为中心的各项任务的完成。"党委领导并不意味着党委包办一切，校长是高校的法人代表，根据党政分开的原则，校长有权对学校的发展规划、重大的改革措施、师资队伍的建设以及机构的设置等重大问题，在广泛听取各方意见的基础上提出方案，由党委集体讨论，校长统一组织实施。

校长在代表国家依法行使高校自主办学权力的同时，还必须接受教职员工的民主监督。我国高校的教职工代表大会是教职工群众行使民主权利、民主管理学校的重要形式。此外，在学术管理方面，《高等教育法》规定："高等学校设立学术委员会，审议学科、专业的设置，教学、科学研究计划方案，评定教学、科学研究成果等有关学术事项。"这一条款实际上是从法律上对高校学术人员在学术管理中的地位给予了基本的规定。

与过去相比，总体说来，目前我国高校现行的领导体制，突出了以下特点：

(1)实行党委领导，明确了集体领导和个人负责的关系，它通过实行民主集中制，一定程度上避免了个人专断造成决策失误的情况。

(2)校长作为高校的最高行政长官，长期以来难以落实的权力一定程度上得到法律的保障，权力和责任分离的状况有所改善。

(3)实行党政分开、各行其职，有效地克服了多年来党政不分、以党代政的倾向，同时，党在高校的地位不仅没有被削弱，反而得到相应的加强。

但是，尽管如此，在我国高校领导体制中一些长期存在的问题仍未得到很好的解决，特别是高校作为学术性机构，它的学术组织特性如何在领导体制中能得到体现，高校的行政管理是否可以代替学术管理，这些问题如果不能理清，必然会影响我国高校今后的发展。此外，社会主义市场经济的发展，为社会的广泛参与办学提供了契机，要充分调动和发挥社会办学的积极性，就必须对我国现行的高等学校的领导体制加以完善，通过建立一个有效的机制，来适应外部环境的变化。

3. 我国高校领导体制的改革趋势

高等学校作为学术性机构，内部的教学和科研活动有其自身的特点。因此，对学术事务的管理，管理者要根据教学和学术发展的规律及知识的权威性，依靠专家对大学内部学术性工作开展管理活动。学术管理与行政管理有各自不可取代的规律，高校的行政管理不可完全替代学术管理，尤其涉及高校学术事务的决策活动时就更是这样。

我国现行的高校领导体制明确和强化了校长作为行政领导的权力，使整个学校系统有可能在校长的统一政令下有条不紊地运行，有助于工作效率的提高。但不可否认，学术人员作为高校内部活动的主体，却难得有机会参与学术事务的决策。这种由体制上的不够健全而造成的缺陷，将不利于我国高校学术事业的长远发展，也不利于调动和提高学术人员的积极性。因此，在未来我国高等学校的内部管理体制的改革过程中，学术管理的加强应是一个重要的方面。

目前我国高校改革的重点是，在强调加强高校行政管理、提高高校的办学效益的同时，应适当地注重学术管理和行政管理的分离，要从体制上进一步提高目前高校中学术委员会机构的地位，加强其学术决策职能。特别是对于一些有一定研究实力的大学而言更应如此。必须说明的是，这里所谓的强调学术管理，并不是贬低行政管理，更不是忽略党委在高校决策事务中的作用。改革的目的在于建立一个由高校党委、行政系统和学术系统三方面共同作用的相互协调和相互制约的机制。高校党委作为贯彻党的基本路线和政策方针的基层组织，它承担着监督学校各项活动、把握高校政治方向的重要职能，它有权对学校的各项政策实施监控；而行政系统则或者通过实行一长制树立校长的行政管理权威，或者建立董事会制由董事会来确定学校的发展规划、资源分配方案以及校长的人选等，校长作为行政首脑有权全面裁决高校内部各项事务。这里的所谓的董事会制就是组建由校外或部分校内人士共同参加的专门机构，来为学校筹措资金，并承担学校的有关决策的行政领导制度。一长制则是实行校长全面负责的制度，它突出了校长的行政领导职能，由校长全权负责高校的行政事务。在大多情况下，不论董事会还是校长一般不应介入高校内部具体的学术决策活动，它们由学术委员会来承担。

（二）我国高等学校行政管理系统

作为学术性机构，高等学校虽然不同于企业组织，不以追求经济效益为目的，但学术政策的落实、大量学术事务如教学和科研活动的开展必然涉及诸如人、财、物、时间和信息资源在高校内部各机构间以及机构和外部间的分配和流动，因此努力提高资源的使用效率也是高校为保持内部正常运作而必须作出的选择。高校资源使用效率的提高，关键取决于它能否建立一个比较科学、合理和有效的行政管理系统。

高校的行政管理系统，主要是指由高校内相互联系的不同权力和职责主体所共同构成的具有特定结构和功能的统一体。高等学校行政管理系统在结构上基本分为三个层次：校、学院和系。

1. 我国高校校级行政管理机构及其职能

校级行政管理机构是全校行政工作的统筹部门，它以校长为核心，由校长根据高校决策机构确定的政策和方向，制订具体的落实计划，确定有关部门的负责人选，组织内部有关职能部门和人员，最大程度地实现预期目标。目前我国大多高校是实行党委领导下的校长负责制，其组织机构是“直线—职能制”组织结构（见图8-2）

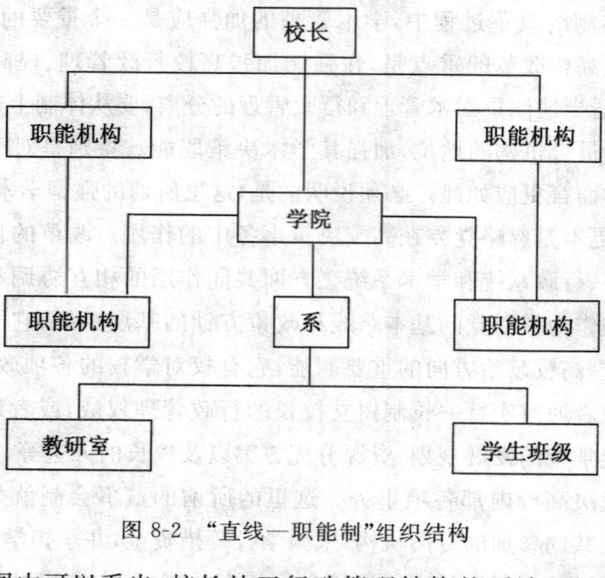

图 8-2 “直线—职能制”组织结构

从该结构图中可以看出，校长处于行政管理结构的顶端，对下级进行指挥、下达命令并负全部责任；校长之下设立如教务、科研、人事、财务等职能机构和职能管理人员，他们作为校长的参谋机构和助手，协助校长执行学校各方面的管理事务，不拥有决策权。

2. 我国高校学院级行政管理机构和职能

实行学院制是国外大多高校的做法，我国高校近年来也在逐步形成这种建制。学院设立在大学之下，它是大学的管理中心，学院的院长一般由校长委任，对校长负责。其基本职能是：协助校长管理校务；协调所属各系、所的关系；制订学院的发展规划和开展学科建设，组织跨学科的联合攻关；统筹全院的人、财、物等资源的调配等。学院制体现了一种高校内部的分权形式。

3. 系级行政管理机构及其职能

系是高校教学和科研的基层学术单位，它设立于学院之下或直属校部管理。系的负责人是系主任，它一般由上级部门如学院院长或校长任命，在国外也有由系部全体教职人员推举的情况。系级行政管理机构在上级部门的指导下，具体负责开展教学和科研活动，并落实上级的意图，接受上级监督和考核。系机构内部根据学科和专业设立不同的教研室，教研室是最基本的教学和科研单位。

(三)我国高校行政管理中的问题和改革方向

行政管理的根本目的在于利用现有的有限资源，充分调动全体人员的积极性，提高管理的效率。其遵循的原则是机构设置合理，权力和责任界限清晰，任务分工明确，人员队伍精干，实施目标明确以及组织、控制、协调等手段得当和信息反馈渠道通畅等等。就目前我国高校行政管理的现状看，高校行政管理的效率还存在许多较严重的问题，主要反映在：

第一，校—学院—系或校—系间权力结构不尽合理，行政权力过于向校集中，一定程度上抑制了基层自主发展的能力，特别是学院制尚在探索之中，学院的行政权力有待大力加强。

第二，校职能部门机构臃肿，人浮于事的问题依旧严重，相互之间还存在职责不清、推诿扯皮、效率不高等问题；此外，高校人事制度的改革明显滞后，与社会大环境间存在明显的反差。

第三，行政管理部门包得过多、统得过死的现状还有待改善，特别是高校办社会的问题，长期以来始终没有得到彻底的解决。

围绕这些主要问题，今后我国高校行政管理体制改革的几个基本方向是：

(1)进一步调整高校行政管理的权力结构，适当实行权力重心的下移，扩大学院以及系的自主权，做到权责统一，增强基层灵活应变的能力。目前，对于大多高校而言，集中在校级的人事权、财权等应逐步下放，实现校、学院或校、系两级管理，重心在学院或系。

(2)校级职能部门必须进一步精简机构、大量裁减机关人员编制，提高办事效率；其次，要转变校机关职能，提高人员的素质和服务意识，加强制度建设，实行规范化的管理。

(3)人事制度的改革是当前及今后我国高校综合改革的一个重要方向，它涉及职称评定、分配制度和人员的聘用与考核等等。自 20 世纪 80 年代后期以来我国许多高校尝试着进行定编定员、严格考核、缩小核算单位和实行工资包干的一系列改革，目前虽已取得一些成效，但一些根本问题依旧没有得到有效的解决，构成了改革的障碍，如人员的合理流动和如何推向社会尚缺乏有效的机制。所以，如何适应社会的变革，加大改革力度，努力建立富有竞争活力的高校人事制度是目前亟待在实践中加以探索的难点之一。

(4)高校办社会的现状必须得到根本的改善，特别是后勤的社会化问题。所谓后勤社会化，就是指转变后勤部门的行政管理职能，实行后勤服务部门的企业化、产业化、市场化，使之成为独立的、自主经营、自负盈亏的实体。实行后勤社会化的目的在于，卸掉学校办社会的包袱，使学校集中有限的财力和精力来搞好教学和科研工作，提高学校的办学效益。近年来许多高校在这方面已积累起了较为成功的经验。

复习思考题

1. 我国高等教育结构的现状及其改革所应注意的问题是什么？
2. 介绍并分析高等教育宏观管理体制的几种主要模式。
3. 我国高等教育宏观管理体制改革的重点和趋势是什么？
4. 高等学校组织的特点是什么？

主要参考文献

1. 谢安邦主编：《高等教育学》，高等教育出版社 1999 年版。
2. 戚万学主编：《高等教育学》，山东人民出版社 2004 年版。
3. 薛天祥主编：《高等教育学》，广西师范大学出版社 2001 年版。
4. 潘懋元：《新编高等教育学》，北京师范大学出版社 1996 年版。
5. 谢安邦主编：《比较高等教育》，广西师范大学出版社 2002 年版。
6. [美]伯顿·克拉克主编，王承绪等译：《高等教育新论——多学科研究》，浙江教育出版社 1988 年版。
7. [美]克拉克·克尔著，陈学飞等译：《大学的功用》，江西教育出版社 1993

年版。

8.[美]伯顿·克拉克主编,王承绪等译:《学术权力——七国高等教育管理体制比较》,浙江教育出版社 1989 年版。

9. 谢安邦主编:《中国高等教育研究新进展·2005》,华东师范大学出版社 2006 年版。

10. 程勉中:《现代大学管理机制》,人民教育出版社 2006 年版。

第九章

高等学校的教学管理与科研管理

教学与科研是任何高等教育活动的两个重要组成部分，缺少哪一个都会失去平衡。因此，加强教学与科研管理，对保证高校办学质量，实现教育目的，调动师生积极性，合理配置学校资源，均具有十分重要的意义。

第一节　高等学校的教学管理

一、高等学校教学管理的意义与任务

教学是实现教育目的的主渠道、主阵地，国家、社会对教育的一切要求，最后都要落实在教学活动上，通过教学活动来满足。高等学校教学管理就是为了实现教育目的，根据高校教学的特点与任务，按照一定目标、原则、程序和方法，对教学工作进行科学的计划、组织、指挥、协调和控制以提高教学效率和教学质量的过程。教学是高校最本质最经常的活动，是学校的中心工作。因此，教学管理在高校中意义重大，具体表现如下：

第一，教学管理是协调各种教学资源的重要手段。进行教学，需要人、财、物等多种因素的支撑。只有科学组织、合理协调各种教学资源，才能有效地发挥高校内外的各种条件，取得最佳教学效果。

第二，教学管理是提供教学质量的基本保证。教学质量是高等学校的命脉，决定教学质量的因素是多方面的，其中教学管理是最基本的因素之一。高水平的教学管理，可为教学质量提供有力保障。

第三，教学管理是实现教学工作最优化的主导因素。总体大于部分之和是

管理高效的体现，能否充分利用学校内部人、财、物、时间、信息等多种资源，最大限度地发挥其效能以利于人才培养、提高教育教学质量，教学管理在其中起着主导作用。教学管理水平不同，教学质量与效率就会不同。

有人认为，高校教学管理可有可无，甚至以高校教学过程的特殊性、学生学习的自主性、教师的学术自由等理由抵触教学管理，这是一种错误的认识。高校教学管理是确保教学质量、保证教学秩序、提高教学效率、调整和改善校内与校外各种关系、充分利用各种教学资源所必不可少的手段。高校教学管理不是限制教师与学生的主体性，而是通过管理提高效率和质量。具体说，高校教学管理的任务是：

第一，确保教学目的与教育目标相一致。学校要组织各级领导和广大教职工认真学习、全面理解、掌握党和国家的教育方针政策及社会发展进程中对高等教育提出的新要求，以确保教学的正确方向。

第二，建立正常的教学秩序，使教学工作协调、高效率地进行，培养德智体美劳全面发展的满足社会需要的高素质人才。

第三，充分调动教师教书育人的积极性，不断提高教学质量。经常调研、分析教师教书育人状况及影响教师积极性的各种因素，客观公正地考核评估教师的工作，通过各种方式激发教师的积极性和创造性。

第四，加强教学科研工作，促进教学科学化。做好教学研究和教改实验，引导教师进行科学研究，鼓励、支持他们更新教学内容，改革教学方法，运用新的教学手段和技术等。

第五，不断反思，深化教学管理改革，建立科学的教学工作体系。提高国民素质，教育教学要改革，教学管理改革也要同步进行，否则，进行教学改革就可能出现“戴着脚镣跳舞”的境况。

简言之，教学管理的主要任务，是建立正常的教学秩序，增强教学的计划性、科学性，沟通教与学之间的联系，提高教与学的质量。教与管是相辅相成的，有教无管，教学工作必将是无序的、低效率的，只有把教学与管理结合起来，才能确保教学任务的完成。

二、高等学校教学管理的职能

高校教学管理是一个多层次的系统，目前，世界各国高校的教学管理组织机构并没有形成统一的结构，即使在同一国家，高校的教学管理机制也不尽相同。就我国高校教学管理机构情况来看，虽未形成完全统一的教学管理机构模式，但多数学校为校—系或校—学院—系。高校教学管理组织机构层次不同，其管理职能与分工也就不同。

学校层面的教学管理，以教务处为职能部门，其职能是：在校长和分管校长的领导下，根据国家教育主管部门有关教学工作指导文件的规定，从本校教育任务和培养目标出发，制定学校教学工作计划和有关教学的规章制度；制定有关学校发展、专业设置、教学改革等方面的措施；组织制定或修订全校各专业的教学计划、教学大纲，并组织检查教学计划的执行和完成情况；全面安排与教学有关的各个环节（如生产实习和教学实习等）；检查教学质量，对教学过程的各个环节（如备课、上课、实验、辅导）以及学习过程的各个环节（如听课、作业、自学等）提出质量标准；负责教师的课程进修与业务提高工作；实施课程管理；组织教材及相关教学资料的编写、建设等工作；负责制定开课计划、编班、编课程表、考勤等工作；负责教师教学工作的考核工作；负责学生学籍、教学档案和资料的管理工作。主要可以概括为教学计划管理、教学质量管理、日常行政管理。[①]

现在许多学校都实行院校两级管理，除了学校教务处外，学院都配有教学院长、教学秘书或教务办公室等管理人员或管理机构，具体的教学活动由院（系）或教研室负责安排，执行学校的教学管理要求。具体任务是确定专业方向，设置课程，制定教学大纲，编写和选用教材，分配教学任务和改革教学内容方法等。院（系）级的教学管理是校级教学管理的支柱和基础，在学校整个管理系统中起着承上启下的作用。

教研室不是一级教学管理机构，它是在院（系）领导下进行教学工作，开展教学研究、科学研究与师资培养工作的基层教学、科研组织。学校和院（系）的各项教学工作都要通过教研室组织教师去完成，因而，教研室是各院（系）教学管理的基础。

高校教学多元管理系统可用下图表示：

管理级别

学校

院（系）

教研室（学科组）

计划　　　　公共课

组织　　　　基础课及技术基础课

监督　　　　专业课

调查　　　　选修课

检查　　　　专门家基础训练

一般管理职能　　　　专门管理职能

图 9-1　高校教学多元管理系统[②]

① 参见杨德广主编《高等教育管理》，上海教育出版社 2007 年版，第 215～216 页。

② 王亚朴主编：《高等教育管理》，华东师范大学出版社 1986 年版，第 436 页。

高校教学管理在机构层次上进行合理分工，同时要注意做到“宏观管理，以院为主”。在教学管理过程中，学校要善于发挥调动基层组织教学管理的积极性、主动性与创造性。因为他们最了解教师的教学、课程效果、学生的学习等情况，最熟悉本专业本学科发展的动态，只有充分调动基础教学单位的教学管理积极性，才能使教学管理工作稳步扎实进行。

三、高等学校教学管理的原则

进行管理，需要遵循相应的要求，处理好管理过程中可能面临的各种关系问题，即进行高校教学管理时要遵循高校教学管理原则。因教学管理中涉及到的关系问题繁杂，对此许多学者“仁者见仁，智者见智”，从不同角度进行了概括与归纳，这里不一一列举。但需要明确的是，高校教学管理有别于学校科研管理、人事管理、学生管理及普通学校教学管理，应反映高校教学管理活动的特殊要求。下面就高校教学管理的原则给以详细阐述。[①]

(一)学术管理与行政管理相结合的原则

高校教学管理不是单纯的学术管理，也不是单纯的行政管理，而是行政管理与学术管理的结合，这是由高校教学组织与管理的特殊性所决定的。学术管理是指对高等教育中学术事务与活动的管理，它通过组织和协调全体教学、科研人员的学术行为，合理调配和使用各种教育资源，调动学术人员的积极性，提高学术水平，以实现高校的功能。高等学校行政管理作为一种特定的管理方式和机制，指代高校中以校长为首的一整套学校管理系统及其所具有的管理职能和所从事的各种管理活动。

学术管理与行政管理相结合原则要求在高校教学管理中，充分发挥教授等学者专家群体在管理中的作用，注重教学管理中的学术性内涵。因为，高校教学管理是一种专业化的管理活动，高校专业设置、课程建设、教学改革、人才培养模式等都是高度专业化的管理事务，只有专家学者才最有发言权。同时，要做好行政管理工作，加强服务意识，在高校教学管理机构设置上，可建立一些直接面向全校师生的服务性功能中心，如注册中心、考试中心、学务指导中心、教学信息中心、教学评价中心、实践教学中心等。高校教学管理只有把学术管理与行政管理结合起来，才能使教学实践活动科学、有效、合理地运作起来。

(二)公平与效率相统一的原则

坚持公平优先，还是坚持效率优先，是所有管理者都面临的两难问题。只有正确处理好公平与效率这一对范畴，才能使组织内部的人际关系和谐、融洽，才

---

① 参见杨德广主编《高等教育管理》，上海教育出版社 2007 年版，第 219～222 页。

能使整个组织协调发展。在高校教学管理中，是坚持公平优先还是效率优先，目前仍是一个两难选择。从我国现阶段的高校师资情况及社会发展对高校培养人才的质量规格要求来看，已有一部分教师的学历和教学水平不符合现代高校教师的要求，不再适合担任教师，如何调整其工作这一问题摆在了管理者面前。此外，有些有高级职称的教师已没有很强的科研能力与业绩，按照效率原则是否要高职低聘呢？这也是教学管理中不得不思考的问题。

从我国高校教育现实情况来看，在教学管理中应坚持“效率优先，兼顾公平”的原则。这既符合时代要求，同时又符合我国高校教育现实情况的选择。所谓“效率优先”是指当前必须把高校教学效率与质量作为首要目标。“兼顾公平”是指在保证教学效率与质量的前提下，最大限度地实现教学参与者的利益。在遵循“效率优先，兼顾公平”的教学管理过程中要注意：一方面，要在教师群体中适当分层，以有利于调动其积极性、发挥其自身优势，提高教学质量；另一方面，要完善教学管理制度，获得相关人员的支持。

（三）权力与权威相结合的原则

一个管理者拥有权力是不难的，只要担任一定职务，就会拥有相应的权力。而难就难在拥有威信。这种威信主要来自领导者的管理能力和人格力量。行政管理岗位要求管理者具有很强的管理能力，如科学决策能力、组织指挥能力、综合协调能力、周密思考能力、识才用人能力、预测应变能力、人际交往能力等，这些能力的强弱、水平的高低，直接影响到管理者的威信。管理岗位要求管理干部具有良好的人格魅力和人格力量，主要表现为管理者是否正直公道、清正廉洁、刚毅果断、处险不惊、敢担责任、灵活机动、诚心宽厚、平易近人及幽默风趣等。管理者的人格力量和人格魅力能令人折服，其威信自然就高；反之则低。

高校教学管理工作者处理好权力与权威的关系，坚持权力与权威相统一，显得尤为重要。因为，教育部门是知识分子比较集中的地方，在对知识分子的管理过程中，频繁使用权力的强制作用肯定难以奏效。知识分子相信科学，坚持正义，认同有才能、尊重知识、平易近人的人。因此，在教学管理中，管理者要加强自我修养，提高自己的管理水平，增强人格魅力，树立威信。如此，才能管理有效，切实调动教师的积极性。

（四）分权与集权相统一的原则

分权与集权是管理行为中经常发生的一对矛盾，也是管理领域中一对重要的范畴。从理论上看，集权与分权主要指管理权力在各层级的配置程度。一般来说，如果职权集中在高层管理者少数人手里，而且多数决策是由他们作出的，则这个组织的集权化程度较高。相反，基层人员参与程度越高，或他们能够自主地作出决策，组织的分权化程度就越高。分权又可以分为横向分权与纵向分权两类，横向分权是将权力分给除了管理人员之外的其他人员，纵向分权是将权力分给中层和基层管理人员，高校分权需要强调这两个方面。高校教学管理的层级性、复杂性、系统性要求高校教学管理实行分权，发挥基层组织的积极性，调动广大师生的参与意识，才能提高教学质量，促进学生发展。

当然，任何组织没有绝对的集权与分权，只有程度的不同；集权与分权也没有绝对的对错之分。集权与分权的程度应视组织特性、所处环境和管理人员水平而定。对于高校这样一个人才、知识高度密集的组织来说，进行教学管理时必要的集权是需要的，但实行分权是主要的。

(五)教学管理与科研要求相结合的原则

现代高校要求教师不仅要承担教学工作，还要承担科研任务。高校强调教师进行科学研究，其意义不言自明。它不仅能提升学校的地位与作用，而且也有利于提高人才培养质量，更好地为社会服务。只有参与到科学研究之中的教师才能给学生带来第一手资料，把学生带入学术前沿；教师只有投身于研究之中，才能更好地把专业知识准确地传递给学生。然而，在教学实践中，教学与科研也存在着相互抵触的情况。教师如果把精力较多地投入研究之中，在教学工作方面投入的精力、时间就会相对减少，例如一些教师对教学工作马马虎虎、敷衍了事，而只是关心科研成果。在高校职称评定中，由于科研是硬指标，教学是软指标，更使教师置教学工作于次要地位。这给教学工作带来了负面的影响，给教学管理带来了消极影响。

面对这种状况，高校教学管理要切实加大教学管理力度，通过建立教学考核机制、设立教学优秀奖、设置教学岗位的高级职称等措施，改变教学疲软现象。在一些教学型高校或职业技术学院，尤其要突出教学的地位。

(六)统一管理与学术自由相结合的原则

学术自由是高校教学科研的一个传统。按照《简明不列颠百科全书》中的解释，学术自由是指教师和学生不受法律、学校各种规定的限制或公众不合理的干扰而进行讲课学习、探求知识及研究的自由。学术自由源于中世纪高校的“高校自治”，1810 年德国教育家洪堡创办柏林大学时，提出了独立性和自由以及合作三者相统一、教学与科研相统一等原则，宣称学术自由是高校的一个不可缺少的条件。

没有抽象的纯粹的学术自由，管理与自由是辩证统一的。教师享有研究及发表成果的充分自由，也有选择教学内容、教学方法、教学形式的自由，但学术不能完全脱离社会意识形态，其教学活动也应接受学校的相应管理。所谓“没有规矩，不成方圆”。管理既是对组织成员的一定程度的约束，也是为了保证更多组织成员行动的自由。好的管理，应当是把维护组织成员的行为自由与组织利益有机结合在一起，做到“既有规范，又有自由”。

四、高等学校教学管理的内容

教学管理是一个复杂系统，从内容来说，高校教学管理可以分为教学计划管理、教学运行管理、课程管理、教学质量管理、教学制度管理、教学基本建设管理等。下面就其中的主要方面给予阐述。

(一)教学计划管理

教学计划是高校人才培养和教学工作的主要依据，教学计划管理是高校教学管理的重要内容。高校教学计划管理是一种旨在通过对教学工作进行设计、筹划和安排以实现教学总目标的管理，也是高等学校的管理者对教学领域中的全部工作进行设计、组织、指挥、监督、控制和创新的过程。要实现教学总目标，必须对教学计划的制定和实施进行管理。

1. 教学计划制定管理

高校教学计划按专业制定。一份完整的教学计划通常包括以下几个部分：专业培养目标与培养规格，学制规定，教育、教学和实践活动周数分配，课程设置，学分要求，学时安排等。

(1)培养目标和人才规格要求。培养目标和人才规格要求是制定教学计划的前提与依据，它决定课程的设置和教学环节的安排。培养目标和人才规格中对学生在品德、知识、能力、情感、态度等各方面的发展都有具体要求。

(2)课程设置。课程是实现培养目标的主要载体，与专业相应的课程结构通常由公共课程、专业基础课程、专业课程三部分构成。公共课程是指各专业学生都必须学习的、培养学生基本的品德、政治、文化、身体素质的课程，主要包括“两课”、外语、体育、计算机。“两课”的内容、学时都有具体明确的规定，外语、计算机这两门课有等级考试要求，体育有达标要求。公共课程的总学时学分约占总数的30%。专业课程，指为学生将来从事某个专业、某门课程教学作准备的课程，体现专业的质量规格要求。专业课程可进一步划分为专业基础课、专业必修课、专业选修课等，主要体现不同课程在这一专业中的地位、性质与作用。专业课程学时学分约占总数的60%左右。从限定方式或修读要求上看，可分为必修课与选修课。必修课又可分为公共必修课与专业必修课，选修课也可分为专业选修课与公共选修课。从我国高校课程设置的发展历程来看，公共选修课是近几年来出现的新生事物，它是指在一所高校内部除了公共必修之外再开设若干人文科学类、自然科学类、艺术类的课程供学生选修，取得规定学分的课程。公共选修课的开设旨在开阔学生视野，扩大学生知识面，培养学生的人文、科学素养。必修课与选修课的比例一般约为 8 ∶ 2，近年来随着跨学科发展、学生综合素养形成的需要，选修课比例有上升趋势。

(3)教学环节。教学环节是指教育、教学过程中的不同活动形态，包括课程性教学环节和非课程性教学环节。课程性教学环节是课程教学所采用的各种活动方式，包括课堂讲授、实验课、教学实习、考查考试、课程论文、毕业论文等；非课程性教学环节是课程教学外的教育活动方式，包括入学教育、军事训练、公益劳动、生产实习、社会实践等。

(4)学时安排与学分要求。在教学计划中，必须有一定学制下与课程相应的学时安排和学分要求。学时安排反映学生在各个主要教育教学环节中应投入的时间和精力；学分要求反映对课程的学习量，是对学生修习课程量的要求。现在，我国对本科四年制的学时学分要求一般为文科 2500 学时左右，理科 2800 学时左右，学分共为 160 左右。

在教学计划制定管理中，应结合各院系特点切实制定出科学合理的教学计划，处理好基础课程与专业课程、必修课与选修课、理论教学与实践教学、课内与课外等关系，使其既能反映社会对人才培养的要求，又体现学科发展趋势，为培养具有创新精神、实践能力的合格人才奠定基础。

2. 教学计划实施管理

制定教学计划只是人才培养过程的开端，大量教学管理工作在教学计划实施中进行，即常规教学管理，内容主要包括教学运行管理、教务例行管理和教学档案管理等。教学运行管理主要指编制校历、制定开课计划、编排课程表、组织课业实施。编制校历是教学管理的先行环节，校历是按学年规定教学活动的周次和日程。每个学期的开课计划是教学常规管理的起始环节，它是把一个学期教学计划中所规定的各项教学任务落实到人的一种教学管理活动。编排课程表是教学常规管理的中心环节，是一项业务性、科学性很强的教学组织工作。编排课程表时，既要服从于教学规律、适应学生的心理和生理特点的要求，又要考虑到各门课程性质差异和学校现有教学设备和条件，并且还要顾及到教研室、教师的合理要求和需要帮助解决的困难。课程表编排的质量直接影响着教学过程中时间、空间、人力和物力的合理组织及其效益的充分发挥，进而影响教学过程的正常运转、教学秩序的稳定及教学质量的预期实现。

(二)课程管理

如果说教学计划是高校人才培养和教学工作的总体设计和蓝图，那么课程则是实现这一蓝图的主要载体。课程管理是教学管理的一项基础工作，也是一项核心工作。课程管理的成功与否直接制约着教学计划的效果及教学质量的提高，因为合理选择和组织课程内容、优化设计课程结构是高校人才培养活动的重要内容。

1. 课程管理的内涵

课程管理是对课程编制、实施、评价的组织、领导、监督和检查[①]，是与学校课程的整体运作过程相伴相生的系统工程。从高校课程的运行过程来看，它具体包含了课程决策、课程开发、课程编制、课程实施、课程评价等若干重要环节，每个环节又都自成系统，可以分解为更为具体的若干组成部分或要素。与高校课程的运行结构相适应，高校课程管理也可以相应地划分为课程决策系统管理、课程开发系统管理、课程编制系统管理、课程实施系统管理、课程评价系统管理等组成部分。[②] 这些组成部分既相互独立，又相互联系与相互依存，共同构成了高校课程管理系统的整体。任何一个管理部分的疏漏都将影响到其他部分的管理工作，各部分有机协调才能有利于课程整体效能的发挥。

2. 课程管理的职责[③]

在教育改革不断深入的大背景下，高校拥有了课程管理的主体权责。因此，课程管理主要在学校内部进行，在学校层面上的实施机构为教务处，具体实施工作则在各学院或系。教务处在课程管理中的功能表现为：确定课程体系编制的总体原则、指导思想与具体要求，指导各专业编制课程体系；确保课程设置能体现培养目标的达成，合理有效地利用学校资源进行课程配置；指导教师编制课程大纲；指导课程建设，负责重点课程建设；提出课程评估的要求与参考标准，等等。各学院或系在课程管理中具体负责实施工作，提出各专业课程设置的具体安排方案，负责落实课程建设的组织与实施，负责按教学计划、教学大纲的要求实施，配合学校共同进行课程体系、课程建设、课程实施、课程评估、课程信息等的管理。

另外，为了提高课程管理的质量，完善各种课程管理制度，可以在职能制的基础上，成立课程管理委员会，采用委员会制进行管理，根据课程建设目标，有组织、有计划地进行重点课程、优质课程、特色课程、合格课程等建设，对各门课程的目标、在学生成长中的作用、在学科中的地位与性质、师资配备情况、教材建设、教学实效等方面进行评估，提高课程实施效果。

3. 课程管理的内容

由前述已知，课程管理是一种较为复杂的系统，涉及课程决策、开发、编制、实施、评价等诸多层面。鉴于本章内容及篇幅所限，且为了避免课程实施、评价与教学质量的评估、管理之间的内容重复，这里仅就高校课程编制管理及相关内

---

① 参见顾明远主编《教育大辞典》第1卷，上海教育出版社1990年版，第263页。

② 参见黄清《关于高校课程管理机制创新的探讨》，载《煤炭高等教育》2004年第2期。

③ 参见杨德广主编《高等教育管理》，上海教育出版社2007年版，第228页。

容给予阐释。

一旦确立了高校课程管理的内容主要为课程编制，在具体管理过程中主要表现为对课程的制定者、课程编制的内容及过程进行管理。

课程制定者的管理。课程的制定者在课程编制过程中起着非常重要的作用，对制定者的管理在课程管理中居于主导地位。在具体的课程编制过程中必然出现这样的问题：应由谁来制定课程？课程的制定者需要具备哪些知识、技能和素质？在课程决策中应遵守哪些原则或程序？等等。与此相应的管理问题是：课程编制中对主体的选择问题、主体的知识结构问题、主体在编制活动中的规划问题。对这些问题的认识与回答构成了课程管理活动的指导思想，是整个课程编制活动的灵魂所在。因此，进行课程管理时需要制定相应的选择条件对课程制定者进行合理考量与选择。

课程编制内容的管理。不同专业在编制课程内容时各不相同，因此，课程管理要针对所有学生或某一类学科专业的学生提出有针对性的要求，使课程内容体现培养规格要求。不符合专业培养要求或培养规格、没有体现学科特点及学生所具备的素质和可能条件的课程不可能是一门优质课程。所以，进行课程管理时要注意课程编制内容一定要符合教育目标。

课程编制活动的管理。在课程编制活动中，需要把课程内容的组织与培养目标切实而有机地结合起来，而以怎样的方式结合则是课程管理所必须思考与回答的问题。其中涉及对课程内涵的理解、课程类别结合程度的确立及其可行原则、规范或步骤。因此，要明确课程编制的理念及其管理理念，要有一定的手段和方法对教育目标在课程编制中的实现度加以测量。

对课程编制活动的管理对教学管理人员来说是一种较大力度的挑战，因为课程管理既有课程研究的品格，也有管理的品格，因此，要提高课程管理的质量需要管理者具备课程研究与管理两方面的素养，课程管理过程中既要注意对课程编制者、编制内容、编制过程等方面进行管理，同时还要对课程管理者本身进行管理，以避免出现外行领导内行现象，或因课程管理者自身的素养影响了课程的编制效果。

要实现编制的课程切实有效可行，既要关注教育目标的应然追求，也应注意实施课程所需要的条件。课程实施的条件一般包括师资队伍、教材、教学文件及其他教学资料、实验室等。师资队伍主要是指教师的学术水平和结构——年龄结构、职称结构、知识结构。一支真正献身教育事业、学术水平高、结构合理的师资队伍是保证课程实施质量的关键因素。优秀而且适用的教材、体现课程教育目标的教学大纲、完备的教学资料、必要而且质量较高的补充讲义、习题集、实验指导书等，也是课程实施的必要条件。对于有实验教学环节的课程来说，不仅要拥有完备的、状态完好的、较先进的实验条件——设备、仪器、教学实验室面积、设备套数，而且还要有水平较高的实验教学人员。课程管理过程中只有把课程编制与课程实施所需要条件的建设统一起来，才能把教育目标落到实处。

此外，为了深化教学改革、提高课程建设的效果，重点课程、优质课程、精品课程建设也是课程管理的重要内容，并注意以下几方面：成立重点课程建设委员会；提出重点课程建设的数量、方案、计划及目标；成立专项建设资金；公布重点课程建设的标准。

(三)教学质量管理

教学质量是教学工作满足学生综合素质全面提高需要的程度，是教育质量的一个关键部分。在一定意义上，教学质量近似于教育质量或人才培养质量。目前，我国对教学质量看法不同，但都强调以下内容：(1)掌握知识与发展能力相统一。要求学生既能较好地掌握专业知识，也要形成实践能力，学会学习、学会生存、学会发展。(2)促进学生全面发展，科学素养与人文素养、智力因素与非智力因素相统一。(3)使每个学生都在原有基础上得到发展。教育就是要充分挖掘学生潜能，发展学生的特长与天赋，让每个学生都得到发展。(4)服务社会，受到社会、用人单位的欢迎。一所学校能否得到社会的认可，主要在于其培养的学生是否得到社会、用人单位的认可。

教学质量管理就是依据教学管理目标，按照高校教学特点和教学管理的基本要求，运用一定手段和方法，对影响教学质量的诸因素实施计划、组织、协调、考核、评价以保证教学质量的活动过程。可以说，没有高水平的教学质量管理，就不可能培养高质量的人才。

教学质量受高校教学活动中多种因素影响，是高校各项工作的综合反映，贯穿专业设置、教学计划与教学大纲制定、教学组织与实施、教学效果测评等整个教学活动过程中，涉及教师、管理、教辅等各类人员以及师资队伍建设、教材建设、实验建设、实习基地建设等各项工作。如此，对教学质量管理会涉及到很多方面，在一定程度上可以说是一种全员性、全过程性、综合性、全面性的管理。前面我们已论及教学计划管理、课程管理等，这里就教学过程、教学质量监控组织等方面作简要探讨。

1. 教学过程管理

教学过程是由课堂讲授、实验课、学年论文、教学实习和生产实习、考试或考查、毕业论文以及生产劳动、科学研究训练等若干环节所组成的。要使教学环节最优化，就必须加强教学环节的管理。从我国高校教学管理实际情况来看，在环节管理过程中，为提高学生的实践及创新能力，必须处理好以下几方面的问题：

(1)注意各教学环节的有机联系。教学过程的各环节是一个有机的整体，在教学过程中都有自己的地位、功能和作用，不能厚此薄彼、相互代替，否则不利于学生全面发展。

(2)在各教学环节要充分发挥学生的主体作用。为使学生在各教学环节中受益，教师应结合教学内容、教学要求、学生发展状况、教学资源，选择适当的方法、手段，调动学生学习的积极性，培养其各种能力。

(3)重视课堂教学质量管理。课堂教学是教学的主要表现形式，也是教育质量的主要表现形式和教学过程管理的主要内容。对课堂教学质量的管理主要是通过对其质量的评价进行调控的。为此，应制定课堂教学质量评估标准，通过领导、同行教师及上课学生对任课教师的评价及其反馈，使教师能客观地看待自己的优缺点，扬长避短。

总之，对教学过程的管理是为了提高教学质量，实现教育目标，促进学生全面发展。

2. 教学质量监控管理

教学管理质量的效果如何，在很大程度上取决于对教学信息掌握的全面性与准确性。只有全面、准确地了解教学信息，才能及时地调整管理方向与策略，使教学管理顺利进行。因此，教学管理应对教学过程中的关键处进行控制，主要包括以下内容①：

(1)开学初期的信息。每学期开始，应对学生的按时报到人数、教师的到位情况、教室的布置与调整、教材的定购情况等有所了解，以便教学有个良好的开端。

(2)学生上课的出勤情况。学生的出勤率可以直接反映出学生的兴趣、学习效果、教师的教学状态，对这方面信息的掌握可有助于教务管理部门调控教学。

(3)学生晚自修率。这是反映学生学习作业量、学习态度、学习自觉性以及基本学风的重要依据。

(4)学生学期成绩分析。每学期初，教务管理部门要组织力量对上学期的学生学习成绩进行分析，为本学期的教学工作提供借鉴。因为，学生学业成绩的优劣、分布状况及主客观题成绩的比例，为教与学提供了许多信息。

(5)学生的作业情况。通过校、院或系抽查学生的作业，作业的类型、内容、教师批改与指导情况可以折射出教师的教学理念及学生的学习状况。

(6)学生与教师的相互评价。学生对教师的满意度和教师对学生学习的满意度，也是反映教学工作状态的重要信息，这种信息的积累有助于对教师教学工作进行客观公正的评价。评价中的具体意见以适当的形式反馈给教师，也有助

① 参见朱永新《高等学校教学管理系统研究》，江苏教育出版社1998年版，第106～107页。

于教师提高教学质量。

3. 教学质量监控系统

高校教学管理除了增强教学质量管理意识、对教学质量进行管理外，还要有一套教学质量监控系统作为保证。从目前来看，高校教学质量监控系统由以下几个层次构成：第一层次是上级教育主管部门，对高校教学质量进行宏观调控，他们通过招生计划、专项拨款、各种教学评估等手段控制学校教学质量；第二层次是高校教学管理系统的决策人，制定学校质量方针与质量目标，定期检查各个职能部门实现质量目标的情况；第三层次是高校教学管理机构，主要是教务处及相关教学委员会、督导委员会、学术委员会等机构，维持日常教学质量管理活动，进行教学质量的诊断和指导；第四层次是各学院、系的教学管理人员，负责更为具体的质量管理工作。①

五、高等学校教学管理过程

高校教学管理是一种有目的、有组织、系统的管理实践活动，充分体现了现代管理的内涵，其基本程序与一般管理活动相一致，即按照计划、组织、检查和总结的程序循环进行。

(一)计划

计划是教学管理过程的第一步，是高校各部门、全体教职工的行动纲领，是协调各有关单位工作的依据。因此，教学管理应首先依据党的教育方针政策、教育主管部门的要求，遵循高校教学工作特点，结合学校外部和内部各项条件，制定具有前瞻性、科学性、可行性的管理计划。在制定计划时应注意调动学校师生的积极性，吸纳各方意见，长期、中期、短期计划相结合，以便前后连贯，做到心中有数。

(二)组织

组织是围绕要达成的工作目标与预先计划去组织人力，建立机构，规定职责，协调关系。教学管理实践的组织是教学管理计划的延伸，在此阶段要按计划配备相应的人员，投入资金，协调各方面力量，建立奖惩制度等，随时掌握教学工作动态和进度，注意发现和研究新情况、新问题，及时纠正教学计划中存在的问题。

(三)检查

检查是以计划中规定的目标为依据，对各方面工作进行考查、检验、督导，包括检查教学工作的结果、教学管理计划的执行情况、教学管理效果等方面。检查

① 参见杨德广主编《高等教育管理》，上海教育出版社 2007 年版，第 230 页。

起到发现问题、分析原因、巩固成绩、采取对策等作用。鉴于检查对象的特殊性及检查内容的复杂性，要取得良好效果，需讲究检查的方式与艺术。检查一般采取分散检查与集中检查相结合、专题检查与全面检查相结合、随机检查与定期检查相结合、自我检查与职能部门检查相结合等方式进行。检查时应避免形式主义。

（四）总结

总结是根据既定计划，通过检查发现成绩与不足，总结经验与教训，对工作作出评价，不断改进，提高管理水平。总结可以分为专题性总结、全面性总结、学期工作总结、学年工作总结等。

教学管理的四个阶段不是孤立的，它们相互联系、相互促进，共同构成一个统一整体。其中，计划是整个管理过程的主线和统帅，实施是将计划变成现实，检查是对实施的监督、对计划的检验，总结是对前三个环节的总评价。当然，在具体管理过程中，四阶段并非完全清晰可分，但整个管理过程离不开这四个方面。

第二节 高等学校的科研管理

培养人才、发展科学和服务社会三者共同构成了现代高校的职能体系。高等学校无论是培养人才，还是服务社会，一般都离不开科学研究，科研水平的高低日益成为衡量一所高校综合实力强弱的一个至关重要的标志。国内外历史经验证明，一所没有高质量科学研究的学校，就不可能建立一支高水平的师资队伍。科学研究是高校发展的基础和支撑点，科研项目的层次与数量反映高校科研工作的层次和水平，也是衡量高校综合能力包括研究水平、学术带头人、科研队伍、组织和管理水平等的标准之一。因此，高校科研管理就非常重要，它直接影响着科研项目的数量和质量，肩负着对全校科研发展规划和科技管理政策的制定、实施以及对科研项目、科研组织、科研效应等方面进行管理的责任，对高校的科研乃至整个高校的发展都具有十分重要的作用，进而影响学校的整体发展水平。

一、高等学校科学研究的任务及特点

一般说来，科研活动分三种类型，包括两类行为。三种类型是基础研究、应用研究和开发研究。联合国教科文组织所编的《科学与技术统计资料指南》对三类研究的定义分别是：基础研究旨在增加科学、技术知识和发现新的探索领域的任何创造性活动，而不考虑任何特定的实际目的；应用研究旨在增加科学、技术

知识的创造性的系统活动，但它考虑到某一特定的实际目标；开发研究则是运用基础研究和应用研究及实验的知识，为推广新材料、新产品、新设计、流程和方法，或为了对现有样机和中间生产进行重大改进的任何创造性活动。两类行为包括单位行为和个人行为，申请科研项目、组织项目实施、提供研究条件、成果鉴定、申报奖励、推广、订立科技合同、申请专利等属于单位行为，而收集资料、提供研究方案、选择研究方向、确定研究目标、实施科研计划、进行科学实验、完成研究任务、出成果、出论著、出产品、出技术等属于个人行为。

(一)高等学校科学研究的任务

高等学校科学研究的任务是多重的，主要方面如下：

(1)高校科研服务于教学。教学是科研的基础，科研是教学发展和提高的关键。教学和科研相结合是提高学校教学质量的根本举措，科研水平的提高及其对教学的渗透，有利于提高教师的学术水平和教学水平。

(2)高校科研服务于人才培养。科研成果在教学活动中的广泛应用，学术信息在师生间的交流，可以极大地拓宽学生的视野，启发他们的创新意识，有利于他们创新能力的形成。

(3)高校科研服务于社会。高校科研必须面对社会的需要、经济发展的需要，积极开展知识创新、科技创新和技术创新，为促进社会全面发展与进步服务。

(二)高等学校科学研究的特点

科学研究是高校的重要职能之一，也是国家科学研究的重要组成部分。高校科研既有与其他组织单位科研活动一致的地方，也有特殊的一面，具体表现为：

(1)紧密结合教学。高校科研活动不仅要出成果，还要通过科研培养人才，并将科研成果转化为教学内容，为培养人才服务，这是由高校的基本职能决定的，也是高校科研区别于其他科研的显著特点。因为高校最基本的职能是培养人才，否则就不成其为学校。

(2)科研类型多样。高校常根据各自的定位和实力，在基础研究、应用研究和开发研究上有所侧重。通常情况下，综合性大学侧重基础研究，其他大学有的侧重于应用研究，有的侧重于开发研究。有所侧重并不意味着不进行其他类型的研究。

(3)服务对象不同。高校科研是面向不同对象的，有的面向企业，解决企业技术改造、产品更新中的技术更新问题；有的面向地方，解决地区发展中的基础问题；有的面向经济发展中的某个行业，帮助解决该行业发展中所面临的技术问题；有的面向信息学科和高科技，促进新兴学科和高技术产业的形成。

(4)进行多学科交叉研究。高等学校学科门类比较齐全，在这样的条件下，适合开展多学科的综合研究和边缘学科的开创性研究，必然会形成多学科交叉与综合的研究特色。

(5)重视教育研究。随着社会发展对人才质量水平要求的提升，各类高校越来越重视教育科学研究，旨在提高教育质量，满足学生个人发展及社会发展的需要。近些年，除了师范类大学外，其他理、工、农、医和文科学院也大多建立了专门的教育科学研究机构，并已取得了较为丰硕的成果，已经成为我国教育科研的主要力量之一。

二、高等学校科学研究管理的内容

科研管理，指对科研人员从科研申请到科研项目实施及完成的一系列管理。高校科研管理，指按照科学技术发展和高等教育发展规律，对高校科研活动中的目标、过程和成果进行计划、组织、控制与总结，使其达到预定目标的一种组织活动。科研管理的目的是在遵循科研活动的规律的基础上，协调众多因素，积极创造一个适合科研开展的气候和舞台，使科研人员的智慧得到最佳的发挥，从而使科研活动得以顺利完成。高校科研管理内容主要包括计划管理、机构与队伍管理、经费管理、项目管理、档案管理等。

(一)科研规划管理

规划管理是高校科研管理的首要环节。制定规划的过程既是一种决策过程，又是科研目的、管理方案选择的过程。在此过程中，应针对本校科研工作特点和科研管理原则，全面考虑和安排各个层次的科研活动。即：根据我国经济、科技与社会发展的中长期需要及本校学科优势和科研力量，选择和确定学校的重点建设学科、研究方向和科研项目，确定一批能带动全局的重点课题，并组织力量，配置资源，监督实施。

高校科研计划管理按层次可分为确定重点学科领域，确定重点发展方向，选择重点发展项目，选择重点课题，选择项目。确定重点学科领域主要是指高校要根据自身优势和学科特点，在国家确定的重点发展学科群中选择本校应重点发展的学科领域。确定重点发展方向意指通过预测和决策确定学校的科研方向。选择重点发展项目则是在充分考虑到学校人力、物力等各方面可行性的基础上，由专家论证确定。重点课题是高校科研的主要载体，目前高校承担的国家科研计划项目全部实行课题制，学校进行科研及科研管理应确定其重点课题。选择和确定科研题目是高校年度科研规划的主要工作。

(二)科研项目管理

科研项目管理对高校科研的发展、教学质量的提升、教师科研素质的提高等具有重要功能，这种功能主要包括导向功能、整合功能、监督功能、激励与约束功能、服务功能等。高校的科研项目管理与常规管理内容不同,它贯穿于项目活动的全过程,渗透在项目的申报、实施研究、提交最终成果与结题的每一细小环节中。因此,科研项目管理应关注每一环节的运作。在项目申报阶段,应注意申报过程的透明化。组织课题选择时,应在考虑课题研究所需人力、物力、财力、时间等各种资源的基础上,综合布局研究开发项目,尽量合理地搭配和组合,通过有计划地选题以保证重点,并兼顾近期与远期发展的需要。在提交最终成果与结题环节上,应建构高校科研项目综合评价模型和评价指标体系,以消除评审认定工作的模糊性和主观性,体现科研项目评审工作的可行性。

（三）科研经费管理

高校科研资源管理包括人力资源、物力资源和财力资源管理,其中财力资源管理主要是指科研经费管理。科研经费是高校开展科研工作的重要支撑条件,其数量和层次充分体现了学校的师资水平和科研能力,也体现了高校的综合实力。经费管理是科研管理的核心,并贯穿于科研项目确立、执行及结题验收的全过程。

然而,目前在我国高校科研经费管理中还存在一些比较突出的问题。其主要表现为:科研经费管理不够规范;科研资金流失比较严重;科研项目成本核算比较困难;科研经费使用率不高。其形成原因也是多方面的,有学者认为主要是因为:对科研经费管理不够重视;科研经费管理制度不够完善;科研成果的产业化程度较低。对此,高校在进行科研经费管理时应注意采取以下措施:完善科研经费管理制度,选择合适的科研经费管理模式;加强管理,防止科研资金和资产流失;建立奖励机制,实现科技成果产业化。

（四）科研机构和队伍管理

科研机构和队伍管理是完成高校科研任务的组织保证,如果高校科研组织机构和管理滞后会制约高校科研效率及科研质量的提高。目前来看,高校科研机构和队伍管理中仍存在不少问题,主要有:高校科研组合方式及工作方式上缺乏创新,致使高校难以承担现代重点科研项目和国家重大项目;高校科研管理方式滞后,高水平科研管理队伍缺乏,影响高校科研发展;高校科研评价体系和激励机制不够完善,导致出现重数量、轻质量的倾向和急功近利等不良风气。因此,修改和完善科研管理体制,建设一支结构合理精干高效的管理团队,科学制定科研奖励制度,是高校科研机构和队伍管理的重要内容。

（五）科研档案管理

科研档案是指在科学研究管理和时间活动中直接形成具有保存价值的文字、图表及声像载体资料。它具有知识属性和信息属性,是知识产权的凭证。科研档案是高校科研人员学术水平的真实记录,是科研人员知识与智慧的积累,它不仅记录了科研活动的全过程，也记录了科研人员在科研活动中的科研创意、科研思想、科研方法、科研成果，而且也是进行科研活动的依据和参考。

科研档案的规模和质量反映和记录着不同历史时期高校的科研水平，它是一所高校科研实力的重要凭证。科研档案管理的规范与否直接影响到科研管理的质量、效率和水平，甚至在一定程度上影响着高校科研工作的发展。然而，由于种种原因，高校科研档案管理还存在诸多问题，如还没有充分意识到科研档案管理的意义与作用，缺乏科学规范管理和制度保证。因此，加强科研档案管理，制定相应规章制度，提高服务意识，开发科研档案的利用率是科研档案管理的重要内容。

三、高等学校科研管理的原则

高等学校科研管理原则是高校在科研管理工作中应遵循的基本要求，积极贯彻高校科研管理原则有助于提高高校科研水平和效益。基于高校科研管理的特殊性，借鉴一些既有研究成果，我们提出下面一些原则：

(一)公平合理原则

高校科研管理的对象是人，在管理过程中要公平合理地对待所有的科研人员。在科学研究过程中，要制定并运用科研管理方法，以合理性为指导，保证管理诸环节的公平、公开、公正、择优和诚实信用原则的实施，保障课题申请人的合法权益，避免科学研究中的“大锅饭”、“铁饭碗”现象，使有实力的高校、科研院所、科研人员得到国家和地方政府有关部门的政策支持和资金投入。如通过采用电子申请书上报、单位在线审核、网上传输、专家通讯评议和计算机汇总的信息化申报方式，可以使课题申报公开化、透明化，在一定程度上保障课题申报的公平。

科研管理过程中公平合理原则的有效实施常常与管理程序的透明度密切相关。因此，要贯彻公平合理原则，就要建立决策过程的监督制约机制，建立对课题负责人、课题依托单位、中介机构和评议专家的信誉评估制度，使管理各方公开办事程序，特别是要公开审批决策程序，以便接受社会各界的监督，确保管理过程的公平合理。

(二)形成特色原则①

高校在科研管理过程中，要具有战略眼光，确定学校的长期研究发展目标，正确确定重点而有特色的长期奋斗目标和发展方向，争取相应重点研究项目，并在人力、物力、财力上给予重点支持，从而促进学校重点学科的发展。各校在确

① 参见杨德广主编《高等教育管理》，上海教育出版社 2007 年版，第 246 页。

定科研长远计划时，应考虑自身的科研特点和优势，如师范院校在教育科研上有优势，综合性大学在基础研究上有优势，各种专业性学校在自身专业上有优势等，不同学校的相同学科在发展方向上应有不同特色，形成不同的侧重点，以避免人、财、物的浪费。只有抓住自身优势，确立自身的研究重点，才能形成特色研究。

（三）协调性原则①

高校科研系统由各个院系科研子系统组成，各子系统又由各个专业、研究室、实验室等构成，并且各系统中的人员又处于不断变动之中。因此，科研系统是一个比较复杂的系统，由于各自的利益、地位、出发点不同，不可避免地因利益的均衡问题产生冲突和矛盾。对此，科研管理应从系统的整体出发，把握整体与部分、部分与部分的相互制约作用和联系，充分发挥系统的整体作用，协调各自利益，以达到最大效益。

"和谐，团结，协作"对高校科研管理来说是非常重要的，及时发现、处理冲突带来的负面影响是贯彻协调性原则的重要内容。与此同时，还应辩证地认识冲突的功能。冲突、竞争可能会引起学术思想的争论，进而促进科学研究的深入发展，有利于选题的提出和科学发现的诞生。团体内的冲突，也有助于使现存的规范恢复活力，有助于新规范的出现。在这种意义上，冲突是一种调解规范使之适应新条件的工具。一个灵活的系统管理，要从冲突中获得好处，通过帮助建立和修正规范适应新的变化。

简言之，高校科研管理协调性原则，就是运用系统原理、冲突原理，一方面把冲突的负面影响减少到最低水平；另一方面，使冲突产生积极、有效的结果，保证管理的整体性、连续性，使系统整体获得健康的发展，在不断产生的冲突中，协调、团结和协作，化解旧的冲突，求得最大化科研效益。冲突是客观存在的，旧的矛盾解决，新的冲突产生，协调性原则继续发生作用。

（四）以人为本原则

高校科研管理对象总括起来包括人、财、物几方面，其中人是科研管理的重点对象。科研人员、高校教师是高校科研活动的核心，科研活动的质量与水平主要依赖于他们的创造精神。因此，如何提高科研效率，怎样调动科研人员的积极性，是管理的中心问题。

重视以人为本的科研管理，在管理中体现人文精神，既是现代社会管理的必然要求，也是马斯洛需要层次论在管理中的体现。自我实现的需要是最高层次的需要，也是有赖于生理、安全、爱与尊重需要满足后能实现的需要。在科研管

---

① 参见宋伟《论高校科研管理的原则》，载《研究与发展管理》2002年第12期。

理过程中，要充分重视科研人员的需要，要想方设法调动他们的积极性，在解决其最基本、最起码的生存需要的基础上，尽可能地实施激励措施满足其自我实现的需要。当下，一些高校运用经济奖励杠杆，设立特聘教授岗位，加大科研奖励力度，都是以人为本管理原则的具体体现。日益重视这一原则，已为高校科研注入了很大活力，带来了很大生机。

(五)加速科研成果转化与推广原则

科研管理的根本目的是激发科研人员的积极性和创造精神，做出创造性的成果用于实践，从而提高效益。然而，事实并非如此。据教育部课题报告显示，由于受到缺乏内在机制、缺乏外在经济载体、社会投资机制不畅等三个"瓶颈"制约，我国高校虽然每年取得的科技成果在6000～8000项之间，但真正实现成果转化与产业化的还不到1/10。科技竞争不仅表现在科技创新的竞争，还表现在科技成果转化的竞争，我国高校在科技成果转化方面比较落后。出现这一现象除了社会环境因素外，还有学校内部文化和体制惯性的原因，主要表现在以下方面：大学发展和科技创新理念滞后于时代要求，开展成果转化缺乏内在动力机制；大多研究仍徘徊于研究平台上，缺乏真正内化的经济载体；成果转化的社会投资机制不畅。鉴于此，高校要充分发挥自身综合学科的优势，打破学科壁垒，促进学科和多学科的交叉、融合和渗透，在开展科学研究的同时还要着眼于加强技术创新，加速科技成果的产业化，促进教学、科研、生产密切结合，增强整体实力和竞争力，使大学成为知识创新、推动科技成果向现实生产力转化的重要力量。

四、高等学校科研管理的有效途径

(一)高校科研管理存在的问题

目前高校科研管理仍存在一些问题，不能适应当代科技发展的需要，主要表现为：

(1)被动的管理机制。现行的高校科研管理机制，基本上还只是一个上传下达的行政性管理机构。其工作仍然局限于传统的被动管理，还没有主动去适应市场经济，在经济社会发展中找课题；还没有主动去经营科技，开发科技市场，并将科技成果通过市场转化为生产力。

(2)有限的整合能力。目前，我国高校的科研总体上类似于"小农经济"的"兼业"状态，大量的是个体的或者是小规模的研究活动，难以在校内外进行大规模的、跨学科的研究活动，难以适应现代科学研究群体化和学科交叉、研究对象复杂化的特征。

(3)不和谐的运行机制。考核、分配、评价是科研管理活动的主要环节，各环节的完善和衔接是顺畅运行的基本保证。然而,科研管理仍存在不少问题。就考核而言,现行的方法不能完全反映科学的内在本质。如考核周期的年度化远远背离了科学研究的周期;现行的分配体制仍然采用"职务工资制"或是"职称工资制",对科研的激励明显不足;现行科研成果的评价上强调数量和刊物的级别,严重忽视了成果的质量,有悖于科研的创新灵魂。

(4)功利化的科研活动。现行的职称评定制度使得科研活动功利化。高等学校职称的背后是物质利益,也是一种荣誉象征,每位教师一开始就按职称评定条件去苦心经营课时、论文,很难有稳定的研究方向,很难拿出"十年磨一剑"的精神刻苦钻研,从而造成"垃圾"论文的增多和小型科研活动遍地开花,难以形成大的学术方向和科研成果,造成科研活动的浮躁和功利主义。

(5)素质有待提高的科研管理队伍。科研管理是一门具有内在规律性的科学,同时又是一门富有创造性的艺术。只有把科学性和艺术性有机地统一起来,才能充分发挥管理职能。高校科研工作的内外环境已发生了很大的变化,管理的规律性和艺术性的表现形式同样发生了变化。但是管理人员的思维方式、行为方式和服务形式却不能与之相适应,其素质亟待提高。

(二)改革科研管理水平,增强科研创新能力

(1)以人为本,建立高校科研的可持续发展机制。高校科研工作以人为本就是要将广大教师置于科研工作的核心,确立教师的主导地位,通过卓有成效的管理活动来激发和调动教师从事科研的主动性、积极性和创造性,以实现高校科研工作的目标,并通过这一目标的制定和实施来促进广大教师全面而自由地发展。也就是说,高校特定阶段的科研工作目标只是服务于教师群体发展的手段,教师群体的发展才是学校科研工作的理性目标。当前,许多高校恰恰是把手段当作目的,并由此陷入一个本末倒置的认识误区,其严重后果就是出台一系列短期功利色彩的政策,极大地激励教师学术研究上的机会主义行为,人为造出一片科研成果繁荣的壮丽景观,危及高校科研的可持续发展。

我们认为,只有教师群体发展了,提高高校科研的质量才有可持续的保障,高校三大职能的实现才有可信赖的基础。因此,科研工作和学术领域中坚持以人为本,就是坚持以教师个体的发展为本。教师发展问题的实质是教师的潜能实现或自我实现的问题。与其他社会阶层相比,高校教师的内在需求更具高层次和精神性特征。要使教师的潜能得以实现,一个好的制度和文化环境至关重要,而一味地强调监督、管束反而压抑、泯灭了教师自身内在的动力。并且,学术研究上的创造性和复杂性也决定着对教师的学术活动无法有效地实施监督。所以,教师潜能的实现主要是一个自我实现的过程。管理的作用就是因势利导,构建一个有助于教师实现潜能并且生产知识的制度和文化环境。一个有助于教师

潜能实现的环境至少要具备两个特征：一是宽松，形成一个宽松的内部环境，出路在于致力于提高教师的物质待遇，减轻教师的心理压力；二是宽容，如果没有宽容和支持，也就难以出现具有原创和创新意义上的成果。

(2)促进宏观、中观和微观科研工作的全面发展。如果说科研管理以人为本解决的是科研发展的动力和目的问题，那么，全面发展要解决的是发展问题。高校科研工作中坚持全面发展观，首先在宏观上要坚持基础研究与应用研究全面发展。基础研究和应用研究两者间的关系，正如"学"与"术"的关系，二者不能偏废。应该坚持基础研究和应用研究全面发展。其次，在中观上要扬长避短建立并形成自己的学科特色。各高校要根据自身的资源禀赋和竞争条件将一般发展与特殊发展结合起来，避免发展策略面面俱到的平均主义。要找准自己的优势学科，加大对优势学科的支持力度促其尽快成长，努力形成自己的特色和品牌。再次，在微观上，全面发展观还体现在对高校教师的素质要求上。当今时代，随着信息技术的飞速发展，人类知识更新的速度在空前地加快，这对高校教师提出了严峻的挑战。要成为一个称职的高校教师，必须首先应该是一位研究者，最好的研究者才是最优秀的教师。作为教师只有通过科学研究，才能娴熟地驾驭知识，精选教学内容，运用灵活多样的教学方法和现代教学手段，向学生传授分析和解决问题的方法，传播本学科的最新成果，展望学科前沿，指出有待解决的问题。

(3)实现纵向和横向的协调发展。坚持协调发展原则，横向上主要是妥善处理教学与科研的关系，防止将两者对立起来的片面做法，坚持协调发展的原则。纵向是要妥善处理好科研系统内部的关系。一是要优化配置科研资源，着力解决科研队伍整合难、资源共享难问题，探索建立和完善以科研团队和课题组为核心的内部组织管理模式和校际合作模式，提高科研活动的效率。二是要延伸高校科研管理的功能，切实加强对学生的科研训练。要鼓励和支持学生参加科研活动，采取对本科生实行导师制的办法，让学生参加教师的科研课题、学术活动，开设科研方法论课题，培养学生的科研意识和初步的研究能力。三是要正确处理好科研与学科建设的关系。一方面，学科建设要以科研的方向和成果作为主要标志；另一方面，学科建设方向要根据科研的需要而不断调整。四是要加大产学研结合力度，提高科研成果转化率。要坚持产学研相结合，积极参与国家、地方和行业的创新体系建设。通过产学研合作及其基地建设，培育教师尤其是青年教师的实践能力，也有利于培养具有创新精神和实践能力的人才。

(4)提高管理效率和管理质量。高校科研管理要适应时代发展的要求，要不断提高管理效率和管理质量，注意以下几点：一要实现管理机构的智能化，就要减少传统垂直管理组织体制的中间层次，使基层的业务人员具有充分的决策权、信息处理权，自主地进行横向协调，自由共享知识和信息；高层决策者着重于科研组织的战略性管理决策，沟通各个横向的科研部门和组织，实现科研资源的有效配置，引导和组织高校内部的应用型科研机构成为市场的主体。二要引导应用科研机构向市场化方向转型，实现高校“产、学、研”的有机结合，促进高校科研成果的产业化。三是高校科研管理的内部组织体制也要创新，要改变传统的等级观念，建立能上能下的用人机制，促进高校科研管理机构效率的提高和工作作风的转变，从而调动广大科研工作者的积极性和创造性。四是实行课题制管理。简言之，要形成一种“公平竞争，平等择人，定期考核，及时更新，废除终身，形成滚动”的机制，执行多元化评价体系，体现激励机制。

附：

高等学校教学管理要点

（教高司[1998]33号文件）

一、总则

1. 为实现高等学校教学的科学化和规范化管理，切实提高管理水平、教学质量和办学效益，保障高等学校人才培养目标的实现，特制订本要点。

2. 教学工作的地位。高等学校具有为社会主义现代化建设培养高级专门人才、开展科学研究、从事社会服务等多种职能。各种类型高等学校的基本职能和根本任务都是培养人才，教学工作是学校经常性的中心工作，教学管理在高等学校管理中占有特别重要的地位。

3. 教学管理的基本内容。高等学校的教学管理一般包括教学计划管理、教学运行管理、教学质量管理与评价，以及学科、专业、课程、教材、实验室、实践教学基地、学风、教学队伍、教学管理制度等教学基本建设的管理。

4. 教学管理的基本任务。高等学校教学管理的基本任务是：研究教学及其管理规律，改进教学管理工作，提高教学管理水平；建立稳定的教学秩序，保证教学工作正常运行；研究并组织实施教学改革；努力调动教师和学生教与学的积极性。

5. 教学管理的基本方法。从事高等学校的教学管理，要以唯物辩证法等科学方法论为指导，注意综合运用科学合理的行政管理方法、思想教育方法，以及必要的经济管理手段等，避免依靠单一的行政手段。要注重现代管理方法在教学管理中的应用，努力推动教学管理的现代化。

6. 教学管理的支持保障系统。高等学校教学管理的支持保障系统包括图书情报系统、后勤服务系统、卫生保健系统等。高等学校各个部门都要以培养社会主义事业需要的合格人才为中心，协调配合，认真落实“教书育人、服务育人、管理育人”。

7. 教学投入与教学条件。学校要保证教学经费在全校总经费中占有合理的比例。要用好有限的教育经费，有计划、有重点、分步骤地加强教学基础设施建设，改善办学条件。要多渠道筹集教育经费，并随着收费制度的改革，逐步增加对教学工作的投入。

8. 积极推进教学管理制度改革，建立符合我国国情和各校实际的教学管理制度。要改革教育思想和教育观念，着眼于更好地调动各种类型学生的主动性、积极性，为学生发展志趣和特长提供机会，从而有利于培养出适应社会发展需要的优秀人才。

二、教学计划管理

9. 教学计划是学校保证教学质量和人才培养规格的重要文件，是组织教学过程、安排教学任务、确定教学编制的基本依据。教学计划是在国家教委宏观指导下，由各校组织专家自主制定的，它既要符合教学规律，保持一定的稳定性，又要不断根据社会、经济和科学技术的新发展，适时地进行调整和修订。教学计划一经确定，必须认真组织实施。

10. 确定专业培养目标是制定教学计划的前提条件，必须遵循国家教育方针和“教育要面向现代化，面向世界，面向未来”的指导思想，依据国家教委制定的人才培养目标，结合学校实际，体现对学生德、智、体等方面的全面要求，体现不同层次、不同学校的培养特色。

11. 制定教学计划的基本原则主要有：德智体等方面全面发展的原则，理论和实际相结合的原则，注重知识、能力、素质协调发展和共同提高的原则，遵循教育规律的原则，因材施教的原则，整体优化的原则。

12. 教学计划的内容一般包括：

(一)专业培养目标、基本要求与专业方向；

(二)修业年限；

(三)课程设置(含课程性质、类型、学时或学分分配、教学方式、开课时间、实践环节安排等)；

(四)教学进程总体安排；

(五)必要的说明(含各类课程比例、必修选修安排、学分制或学年制等)。

13. 制订教学计划的一般程序是：广泛调查社会、经济和科技发展对人才的要求,论证专业培养目标和业务范围;学习、理解上级相关文件精神及规定;教务处提出本校制订教学计划的实施意见及要求;由系(院)主持制订教学计划方案,经系(院)教学工作委员会讨论审议,校教学工作委员会审定,主管校长审核签字后下发执行。教学计划要保持相对稳定,并根据需要,隔若干年进行一次全面修订。

14. 教学计划的实施安排:

(一)由教务处或系(院)编制分学年、分学期的教学进程计划,或称教学计划年度(学期)运行表,落实每学期课程及其他教学环节的教学任务、教室和场所安排、考核方式等;

(二)由教师和有关职能部门编制单项教学环节组织计划,如实验教学安排计划、实习计划、军训计划、社会实践计划等;

(三)审定后的教学计划所列各门课程、环节的名称、学时、开课学期、考核方式(考试或考查)、开课单位和任课教师等均不得随意改动,执行过程中需要调整的,应严格按照审批程序执行。

三、教学运行管理

15. 在教学管理中,教学运行管理是按教学计划实施对教学活动的最核心、最重要的管理,它包括以教师为主导、以学生为主体、师生相互配合的教学过程的组织管理和以校、系(院)教学管理部门为主体进行的教学行政管理。其基本点是全校协同,上下协调,严格执行教学规范和各项制度,保持教学工作稳定运行,保证教学质量。

16. 制订课程教学大纲。大纲可参照国家教委提出的课程教学基本要求,依据学校制(修)订教学大纲的原则规定,组织有关教师编写,经系(院)、校相继认定,批准施行;也可参照使用国家教委组织制定或推荐的教学大纲。教学大纲要努力贯彻正确的指导思想,体现改革精神,符合培养目标要求,服从课程结构及教学安排的整体需要,防止单纯追求局部体系的完善。

教学大纲的内容应包括本课程教育目标、教学内容基本要求、实践性教学环节要求、学时分配及必要的说明等部分。

每门课程均应有教学大纲。每位教师在教学过程中都应当严格执行教学大纲。

17. 课堂教学环节的组织管理。课堂讲授是教学的基本形式,系(院)与基层教学组织的任务是:

(一)选聘学术水平高、教学经验丰富、教学效果好的教师担任主讲教师,被选聘的新开课或开新课教师必须经过所开课程各个教学环节的严格训练,建立岗前培训制度;

(二)组织任课教师认真研究讨论教学大纲,组织编写或选用与大纲相适应的教材及教学参考书,编制教学日历和教案,开展教学观摩活动,建立听课和自检、自评教学质量的制度;

(三)组织任课教师研究教学方法,提倡启发式教学,注重对学生思维方法的训练;积极发展计算机辅助教学、多媒体教学等现代教育技术,扩大课堂教学信息量,提高教学效益。

18. 实践性教学环节的组织管理。实践教学是教学过程中的一个极其重要的教学环节,各种实践性教学环节都要制订教学大纲和计划,严格考核。实验教学必要时可以单独设课,或组成实验课群,也可在相关课程内统一安排。毕业论文(毕业设计)要符合教学要求并尽可能结合实际任务进行,要保证足够的时间。根据教学计划要求,应尽可能建立保证完成各类实习和社会实践任务的相对稳定的校内外实践基地。社会实践的组织形式,在满足基本要求的前提下,也可让学生有选择地自行安排。

19. 科学研究训练的组织和管理。课外科技活动,要纳入校、系(院)、基层教学组织及相关职能部门的工作计划,要采取多种形式组织学生参加科学研究工作,把课内和课外、集中和分散安排结合起来,并为学生提供必要的物质条件和经费,组织有经验的教师对学生进行指导。

20. 日常教学管理。要制订并严格执行教学计划年度或学期的运行表、课表、考表,保证全校教学秩序稳定。对这三项重要表格文件的执行情况要有管理制度和检查方法,执行结果要记录在案。在实施过程中,要经常了解教学信息,严格控制对教学进度和课表变更的审批,及时处理执行过程中出现的问题或事故。

21. 学籍管理。学籍管理的基本内容包括对学生的入学资格、在校学习情况及毕业资格的检查、考核与管理。学校应制订本校的学籍管理办法,并建立学籍档案。在日常学籍管理中应重点管理好成绩卡和学籍卡,做到完整、准确、规范、及时。

22. 教师工作管理。要根据学校教学工作总量和规定的师生比要求,确定学校教学编制。要分别制定必修课与选修课、基础课与专业课、理论课与实践教学环节等不同性质、不同类别课程的工作量管理办法。要做好每学年(或每学期)教师工作量的考核工作,考核内容包括:教学任务完成情况、教学态度、教学质量及效果、教书育人、教学改革与研究和其他教学兼职(如导师、班主任)的完成情况。

23. 教学资源管理。要搞好教室、实验室、场馆等教学设施的合理配置和规划建设,充分加以利用,保证教学需要,提高资源效益。注意根据需要与可能,改进教室的功能，建设必要的多功能教室。

24. 教学档案管理。学校应建立必要的机构和档案管理制度，明确各级各类人员职责，确定各类教学档案内容、保存范围和时限。

教学档案一般包括：教学文件、教务档案、教师业务档案、学生学习档案。教务处及系（院）级教学单位，应指定专人负责档案工作，每年进行档案的分类归档。

四、教学质量管理与评价

25. 教学管理的最终目的是保证和提高教学质量。要通过不断改善影响学校教学质量的内部因素（教师、学生、条件、管理等）和外部因素（方针、政策、体制等），通过科学的评价，分析教学质量，建立通畅的信息反馈网络，从而营造并维护良好的育人环境，达到最佳教学效果。

26. 提高质量意识，树立正确全面的质量观，坚持严格的质量标准。要坚持德智体等方面全面发展的观点，知识、能力和素质综合发展的观点，智力因素与非智力因素协调发展的观点。

27. 搞好全过程质量管理：

（一）招生过程的质量管理，主要是把好新生质量关，搞好招生宣传、招生录取、入学新生全面复审等工作；

（二）计划实施过程的质量管理，主要是教学计划的制定和分步实施；

（三）教学过程的质量管理，主要是把好教学过程各个环节的质量关；

（四）教学辅助过程的质量管理，主要是提供充足的、最新的图书资料，提高计算机辅助教学、电化教育、仪器设备、体育场馆、多功能教室的水平和教学管理人员的服务质量；

（五）实行科学化考试管理，主要是建立科学的考试工作程序和制度，严格考试过程管理，进行必要的试题及试卷分析，做好考试及授课工作总结。

28. 进行教学质量检查。要经常了解教学情况，加强教学信息反馈过程的管理。各教学环节的经常性检查，可以通过抽查学生作业、分析平时测验及期中考试成绩和试卷、召开座谈会、检查性听课等方式进行。定期的教学检查，一般可安排开学前教学准备工作检查、期中教学检查、期末教学检查等。

29. 教学工作评价是宏观调控教学工作的重要手段。学校教学工作评价一般包括：校、系（院）总体教学工作评价；专业、课程和各项教学基本建设评价；教师教学质量和学生学习质量评价等。开展教学工作评价，要明确目标，建立科学的评价指标体系；要抓好基础，突出重点；要坚持“以评促建，重在建设”的原则。

30. 教学工作评价需要一定的组织形式来完成。校、系（院）可成立教学工作评价领导小组，也可赋予教学工作委员会等组织以相应的职责。

31. 坚持教学工作评价经常化与制度化。要把教学工作评价的目标与内容作为日常教学建设与管理的主要内容，实现教学工作评价与日常教学管理相结合，不搞形式主义。

32. 教学工作评价要和学校激励机制和约束机制相结合。通过评价调动教师和干部的积极性，增强广大师生员工的凝聚力。

33. 重视教学信息的采集、统计和管理。教学信息主要内容包括：新生入学基本情况、学生学习和考试情况、毕业生质量调查等，主要教学信息应定期采集，并进行统计分析；要发挥教学信息管理系统和学生教学信息员在教学工作评价中的作用。

五、教学基本建设管理

34. 教学基本建设包括学科建设、专业建设、课程建设、教材建设、实践教学基地建设、学风建设、教学队伍建设、管理制度建设等。它们是保证教学质量的最重要的基础性建设，应以学校发展目标和总体规划为依据，统筹安排，精心组织，扎扎实实地坚持下去。在每项基本建设中要不断提出改革措施，创造稳定、良好的教学环境。

35. 学科和专业建设。要科学规划学校的学科和专业结构体系。要拓宽本科专业口径、扩大专业基础，主干学科或主要学科基础相同的专业应尽可能合并，增强学生适应性。要稳定和提高基础学科水平，形成基础与应用学科的互补；重视发展应用学科专业，培养复合型人才；更新传统学科及专业，适度发展新兴学科、交叉边缘学科及专业；发挥本校优势，办出特色。要注意根据学科与社会发展，适时进行专业设置、专业方向、培养目标和教学内容的调整。

专业设置要依据国家教委和地方教育行政部门的有关规定上报审批。

36. 课程建设。课程建设要进行理论研究，明确总体目标、任务、指导思想和原则；要制订建设规划，进行有计划、有目标、分阶段、分层次的系统建设；要以建设优秀课程为中心，深化教学内容、课程体系的改革；要重视系列课程建设，改革专业的课程结构体系。要把重点课程建设和优秀课程评选作为一项整体工作，坚持评建结合，以建为主。

37. 教材建设。要制订切实可行的教材建设规划，加强文字教材、实物教材和视听教材建设的规划工作。采用推荐教材或自编教材及其他辅助教材、教学参考书时，要注重质量。要鼓励选用国家优秀教材，并结合教学内容改革与课程建设，依据教学大纲抓好讲义或自编教材。要做好教材质量评估和优秀教材评奖，不断提高教材质量。

做好教材的预订、发行管理工作，要制定预订工作的原则和规范要求，开拓教材发行渠道，改革供应办法，方便学生、教师购书，防止教材的积压、浪费。

38. 实践教学基地建设。要坚持校内外结合，做好全面规划。实验室建设一定要与学科专业建设、课程建设相匹配，防止分散配置、分散管理、局部使用、低水平重复的低效益建设方式，注意集中力量与条件建设好公共的基础性实验室；做好实验室的计划管理、技术管理、固定资产管理和经费管理，改进分配和设备投资办法，提高投资效益，提高设备利用率；组织实验室建设的检查验收。校内实习基地的建设，要突破仅限于感性认识、技能训练的旧模式，使之成为可模拟工业、社会等环境，进行综合教育训练的课内外实践教学基地，同时要改善实习条件，健全实习管理规章制度。建设相对稳定的校外实习基地，努力把实习与承担实习单位的实际工作任务结合起来，做到互利互惠，以取得校外实习单位的支持。

39. 学风建设。学风包括教师的治学作风和学生的学习目的、学习态度、学习纪律等方面的学习作风。要通过思想建设、组织建设、制度建设和环境建设，逐步形成好的传统。要坚持重在教育，建管结合，以建为主的原则，坚持"校、系（院）共同抓，教师人人管"的做法，把学风建设与学校德育工作相结合。要通过教学改革，使学生变被动学习为主动学习，并充分利用选修课、第二课堂等形式扩展学生学习的领域。要特别重视考风建设，通过严肃的教育和严格的管理，坚决制止作弊等错误行为，纠正不良风气。

40. 教学队伍建设。通过体制改革，建立一支人员精干、素质优良、结构合理、教学科研相结合的相对稳定的教学梯队，校、系、教研室均要制定教师队伍建设规划，层层负责，抓好落实。要提高教师的整体素质，在职与脱产培训结合，以在职为主；重点抓好中青年骨干教师的培养提高；注意选拔培养学术带头人和骨干教师；发挥学术造诣深、教学经验丰富的老教师的传帮带作用，培养优秀青年教师充实教学第一线。

41. 教学管理制度建设。要制定并完备教学基本文件，包括教学计划、教学大纲、学期进程计划、教学日历、课程表、学期教学总结等。要建立必要的工作制度，包括学籍管理、成绩考核管理、实验室管理、排课与调课、教学档案保管等制度以及教师和教学管理人员岗位责任制及奖惩制度；学生守则、课堂守则、课外活动规则等学生管理制度。

六、教学管理组织系统

42. 健全教学工作的校级领导体制。学校教学工作，要由校长全面负责，分管教学的校长主持经常工作，并通过职能部门的作用，统一调动学校各种资源为教学服务，统一管理教学工作进程及信息反馈，实现各项教学管理目标。要在党委的统一领导下，由校务会议讨论决定有关教学及管理的指导思想、政策、规划、重大改革举措等。要建立教学工作会议和各级领导定期听课、学习、调研的制度，提高决策和管理水平。

学校教学工作要形成整体一致的目标系统，遵循学校建设总体目标，编制教学改革和发展的规划，确定学校各级教学管理目标。

43. 建立校、系（院）教学工作委员会。教学工作委员会由直接从事教学工作、有丰富教学工作经验的教师和懂得教学工作、有管理专长的教学管理人员组成，研究和决定教学管理工作中的一些重大问题。

44. 健全校、系（院）教学管理机构。高等学校的教学管理机构一般包括校、系（院）两级：

（一）校级教学管理职能机构要充分发挥教务处、学生工作处等部门在教学管理系统中的职能作用，明确各职能处及各类人员的岗位职责，协调好各种工作关系。建立必要的业务指导机构，如教材建设、外语教学、计算机基础教学等委员会，加强单项教学工作的咨询和指导。

教务处是学校管理教学工作的主要职能部门，教务处的工作状态反映一个学校整体教学工作的状态。学校应健全教务处的科室结构，配备较强的管理干部队伍，明确组织教学改革和建设的责任，保证教学工作稳定运行，不断提高管理水平和工作质量。

（二）在系（院）级教学管理机构中，由系主任（院长）全面负责系教学管理和教学研究等工作，分管教学的系副主任（副院长）主持日常工作。系（院）教学工作委员会是系（院）教学管理工作的研究、咨询机构，要定期研究并向系（院）务会议提出有关建议。系（院）务会议讨论决定本系教学及管理工作的有关问题。

系（院）可设教学秘书和教务员，在教学系主任（院长）领导下，处理日常教学行政工作并从事教学状态、质量信息的经常性调查了解工作。

45. 重视教学基层组织建设。教研室（学科组）是按学科、专业或课程设置的教学研究组织。作为教学基层组织，其主要职能是完成教学计划所规定的课程及其他环节的教学任务；开展教学研究、科学研究和组织学术活动；组织师资的培养提高及提出补充、调整的建议，分配教师的工作任务；加强相关实验室、资料室的基本建设等。教研室（学科组）要重视开展教学研究和教学改革，不断提高教学质量和学术水平。

46. 加强教学管理队伍建设。要根据不同岗位的需要，建立一支专兼职结合、素质较高、相对稳定的教学管理干部队伍。要有计划地安排教学管理干部的岗位培训和在职学习，掌握教学管理科学的基本理论和专门知识，提高管理素质和水平。要结合工作实际，有组织地开展教育科学研究与实验。要创造条件，开展国内外高等学校教学管理人员的相互考察、交流和研修，以便适应管理科学化、现代化的要求。

七、教学管理与教育研究

47. 搞好教学管理,必须以教学管理研究和教育研究为基础。开展教学管理及教育研究,是所有教学管理人员、教育研究人员及教师的共同任务。在学习与研究过程中,要从中国国情、从教育科学的规律与特性出发,紧密结合教育及教学管理的实际,不断改进研究方法。

48. 教育教学管理是一门科学。开展教学管理及教育研究是一项综合性、应用性强的工作,要进行科学的组织管理应做到:

(一)坚持教育必须为社会主义现代化建设服务,为培养社会主义事业的建设者和接班人服务;

(二)作好长远和近期的规划;

(三)制订阶段实施计划;

(四)有计划、有目的、有重点地组织立项研究;

(五)组织校内外、国内外的广泛交流,提高研究水平;

(六)发动广大教师和管理干部,结合本职工作进行教育研究,研究队伍实行专职和兼职相结合。

49. 教学管理与教育研究要紧密结合教学改革的实际。要随着经济建设及体制改革的深入发展,重视研究教学工作中的新情况和新问题。要注重素质教育、加强学生创新精神和创造能力的培养,重视学生个性的发展,实行因材施教。要面向21世纪,积极开展人才培养模式、教学内容、课程体系和教学方法的改革。要深入进行比较教育研究,努力开展各种教学实验和教学改革试点工作。

复习思考题

1. 简述高等学校教学管理的意义与任务。
2. 简述高等学校教学管理的原则。
3. 简述高等学校科学研究的特点。
4. 简述高等学校科研管理的原则。
5. 如何改革科研管理、增强科研创新能力?

主要参考文献

1. 杨德广主编:《高等教育管理》,上海教育出版社2007年版。
2. 谢安邦主编:《中国高等教育研究新进展·2005》,华东师范大学出版社2006年版。

3. 王亚朴主编:《高等教育管理》,华东师范大学出版社 1986 年版。

4. 朱永新:《高等学校教学管理系统研究》,江苏教育出版社 1998 年版。

5. 黄清:《关于高校课程管理机制创新的探讨》,载《煤炭高等教育》2004 年第 2 期。

6. 宋伟:《论高校科研管理的原则》,载《研究与发展管理》2002 年第 12 期。

第十章

高等教育评价

人与动物的区别就在于有思想，能在追求比以前更好的目标、效率的过程中，对自身行为的结果作出反省与评价，评价存在于人的一切有目的的活动之中。从这个意义上讲，教育评价伴随着教育的产生而产生，随着教育的发展而发展。教育评价已成为教育过程中的一个重要环节，成为现代教育不可缺少的一部分。教育需要评价，没有教育评价的教育是盲目的教育；没有教育评价的高等教育是缺乏方向与自我反省能力的教育，教育评价研究越来越受到教育界的重视。

第一节 教育评价概述

一、教育评价的概念

（一）关于教育评价基本概念的评析

对于何谓教育评价国内外学者都在进行研究，并提出不同的主张，归纳起来大致有以下几种见解①：

第一种，着眼于信息，强调通过评价收集资料，为教育决策服务。如克龙巴赫（L. J. Cronbach）认为："所谓教育评价，是指为获取教育活动的决策资料，对参与教育活动的各个部分的状态、机能、成果等情报进行收集、整理和提供的过程。"

---

① 参见马永霞主编《教育评价》，当代世界出版社 2005 年版，第 19～20 页。

第二种，着眼于方法，强调评价是成绩考查的方法或调查的方法。如斯坦福评价协作组认为：评价是“对当时方案中发生的事件以及方案结局的系统考查——一种导致帮助改进这个方案或其他有同样总目的的方案的考查”。

第三种，着眼于效果，强调通过评价判断教育目标或教育计划的实现程度。如泰勒(R. W. Tyler)认为：“评价过程在本质上是确定课程和教学大纲在实际上实现教育目标的程度的过程。”台湾的李聪明认为：“教育评价是利用所有可行的评价技术评量教育所期的一切效果。”

第四种，着眼于过程，强调评价是收集信息的过程、提供决策依据的过程、判断效果的过程、教育优化的过程以及价值判断的过程等。如得雷斯(P. Dressell)认为：“所谓评价，就是决定某种活动、目的及程序的价值的过程。这个过程，分为目的的明确化、收集有关合适的情报、决策等三个阶段。评价所追求的目的便是为达到目标而最有效地去灵活使用手中的资源。”

第五种，着眼于价值，强调教育评价的关键在于价值判断。如桥本重治认为：“评价是与教育的目标和价值有明确关系的概念，是按照教育目标和价值观对学生的学习成果及教育计划的效果等进行测量的过程。因此，评价概念的重点在于以教育目标为标准的价值判断。”

人们对教育评价有不同理解原因是多方面的，主要有以下几点：

第一，教育评价是个新兴学科。尽管国内外已出版了许多教育评价著作，也发表了很多教育评价论文，但就一门学科的成熟度而言，它还处于成长与发展阶段，有许多评价理论问题正在探讨或有待于探讨，人们对教育评价概念有不同理解也是自然的事情。

第二，教育评价的研究对象不同。从前述对教育评价的理解来看，其不同之处聚焦于教育评价的对象，对象不同教育评价的理解也就不同。如，着眼于信息的，认为教育评价是对信息的收集、整理、吸收过程；侧重于效果的，则认为教育评价是评量教育目的的实现程度。

第三，教育评价的价值观不同。由于对评价的主体、评价的客体以及评价的目的等方面的看法不同，对教育评价含义的理解也就不同。如美国学者偏重于教育评价的“事实判断”价值，基于此，他们强调信息收集并以此为基础判断教育目标或教育计划的实现程度。日本的学者偏重教育评价的“价值判断”价值，他们在教育评价中则强调对教育对象的变化作出价值判断。

(二)教育评价的概念

尽管人们对教育评价的理解不同，但在一定的研究语境中对教育评价的认识与理解应保持一致，需对其内涵与外延有清晰、明确的限定。基于此，我们对教育评价定义如下：所谓教育评价，是根据教育的目的和标准，采用科学的态度和方法，对教育工作中的活动、人员、管理和条件的状态和绩效，进行质和量的价值判断。[①]

对这一定义应把握四层含义：一是教育目的，一般是指教育的总目标，各级各类学校的目标，各种教育活动的目标，各科教学的目标，教育改革的目标等；二是标准，是指某一次评价所依据的评价指标体系所规定的评价内容和标准；三是采取的态度和方法，是指实施教育评价时要采取实事求是的态度，选用规范的评价方法以及调查、实地考查、测量统计等评价工具和手段；四是明确评价的对象和范围以及教育活动的全部环节和领域。简言之，教育评价就是根据教育目标和标准对教育工作作出价值判断并改进工作的过程。

（三）教育评价与教育测量、教育调查、教育评比、教育评估

正确理解教育评价概念是进行教育评价工作的前提，为避免陷入工作误区，下面就四个易于与教育评价产生混淆的概念给予区别：

1. 教育评价与教育测量

教育评价与教育测量是有差别的，具体表现为：

首先，教育测量是根据一定规则，用数字对教育现象加以描述和确定的过程，是事实判断过程。而教育评价则是按照一定的价值标准，对受教育者的发展变化及其构成其变化的诸种因素所进行的价值判断过程。

其次，教育测量强调客观性，教育评价无法避免主观性。测量者要尽可能排除主观因素的影响，除允许的误差外，其结果应当是相同的。教育评价不是单纯地对客体进行描述，而是以主体的目的、目标、需要为准绳，对评价对象进行价值判断。因此，评价者必须将评价的主体性与客体性加以统一。

再次，教育测量是单一性的活动，教育评价是综合性的活动。如，某生英语期末考试获 74 分，全年级有 60％的人低于他。这对于教育测量者来说，任务已完成。因为通过考试，他已用分数描述了该生当前的英语水平。但对于教育评价者来说，他还应考查该生以往的成绩。若该生期中英语成绩 64 分，全年级有 70％的人低于他，那么，相比之下，该生的期末成绩不如期中成绩。这时，评价者就要找出他退步的原因，分析他哪部分知识技能有缺陷，应如何补救等。可见，教育评价不仅要对当前结果作出描述，还要考查其发展过程，诊断其症结所在，提出补救措施。

最后，教育测量是定量的活动，教育评价是定量与定性相结合的活动。

教育评价与教育测量不但有区别，也有联系。教育测量本质上是事实判断，而教育评价实质上是价值判断。事实判断是价值判断的基础，只有在弄清事实

① 参见王汉澜主编《教育评价学》，河南大学出版社 1995 年版，第 15 页。

之后才能作出合理的价值选择。因此，教育测量的结果是教育评价的基础，教育测量是教育评价的重要环节和工具，但不是教育评价的唯一依据；教育评价是教育测量的深化和发展。

2. 教育评价与教育调查

在具体的操作过程中，教育评价与教育调查有些环节较为相似，都需要搜集、整理和处理相关信息，但两者仍有区别：教育调查着眼于调查的结果；而教育评价则要对评价对象作出价值判断，为决策者提供信息。对于教育调查来说，调查结果越具有普遍性越好；而教育评价主要是对评价对象的价值判断，结果不一定具有普遍性。教育调查主要研究各种教育现象间的关系，探索教育规律；而教育评价则是在价值判断基础上，促进受教育者良好发展。

3. 教育评价与教育评比

在我国，评比活动较为盛行，名目也较繁多，如评优、评奖、评先、评模，等等，但评比不等于评价：评比是通过比较评定出高低或优劣，而评价则是评定价值，两者含义不同。从两者的目的上看，评比活动的主要目的是评出优秀者；而教育评价的主要目的，在于通过评定价值来改进工作，从而促进教育目标的实现。从客观性上看，评比一般注重政策性，在名额限制中"优中选优"，评比的条件处在变换中，不稳定；而评价的标准较为规范，往往需要设计出评价指标体系，稳定性比较强。

评比和评价，既有区别又有联系。可以在评价的基础上评出优秀者，但评比本身并不等于评价。在实际操作过程中，可以把两者结合起来进行，结合的前提是评比之前应认真地开展评价活动，以便判断优劣，为评优创造有利条件。

4. 教育评价与教育评估

从严格意义上讲，评估指不带价值性的测量，评价是有系统的价值判断。但我国在实际运用过程中，两者间可以通用，均可译成英语单词"evaluation"。

二、教育评价的分类①

教育评价从不同的角度，可以分成不同的种类。

(一)按评价对象分类②

(1)宏观教育评价。以教育思想和教育制度为对象的教育评价称"宏观教育评价"。如，对社会教育思潮、教育哲学流派，教育方针、政策，团体或个人的教育纲领或主张的评价，以及对教育机构、教育体系及管理体制，教育结构，培养目

① 参见马永霞主编《教育评价》，当代世界出版社 2005 年版。

② 参见王孝玲编著《教育评价的理论与技术》，上海教育出版社 1999 年版，第 5～6 页。

标、招生制度、分配制度，学校管理、教育组织、学制，教育的社会、经济效益等的评价。

(2)中观教育评价。以学校内部各方面工作为对象的教育评价称“中观教育评价”。如对学校的办学条件、办学水平、领导班子、教师队伍、思想政治教育工作、教学工作、体育卫生工作、总务工作、团队工作、家长工作、学校社会效益等的评价。

(3)微观教育评价。以学生的发展变化为对象的教育评价称“微观教育评价”。如对学生的思想品德、知识技能、健康状况、审美情操、劳动技能等方面的评价。

(二)按评价者进行分类

(1)自我评价。评价者对自己所作的评价称“自我评价”。如学校领导的工作总结、教师的教学工作总结、学生的思想品德小结，校领导组织教职员工和学生对学校工作所作的总结等。自我评价的优点是易于实施，能增强被评者评价的能力，有利于改进工作；缺点是评价容易偏高、偏低，客观性较差，因为缺乏外部参照系和横向比较。

(2)他人评价。除被评者之外的人对被评者所作的评价称“他人评价”。如上级教育部门对下属学校的评价、社会舆论对学校的评价、校领导对教师的评价、平行学校之间的评价、同行教师之间的评价、教师对学生的评价等。他人评价的优点是要求严格，评价结果客观性较强，有些还可以进行横向比较；缺点是组织工作难做，耗费人力、财力较大。

(三)按评价基准分类

(1)相对评价。评价标准在被评价的集体之内。通过与评价标准相比较，可以确定被评个体在集体中所处的位置，以分优劣。这种评价称“相对评价”。它主要用于选拔性和竞赛性活动。其特点是评价标准随被评集体的状况而异，仅适用于特定的被评集体。它的优点是无论被评集体的状况如何，都可以确定标准进行评价；缺点是容易降低客观标准，而且评价结果并不表示被评者的实际水平。

(2)绝对评价。评价标准在被评价集体之外，是预先制定的。通过与评价标准相比较，可以确定被评对象达到目标的程度。这种评价称“绝对评价”。它主要用于合格性和达标性活动。其特点是评价标准是由目标所决定的绝对标准。评价时，个体只与标准相比较，不进行相互比较。故绝对评价也称为目标参照性评价。它的优点是可以使被评对象明确与客观标准的差距，激励被评者上进的积极性；缺点是客观标准的制定比较困难。

(3)个体内差异评价。对被评价集体内每个个体进行今昔比较或对个体的诸侧面进行比较所作出的评价,称"个体内差异评价"。个体内差异评价要与相对评价结合使用。具体来说,就是要用标准分数进行比较。若用原始分数对今昔或各侧面进行比较,就会与评价的定义相背离,失去评价的意义。因为它既没与绝对标准相比较,也没与他人相比较,而且没作出价值判断。

(四)按评价功能分类

(1)诊断性评价。所谓诊断性评价,是指在活动开始之前,为使其计划更加有效地实施而进行的评价。有学者又把此种评价称作事前评价。这里的诊断,要求把握被评价事物的两种状态:一是症状诊断;二是原因诊断。前者要求对所评价的事物的已有状态作出判断,着重找出存在的问题;后者要求对存在问题的原因作出分析,并对发展变化的可能性进行预测,以便"对症下药",采取可行措施,使新计划能在原有基础上得到有效的实施。

(2)形成性评价。这是在教育活动进行中的评价,其目的在于了解被评者在活动中形成或获得了哪些品质、知识和技能,还存在什么问题,及时得到反馈信息,以便改进工作;或者是为了协助一种方案的制订。形成性评价旨在对掌握教育活动情况及其存在的问题,及时进行评价,反馈信息,以促使活动能够实现所预期的目的。

(3)总结性评价。这是在一项教育活动或一门学科教学、一个学年结束时所进行的评价,其目的是评价这一活动或这一学期、这一学年达到预定目的的程度,或者是为了评价一种方案的总体效益。如我们举行的学期、学年考试和年终评定,都具有总结性评价的意义或成为某项工作总结性评价的资料和依据。

三、教育评价的发展历程及其趋势

(一)教育评价的发展历程

1. 教育测试的产生

教育评价是随学校教育的出现而产生的。自学校产生以来,就有对教师、学生的考核与评定。如我国《学记》记载:"比年入学,中年考校,一年视离经辨志,三年视敬业乐群,五年视博习亲师,七年视论学取友,谓之小成。九年知类通达,强立而不反,谓之大成。"延续了1300余年之久的封建科举制度,也是一种关于学生学力检测、评价的制度。18世纪以前,西方各国由于学校尚未普及,学校考试主要是口试。在实践中,人们发现无论科举制度还是口试,都缺乏对人全面的、科学的考察,存在诸多弊端。为确保测量的客观性,纠正弊端,出现了新的评估方法和评估体系,这就是教育测量运动。

2. 教育测量运动

19世纪末至20世纪20年代,在欧美实验心理学、统计学与智力测验发展成果的影响和推动下，对学校的考试进行了积极改革，逐渐形成教育测量运动。教育测量固然可以将对学生学业的考查客观化、计量化和精确化，但不易测量学生学业的全部，它对学生的学习态度、兴趣、鉴赏能力、品德、性格、情操等，都不能作充分的说明；教育测量在学科测量上强调所测知识的全面性。这就容易导致学生死记硬背教材，不利于学生的个性发展，因而引起了许多学者的不满。同时，教育工作包括许多因素，要衡量教育工作的好坏、不能单从学生学力上来考查，还应从教育的各种活动、各种人员、办学条件和社会效益等方面去考查。而要衡量这些方面的状况和成绩，单靠教育测量的定量分析，是不能圆满完成任务的，这就要求教育工作者在考查与评定教育质量的方法上作进一步的改进与研究。

3. 八年研究教育评价概念的诞生

美国 1929 年发生了经济危机，生产与消费失调，物价下跌，工厂停产，大批工人失业。经济上的不景气，也导致了美国的许多学校关门，班级减少，教师失业，学生失学。这就引发美国一些学者锐意改革教育的主张。1918 年，美国成立的进步主义教育联盟主张，应该尊重儿童的个性和兴趣，应通过生活学习，教学内容不能脱离生活，应实行启发式的教育，反对注入式的教育。他们企图将教育目标放在儿童的发展与社会的需要相结合上。为了达到新的教育目标，他们试图改革学校课程，并研究一套符合新课程要求的教育评价方法。于是在会长艾钦(W. M. Aikin)的领导下，自 1933 年起至 1940 年，在七个大学和三十多所中学里进行实验研究。这个实验称之为"八年研究"。在这个实验中，由泰勒(R. W. Tyler)等教授组成了一个评价委员会、他们开始提出并使用了"教育评价"(educational evaluation)这个术语。1942 年，斯密斯和泰勒发表了"八年研究"报告，这一报告被称为"划时代的教育评价宣言"，开创了教育评价的新纪元。在美国，泰勒被誉为"教育评价之父"。

泰勒模式提供了教育评价理论的最初形态，也提供了评价的方法论。他认为，应该从各个方面对评价对象进行评价，评价不仅是分析的，也是综合的，不能只局限于书面的测验。特别是关于教育目标方面的研究更是反映了教育评价的本质——价值判断，因为教育目标从本质上讲是价值的一种表现形式。通过实践，人们又提出了一些新的评价模式，这些模式中，较有影响的有斯塔弗尔比姆

(L. D. Stufflebeam)的CIPP模式[①]及美国加利福尼亚州立大学评价中心提出的CSE模式[②]等。这些模式的提出既丰富了教育评价理论,也为教育评价理论进入一个新的发展阶段进行了理论反思和实践的准备。特别是应答模式[③]更成为所谓的“第四代评价”的先声。这个时期的教育评价的目的在总体上还是为了判断是否具有某种价值,并强调价值判断是教育评价的关键。在一定程度上我们可以认为CIPP模式以及应答模式等都是为了作出正确价值判断在收集评价信息范围与方法上所作出的改进。当然,也应当看到这些评价模式的应用范围已经突破了教育的课程和学习评价范围,而进入教育的其他领域。

此外,斯里克文在《评价方法论》中,将评价方法进行分类所提出的总结性和形成性评价也是这个阶段的重要工作。

从20世纪80年代到现在,评价理论的主要特征是评价主体与价值主体分离,价值主体和价值客体同一,评价主体价值中立,强调教育评价要为其评价的对象服务。

---

① CIPP模式是美国评价学者斯塔弗尔比姆于20世纪60年代提出的一种评价模式。该模式把教育评价看作是“为决策提供有用信息的过程”。由此基本认识出发,斯塔弗尔比姆主张教育评价由以下几个环节构成:背景评价、输入评价、过程评价、成果评价。背景评价是根据对象的需要,对教育目标本身的合理性周期性地作出判断,旨在形成计划决策。输入评价是在阐明决策目标以后,关于达到目标所需要而且可以得到的条件的评价,在本质上可以理解为计划、方案的可行性评价,旨在为组织决策服务。过程评价即对计划实施情况的持续不断的检查,旨在指导决策实施。成果评价是对教育成就的测量、解释和判断,旨在确认需要满足的程度,为再循环评价服务。CIPP模式的基本特点是以决策为中心或以决策为导向,强调评价为决策者提供信息服务、并强调教育评价首先要对目标本身作评价,强调评价贯穿教育活动的全过程等。

② CSE模式是由美国加利福尼亚大学洛杉矶分校评价研究中心开发的一种教育评价模式。该评价模式是一种与CIPP最为接近的评价模式,包括四个步骤,即需要评定、方案计划、形成性评价、总结性评价。所谓需要评定,就是调查人们有何种需要。对教育评价来说,需要评定就是评定人们需要教育完成什么任务,其核心问题是确定教育的目标。选择方案是对各种备选方案在达到目标方面成功的可能性作出评价,包括对教学内容与教育目标的一致性方面的分析以及设备、资金和人员配置方面情况的研究。形成性评价是发现教育过程的成功和不足之处,修正教学活动某些偏离预期目标的地方,从而保证教育目标的实现。总结性评价是对教育质量的全面调查和判断。CSE评价是一种综合性的评价,它有以下几个特点:第一,它是一种旨在为教育改革提供服务的评价模式;第二,在该评价模式中,评价的形成性功能与总结性功能得到了有机统一;第三,这是一种动态的评价,评价活动贯穿于教育改革的全部过程。它从教育目标的确立开始,到教育质量的全面检查为止,在教育改革的各个阶段,根据教育改革的需要为教师和管理人员提供评价服务。

③ 应答模式由美国学者斯塔克(R. E. Stake)首先提出,再由其他人进一步发展而形成。斯塔克认为,要使评价结果能真正产生效用,评价人要关心活动的决策者与实施者所关心的问题。因此,他建议把问题作为评价的先行组织者。同时,他强调评价须从关心这一活动的所有人的需要出发,通过信息反馈,使活动结果能满足大多数人的需要。具体地说,应答评价是通过评价者同与教育活动有关的各种人员接触,了解他们的愿望,然后把它同实际活动进行比较,对教育决策或方案作出修改,对大多数人的愿望作出应答,以使教育能满足各种人的需要。

(二)现代教育评价发展趋势及特点

从上述教育评价的发展历程中,我们可以看出教育评价一直处在变化之中,其发展趋势和特点如下[①]:

(1)在教育评价的目的和功能的选择上,从注重"终结性评价"方法向注重"形成性评价"方法与"终结性评价"方法相结合转变。终结性评价重评价结果,形成性评价重评价过程。现代教育评价已从注重评价为分等、证明服务,转向为改进教育工作服务。正像CIPP模式创始人斯塔弗尔比姆强调的那样,方案评价最重要的目的不是证明而是改进。

(2)在教育评价的对象、范围上,从学生的学力和课程扩展到教育的全部领域。在美国教育评价的"八年研究"中,主要是研究课程设置对教学质量的影响,因而评价对象集中在评价学生的学习成绩,并在此基础上对教育计划和课程编制的优劣得失作出判断。而现代教育评价则把教育的全部领域或者说与教育活动相关的各个领域作为评价对象。如课程设置的科学性、教育结构的合理性、社会对人才需要(质和量)的适应性、师资队伍的建设、教育科研的学术水平、办学条件的达标率等等,展开了一场教育的全方位评价。

(3)在教育评价的方法和技术上,从重视定量方法向注重定量方法与定性方法结合转变。在教育测量运动初期,桑代克提出的"凡是存在的东西都有数量,凡是有数量的东西都可以测量"这一著名的观点,对当时的教育测量理论的发展有重要影响,使定量方法一时受到人们的极大重视。同时,在自然科学的影响下,运用实验设计的方法以及客观资料的方法也占据了主导地位。近年来,随着现代教育评价活动的深入,人们愈来愈发现,片面追求定量的、实验设计的方法,往往导致评价者对那些一时难以定量的或由各种条件限制、实验难以反映确切情况的那些因素的忽视。然而,这种因素对教育活动来说又具有极为重要的影响。离开这些因素的评价,教育评价将是不全面的(比如,情感、情绪、鉴赏力等)。所以,现代教育评价在选择评价方法时,强调在有效使用定量分析的基础上,重视定性分析,使二者有机地结合。

(4)在评价方式上,从重视管理者的外部评价向重视自我评价转变,充分强调自我评价方法的作用。早期泰勒主持的教育评价活动,主要反映了管理者的意见,通常以管理者为评价主体,对评价者实施自上而下的评价,这种评价对被评价者来说是来自外部的评价,他完全处于被动等待评价的位置。因此,往往积极性不高,甚至有抵触情绪和惧怕心理。现代教育评价的民主化进程,动摇了这种做法,要求重视被评价者在评价活动中的地位和作用,强调以自我评价为主。

---

① 参见刘智运主编《高等学校教育评估与督导概论》,高等教育出版社2005年版,第5～6页。

这是从尊重、信任被评价者的民主要求出发，达到调动被评价者的自觉性、积极性、使他们从被动接受评价转为主动合作参与评价的目的。通常把被评价者的自我评价作为整个评价过程的预评价阶段，即教育评价的基础，这样不仅有利于被评价者自己发现问题，从而改进工作，也有利于专家作出公正客观的评价结论，提高评价的工作质量和可信度。

第二节 高等教育评价的理论与方法

就概念而言，教育评价是高等教育评价的属概念。就实践而言，高等教育评价是教育评价的一个组成部分，教育评价包括高等教育评价。在此意义上说，如何定位教育评价的本质也就意味着如何定位高等教育评价的本质。结合前述对教育评价的定义，这里对高等教育评价理解为：高等教育评价是根据高等教育的目的和标准，采用科学的态度和方法，对高等教育工作中的活动、人员、管理和条件的状态和效绩，进行质和量的价值判断。

一、高等教育评价的意义与功能

（一）高等教育评价的意义

目前，世界各国都很重视高等教育事业的发展并采取各种有力措施不断提高教育质量。实践证明：开展高等教育评价是提高高等教育质量的一项重要措施。下面我们仅从一些主要方面阐述其意义。[①]

（1）有利于加强对高等学校教育的宏观指导与管理。高等学校办得好坏，不能凭领导印象，也不能靠少数人的表态，而必须按照科学的评价指标体系，认真地在自我评价的基础上，积极开展同行评价、群众评价、领导评价以及社会评价，才能得到比较符合实际的评价结论，以利于教育行政部门对学校实施宏观指导与管理。因为，高等教育质量的保证与提高离不开正确的决策，而任何一项正确的决策，都必须要有足够数量的、可靠的信息。此外，作为管理活动中的计划、指导、检查与督导等任一环节，都需要有良好的方案、科学的安排与周密的部署，都需要根据获得的反馈信息来控制与调节，而这些又都与教育评价有着密切关系。

（2）有利于促使高校提高教育质量。现代高等教育评价的目的，除了鉴定（区别优劣程度）、认可（是否达到国家要求的最低标准）之外，更主要的是对高等教育过程进行诊断、评价，以调节、促进高校教育、教学、科研、管理诸方面的工作，使高等学校更具活力，不断提高培养人才的质量和科学研究水平，使高校更

① 参见聂规划《高等教育评价的意义和作用》，载《理工高教研究》1999 年第 3 期。

好地为社会服务。为了达到提高高校教育质量的目的，必须加强对教育、教学过程的控制与调节。根据控制论原理，这个过程的控制与调节，又要依靠大量的可靠的反馈信息，这就要积极开展经常性的教育评价，特别是要重视形成性评价，以不断优化教育教学过程，有效地提高高校的教育质量。

(3)有利于深化高校的教育改革。对教育改革方向的引导，可以通过教育行政部门召开会议、布置工作、检查指导等方式来实现。但是，有意识地发挥教育评价的导向作用，将会取得更好的效果。如在高校办学水平的评价、专业教育质量的评价以及课程教学质量的评价中，把体现改革精神的某些指标赋予适当的权重，这样就会强化人们的改革意识，促进教育改革沿着评价的导向深入发展。如此，通过高校教育改革、提高教育质量、教育评价三者结合在一起，以肯定改革的成绩、明确改革中的问题，促使高校各项工作不断优化，进而提高教育质量。

(4)有利于促进高校间的合理竞争。开展高等教育评价是把竞争机制引入高校的一项措施。如在开展高校办学水平评价时，就可以对校际间办学水平进行比较，就可以提供校际间差距的各种信息，这样自然就把高校纳入横向比较的校际间竞争的轨道。特别是通过评价后落实"扶植重点的政策"及"奖优罚劣的措施"，就必然会使各校增大压力与动力，从而大大提高高校办学积极性。随着高校教育改革的不断深入，高校校际间的竞争必然会日益加剧，而这种竞争应该是建立在科学的社会评价、用人单位评价及校际评价的基础上的，这样才能通过竞争达到提高学校办学水平与提高教育质量的目的。

(二)高等教育评价的功能

(1)导向功能。高等教育评价中，无论是制定评价方案、建立评价指标体系，还是评价结果的利用，对高等学校深化改革、提高教育质量，都会起到重要的导向作用。可以说，高等教育评价的导向作用，是由高等教育评价的功能所决定的。

(2)鉴定功能。所谓高等教育评价的鉴定作用，是指应用评价活动所获取的评价结果对目标性实现的程度、合格与否、优劣等级以及水平高低的判断和确定的功能。它主要通过对高等教育评价对象相关资料的收集、整理、分析、判断的运行机制得以实现，通过对检查、比较、判断等评价手段的利用而实现。

(3)诊断功能。高等教育评价不只是利用一切可行的技术与手段来获取有关评价对象的各种信息，更重要的是对这些信息进行全面的统计分析处理，对得出的评价结果给予科学的解释与运用，包括对评价对象明确指出值得肯定的内容、存在的主要问题、改进教育工作的方向等。它主要通过教育评价的信息反馈以及对评价对象、对目标要求指出差距等运行机制得以显现，达到以评促改、以评促建的目的。

(4)激励功能。开展高等教育评价和建立适合我国国情的高等教育评价制度,从根本上说,就是要激发教育行政干部、学校领导者以及广大教职工办好高等教育的积极性,使校际之间、干部之间、教师之间在横向比较中变压力为动力,从而深化和加快高校的教育改革,使高校更好地为社会服务。

二、高等教育评价的基础

(一)高等教育评价的理论基础[①]

1. 价值论哲学基础

在教育评价的发展历程中,关于评价形成了诸多观点,其中涉及的一个重要问题是:评价是否属于一种价值判断过程。现在,影响较大的观点是:教育评价的本质是对教育活动和教育活动结果进行"价值判断"。因此,以什么样的价值观作为评价教育活动和教育结果的前提与依据,就成了一个十分重要的问题。

在我国,教育评价是以马克思主义哲学为依据,用马克思主义价值观来认识教育活动和教育活动结果并对其实事求是地进行价值判断的过程。马克思曾经指出:"价值"这个普遍的概念是从人们对待满足他们需要的外界事物的关系中产生的。[②] 人们对满足他们需要的外界事物进行评价,赋予它们以价值属性。马克思是从主体与客体之间的关系上揭示价值的。价值是客体属性与主体需要之间的结合点,是客体属性与主体需要的统一。同一事物的属性,对具有这种需要的主体来说具有价值;而对另一些没有这种需要的主体来说,就没有价值。价值的大小、高低以客体的属性满足主体需要的程度来衡量。

用马克思主义价值观看问题,教育价值则是人们对教育的基本看法和所持的基本态度。具有不同教育价值观的人们,会对同一现象作出不同的评价;不同教育价值观是社会价值多元化的反映。因此,在高等教育评价中需要处理好国家教育价值观与社会多元价值观之间的关系,使社会多元教育价值观在国家总的教育价值观引导下成为国家总的教育价值观的有益补充,使国家的教育更加适应社会各行各业对人才的需求。

2. 教育学的理论基础

进行教育评价以教育学为理论基础,是指教育评价活动要以教育学的基本原理为指导,把教育目标作为实施教育评价活动的依据。教育目标是教育目的的体现,是教育价值观的集中反映,它规定教育活动的总方向。我国教育方针规定的教育目的是培养德、智、体、美全面发展的社会主义事业建设者和接班人。

---

① 参见刘智运编著《高等学校教育评估与督导概论》,高等教育出版社 2005 年版,第 9～13 页。

② 参见《马克思恩格斯全集》第 19 卷,人民出版社 1963 年版,第 406 页。

处于不同层次的教育评价活动，所依据的教育目标是不相同的。在对一个国家的教育进行评价时，所依据的教育目标是这个国家各级各类教育的总体目标；在对高等教育进行评价时，所依据的教育目标是国家规定的不同类型的高校不同专业的培养目标。

教育评价以教育目标为依据，在制定不同层次的教育评价目标时必须以不同层次的教育目标为根据，不能偏离、混淆，更不能歪曲不同层次的教育目标。这是对评价对象作出正确价值判断的重要保证，也是体现教育评价本质特征的根本问题。

3. 现代管理科学的理论基础

教育评价的管理学理论是指实施教育评价活动要体现现代管理学的本质特征。管理学的核心问题是质量管理，质量管理模式的发展标志着管理科学的发展水平。目前，现代管理学主张实施“全程质量管理模式”，即质量管理贯穿于产品生产的全过程，每一环节、每一步骤都进行质量管理。

高等教育评价以管理学为依据，就要体现全程质量管理的特点，形成性评价则是高等教育评价质量管理特点的最好形式。也就是在评价过程中，应根据各级各类高等教育评价指标和评价标准，结合日常教育工作活动，采用灵活多样的评价方式，随时对教育活动进行检查评价，发现教育活动偏离了教育目标就及时纠正，发现没达到目标就及时进行弥补使之达标，从而保证教育活动及其结果的高质量和高效益。

此外，教育评价还把系统科学、心理学、统计学、经济学和现代技术学等有关学科作为自己的理论依据，用这些学科的有关理论观点、方法手段体现教育评价的本质特点。同时，我国的教育方针、法规、政策依据也是教育评价的重要理论依据。

(二)高等教育评价的现实依据

高等教育评价的现实依据，是指实施高等教育评价要从当时、当地的实践出发，不可无视当前的现实，盲目地进行评价。

1. 国情现实依据

高等教育评价要从国情出发，不同国家具有不同的地理环境、文化传统和经济发展水平，也存在着教育发展水平与教育特色差异。实施高等教育评价就要根据不同国家的国情采用适宜的评价理论指导，确定恰当的评价目标、评价内容、评价途径，采用科学可行的评价方法、评价手段，有针对性地开展教育评价。

高等教育评价的实践表明，适用于外国的高等教育评价模式不一定适合中国，照搬国外的教育评价经验、理论观点和评价方法技术，可能会对中国的高等教育评价造成损失与危害。

2. 不同类型学校的现实依据

高等教育评价以不同类型学校的现实为依据，在实施教育评价时要根据不同类型学校的实际开展教育评价。因不同类型学校的办学条件、组织机构、管理方式、教育质量水平各不相同。实施教育评价在考虑不同类型学校共性的同时，应根据不同类型学校的实际情况，制定不同的评价指标、评价标准，采用不同的评价形式，有针对性地开展高等教育评价。

三、高等教育评价的基本原则

教育评价原则是实施教育评价活动的基本要求，是教育评价活动基本规律的反映，是人们对教育评价活动规律的认识与教育评价活动客观实际的统一，是教育评价活动顺利开展的根本保证。一般情况下，高等教育评价应遵循以下原则[①]：

(一)方向性原则

高等教育评价必须与党和国家的教育方针、政策相一致，体现社会主义办学方向，推动高教改革，增强对社会政治、经济、文化变革的适应性。遵循方向性原则实施高等教育评价，应在设计评价方案、制定评价指标体系和评价标准、组织实施评价以及处理反馈结果等评价的全过程中，体现教育评价的方向性。要注意动员评价对象积极参与评价活动，通过教育评价活动，引导评价对象自觉坚持教育的社会主义方向。

(二)科学性原则

高等教育评价活动及其结果必须是科学的，这是现代教育评价指导思想的反映。遵循高等教育评价科学性原则，要求实施评价按评价活动本身的客观规律办事。不论制定评价方案、设计评价指标和评价标准体系，还是组织实施教育评价，都要本着实事求是的态度，正确处理评价主体和评价客体、评价信息与评价结果的关系。要以评价指标和评价标准为尺度，以评价信息为依据，采用科学可行的评价技术方法，对评价对象作出科学准确的价值判断。同时还应注意，在建立教育评价指标和评价标准体系时，要明确评价的目的，坚持基本评价和特色评价相统一，目标评价和过程评价、条件评价相统一。

(三)可行性原则

高等教育评价可行性原则，是指教育评价活动要能够实行、能够操作、能够取得预期教育评价结果。可行性原则要求教育评价必须从实际出发设计教育评价方案，制定评价指标和评价标准，组织实施教育评价。一切评价活动都应力求切实

---

① 参见刘智运编著《高等学校教育评估与督导概论》，高等教育出版社 2005 年版，第 13～17 页。

可行，具有实际操作性。简言之，教育评价标准应可比、可测，简单方便；评价方法手段、组织机构、实施程序等应从实际出发，在保证科学性的基础上简便易行。

(四)促进性原则

促进性原则又称"激励性原则"。现代高等教育评价的目的主要是通过教育评价促进评价对象自觉改进自己的行为，不断提高工作质量和效益。这一原则要求在高等教育评价过程中，特别强调形成性评价，及时发现教育工作中的问题和不足，有针对性地加以指导，促使评价对象及时加以弥补、改进与提高。

(五)合作性原则

高等教育评价的合作性原则，是指在实施教育评价时，评价者自始至终都要与评价对象密切合作。这是现代教育评价特点的一种反映。评价者与评价对象密切合作，是教育评价顺利开展的重要保证。教育评价是对教育评价对象所进行的价值判断。高等教育评价对象的复杂性，决定了取得与评价对象实际状况相符合的评价结果的难度是很大的。真正的符合评价对象实际状况的评价结果，只有在评价对象自觉自愿密切配合下才能取得，这一评价结果才能得到评价对象的认同。

高等教育评价贯彻合作性原则，要求评价者要以平等、友好、协商的态度对待评价对象，在评价全过程中组织评价对象参与评价全过程，使其既可以了解自己的成绩，又可以发现自己的问题、缺点及原因，从而激励评价对象发扬成绩、解决问题、改正缺点。

四、高等教育评价主体与评价方法

(一)高等教育评价主体

在我国，随着办学主体的多元化趋势，政府集教育举办者、管理者和办学者于一体的多重角色逐步分化，在政府、学校与社会间开始形成新型关系。与此相应，多元评价主体开始参与高等教育质量评价，主要包括受教育者本身、高等教育的提供者(机构)、受教育者的家长(学生学费和生活费的直接提供者)、高等教育的政府管理部门(重要的高等教育办学的投资方)、社会有关部门(企业或其他用人机构)、社会中介机构，并由上述评价主体形成了以下评价体系：

1. 校内评价体系

校内评价体系包括受教育者基于接受教育后的感受所作的评价，受教育者家长的评价和高等教育提供者进行的自我评价。

受教育者自身对所接受教育的感受的评价。通常，学生会将其感受和自己的期望进行比较，如果它们之间的差距较小，则学生会表示满意。当然，这种评价是动态的，也会受到学生对其他受教育机构的教学质量与管理水平认知的影响。

受教育者的家长的评价。家长对高等教育质量的评价，主要从平时子女的成长中得到认知，根据子女毕业后对找到的工作的满意程度来评价高等教育的质量状况。

高等教育的提供者(高校)进行的自我评价。即高校根据一定的标准对自己的教学、管理、科研等方面进行评价。这类评价不仅是同行评价等外部评价的基础，而且是高等教育质量保障体系的重要组成部分。高校只有给予自我评价以足够的重视，才会使教育评价的积极作用得到尽可能大的发挥，以实现评价的目的。

2. 社会评价体系

社会评价体系主要包括政府管理部门和社会有关部门。

(1)政府管理部门对高等教育进行评价。政府评价具有双重或多重角色：一是代表社会公共利益的政治角色，必须追求社会公共利益；二是政府评价者还可能是某个利益集团的代言人，必然关照所在利益集团的利益；三是政府评价者还追求个人利益的最大化。因此，政府评价高等教育的过程是不同利益和价值要求进入评价价值内容系统的过程。其中，充分的价值冲突构成了高校评价合法性的一个广泛基础。因为只有实现了充分的价值冲突及利益、愿望的充分表达，才能满足各方面的需要。

(2)社会有关部门(企业或其他用人单位)对高等教育进行评价。这种评价主要关注毕业学生的工作适应能力，也是对高等教育质量最直接的评价。

3. 评价中介机构

高等教育评价中介机构是一种集独立性、公正性、专业性、权威性和服务性于一体的评价机构，它是连接高校和政府、高校与顾客(家长、学生及高等教育的投资商等)及政府与顾客的纽带。评价中介机构的作用有两种：一种是组织协调高校学校评价，大多数评价机构属于这一种，如荷兰的荷兰大学协会、英国大学拨款委员会(UGC)和美国六大区的高等教育质量评价机构。另一种是对评价进行评价，即元评价。如英国大学副校长和校长委员会的学术审议会(AAU)、美国的专业鉴定委员会和高等教育鉴定委员会。元评价机构的作用旨在控制中介评价机构的道德风险，防止监督人与被监督人的“合谋偷懒”，维持中介评价机构的独立性、权威性、专业性。

我国高等教育评价机构自成立以来，开展了各自范围内的各项评价活动，对于促进和提高高等教育的质量起了很大作用。但仍然存在诸多问题：第一，政府行为色彩较浓，评价主体单一，容易造成我国高校的僵化、缺乏活力、没有特色；第二，评价机构的中介性不强，容易受到外部力量的干扰；第三，评价机构的权威性不强，其评价活动和评价结果对社会的影响微乎其微，如对政府的教育经费流向影响还没有充分体现出来。为纠正上述问题，应重新定位政府角色，建构多元化的评价主体，完善中介组织，加强元评估。

(二)高等教育评价方法

研究高等教育评价方法可以从三个层面进行探讨：第一，方法论层面，即指导教育评价的思想体系，包括基本的理论假设、原则和思路等；第二，方法或方式，即贯穿于评价全过程的基本程序、策略和风格；第三，操作技术，即在评价中具体使用的手段、工具和技巧。这里主要就前两方面予以阐述。

1. 高等教育评价方法论

因中西方社会文化背景及科学基础不同，高等教育评价方法论亦有所不同。从西方教育评价的发展历程来看，实验心理学的发展、个别差异的研究、对不适应者的临床关心以及外国自身的特点，受这些方面的影响教育评价强调标准化测验。随着后现代思潮的出现，教育评价扬弃标准化测验，注重定性与定量、过程与结果、自我与他人评价相结合。

我国传统的评价方法论则是“三段式”方法论，即 WSR 方法论。其评价的过程由人理阶段(R)、事理阶段(S)及物理阶段(W)三个阶段构成。所谓人理阶段，就是选择评价主体，明确评价目的与原则的过程；所谓事理阶段，就是评价主体根据评价目的与原则，建立评价标准，选择评价途径，制订具体评价方案的过程；所谓物理阶段，就是按照既定评价方案，对具体事实评价得出评价结论的过程。中国评价方法论的特点在于价值主体通过利用价值标准和评价目的，直接控制评价主体达到自己的评价目的，得出评价结论的方法是将价值客体与既定的价值进行比较，评价主体的评价结论就是价值主体的评价结论。

从高等教育评价思路的分类来看，中国习惯上仍将教育评价分为定量评价与定性评价两类。在西方，教育评价也有硬评价和软评价两派。所谓硬评价，就是运用客观收集信息方法和定量分析技术为主的评价(方法)；与之相对，软评价是运用主观收集信息方法和定性分析技术为主的评价(方法)。因此，硬评价和软评价之分，也与定量评价与定性评价方法之分密切相关。这两种评价方式各有优缺点，采取何种方式应视评价目的而定，定性与定量评价方式的结合有助于教育评价的有效进行。

2. 高等教育评价的具体方法

目前，在高等学校评价中应用较多的方法主要有：专家评分法、指标体系法、百分比法、排名法。

(1)专家评分法。具体做法是根据评价对象列出评价项目，对每个评价项目定出评价的等级并用分数来标定。将评价项目所得的分数采用加法累计或连乘法累计或加乘法累计得出总评价分值，然后按总分决定评价对象的优先顺序。这种方法简便易行，但带有很强的主观性，数值的客观性差。

(2)指标体系法。由若干级指标、若干个项目、众多要素、评分标准及权重或重要性系数组成的评价指标体系,并经过学校自评、专家评价等程序完成。

(3)百分比法。把有关的指标数据按单项指标的百分比结构换算成分值,然后对各指标的分值累加计算总分。这种方法的单项指标对总分影响大,因而综合性较差。

(4)排名法。主要是由一些非政府组织自发实行的一种评价方法,在国外比较流行。选取不同的参数或因素,经过某种处理,并予以赋值。或者同时基于同行评议,最后对被评对象学校、学院、学科等进行排队的一种评价方法。

在上述各种评价方法的具体运作中,离不开搜集整理信息、形成综合评判、检查与鉴定评价质量、分析与比较评价结果。因此,在各种方法的具体操作过程中,又需要运用观察、调查、测验方法及其相关的技术、策略等。限于篇幅对此这里不展开阐述。

第三节 高等教育评价的内容①

从评价内容上看,既有较为宏观的评价,如对高等学校的综合评价,也有相对微观的评价,如对高校课程、专业、学生、教师的评价。鉴于评价内容的复杂性及丰富性,这里仅就高等学校的综合评估、课程评估、教师评估、学生评估等主要内容予以阐释。

一、高等学校的综合评估

高等学校的综合评估分为两种类型:一是合格评估;二是水平评估。②

(一)高校的合格评估

高等学校合格评估是保证高等学校办学基本管理质量的一种评价形式。实施合格评估有利于加强宏观管理,逐步建立、健全社会监督机制,有利于促进办学条件改善和保证我国高等教育持续发展。

合格评估的内容包括:办学指导思想、学校规模、办学条件、师资力量、学校基础设施与教学设备及图书资料、学校教学管理及人才培养质量等八个方面。具体的一、二级指标体系如下:

---

① 本节内容、思路安排受刘智运先生编著的《高等学校教育评估与督导概论》启发而得,在此特致谢。

② 相关内容参见刘智运编著《高等学校教育评估与督导概论》,高等教育出版社 2005 年版,第 88～101 页。

表 10-1　　高校“合格评估”指标

一级指标	二级指标
办学指导思想(0.2)	1. 学校目标定位 2. 办学思路 3. 校长、书记素质
学校规模(0.1)	1. 学生数 2. 学科、专业数 3. 专任教师数 4. 生师比
师资力量(0.1)	1. 高级职务教师的比率(高职称教师总数/专任教师总数) 2. 研究生学位教师比率(研究生学位教师总数/教师总数) 3. 必修课教师力量(四类课程分别计算:公共课、基础课、专业基础课、专业课) 4. 开课教师中讲师以上比率(开课教师总数/讲师以上教师总数)
学校设施与设备(0.2)	1. 固定资产总值及生均设备值 2. 校舍建筑总面积及其中教室建筑总面积及生均面积 3. 图书总数及生均图书(册数不计算电子版类图书) 4. 生均运动面积(包括田径场、球场、操场等) 5. 教学仪器设备总值
教学管理(0.1)	1. 管理队伍素质(人数、学历及工作效绩) 2. 教学制度 3. 课程建设(包括教学大纲) 4. 教学质量控制(包括统考课程成绩及英语四、六级考试成绩) 5. 教学计划(课程体系、学时安排)合理性
毕业生质量(0.1)	1. 用人单位评价 2. 毕业设计(论文)质量(评定成绩及答辩成绩) 3. 就业率 4. 考研录取率

高校合格评估的程序是:按照《普通高等学校教育评估暂行规定》,评估对象学校作自评报告,根据自评报告,教育主管部门组织专家组实地考查,专家组进行评估,写出评估报告,并对评估对象提出改进意见。教育主管部门根据评估专家组的评估报告和评估对象的自评报告,正式作出评估结论。结论分三级:合格、暂缓通过、不合格。对合格学校授予合格证书;对暂缓通过的学校还要进行复评;对不合格的则应停止招生,其后续事宜的处理则由学校的直接领导部门负责。

(二)高校的水平评估

1. 评估主体

普通高等学校本科教学工作水平评估是国家教育行政部门加强宏观管理,实施分类指导的重要手段,也是贯彻和落实《中华人民共和国高等教育法》的重要举措。其目的是希望能够使评估与学校的日常管理、建设、改革与发展融为一体,促进学校不断明确办学指导思想,改善办学条件,加强教学基本建设,提高教学管理水平,深化教学改革,建立学校内部质量保证体系,形成自我约束、自我发展的机制,不断提高教学质量和办学效益,更好地为社会主义现代化建设服务。

普通高等学校本科教学工作水平评估是由教育管理部门——教育部组织的,显然它的主体是教育部和教育部代表的国家,容易与各种政策挂钩,对学校有比较强的约束力,因此具有比较高的权威性。加之,其评估作用力度大,不仅被评估的学校高度重视,主动配合评估主体的活动,主动提供大量的信息和资料,专家组也可顺利地进行深入的调查研究,把自我评估与外部评估结合起来,可以得到比较准确的评估结论。在评估过程中,自始至终贯彻“以评促改,以评促建,以评促管,评建结合,重在建设”的原则,较好地发挥评估的导向作用和诊断作用。

从目前已进行的评估经验来看,这种评估也有不足之处。因为政府是学校的主体,高校水平评估显然是政府自评,使评估有一定的局限性,社会参与评估力度不够,对其更缺乏直接的监督,这是需要进一步研究和改进的。

2. 评估的内容和指标体系

根据《普通高等学校本科教学工作水平评估方案(试行)》(教高厅[2004]21号),具体的评估指标体系及等级标准如下:

表 10-2　　　　高校"水平评估"指标

一级指标	二级指标
1. 办学指导思想	1.1 学校目标定位 1.2 办学思路*
2. 师资队伍	2.1 教师队伍数量与结构 2.2 主讲教师
3. 教学条件与利用	3.1 教学基础设施* 3.2 教学经费*
4. 教学建设与改革	4.1 专业* 4.2 课程* 4.3 实践教学
5. 教学管理	5.1 管理队伍 5.2 质量控制*
6. 学风	6.1 教师风范 6.2 学习风气*
7. 教学效果	7.1 基本理论与基本技能* 7.2 毕业论文或毕业设计* 7.3 思想道德修养* 7.4 体育 7.5 社会声誉
特色项目	

带*的为重点指标。

3. 评估方法

(1)定量与定性相结合

普通高等学校本科教学工作水平评估强调定量评估(硬评估)和定性评估(软评估)相结合,在重视定量评估时更加重视定性评估。不仅在指标体系中有很多定性评估指标,而且对定性指标的内涵、标准和评估方法要进行深入的研究;在评估的培训与宣传中,也强调定性评估的重要性。由于教育教学本身是一个非常复杂的系统,其中许多特征、属性具有明显的数量概念,可以也应该进行定量评估,但也有些特征和属性不具有明晰的数量概念,对此应进行定性评估。如果勉强进行定量评估,反而不科学。从国际上看,重视定性评估也是评估发展的重要方面。

(2)信息的收集

普通高等学校本科教学工作水平评估采用审阅被评学校的自评报告,对被评学校进行现场考查的方法获取信息。其优点在于可以充分发挥学校在评估中的能动作用,获得许多活生生的信息,帮助评估者对被评学校的社会价值进行判断。不足的是由于种种原因,被评学校提供的一些数据与资料难以核实,影响准确性。此外,被评学校和专家组收集、整理、分析数据的工作量比较大,评估的成本相应较高。

(3)信息与数据的处理

由于普通高等学校本科教学工作水平评估是一个很复杂的过程,对其评估也绝非"非此即彼"。尤其是在评估指标体系中,包含了一些定性评估,往往很难用一个精确的数字表示,通常采用分等级(优、良、合格、不合格或 A、B、C、D)来描述,这表明评估因素中具有一定的模糊性,解决这类问题应借助于模糊数学,用多指标综合模糊评估的方法。

(4)评估结果的输出

普通高等学校本科教学工作水平评估采用等级状态方程输出被评结果。对各个被评学校,不根据结果进行排队,而是进行分等。即对被评学校分别给出优秀、良好、合格、暂缓通过、不合格等结论。这样做的优点是:(1)克服了加权求和的掩盖作用。被评为优秀或良好的学校可能个别或少数指标的评估等级是比较低的,而评估为合格的学校可能还会有个别或少数指标的评估等级是比较高的。这些等级的显示便于被评学校在其后的发展中扬长避短。(2)有利于充分发挥评估的诊断功能。从等级状况方程中各等级的数量和分布情况,被评学校可以清楚地看出教学工作的长短、利弊、得失,从而有针对性地改进教学工作,提高整体水平。

二、高校的课程评估

(一)课程评估的类型

我国高等学校所实施的课程评估,大致有以下四种类型①:

一是作为专业办学水平和学校综合评价的组成部分的课程评估。其目的是从学校整体或从专业主干课程质量的角度来评价学校的综合水平或专业的办学水平。二是某门课程的校际评估。其目的是确保该课的教学基本质量,明确进一步提高课程教学质量要求及课程建设目标。三是学校精品课程(优质课程)评

① 参见刘智运编著《高等学校教育评估与督导概论》,高等教育出版社 2005 年版,第 149～183 页。

估。精品课程建设要体现现代教育思想、符合科学性、先进性、教育示范性和辐射作用，具有鲜明特色，并能恰当运用现代教学技术、方法与手段，教学效果显著，具有示范性和辐射作用。四是学校内部教学检查性的评估。这种评估是普查性质，它既可以是某年级的全部课程，也可以是全校的某几门课程，其目的是了解教与学的情况，以便改进教学工作，加强教学管理。

(二)课程评估的内容

课程评估内容主要包括课程教育目标、教学条件、教学实施过程及教学效果。

1. 课程教育目标

课程教育目标是教师和教育管理人员期望通过教育过程使学生产生的思维、感情和行动等方面的变化。课程教育目标是课程评估的首要和重要内容，是课程最终期望达到的标准，也是衡量课程质量的准则。评估课程教育目标时主要关注：(1)是否已制定了符合专业培养要求或培养规格的课程教育目标；(2)如何实现课程教育目标；(3)课程教育目标的检查。

2. 教学条件

课程教学条件一般包括师资队伍、教材、教学文件及其他教学资料、实验室等。师资队伍主要是指教师的学术水平和结构——年龄结构、职称结构、知识结构。一支真正献身教育事业、学术水平高、结构合理的师资队伍是保证课程教学质量的关键因素。优秀而适用的教材、体现课程教育目标的教学大纲、完备的教学资料、必要而且质量较高的补充讲义、习题集、实验指导书等，也是课程教学条件评估的内容与要求。对于有实验教学环节的课程，教学条件不仅要求应拥有完备的、状态完好的、较先进的实验条件——设备、仪器、教学实验室面积、教学实验设备套数及水平较高的实验教学人员，而且要求不断改进实验设备与环境。

3. 教学实施过程

课程的教学条件和教学实施过程决定了课程教育目标的最终实现，教学实施过程的水平是影响课程质量的直接因素。教学实施包括教学方法的选择、教学内容的安排，同时还包括教师的教学思想、教学态度以及教学风格、技巧和艺术等方面。在评估教学实施过程中强调以下几点：必须坚持教学的教育性原则，既教书又育人；大力提倡启发式或研究式教学；实验教学要切实提高学生的实验动手能力；课堂教学、实验教学和其他教学环节都要随着社会的发展而对教学内容和方法作必要的更新和改革，坚持因材施教；要使教师能够对所授课程的教学过程进行经常的、科学的、系统的评价，以改进教与学。

4. 教学效果

课程评估要对课程教学质量，即课程的教学效果作出科学、正确的价值判断。判断一门课程的教学效果通常做以下工作：首先要对课程的近期效果进行测试，通过形成性评价判断课程基本要求的实现程度。其次要对课程的远期教学效果进行评价。通常采用的方法有后续课教师的评价以及在此基础上专家的考评、毕业班（当然也包括非毕业班）学生的评价以及毕业班学生进行被评估课程教学效果的评价等。

当然，科学、正确地评估一门课程的教学效果是比较困难的。因教育目标的分类是多方面、多层次的，如布卢姆将教育目标分为认知领域、情感领域和心理技能领域，把目标按等级层次排成一个连续体并将这个连续体描述为一个内化过程，认知领域内化过程的六个方面是知识、领会、应用、分析、综合、评价，情感领域内化过程的五个主要方面是接受、反应、估价、组织、性格化。

三、课堂教学质量评估①

（一）课堂教学质量评估的基本内容

根据课堂教学活动的特点，评估课堂教学质量主要涉及教学内容、教学方法和手段、教学态度和教学效果等方面。具体内容为：

（1）教学内容是否正确，是否具有先进性，是否紧扣大纲，信息是否丰富，重点是否突出。

（2）教学方法是否灵活，是否注重启发和引导，是否注重深入浅出。语言是否简明生动，是否注重因材施教，是否重视能力培养。是否运用多媒体、计算机辅助教学等现代教学手段。在课堂教学过程中是否特别强调教与学的互动与沟通。

（3）上课时教师是否认真负责，是否重视教书育人，是否遵守教学纪律，是否关爱学生、尊重学生，仪表是否端庄大方，精神风貌是否良好，作业批改是否认真，师生关系是否融洽等。

（4）教学效果则可以通过课堂秩序是否良好，学生对教学内容是否掌握，师生互动是否活跃，学生反映是否满意来衡量。

（二）课堂教学质量评价的指标体系

在课堂教学质量评价中，由于评估主体不一样，其侧重点也不完全一样，因而具体的指标构成也就不同，学生评估、同行评估、领导与督导员评估各有不同的指标，并且其权重也不一样。

1. 课堂教学质量学生评价指标体系

由于学生是学的主体，学生评价在课堂教学质量评价中有优先发言权。课堂教学质量评价在前述基本内容的基础上，侧重对教学方法和教学效果的评价，

---

① 参见刘智运编著《高等学校教育评估与督导概论》，高等教育出版社 2005 年版，第 172～175 页。

因这两点是学生感受最深的地方，具体评价项目如下：

开课单位：________ 课程名称：________ 基础课□ 专业基础课□ 专业课□

授课教师：________ 老□ 中□ 青□

授课班级：________ 总体印象：优□ 良□ 一般□ 较差□ 差□

分项评价：请在下列各题之后的相应评分位置打"√"，每项只限单选。

	评价项目	A	B	C	D	E
1	对教学工作认真，备课充分					
2	注意言传身教，教书育人，教态端正，有助于学生治学与做人					
3	表达清楚，板书规范，能有效利用各种教学媒体，采用先进的教学手段					
4	讲课详略得当，重点难点突出，语言表达流畅，条理清楚					
5	注意发挥学生的学习潜力，注重对学生学习方法的指导和能力的培养，注重培养学生的创新能力，能激发学生的求知欲，课后收获大					
6	教学内容先进、合理、充实、信息量大，能反映学科发展的新思想、新概念、新成果					
7	讲课有感染力、吸引力，能调动学生的学习情绪和积极性，课堂气氛活跃					
8	布置作业适量、认真批改、检查措施完善					
9	注意教学内容和教学方法的改革，采用研究式教学、启发式教学、注重与学生交流与沟通					
10	本课程教材适合教学要求、质量好					

其他方面的具体意见或建议：

评估人签字：________ 听课时间：________ 地点：________

每条评价指标分为"优秀"、"良好"、"一般"、"较差"、"差"五个等级，每个等级的分值分别为5分、4分、3分、2分、1分。

2. 课堂教学质量同行评价指标体系

由于同行对教学内容比较了解，对课堂教学内容的处理是否恰当，教学手段、方法的运用是否妥当，教学组织是否成功有发言权。其具体评价项目如下：

开课单位：__________ 课程名称：__________ 基础课□ 专业基础课□ 专业课□

授课教师：__________ 老□ 中□ 青□

授课班级：__________ 总体印象：优□ 良□ 一般□ 较差□ 差□

分项评价：请在下列各题之后的相应评分位置打"√"，每项只限单选。

	评价项目	A	B	C	D	E
1	备课充分、教案完整					
2	选材恰当、概念准确					
3	内容更新、联系实际					
4	重点突出、条理清晰					
5	普通话授课、讲述清楚、板书工整					
6	启发思维、培养能力					
7	辅导答疑、作业批改、因材施教、课外指导					
8	考核严格、评分恰当					
9	严格要求、教书育人					
10	积极进行教学改革，勇于探索新的教学模式和方法					

其他方面的具体意见或建议：

评估人签字：__________ 听课时间：__________ 地点：__________

每条评价指标分为"优秀"、"良好"、"一般"、"较差"、"差"五个等级，每个等级的分值分别为5分、4分、3分、2分、1分。

3. 课堂教学质量领导或督导员的评价指标体系

领导或督导员是代表学校对教学质量进行监控的主体，在评价课堂教学质量过程中，他们在全面关注教学内容、方法与手段、教学态度、教学效果的同时，更注重对教学态度和教学效果的了解。其具体评价项目如下：

开课单位：__________ 课程名称：__________ 基础课□ 专业基础课□
专业课□

授课教师：__________ 老□ 中□ 青□

授课班级：__________ 总体印象：优□ 良□ 一般□ 较差□ 差□

分项评价：请在下列各题之后的相应评分位置打"√"，每项只限单选。

	评价项目	A	B	C	D	E
1	基本概念准确					
2	基本理论正确					
3	本课重点突出					
4	重点分析透彻					
5	讲解具有启发性，有感染力、吸引力，课堂气氛活跃					
6	条理清楚，逻辑性强					
7	语言精练					
8	板书工整简明					
9	理论联系实际，注重培养能力，注重学生情绪					
10	积极探索教学改革					

其他方面的具体意见或建议：

评估人签字：__________ 听课时间：__________ 地点：__________

每条评价指标分为"优秀"、"良好"、"一般"、"较差"、"差"五个等级，每个等级的分值分别为5分、4分、3分、2分、1分。

四、高校教师评估

教师是高等教育的具体实施者，教师素养的高低直接影响教育质量。因此，教师评估是高校评估的一个重要分支。教师评估是贯彻落实有关政策法规、提高教师素质的重要保证，是加强教师队伍管理、促进科学化管理的重要手段之一，是调动教师积极性、提高教育质量的有效保证，是深化教育改革、全面实施素质教育的重要内容。①

① 参见刘智运编著《高等学校教育评估与督导概论》，高等教育出版社2005年版，第172～183页。

(一)教师评估的内容

确定教师评估内容的依据是国家的有关法律法规、教师工作的特点及当前教育改革与发展的形势。《教师法》对教师考核的内容作了规定,即政治思想、业务水平、工作态度和工作业绩,这是对教师德、能、勤、绩的全面了解和评估。随着教育改革的深化,其具体内容虽在不断丰富完善,但基本内容一般都包括三个方面:教师的基本素质和能力、工作过程、工作效绩。高校教师评估指标体系具体内容:

表 10-3　　高校教师评估指标体系

	一级指标	二级指标	三级指标	指标内涵
综合素质	1. 政治思想	1. 政治思想	1. 路线方针	坚持党的四项基本原则,努力学习马列主义和党的各项方针政策,遵纪守法
			2. 事业心	热爱社会主义教育事业,积极投身教育改革,有高度的事业心和责任心,热情工作,团结协作
			3. 思想品质	为人师表,以身作则,实事求是,作风正派,遵守学术道德
			4. 教书育人	培养学生全面素质,关心学生成长,进行思想教育等
	2. 知识基础	2. 知识基础	5. 学业程度	所取得的学位或达到相应水平
			6. 学术水平	基础知识,专业知识,学术专长和新颖见解,对本学科及相关学科在国内外的发展方向的了解,治学态度
			7. 外语水平	语种及水平
	3. 工作能力	3. 工作能力	8. 教学组织能力	在教学工作中,合理组织教学过程各环节,如教材选择、内容安排,教学方法,调动学生的积极性和主动性能力
			9. 科研实验能力	在科研工作中,合理选择课题,组织理论攻关,解决科研过程中理论和技术问题的能力
			10. 开拓创新能力	在教学和科研工作中的创新、开拓能力

续表

工作成绩	4. 教学工作	4. 教学工作量	11. 课堂教学	博士生、硕士生、本科生、培训班等主讲课时数、指导本科生实习、毕业设计或论文等课时数
			12. 课外教学	博士生、硕士生、本科生、培训班等辅助课时数
		5. 教学质量	13. 教课水平	教学内容、教学态度、教学方法等
			14. 学生成绩	学生考试的成绩
		6. 教学建设	15. 教材建设	教材编写数量、质量及通用级别，所获奖励
			16. 实验室建设	增置实验设备、改进实验方法、提高实验质量，所获奖励
	5. 科研工作	7. 科研工作量	17. 科研项目	项目来源、数量、参加名次
			18. 科研经费	数量、类别
		8. 科研质量	19. 科研论著	科研论文的数量、级别；科研专著的数量、级别。所获奖励
			20. 科研成果	数量、级别、鉴定水平，所获奖励；应用效益（社会效益和经济效益）
		9. 其他	21. 教师培养	培养中青年教师的数量和质量
			22. 指导研究生	指导博士生、硕士生数量及取得的成绩
	6. 管理和社会服务	10. 管理和社会服务	23. 兼职情况	行政兼职级别、工作量；学术兼职级别、性质（学术团体单位级别）

（二）教师评估的渠道

鉴于教师工作的复杂性和特殊性，对教师的评估应采用多方位的方法，使评估结果公正、客观、可信度高，对教师的评估可采用如下渠道来进行。

1. 教师的自评

自评是一切评估的基础，也是教师评估的基础。教师自评可以调动教师参与评估的积极性和自觉性，使评估顺利进行，同时又体现评估的民主性，增进评估者和被评估者之间的沟通和合作。教师自评有自我反思、自我教育的作用，有利于教师把自己看作不断发展的人。但也有研究表明，教师自我评估往往比学生对教师的评估要高，缺乏效度和客观性。不过更多的人认为教师自我评估是教学评估的一种重要方式。为使教师自评公平、有效，组织教师自评时应注意：要加强宣传，调动教师自评的积极性；对教师自评要重材料，看证据；基础组织要对教师自评签署意见。

2. 同行专家的评估

同行专家评估是教师评估的一种重要形式，它在高校的人事决策和教师的专业发展中都具有重要作用，也是同行教师一起领悟和共享专业知识的机会。由于同行在面临教学问题时有很多相似性，加之同行往往是学科领域或教学管理方面的专家，能够比较准确地对教师所教内容的深度与广度、课程内容的选择与组织、资源材料的恰当运用、教学方法的适宜性等方面作出判断和评估。此种类型的评估可以促进教师反思，帮助教师自我改善；促进教师之间的相互交流、共同发展；同时可以对教师具有监督管理作用，保证教学质量。

为使同行专家评估达到预期目的，要注意不要对教师造成任何伤害。在同行专家评估时，评估者和被评估者都可能有焦虑。评估的人可能担心评估结果导致对一些教师的发展不利，受评人可能担心被评不及格，达不到优秀，受到不公平对待。因此好的同行评估对事情和问题严格要求，保持公平，对人温和、宽容；以一种建设性的方式提供反馈，评估者也可从评估过程中获益。

3. 领导和督导员的评估

领导和督导员评估指的是学校领导、院系领导以及所在教研室的领导进行的学校与学院两级督导，这种评估具有一定的权威性和可信度。由于他们对宏观信息掌握较多，再加上平时的积累和各方面的信息反馈，对评估对象进行评估，可避免感情和印象等偏向，能做到公正客观。但由于他们平时听课时间少，对微观和业务方面的内容了解不深，评价也有一定的局限性。为了做好领导和督导员评估工作，注意平时对教师的了解、关怀，平等待人、与人为善，严格按照评估标准和指标进行，分项打分，客观公正，使评估起到导向和激励作用。

4. 学生的评估

近些年来，高校学生评估越来越受到重视，因为大学生是教学活动的主体，教师的“教”主要是为了促进学生的“学”，学校的教育效果也必须接受学生的监督和评价才是对学生的真正负责。学生参与教师的评估具有独特优势，学生参与了教师的整个教学过程，对教学效果及教师的教学水平和能力感受得最真切、最深刻。因此，学生对高校教师的评估较其他方面对教师的评价分量更重，学生是高校教师教学活动的第一评价者。同时，学生评估教师也是他们在教学中享受应有权利、承担相应责任和义务的主要途径。

对学生评教的信度、效度在一些高校曾引起争论，由于学生评价时会受到自身情感、倾向、能力水平的影响，可能导致对评价目标的偏离。如此，学生评教的效度问题使解释成为问题。如果把学生的评教结果与教师的排名联系在一起，可能导致教师过于注重课堂教学，影响教师专业发展的其他方面，使教师的有效教学不能长久。为此，要重视学生评教的正常化、制度化、科学化。

五、学生评估

（一）大学生的特点

高等学校的教育质量最终要通过学生的综合素养体现出来，因此，高校对学生的评估应包括学生德、智、体及心理素质等方面，还要考虑大学生的特点。

大学阶段是青年学生世界观和人生观形成的关键时期。由于大学阶段是人生精力的旺盛时期，他们对事物敏感，喜欢独立思考，在当今社会处在复杂多变的情况下，他们的世界观和人生观易受各种思潮的影响。大学教育应为学生思想健康成长创造条件，教育评估应发挥导向作用，通过评估使学生了解自己，从而努力朝正确的方向发展。

大学阶段是人的素质全面形成的重要阶段，是各种智力因素（如注意力、观察力、想象力、思维力、记忆力等）和非智力因素（如情感、意志、性格等）得到迅速发展而又不完全成熟的阶段。大学阶段是锻炼和发展这些因素的阶段，教育评估不仅要帮助他们树立正确的政治观和科学的发展观，而且要有助于各种心理素质的健康发展，使他们知道怎样自强不息、奋发向上、求真务实。

大学阶段是社会适应能力形成的重要阶段。社会不断发展，人的工作岗位也会发生转移，即使工作岗位没有变化，工作的内容也会发生变化，大学生必须形成社会适应能力。为了发展学生的能力，大学要设置不同科类的课程和多种教学环节，组织学生参加社会实践和科学研究。对学生的评估不限于学生知识的掌握，要突出学生的能力和全面素质。

（二）学生政治态度和思想品德的评估

思想政治教育是高等教育最重要的组成部分，但与其他部分内容的评估相比较还显得比较薄弱。因此，高校建立和加强对学生政治态度和思想品德的评估还是很有必要的。从一些学校的实际做法来看，政治态度和思想品德测评的内容主要包括八个观测点①：

（1）政治态度：主要是坚持社会主义方向和改革开放政策的态度。

（2）政治理论水平：马列主义、毛泽东思想和邓小平理论课以及“三个代表”重要思想，思想品德、法律基础教育课和形势任务教育课的成绩。

（3）学习态度：学习目的和动机、学习的自觉性和刻苦性。

---

① 参见刘智运编著《高等学校教育评估与督导概论》，高等教育出版社 2005 年版，第 185 页。

(4)遵纪守法:法制观念,遵守国家法令和学校规章制度、执行学生守则情况。

(5)集体观念:是否关心和爱护集体,维护集体荣誉,能否把集体利益放在个人利益之上,能否经常为集体办好事。

(6)道德修养:能否遵守社会公德,尊敬师长,谦虚谨慎,诚恳待人,严于律己,开展批评与自我批评。

(7)艰苦朴素:是否具有积极进取精神,勤俭节约,爱护公共财物。

(8)劳动态度:能否积极参加学校、学院组织的各种劳动,在各种社会实践、生产实习中的劳动表现,平常卫生值日的表现。

对八个观测点可划分为五等,即好、较好、中、较差、差,各等分别赋值为5、4、3、2、1。评估方式有学生自评、同学互评、教师评估三种。

(三)学生学业成绩评估

学生学业成绩评估是运用测量手段对学生个体发展和学习效果作出价值判断的过程,它是教学过程的重要组成部分。一般情况下,评估学生的学业成绩可分为平时考核和总结性考核两种形式。

平时考核。平时考核又称进展性考核,是在教学过程中进行的考核。平时考核可培养学生良好的课堂思考习惯,有利于及时得到信息、改进教学,同时也可避免一次性、总结性考核的片面性。平时考核的具体方法主要有平时观察、检查作业、课堂讨论、书面检测。

总结性考核。总结性考核是一门课程学习结束时进行的考核,由于它一般在学期或学年末进行,故又称为学期考核或学年考核。考查和考试是总结性考核最常用的方法。考查有两种内涵,一是对平时考核情况的总结性评定;一是选修课的评定方式。考试即教学考试,又称学科成就测验,是对大学生学业成绩全面的检查与评定。它是最常用的评价学生学业成绩的方法。考试适用面大,经济方便,可以检查学生对知识技能的掌握水平以及其他方面的发展情况。常见的考试方法有教师自编测验与标准化测验、口试和笔试、常模参考测验与目标参考测验。

客观、公正、科学、统一是评定学生成绩的最基本要求,学生成绩的评定只能依据学生回答的实际情况,避免无关因素的干扰。成绩评分方法通常采用百分制和等级制、绝对评分法和相对评分法。绝对评分法是以学生对考核的全部内容的掌握程度为依据的评分方法。以百分制为例,学生答对所有试题,就评为100分;若全部答错就评定为0分。相对评分法又称常态(正态)分配记分法,它是以学生的学业成绩相互比较从而确定在全班学生中的相对位置为依据的评分方法。它常用等级制表示。我国现行的评分制度,大多为绝对评分。有时根据需要把绝对评分转换为相对评分，以便可以更好地确定学生的成绩在全班中的相对位置，对于选拔优秀学生具有重要价值。

(四)学生能力的评估

大学生能力的培养是高等教育质量的重要组成部分，对学生能力评估的意义无须赘言。然而，国内外高校一般的考试办法还不能有效地考核能力，我国广大教师也正为考核学生能力进行探索。因此，这里仅提供一种思路。鉴于学生所隶属的学校、年级、专业不同，能力的要求也不尽相同，这里只列出大学生所应具备的五项一般能力①：

(1)对各种社会思潮的辨别能力。在改革开放的情况下，社会上会出现各种思潮，有的是正确的，有的是错误的。大学生应当运用马克思主义的立场、观点、方法和各种科学理论来分析和正确辨别。赞成正确的反对错误的，不偏激，不盲从。

(2)自学能力。自学能力指独立获取知识的能力或采集信息的能力，它包括情报资料检索、阅读理解、观察、调查等方面的能力。学生的自学能力可从是否经常到图书馆查阅有关书刊、作读书笔记、制作卡片、写读书心得体会等方面检查出来。

(3)表达能力。表达能力包括文字表达能力和口头表达能力。文字表达能力可以抽查学生全年有代表性的文字作品来评估，如实验报告、个人总结、社会实践报告、毕业论文等。口头表达能力可通过各种讨论会、课程设计和毕业论文设计答辩等来评估。

(4)分析问题和解决问题的能力。这种能力可在各个教学环节中进行考察。如，是否参加各种学术活动或社会调查，在参加这类活动中的表现如何；有没有反映创造性的成果或论文获奖的，其水平如何；有没有某种设计、制造、创作获奖的，其水平如何。

(5)组织及社会活动能力。对这种能力的考查包括：被考查学生是否担任校、院、班级的干部和社团干部，工作水平如何；在社会实践中表现的组织能力及社会活动能力。

(五)学生身心素质的评估

在校大学生不仅要有健康的身体而且要有健康的心理。就身体方面而言，学校对大学生不仅要求他们在学习期间身体健康，而且要求他们有一定的体育知识和一种以上的运动技能及良好的锻炼习惯，以保证将来的身体健康。也就是说，对学生身体素质的评估应包括现实的健康水平和潜在的健康水平。具体

① 参见刘智运编著《高等学校教育评估与督导概论》，高等教育出版社 2005 年版，第 189 页。

考核办法见《学生体质健康标准》(试行方案)评分表(略)。

从心理方面来看,由于大学生从小所处的地位环境、家庭环境和自身努力程度不同,个人原有的心理素质有很大差别。对大学生进行心理素质评估,可以培育、引导和促进他们的个性心理得到健康发展。在学生心理素质评估的过程中,心理健康的标准众说纷纭。尽管如此,从我国实际情况来看,可用以下六条标准进行衡量:

(1)智力状况正常;

(2)情绪反应适当;

(3)意志品质良好;

(4)态度保持积极;

(5)行为习惯规范;

(6)需要结构合理。

(六)学生素质的综合评估

在评"三好"学生、奖学金和优秀毕业生时往往需要有一个总分,这时就需要对学生四个方面的得分加权,对学生素质进行综合评估。在此,需要注意的是,权重是人为规定的,总分排序不过是为某种管理目的服务的一种方法。因此,总分并不绝对表示客观上人的素质的高低。如需要确切地评估质量,则要细致考虑,不仅考虑四个方面的一级指标评估值,而且要考虑二级指标的评估值。

六、我国高等教育评估中存在的问题与变革①

从评估内容来看,我国高等教育评估在宏观与微观两个层面展开。在实际操作中,微观评估受宏观评估导向的影响,其中所存在的问题与宏观评估有质的相似性。因此,这里以宏观评估为主要对象分析高等教育评估中存在的问题,并在此基础上提出变革策略。

(一)高等教育评估中存在的问题

目前,我国高校评估基本上采用的是"指标—量化"方法。这种方法是根据教育目标分类学的理论和方法,把教育的总目标分为具有一定操作性的指标体系,拟定出指标评估的标准,运用多种方法设计指标体系的权重集,然后经过量化测定,再通过加权求和或模糊综合等处理,得出一个单一的数量化结果作为价值判断的依据。这一方法强调指标体系的可测性和行为化,追求数量化的测定和结果,强调评估的客观性和精确性等特点。"指标—量化"方法借鉴了自然科

① 参见朱新秤、潘东明《高等学校教学评估与督导》,广东高等教育出版社 2006 年版,第 147～151 页。

学的研究方法，克服了主观性，在提高可靠性和精确性方面发挥了积极的作用。同时，我们也注意到，这一方法存在一系列的局限性。

1. 评估体系逐级分解，导致对整体特性把握困难

高校教育工作是一个由多因素相互作用形成的复杂系统，各因素通过相互作用、相互影响、相互制约形成不可分割的整体。我国目前确定高等教育评估标准时，采用的是因素分析方法，把教育教学等工作分解为若干要素，通过分别对各部分要素的评估，最终得出学校教育工作水平的评估结果。这种把复杂的系统分解为部分，然后通过对部分因素的评估来了解整体的方法是值得考虑的。因为以分解要素为基础孤立地分析各指标的达标要求，忽视它们的相互作用和整合效应，并不能代表对学校教育工作整体的评估，也难以反映评估对象的全面价值。

2. 评估采取自上而下的方式展开，难以保证被评对象主动参与其中

我国高校以国家办学、国家投资为主要形式。因此，我国高等教育的评估主要是各级人民政府及其教育行政部门来组织实施的，学校的内部评估和社会评估都是围绕政府的评估而开展的。因此，我国高等教育评估中表现出很强的政府行为。尽管国家鼓励学术机构、社会团体参加教育评估，但是教育评估中的政府行为在客观上阻碍和抑制了其他评估机构的地位和威信的提高。这种自上而下的评估方式，体现了上级对下级的指导和检查，评估对象只是被动地接受评估，难以使评估对象真正参与并通过评估改进教学工作。许多学校只是把评估当作一种任务来加以对待，采取一切手段来应付专家组的到来，评完后一切照旧。

3. 指标体系固定化，难以体现高校特色

在各级各类高校教育教学评估中，由于注重指标体系的量化和可测量性，那些难以量化的指标常常被方案的制定者忽视或放弃。因此，教育教学评估变成了仅仅分析这些可量化指标是否达到。这对于那些尚未达到基本标准的学校、教育工作者具有一定的导向、激励和借鉴作用，而对于那些达到规定标准的评估对象却难以反映出标准以外的特点和特色。这导致我国高校评估中自觉或不自觉地带有追求一致的导向，评估流于形式，不利于形成特色。对教育教学不但不能起到促进作用，反而劳民伤财，造成不必要的浪费。

4. 重视总结性评估，忽视过程性评估

我国高校评价不论在宏观还是微观方面主要采取的是总结性评估方式，即主要关注评估对象各种指标的达标结果，缺乏对被评估对象工作过程的深入实际了解，不能有针对性地对各项教育工作提出改进意见和解决方法。这容易导致评估只是通过文本材料及统计看是否达到了规定的标准，达不到改进工作的目的。

5. 评估信息渠道单一狭窄

我国高等教育评估主体与评估对象之间关系多是单向性关系，评估主体主要以被评估对象所呈现的材料为主要信息源。如在我国高校教学评估中，专家组主要是对学校自我评估做些验证性工作，对于高校的社会声誉、对区域发展的影响和贡献等外围信息几乎没有畅通的渠道来搜集，甚至对于统计、档案、人事部门的数据资料都极少利用。这种单向性的评估方式，会影响评估的准确性，进而影响其信度和效度。

(二)高等教育评估的变革策略

要真正达到改善高等学校教育教学质量的目的，目前的教育评估工作应该加以改进。

1. 建立、完善高校评估质量监控和保障体系

随着全国高校评估工作的深入开展，如何通过外部评估促进各高校建立一套适合本校校情、保证教育质量和自我监控、实现良好循环的教育质量保障体系，是当前亟待解决的问题。国外的许多著名大学都十分重视学校内部各方面信息的调查与评估，并建立相应的评估制度。高校应在自己内部建立多级评估和质量监控机构，健全反映在校生、毕业生和社会用人单位对学校办学水平和教育质量的意见和建议的信息反馈系统，并以此来推进校内改革，提高教育服务质量，优化培养过程，扩大办学能力。此外，我国教育行政部门应进一步转变职能，从对高等学校的具体事务的行政管理转到以办学水平评估和质量监控为主要职能上来，加强宏观调控。充分发挥评估中介机构的作用，定期对高等学校办学水平进行评估，从中获得高等学校办学过程中的有关信息，以利于适时调控。

2. 调动多方积极性，促进评估主体的多元化

我国目前的高等教育评估人员多是教育部门、高校的教育专家、管理人员，评估主体与被评估对象彼此间大多熟悉，很难保证工作公平、公正、客观。为了保证评估工作的公正与客观，应该建构多元评价主体机制，广泛吸取多种力量参与到评估中。应调动师生并邀请用人单位参与到评估中来。教师对学校的意见，学生对学校的看法，用人单位对高校育人的评价，都应在评估中得到充分体现。

3. 注重指标体系的普遍性和特殊性，突出高校办学特色

评估指标体系应具有普遍性和特殊性。普遍性反映高水平大学教育教学必须遵循的规律；特殊性反映一所大学、一位教育工作者的特色和强势所在，表现为办学者、教育工作者对教育思想和文化理念的变革和创新，对当今世界以及本地区社会经济发展态势的了解，对自己学校发展目标的正确定位以及发展战略的正确选择等等，具有动态的、变革的、与时俱进的特点，难以用一种尺度衡量。

对于不同的学校及各项教育工作，应根据其功能定位确定不同的评估指标体系。

4. 改革评估方法，调动被评对象参与评估的积极性

总体来看，我国高等教育评估对被评估群体的作用重视不够，他们没有机会确认和分析他们存在的问题，而且很多时候评估方案的设计、计划的制定都基于管理者、政策的制定者和方案的设计者的知识体系而产生，常常脱离现实。要切实提高高校办学质量，解决教育问题，就必须依靠直接接触问题的人，让他们参与进来，倾听他们的看法、意见，并在此基础上制定评估计划。

复习思考题

1. 论述现代教育评价发展趋势及其特点。
2. 简述高等教育的评价主体与方法。
3. 简述评价教师的渠道。
4. 简述高等教育评价的基本原则。

主要参考文献

1. 刘智运主编:《高等学校教育评估与督导概论》，高等教育出版社 2005 年版。

2. 朱新秤、潘东明:《高等学校教学评估与督导》，广东高等教育出版社 2006 年版。

3. 马永霞主编:《教育评价》，当代世界出版社 2005 年版。

4. 王汉澜主编:《教育评价学》，河南大学出版社 1995 年版。

5. 王孝玲编著:《教育评价的理论与技术》，上海教育出版社 1999 年版。

6. 吴钢:《现代教育评价基础》，学林出版社 1996 年版。

7. 沈玉顺主编:《现代教育评价》，华东师范大学出版社 2002 年版。

8. 聂规划:《高等教育评价的意义和作用》，载《理工高教研究》1999 年第 3 期。